Special Thanks to

세상이 아무리 바쁘게 돌아가더라도
책까지 아무렇게나 빨리 만들 수는 없습니다.

길벗은 독자 여러분이
가장 쉽게, 가장 빨리 배울 수 있는 책을
한 권 한 권 정성을 다해 만들겠습니다.

독자의 1초를 아껴주는 정성을 만나보세요.

미리 책을 읽고 따라해 본 2만 베타테스터 여러분과
무따기 체험단, 길벗스쿨 엄마 2% 기획단,
시나공 평가단, 토익 배틀, 대학생 기자단까지!
믿을 수 있는 책을 함께 만들어주신 독자 여러분께 감사드립니다.

데이터가 쉬워지는
엑셀
데이터
분석

정성일 지음

엑셀 데이터 분석
Excel Data Analysis

초판 발행 2024년 12월 27일

지은이 정성일
발행인 이종원
발행처 ㈜도서출판 길벗
출판사 등록일 1990년 12월 24일
주소 서울시 마포구 월드컵로 10길 56(서교동)
대표 전화 02)332-0931 | **팩스** 02)322-0586
홈페이지 www.gilbut.co.kr | **이메일** gilbut@gilbut.co.kr

기획 및 편집 최동원(cdw8282@gilbut.co.kr) | **디자인** 박상희
제작 이준호, 손일순, 이진혁 | **영업마케팅** 전선하, 박민영
유통혁신 한준희 | **영업관리** 김명자 | **독자지원** 윤정아

전산편집 김정미 | **CTP 출력 및 인쇄** 상지사 | **제본** 상지사

- 잘못된 책은 구입한 서점에서 바꿔 드립니다.
- 이 책은 저작권법에 따라 보호받는 저작물이므로 무단전재와 무단복제를 금합니다.
  이 책의 전부 또는 일부를 이용하려면 반드시 사전에 저작권자와 (주)도서출판 길벗의 서면 동의를 받아야 합니다.

© 정성일, 2024

ISBN 979-11-407-1212-0 03000
(길벗 도서코드 007190)

정가 26,000원

독자의 1초를 아껴주는 정성 길벗출판사

㈜도서출판 길벗 · IT교육서, IT단행본, 경제경영, 교양, 성인어학, 자녀교육, 취미실용 · www.gilbut.co.kr
길벗스쿨 · 국어학습, 수학학습, 어린이교양, 주니어 어학학습, 학습단행본 · www.gilbutschool.co.kr

페이스북 · www.facebook.com/gilbutzigy
네이버 포스트 · post.naver.com/gilbutzigy

THANKS TO

데이터 분석에 필요한 기술과 이론은 학업을 통해 배울 수 있었지만, 현업에서 데이터 사이언티스트로 성장하는 데에는 많은 선배들과 동료들의 도움이 있었습니다. 특히 경험이 부족했던 시절, 중요한 프로젝트를 맡기며 티 나지 않게 속앓이를 하셨던 선배님들께 진심으로 감사드립니다. 덕분에 빠른 변화 속에서도 뒤처지지 않고 새로운 기술을 익히며 성장할 수 있었습니다.

기업에서 데이터 전문가로서의 역할을 깨닫기까지 꽤 오랜 시간이 걸렸습니다. 돌이켜보면, 기업이라는 공동체를 이해하는 것이 전문적인 기술을 익히는 것보다 더 많은 노력이 필요했습니다. 이는 저뿐만 아니라, 각자의 자리에서 수많은 경험과 노하우를 쌓아온 모든 직장인들이 겪는 일이었을 것입니다.

조직이 성과를 이루기 위해서는 소통에 많은 노력을 기울여야 합니다. 비록 그 과정에서 시간이 소요되더라도, 소통을 위해 노력하면 최종 결과물은 혼자서 이룰 수 있는 것보다 훨씬 많은 것을 달성할 수 있습니다. 데이터는 부서를 연결하고 소통할 수 있는 훌륭한 수단이며, 엑셀은 이러한 역할을 수행하기 위한 최상의 도구입니다.

이런 생각을 바탕으로 <엑셀x파이썬>에 이어 두 번째 책인 <엑셀 데이터 분석>을 연이어 집필하게 되었습니다. 이 책은 쉽지만 결코 가벼운 내용을 담고 있지 않습니다. 또한 각 CASE 마다 간단한 상황 설명을 통해 필요한 부분만 살펴보고, 사례별로 활용할 수 있도록 구성했습니다. 세심한 피드백으로 보다 완성도 높은 내용을 담을 수 있게 도와준 최동원 에디터에게 감사의 말씀을 드립니다.

머리글

AI의 급격한 발전은 사회 곳곳에 크고 작은 변화를 일으키고 있습니다. 기업들은 경쟁력을 강화하기 위해 AI를 적극적으로 도입하고 있으며, 이로 인해 직장인들은 새로운 기술을 습득해야 할지도 모릅니다. 하지만 다행히도 우리에게는 엑셀이 있습니다. 오랫동안 데이터 사이언티스트이자 전략 담당자로서 신기술을 빠르게 익히고 변화에 대응해 왔지만, 엑셀은 항상 모든 변화의 시작과 끝을 함께했습니다.

엑셀은 2년마다 새로운 버전을 출시하며 꾸준히 발전해 왔습니다. 초기에는 회계 작업을 중심으로 사용되었지만, 이제는 데이터 관리 도구로서 핵심적인 역할을 수행하고 있습니다. 차트와 요약 자료 작성은 물론, 최근에는 파이썬까지 적용되며 현업의 다양한 경험과 통찰을 담아내는 데 크게 기여하고 있습니다.

엑셀이 오랫동안 사랑받는 이유는 무엇일까요? 그 해답은 기업이 강조해온 '데이터 드리븐(Data Driven)'과 '데이터 리터러시(Data Literacy)'에서 찾을 수 있습니다. 데이터 드리븐은 기업과 조직이 데이터를 의사결정의 핵심 요소로 활용하는 접근 방식을 의미합니다. 이는 중요한 결정을 내릴 때 선입견이나 편향을 배제하고, 데이터를 기반으로 합리적인 결정을 내리는 것을 목표로 합니다. 데이터 리터러시는 글을 읽고 쓰는 능력을 뜻하는 '리터러시(문해력)'를 데이터에 적용하여, 데이터를 읽고 활용하는 능력을 강조하는 개념입니다.

이 두 가지 개념의 근간에는 커뮤니케이션이 자리하고 있습니다. 기업은 다양한 조직과 시스템, 그리고 구성원이 각자의 역할을 수행하며 하나의 가치를 공유하는 공동체입니다. 그러나 각 분야의 전문성이 다르고, 상황을 해석하는 방식이나 사용하는 용어 또한 제각기 다릅니다. 마치 언어가 다른 국가들이 모인 것처럼, 서로 같은 언어를 사용하고 있음에도 원활한 커뮤니케이션이 어려운 경우가 많습니다.

엑셀은 서로 다른 전문성을 가진 기업 구성원들이 데이터라는 공통의 언어로 소통할 수 있게 도와주는 핵심 도구입니다. 사용하기는 쉽지만 결코 단순하지 않은 이 도구는 1985년 첫 출시 이후, 기능적인 발전뿐만 아니라 다양한 규칙과 체계를 만들어내며 하나의 소통 방식이자 문화, 즉 언어처럼 발전해 왔습니다.

기업 내 전문가들은 모두가 쉽게 사용할 수 있는 엑셀을 활용해 각자의 다양한 아이디어를 자신만의 언어가 아닌 키워드와 숫자로 구성하여 공유함으로써, 모호한 정의와 주관적인 판단을 줄이고 더 원활한 소통을 이뤄낼 수 있습니다. 그동안 기업이 강조해왔던 데이터 드리븐과 데이터 리터러시에서 엑셀은 그 어떤 도구보다 중요한 역할을 해온 것이죠. 모두가 이해할 수 있는 통계치, 피벗 요약표, 차트 등은 앞으로도 기업의 경쟁력을 강화하는 핵심 수단이 될 것이며, AI 활용이 강조될 시대에는 기업 내 소통에 필수적인 도구로 자리 잡을 것입니다.

이 책은 이러한 관점에서 엑셀의 다양한 기능과 활용법을 소개하며, 독자들이 실제 업무에 쉽게 적용할 수 있도록 구성되었습니다.

1마당 데이터를 빠르게 정리하는 비법에서는 기존에 기능 위주로 배워왔던 엑셀을 데이터 관점에서 새롭게 풀어내어, 더 실용적이고 오래 기억에 남도록 안내합니다. 단편적인 예제가 아니라, 데이터를 수집하고 정리하는 데 필요한 구조와 필수 단축키를 순서대로 소개하여 근본적인 업무 개선과 더불어 업무 시간 단축을 실현할 수 있도록 구성했습니다.

2마당 제대로 배우는 탐색과 시각화에서는 데이터를 마치 가구나 전자제품을 조립하듯 순서대로 구성하여, 차트와 피벗 요약표를 만드는 방법을 다룹니다. 완성된 차트와 피벗 요약표는 단순한 보고서 작성에 그치지 않고, 전문적인 인사이트를 도출하여 의사결정에 직접 활용할 수 있습니다.

3마당 사례별 고객 데이터 분석 방법에서는 고객 데이터를 기반으로 한 다양한 분석 기법을 소개합니다. 이 방법들은 고객 데이터뿐만 아니라 제조, 상품, 유통 등 다양한 실무 데이터 분석에도 적용할 수 있습니다. 각 사례별로 데이터를 제공하며, 이를 가공하고 차트와 보고서를 작성하는 방법을 실습할 수 있습니다. 특히 최근 주목받고 있는 그로스 해킹과 추천 시스템 기법도 중점적으로 다룹니다.

4마당 엑셀로 완성하는 고급 인사이트 도출에서는 엑셀로는 다소 어렵게 느껴졌던 고급 분석 기법을 설명합니다. 예를 들어, 주식 데이터를 활용해 추세와 상관관계를 분석하고, 실시간으로 이상 징후를 탐지하며, 군집 분석을 통해 전문적인 인사이트를 발굴하는 방법을 다룹니다. 이러한 내용은 다른 책에서 쉽게 접하기 어려운 만큼, 독자의 지적 호기심을 충족시키고 엑셀 실력을 한 단계 끌어올리는 데 큰 도움이 될 것입니다.

이 책은 복잡한 이론보다는 엑셀의 실용적인 활용에 초점을 맞추고 있습니다. 이를 통해 기업은 데이터 드리븐 문화를 실현하고, 개인은 새로운 시대에 적합한 데이터 리터러시 능력을 키울 수 있을 것입니다. 또한, 실습 곳곳에 담긴 기법들은 데이터 전문가를 꿈꾸는 학생들에게 꿈을 실현하는 디딤돌이 될 것입니다.

정성일

엑셀 데이터 분석으로 이런 걸 할 수 있어요!

이 책은 실습을 통해 자연스럽게 데이터 분석 전문 지식과 기술을 습득할 수 있도록 구성했습니다. 특히, 컴퓨터 공학, 통계학, 기계 학습 알고리즘을 기반으로 한 실습은 데이터 분야 전문가에게도 충분히 유용한 정보를 제공합니다.

데이터 정리하는 방법과 핵심 단축키   관련 기술 ▶ 관계형 데이터 베이스, 행 기반 데이터 구조, SQL

엑셀에는 데이터베이스와 SQL의 개념이 포함되어 있습니다. SQL은 데이터를 가공하거나 조회하는 데 사용되는 언어로 SQL의 개념과 단축키를 활용하면 워크시트를 더욱 빠르고 효율적으로 가공할 수 있습니다.

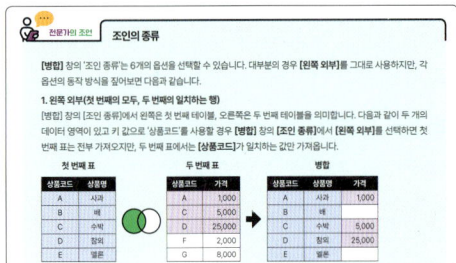
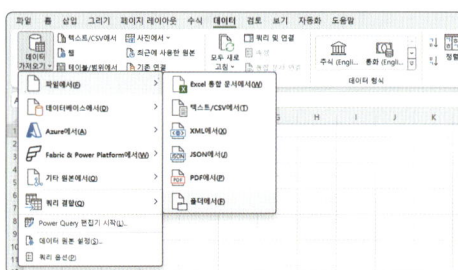

기초 통계와 피벗 테이블 이용 방법   관련 기술 ▶ BI(데이터 탐색 및 대시보드 툴), 기초 통계, 차원과 측정값

피벗 테이블은 데이터를 요약하고 탐색하기 위한 강력한 도구입니다. 이 책에서는 평균을 중심으로 기초 통계를 쉽게 설명하고 BI 도구의 개념을 바탕으로 피벗 테이블의 사용법을 체계적으로 안내합니다.

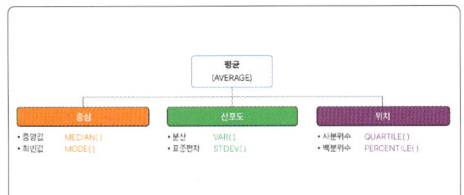
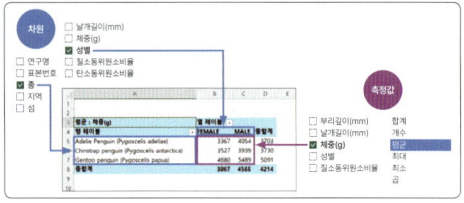

차트를 활용한 데이터 분석 방법   관련 기술 ▶ 생존 곡선, 히스토그램, 지도 차트, 상자 수염 차트, 깔때기형 차트

차트의 조립 순서가 있습니다. 무작정 따라하기만 하면 누구나 쉽게 차트를 통해 데이터를 분석할 수 있습니다. 공식적으로 제공하지 않는 차트부터 지도 차트까지 간단한 방법으로 고급 시각화를 구현하는 방법을 소개합니다.

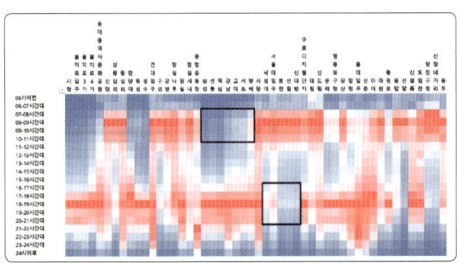
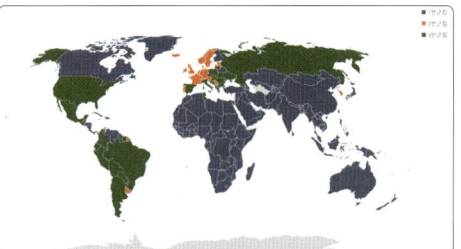

통계 기반 분석 방법

관련 기술 ▶ 이동평균, 볼린저 밴드, 상관 분석, 코사인 유사도, 표준화 점수(Z-Score)

평균과 표준편차를 제대로 이해하고 활용하면, 지금까지 상상하지 못했던 다양한 방식으로 데이터를 분석할 수 있습니다. 이 책에서는 여러 CASE를 통해 통계치를 활용한 데이터 분석과 해석 방법을 알기 쉽게 설명합니다.

마케팅 및 비즈니스 분석 방법

관련 기술 ▶ RFM모델, 코호트 분석, 퍼널 분석

사회학, 경제학, 통계학을 기반으로 발전한 다양한 데이터 분석 방법을 통해, 전략 수립과 의사결정은 물론 제품 개발, 마케팅, 프로모션 기획 등 실무에 바로 적용할 수 있는 구체적인 방법을 소개합니다.

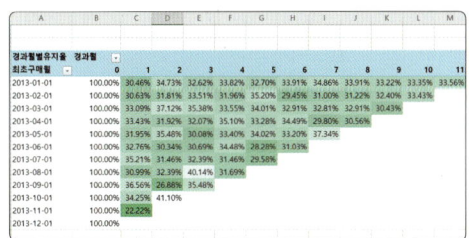
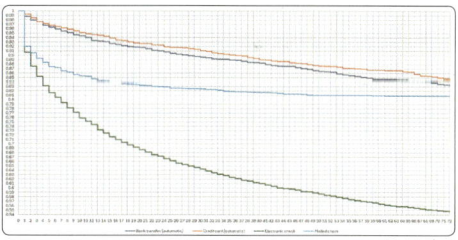

알고리즘 기반 분석 방법

관련 기술 ▶ 협업 필터링, 군집 분석

엑셀을 활용해 현재 데이터 분석가들 사이에서 인기 있는 고급 데이터 분석 알고리즘을 구현할 수 있습니다. 이 책에서는 엑셀을 보다 전문적으로 활용하는 방법을 소개합니다.

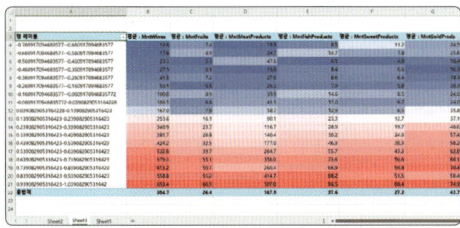
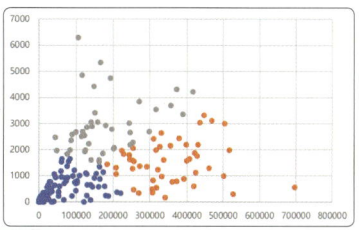

이 책을 보는 방법

CASE 엑셀을 활용한 주요 분석 방법과 분석을 통해 얻을 수 있는 인사이트를 CASE 별로 구성했습니다.

 생존 곡선으로 이탈 고객 분석하기

지난 CASE에서 코호트 분석으로 매월 쇼핑몰에 방문하는 고객의 유지율을 살펴봤다면, 이번 CASE에서는 쇼핑몰 가입 이후 서비스를 유지하는 고객의 이탈률을 계산하는 '생존 분석'에 대해 알아보겠습니다. 코호트 분석과 생존 분석은 고객 유지와 이탈이라는 관점에서 유사해 보이지만, 생존 분석은 고객이 직접 해지 행동을 보이는 서비스에 더 적합한 방법론입니다.

이론 아직도 데이터 분석이 어려운가요? 데이터 분석에 필요한 기본 이론과 데이터에 얻을 수 있는 인사이트를 알기 쉽게 설명합니다.

✓ 차원과 측정값의 개념

'BI(Business Intelligence)' 도구나 데이터 시각화 솔루션에서는 '차원(Dimension)', '측정값(Measure)'이라는 용어가 자주 등장합니다.

차원은 데이터를 그룹화하여 요약하고 비교 분석할 수 있게 해줍니다. 주로 범주형 데이터로 구성되어 있으며, 데이터의 성격에 따라 계층 구조로 이루어져 있습니다. 예를 들어, 매출 데이터의 '지역' 차원이 [국가]-[지역]-[도시] 등의 계층으로 구성된 것을 생각하면 쉽게 이해할 수 있습니다.

실습 분산형 차트로 열별 상관관계 알아보기 CASE_02

실습 예제는 'Red Wine Quality'로 레드 와인의 품질에 영향을 미치는 요인들을 분석하기 위한 목적으로 포르투갈 'Vinho Verde' 와인을 대상으로 수집되었습니다. 총 1,599개의 레드 와인 샘플에 대한 정보를 담고 있으며, 11개의 물리화학적 특성과 해당 와인의 품질 등급으로 구성되어 있습니다.

머리글	데이터 설명	비고
고정 산도	와인의 신맛을 결정하는 주요 성분	4.60 ~ 15.90(평균: 8.32)
휘발성 산도	와인의 신선함에 영향을 미치는 산도	0.12 ~ 1.58(평균: 0.53)

실습 엑셀만으로도 고급 데이터 분석을 할 수 있어요! 무작정 따라하다 보면 어느 새 데이터 속에 숨겨진 인사이트를 발굴할 수 있을 거예요. 데이터가 쉬워지는 분석 방법을 알기 쉽게 설명합니다.

단계별 실습   실습의 단계를 세분하여 설명합니다. 엑셀에 익숙하지 않아도, 데이터 분석이 처음이라도 단계별로 따라 하다 보면 데이터 분석에 익숙해 질 거예요.

> **1 | 깔대기형 차트로 퍼널 분석하기**
>
> ① 데이터가 있는 임의의 셀을 선택한 후 메뉴의 [삽입]-[피벗 테이블]을 클릭합니다.
>
> ② [표 또는 범위의 피벗 테이블] 창에서 데이터 범위를 확인하고 [새 워크시트]를 선택한 다음 [확인]을 클릭합니다.

> **[I2016]** fx =PERCENTILE(I2:I2015,0.95)
> PERCENTILE 함수는 지정된 영역에서 백분위수를 반환합니다. 여기서는 첫 번째 인수로 Income(연간 가구 소득)이 있는 [I2:I2015] 영역을 입력하고 두 번째 인수는 '0.95', 즉 95% 백분위수를 반환합니다.

함수 입력 창   데이터 분석에 꼭 필요한 함수의 사용법을 친절하게 설명합니다.

> **전문가의 시선**   **이상치 탐색과 상자 수염 차트 활용 방법**
>
> 상자 수염 차트에서 상자 부분에 마우스 커서를 올려놓으면 분포와 이상치를 쉽게 확인할 수 있습니다. 먼저 남성 쪽 상자의 가운데 선에 마우스를 올리면 중앙값이 '170'인 것을 볼 수 있습니다. 또한 상자 안에 있는 'x'에 마우스를 올리면 평균값 '168.5764728'을 확인할 수 있습니다. 마지막

전문가의 시선   데이터 사이언티스트의 시선을 따라 분석한 데이터를 읽고 해석해 보세요. 데이터 리터러시를 높일 수 있는 구체적인 방법을 소개합니다.

> **전문가의 조언**   **속성별 생존 곡선 만드는 방법**
>
> 속성별 생존곡선은 201쪽의 실습 과정에서 만든 피벗 테이블의 [열]에 [속성]을 드래그한 후 데이터를 복사하여 잔존율을 계산하고 데이터를 가공하여 차트를 삽입하면 됩니다. 아래는 계약 유형(Contract)속성을 드래그 한

전문가의 조언   데이터 사이언티스가 알려주는 데이터 분석 노하우와 알아 두면 도움이 되는 다양한 정보를 일목요연하게 정리했습니다.

> **TIP** 상자 수염 차트에서 여러 개의 열을 선택하여 차트를 생성하면 선택한 열의 수만큼 상자가 추가됩니다. 또한 성별 신장 차트처럼 차트에 분류 값을 추가하면 분류 값의 수만큼 상자가 추가됩니다.

TIP   조금 어렵거나, 다른 방법이 궁금하다면 친절하게 다시 한번 설명해 줄게요.

목차

첫째마당 데이터를 빠르게 정리하는 방법

1장 엑셀이 쉬워지는 데이터 구조 만들기
EXCEL DATA LITERACY

CASE 01 엑셀이 추천하는 데이터 구조 — 019
- 엑셀 작업이 많아지는 이유 — 019
- 행 기반 데이터 구조의 이해 — 020
- 열 기반 데이터를 행 기반으로 바꾸는 방법 — 022
- 잘못 만들어진 행 기반 데이터 구조 바로잡기 — 024

CASE 02 여러 데이터 합치기 — 029
- 데이터가 분산되는 이유와 관리 방법 — 029
- VLOOKUP 함수로 데이터 병합하기 — 031
- 파워 쿼리로 데이터 병합하기 — 035
- (전문가의 조언) 조인의 종류 — 042
- 같은 양식의 여러 개 파일을 병합하기 — 044

2장 빠르게 찾고 한 번에 정리하기
EXCEL DATA LITERACY

CASE 01 데이터 정리에 유용한 단축키 모음 — 049
- 데이터 영역 확인 및 전체 선택 — 049
- 셀 선택한 후 행 단위로 삭제/삽입 — 051
- 근처에 있는 셀로 빈 셀 채우기 — 053
- 데이터 영역 안에서 빠르게 이동하기 — 056

CASE 02 필터와 정렬로 데이터 살펴보기 — 060
- 자동 필터 활용 방법 — 060
- 고급 필터 활용 방법 — 069
- 데이터 정렬 활용 방법 — 073

CASE 03 중복 데이터와 빈 셀 처리하기 — 076
- 중복 데이터와 빈 셀의 위험성 — 076
- 중복 행 삭제하기 — 077

빈 셀이 있는 행을 한 번에 삭제하는 방법 080
빈 셀을 한 번에 채우는 방법 081

둘째마당 제대로 배우는 데이터 탐색과 시각화

1장 데이터가 쉬워지는 탐색과 요약

EXCEL DATA LITERACY

CASE 01 피벗 테이블로 데이터 요약하기 087
차원과 측정값의 개념 087
피벗 테이블로 데이터 요약하기 088
(전문가의 시선) 피벗 테이블의 차원과 측정값 091
(전문가의 시선) 피벗 테이블을 활용한 데이터 분석 096
(전문가의 조언) 피벗 테이블의 값 표시 형식 097

CASE 02 통계 함수의 이해와 표 활용 방법 099
평균과 기초 통계 함수 099
표를 활용해 빠르게 통계값 탐색하기 103
(전문가의 조언) 표의 기능적 제약 109

2장 차트만 그려도 알 수 있는 인사이트 도출 방법

EXCEL DATA LITERACY

CASE 01 히스토그램을 활용한 분포 분석 111
히스토그램의 구조와 활용 111
히스토그램을 활용한 분포 분석 112
(전문가의 시선) 평균을 중심으로 밀집된 히스토그램 116
(전문가의 시선) 밀집된 구간이 여러 개인 히스토그램 117
(전문가의 시선) 한쪽으로 치우친 히스토그램 120

CASE 02 분산형 차트로 상관관계 시각화하기 121
분산형 차트의 구조와 활용 121

분산형 차트로 열별 상관관계 알아보기	122
(전문가의 시선) 분산형 차트로 상관관계를 분석하는 방법	125
(전문가의 시선) 분산형 차트와 상관계수를 함께 살펴보는 이유	127

CASE 03) 히트맵으로 패턴 발견하기 　　　　　　　128

히트맵의 구조와 활용	128
히트맵 차트로 혼잡도 시각화하기 ①	129
(전문가의 시선) 히트맵 차트로 패턴을 분석하는 방법	130
히트맵 차트로 혼잡도 시각화하기 ②	131
(전문가의 시선) 히트맵 차트로 데이터를 탐색하며 패턴 찾기	138

셋째마당　사례별 고객 데이터 분석 방법

1장　EXCEL DATA LITERACY

고객 관리의 시작, 우수 고객과 속성 분석

CASE 01) RFM 모델로 우수 고객 분류하기 　　　　　　　143

우수 고객의 실질적인 의미	143
RFM으로 고객 분류하기	144
(전문가의 조언) LOOKUP 함수의 동작 방식	154
(전문가의 시선) RFM 점수별 고객 현황 살펴보기	156
RFM점수별 소비 패턴 분석	157
(전문가의 시선) RFM 점수별 고객 분석 및 활용 방법	163

CASE 02) 평행 좌표 차트로 고객 속성 분석하기 　　　　　　　164

고객 속성별 행동 패턴 분석	164
출생 년도별 평행 좌표 차트 그리기	166
(전문가의 시선) 출생 년도별 평행 좌표 차트 분석	170
(전문가의 시선) 소득별 평행 좌표 차트 분석	173

2장 그로스 해킹의 핵심, 이탈 고객 분석

EXCEL DATA LITERACY

CASE 01 코호트 분석으로 고객 유지율 살펴보기 177
- 코호트 분석이란 177
- 코호트 분석하기 178
- (전문가의 시선) 코호트 분석 결과를 해석하는 방법 184

CASE 02 생존 곡선으로 이탈 고객 분석하기 186
- 생존 곡선이란 186
- 생존 곡선 그리기 187
- (전문가의 조언) 계단식 차트를 생성하는 방법 196
- (전문가의 시선) 생존 곡선을 활용해 이탈 고객을 분석하는 방법 197
- (전문가의 시선) 속성별 생존 곡선 비교 분석 방법 200
- (전문가의 조언) 속성별 생존 곡선 만드는 방법 204

CASE 03 깔때기형 차트로 이탈 행동과 원인 분석하기 205
- 퍼널 분석과 그로스 해킹 205
- 깔때기형 차트로 퍼널 분석하기 206
- (전문가의 시선) 월별 깔때기형 차트를 활용한 이탈 원인 분석 214
- (전문가의 시선) 상품별 깔때기형 차트를 활용한 이탈 원인 분석 220

3장 디지털 플랫폼의 성장 비법, 페르소나와 상품 추천

EXCEL DATA LITERACY

CASE 01 코사인 유사도로 페르소나 고객 찾기 223
- 페르소나 마케팅이란 223
- 코사인 유사도를 이용한 실제 고객 찾기 224
- 페르소나 기반 고객 추출하기 225
- (전문가의 시선) 코사인 유사도별 고객 행동 살펴보기 238
- (전문가의 시선) 페르소나 유사도를 통한 고객 속성 비교 240

CASE 02 상관계수로 추천 상품 찾기 241
- 상품 기반 추천과 활용 방법 241
- 상품 기반 추천을 위한 유사도 측정표 242
- 상관계수로 추천 상품 찾기 244
- (전문가의 시선) 상품 기반 추천 활용 방법 252

넷째마당 엑셀로 완성하는 고급 인사이트 도출

1장 EXCEL DATA LITERACY

주식으로 알아보는 추세와 상관관계

CASE 01 스파크라인으로 한 눈에 추세 분석 하기　　　**257**

국내 주식 시세 데이터 가져오기　　　257
여러 종목 시세 데이터 한 번에 가져오기　　　265
스파크라인으로 종목별 추세 한 눈에 보기　　　274
(전문가의 시선) 시계열 데이터의 추세　　　278

CASE 02 상관계수로 시장을 분석하고 대응하는 방법　　　**279**

시계열 데이터의 상관관계 분석　　　279
지수와 종목별 상관관계 분석하기　　　280
(전문가의 시선) 지수와 종목별 상관계수 분석　　　282
(전문가의 시선) 양의 상관관계를 가진 분산형 차트　　　283
(전문가의 시선) 음의 상관관계를 가진 분산형 차트　　　286
시계열 데이터의 평균과 표준편차　　　286
이동평균과 볼린저 밴드로 주식 매매하기　　　287
(전문가의 시선) 볼린저 밴드 차트를 읽는 방법　　　292
(전문가의 시선) 주식 가상 매매 결과 분석　　　296

2장 EXCEL DATA LITERACY

이상 징후를 탐지하고 모니터링하는 방법

CASE 01 상자 수염 차트로 이상치 찾기　　　**299**

실무에서 만나는 이상치　　　299
상자 수염 차트의 모양과 의미　　　300
상자 수염 차트 그리기　　　302
(전문가의 시선) 이상치 탐색과 상자 수염 차트 활용 방법　　　305

CASE 02 평균과 표준편차로 이상 징후 탐지하기　　　**308**

평균과 표준편차를 활용한 이상치 탐지　　　308
표준화 점수로 이상치 추출하기　　　309
(전문가의 시선) 이상 징후 탐지와 사후 분석　　　316

3장 군집 분석을 활용한 고급 인사이트 분석

CASE 01 해 찾기로 군집 만들기 — 321
- 군집 분석의 활용 방법 — 321
- K-Mean 군집 분석의 동작 방식 알아보기 — 322
- (전문가의 조언) 해 찾기 기능 설치하기 — 323
- 해 찾기로 군집 만들기 — 324
- (전문가의 시선) 분산형 차트를 활용하여 군집 개수 결정하기 — 328
- (전문가의 조언) 해 찾기 해법의 종류 — 342

CASE 02 군집에서 인사이트 발굴하기 — 343
- 패턴의 발견과 활용 — 343
- 군집 분석 결과 해석하기 — 344
- (전문가의 시선) 군집의 기본 속성을 활용한 유형 정의 — 350
- (전문가의 시선) 군집의 확장 속성을 활용한 인사이트 발굴 — 352
- (전문가의 시선) 지도차트를 활용한 인사이트 발굴 — 357
- (전문가의 조언) 잘못 연결된 지역 정보 수정하기 — 358

찾아보기 — 359

실습예제 다운로드

이 책에 사용된 예제는 길벗출판사 홈페이지(www.gilbut.co.kr)에서 다운로드할 수 있습니다.
홈페이지 회원으로 가입하지 않아도 누구나 실습 예제 파일을 다운로드 할 수 있습니다.

1 길벗 홈페이지에서 '엑셀 데이터 분석'을 검색하세요.

2 해당 도서의 페이지에서 [자료실]을 클릭해 실습 예제 파일을 다운로드하세요.

3 압축을 해제하여 실습에 활용해 보세요.

1

첫째마당

데이터를 빠르게 정리하는 비법

1장 엑셀이 쉬워지는 데이터 구조 만들기

2장 빠르게 찾고 한방에 정리하기

1장

DATA × LITERACY

엑셀이 쉬워지는 데이터 구조 만들기

엑셀은 아무렇게나 데이터를 입력해도 동작하지만, 많은 기능이 특정한 형태에서만 최적의 성능을 발휘합니다. 엑셀에 최적화된 데이터 구조를 익히고 활용한다면, 데이터 수집과 가공에 소요되는 시간을 절반 가까이 단축할 수 있습니다.

엑셀이 추천하는 데이터 구조

데이터 사이언티스트뿐만 아니라 엑셀 전문가들도 공통적으로 지적하는 것이 있습니다. 만약 엑셀 활용 능력을 갖추었음에도 유독 야근이 잦다고 생각한다면 한 가지 중요한 점을 확인해볼 필요가 있습니다. 대부분의 직장인들이 간과하고 있는 이 요소는 실제로 전체 작업의 절반 가량을 줄일 수 있는 핵심적인 방법입니다.

✓ 엑셀 작업이 많아지는 이유

숫자 입력란에 문자를 입력하거나 날짜 형식을 일관되지 않게 입력하는 등 체계 없이 입력된 데이터는 엑셀 실무에서 작업량을 증가시키는 가장 큰 원인입니다. 이렇게 무질서하게 입력된 데이터보다 더 중요하지만 잘 인식하지 못하는 문제가 있습니다. 이것을 간과하면, 일정한 규칙에 따라 정제된 데이터를 받아도 자료를 만들 때마다 매번 추가 작업을 해야 하며 규칙을 계속 변경해야 할 수 있습니다.

	A	B	C	D	E	F	G	H	I
1	이름	생년월일	전화번호	가구	전자제품	기타	수량	가격	구매일자
2	홍길동	90년생 1월 2일	010-1234-5678	의자	없음	없음	1	5만원	2022-11-10
3	김민수	1985.10.20	01098765432		0	모니터	0	2	900000	2022-12-15
4	이영희	1998년 03월 25일	010-001-0002	-	소파		1	300000	2023.01.05
5	박철수	1975-12-03	010-765-4321	-	-	선반	3	75000	2023-02-20
6	최지우	2000-07-12	010-111-2222	침대	.	.	1	400000	2023-03-18

▲ 무질서하게 입력된 데이터 예시

전문적으로 데이터를 설계할 때는 필수적으로 거치는 과정이지만, 엑셀에서는 간과되기 쉬운 것이 '행 기반으로 데이터를 설계하는 것'입니다. '행 기반 데이터'란 열 단위로 항목을 정의하고, 데이터가 발생할 때마다 행 단위로 입력하는 방식을 의미합니다.

	A	B	C	D	E	F	G	H
1	이름	생년월일	전화번호	품목	단가	수량	합계	구매일자
2	홍길동	1990-01-02	010-1234-5678	의자	50000	1	50000	2022-11-10
3	김민수	1985-10-20	010-9876-5432	모니터	450000	2	900000	2022-12-15
4	이영희	1998-03-25	010-001-0002	소파	300000	1	300000	2023-01-05
5	박철수	1975-12-03	010-765-4321	선반	25000	3	75000	2023-02-20
6	최지우	2000-07-12	010-111-2222	침대	400000	1	400000	2023-03-18

▲ 행 기반 데이터 예시

엑셀은 셀 단위로 구성되어 있어 어느 셀에나 데이터를 입력할 수 있으므로 행과 열의 방향을 무시한 채 데이터를 입력할 수 있지만, 실제로 엑셀이 제공하는 대부분의 기능은 행 기반 데이터를 전제로 설계되어 있습니다. 예를 들어, 행과 열이 모두 채워진 상황에서 합계 기능을 실행하면 기본적으로 열 방향으로 집계가 이루어지며, 차트 역시 열 방향의 데이터를 기본으로 생성됩니다. 피벗 테이블 역시 열 방향으로 데이터가 입력되어 있으면 제대로 기능하지 않습니다. 따라서 엑셀에서 데이터를 효율적으로 다루기 위해서는 행 기반 데이터 구조를 이해하고 적극적으로 활용해야 합니다. 엑셀 파일을 만들 때부터 열 단위로 항목을 정하고, 행 별로 자료를 추가해 나간다면, 데이터를 정리하거나 분석할 때 필요한 작업을 최소화할 수 있으며, 엑셀의 다양한 기능도 효과적으로 사용할 수 있습니다.

항목	장점
데이터 정리 및 분석 용이성	일관된 구조로 인해 데이터 처리 과정 간소화
엑셀 기능의 효과적 활용	피벗 테이블, 차트 등의 고급 기능을 쉽게 사용 가능
데이터 관리의 편의성	새로운 데이터 추가 및 기존 데이터 수정이 용이함
데이터의 일관성 유지	동일한 형식으로 정리되어 오류 가능성 감소
데이터 변환 및 통합 용이	다른 시스템이나 도구와의 호환성이 높음

▲ 행 기반 데이터의 장점

행 기반 데이터는 이와 같이 엑셀 작업의 효율성을 크게 높일 수 있으며, 결과적으로 작업 시간을 단축하고, 더 정확한 데이터 분석이 가능해집니다.

✓ 행 기반 데이터 구조의 이해

행 기반 데이터는 대부분의 데이터 시스템에서 채택하고 있는 구조입니다. 가까운 예로 MS 오피스에 포함된 데이터베이스 프로그램인 '액세스'가 행 기반 데이터 구조를 사용하고 있으며, 많은 종류의 업무용 'ERP' 프로그램도 행 기반 데이터 구조를 채택하고 있습니다. 행 기반 데이터는 다음과 같은 형태로 머리글에 항목을 정의하고 행 단위로 데이터를 추가하는 구조이기 때문에 행 기반 데이터라고 부릅니다.

> **TIP** ERP은 'Enterprise Resource Planning'의 약자로 기업의 경영 활동을 통합 관리하기 위한 전사적 자원관리 시스템을 말합니다. 보통 회계와 재무를 중심으로 생산, 판매, 재고 등에 대한 기능이 포함되어 있습니다.

머리글 1	머리글 2	머리글 3	머리글 4
머리글 1의 값	머리글 2의 값	머리글 3의 값	머리글 4의 값
…	…	…	…
…	…	…	…
…	…	…	…

▲ 행 기반 데이터 구조

행 기반 데이터를 구성하는 방법은 다음과 같습니다:

❶ **열 항목 정의**: 데이터를 입력할 각 항목을 열 단위로 정의합니다. 예를 들어, 고객 데이터를 다룰 경우 '고객번호', '이름', '연락처', '가입일자' 등의 항목을 설정할 수 있습니다.

❷ **데이터 형식 지정**: 각 항목에 입력될 데이터의 형식을 사전에 정합니다. 데이터 형식은 '숫자', '문자', '날짜' 등을 포함하며, 가능한 한 원본 데이터를 가공하지 않고 그대로 입력하는 것이 좋습니다. 특히 숫자의 경우 평균이나 합계 같은 계산을 염두에 두어, 축약된 값이나 단위 등을 함께 기록하는 것을 피해야 합니다.

❸ **머리글 입력**: 데이터의 첫 행(머리글)에는 열의 이름을 입력합니다. 이때, 열 이름은 간결하고 명확하게 작성해야 하며, 필요에 따라 데이터 입력 규칙이나 형식을 추가합니다. 예를 들어, 날짜 형식은 'YYYY-MM-DD'로 통일하거나, 전화번호는 지역번호를 포함하도록 규칙을 제시할 수 있습니다.

고객번호	이름	연락처	가입일자
1	홍길동	010-1234-5678	2024-1-1
2	김철수	010-8765-4321	2024-1-2
신규고객 번호	신규고객 이름	신규고객 연락처	신규고객 가입일자

▲ 행 기반 데이터의 신규 데이터 추가 방식

실습 열 기반 데이터를 행 기반으로 바꾸는 방법　CASE_01_01

행 기반 데이터의 중요성을 알고 있어도 이미 잘못된 양식이 배포되었다면, 어쩔 수 없이 추가로 데이터를 가공해야 합니다. 그러나 이런 경우에도 데이터가 더 추가되기 전에 행 기반 데이터로 바꿔두는 것이 향후 작업량을 줄이는 데 도움이 됩니다. 아래의 예시는 흔히 사용되는 매출 장표로 매출을 수기로 기록하는 경우 이와 같은 형태의 장부를 많이 사용합니다.

월	1월	2월	3월	4월	5월	6월	7월	8월	9월	10월	11월	12월
판매량	100	150	200	180	160	190	175	210	200	185	220	195
개수	10	15	20	18	16	19	17	21	20	18	22	19

▲ 캡션주세요.

표 형태만 보면 판매량과 개수가 있는 행에서 평균 또는 합계 등을 집계할 수 있고, 제품별 단가 등의 파생 데이터는 행 단위로 추가할 수 있어 관리에는 문제가 없어 보입니다. 눈으로 데이터를 확인하며 매출 추이를 쉽게 파악할 수 있기 때문에 장표로서는 이상적이라고 볼 수 있습니다. 하지만, 이와 같은 형태로 데이터를 구성하면 매월 매출이 발생할 때마다 열을 추가해야 하므로 행보다 상대적으로 폭이 긴 열이 빠르게 늘어나서 가독성이 떨어지고 머리글을 이용하여 데이터를 집계하는 피벗 테이블 등이 원활하게 동작하지 않아 추가 장표는 만들기 어려워집니다.

1 | 행/열 바꿈으로 데이터 붙여넣기

① [A2:M4] 영역을 선택한 후, Ctrl + C 를 눌러 데이터를 복사합니다.

② [Sheet2] 시트를 추가한 후, [A1] 셀이 선택된 상태에서 Ctrl+Alt+V를 눌러 [선택하여 붙여넣기] 창을 표시합니다.

③ [선택하여 붙여넣기] 창에서 [값]과 [행/열 바꿈]을 체크한 후, [확인] 버튼을 클릭합니다.

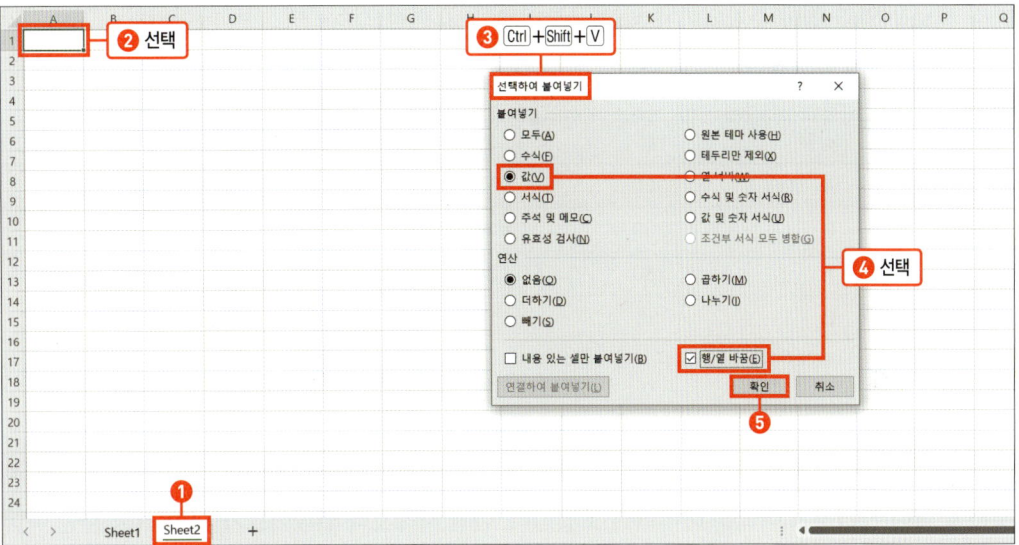

TIP 마우스 오른쪽 버튼을 클릭하고 메뉴에서 [붙여넣기 옵션]의 아이콘을 눌러도 됩니다.

④ [A1] 셀에 행과 열이 바뀐 데이터가 붙여 넣어집니다.

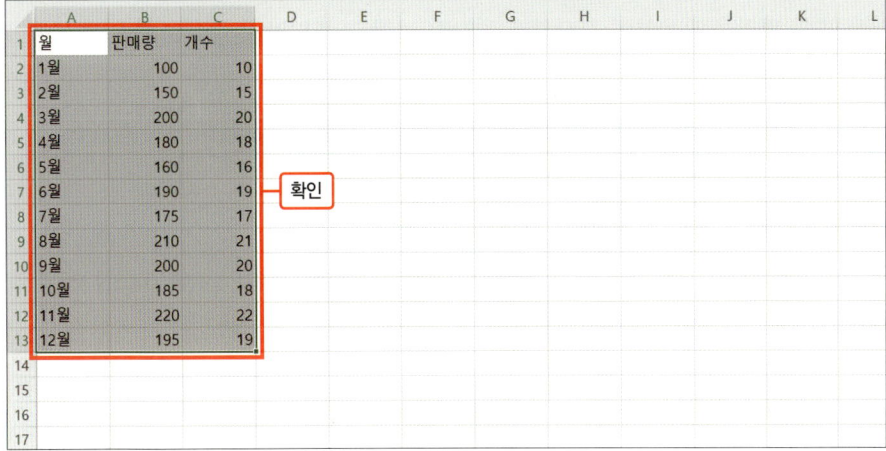

1장 엑셀이 쉬워지는 데이터 구조 만들기 —— **023**

실습 잘못 만들어진 행 기반 데이터 구조 바로잡기   🔗 CASE_01_02

아래의 데이터는 지역 및 상품에 대한 매출이 발생할 때마다 행 단위로 입력되지만, 시간 경과에 따라 새로운 열과 행이 추가되어야 하는 구조이므로, 표면적으로는 행 기반 데이터처럼 보이지만 실제로는 그렇지 않습니다.

지역	상품	1월	2월	3월	4월
서울	A	300	250	270	310
서울	B	200	180	220	210
부산	A	250	300	280	320
부산	B	150	170	160	190

⟵------- 행 기반 데이터 -------⟶⟵------------- 열 기반 데이터 -------------⟶

▲ 행 기반과 열 기반이 섞여 있는 사례

이러한 형태는 데이터를 집계할 때마다 매번 셀을 수정해야 하고 차트와 피벗 테이블도 제대로 작동하지 않아 관리하기 어려운 데이터 구조입니다. 이전 사례보다 업데이트가 더 어려울 뿐만 아니라 수작업으로 행 기반 데이터로 변환하려면 월과 매출액을 입력할 머리글을 추가하고 각 데이터를 한 칸씩 복사하거나, 새로운 시트를 만들어 월별 매출 부분만 행/열 바꿈을 실행해야 하는 등 일반적인 작업 방식으로는 행 기반 데이터로 구조를 변경하기도 쉽지 않습니다.

이번 실습에서는 파워 쿼리를 사용하여 간단하게 해결해 보겠습니다. 파워 쿼리는 주로 엑셀에서 외부 데이터를 가져올 때 사용하지만, 다양한 데이터 가공 기능도 포함되어 있습니다. 특히 이번에 실습해 볼 기능은 사용 방법이 간단해 한 번만 따라해보면 쉽게 익힐 수 있습니다.

1 | 파워 쿼리를 이용하여 행 기반 구조 바로잡기

실습 예제는 [지역], [상품] 열은 행 기반으로 작성되어 있으나 [1월], [2월], [3월], [4월] 열은 열 기반으로 작성되어 있습니다. 만약 이 데이터를 수작업으로 고친다면 열 기반으로 작성된 열은 전부 다시 입력해야 합니다. 파워 쿼리는 행 기반으로 동작하는 특성으로 인해 이러한 상황에 적합한 기능을 제공합니다. 여기서는 [1월], [2월], [3월], [4월] 열을 행 기반으로 변경하는 작업을 진행해 보겠습니다.

① 데이터가 있는 [A1:F5] 영역을 선택한 후 메뉴에서 **[데이터]-[데이터 가져오기 및 변환]-[테이블/범위에서]** 를 클릭합니다.

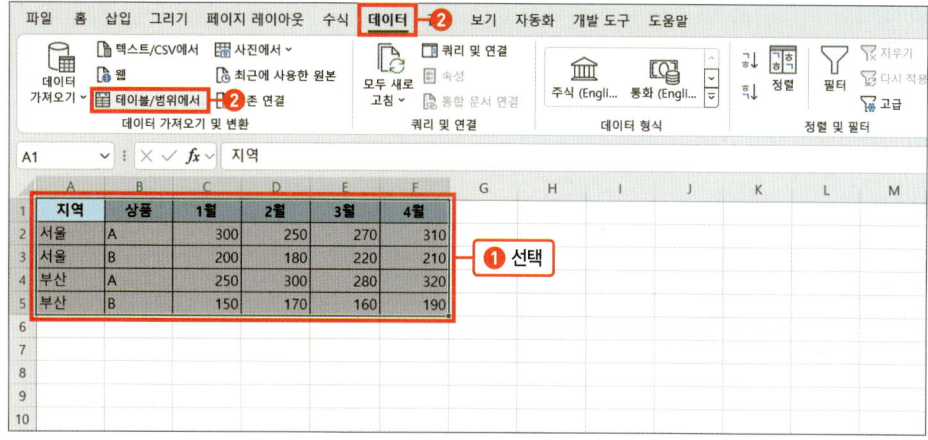

② [표 만들기] 창이 표시되면 데이터 범위와 [머리글 포함] 옵션이 체크되어 있는지 확인하고 [확인] 버튼을 누릅니다.

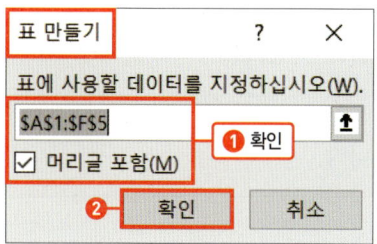

③ [Power Query 편집기] 창이 표시되면 [1월] 열을 클릭하고 Shift를 누른 상태에서 [4월] 열을 클릭하여 1월부터 4월까지의 데이터를 선택합니다.

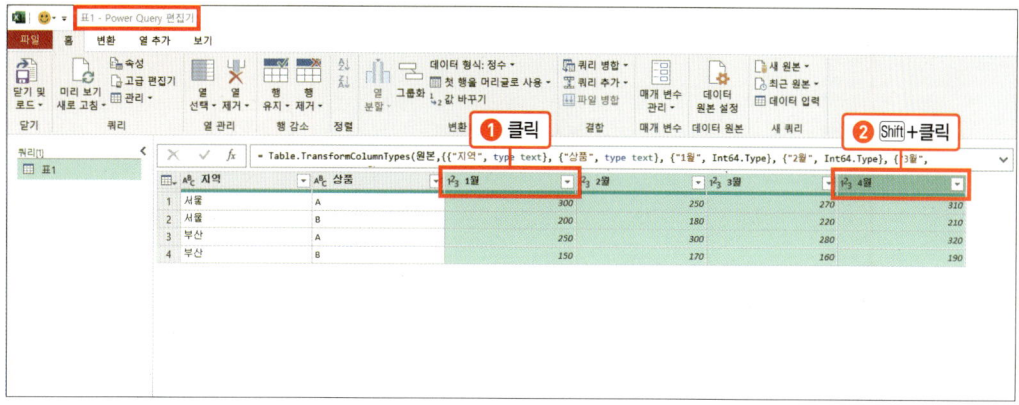

1장 엑셀이 쉬워지는 데이터 구조 만들기 —— 025

④ 선택된 영역의 머리글을 마우스 오른쪽 버튼으로 클릭한 다음, 메뉴에서 [열 피벗 해제]를 선택합니다.

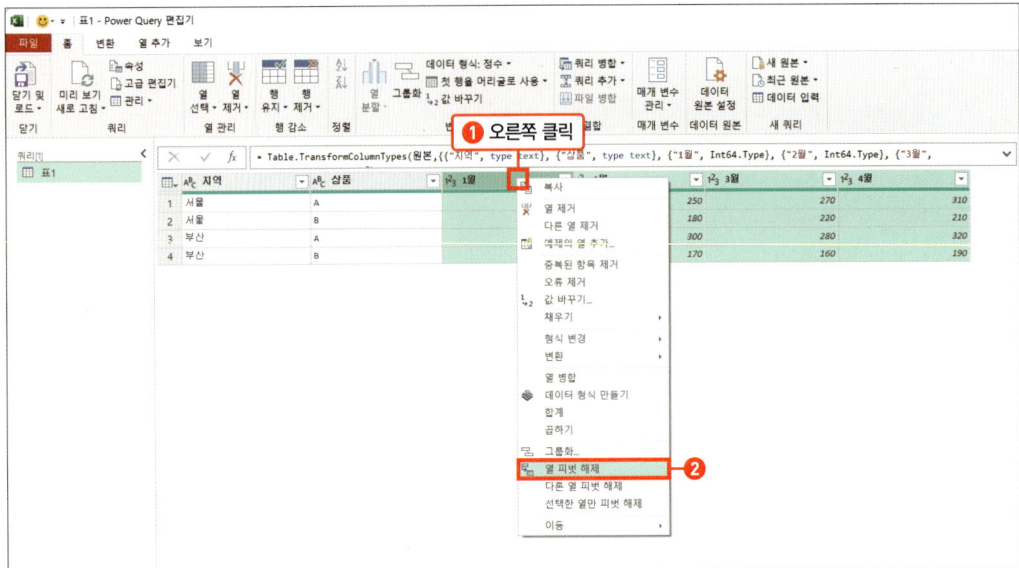

⑤ 열 피벗이 해제된 것을 확인한 후, [닫기 및 로드]를 클릭합니다.

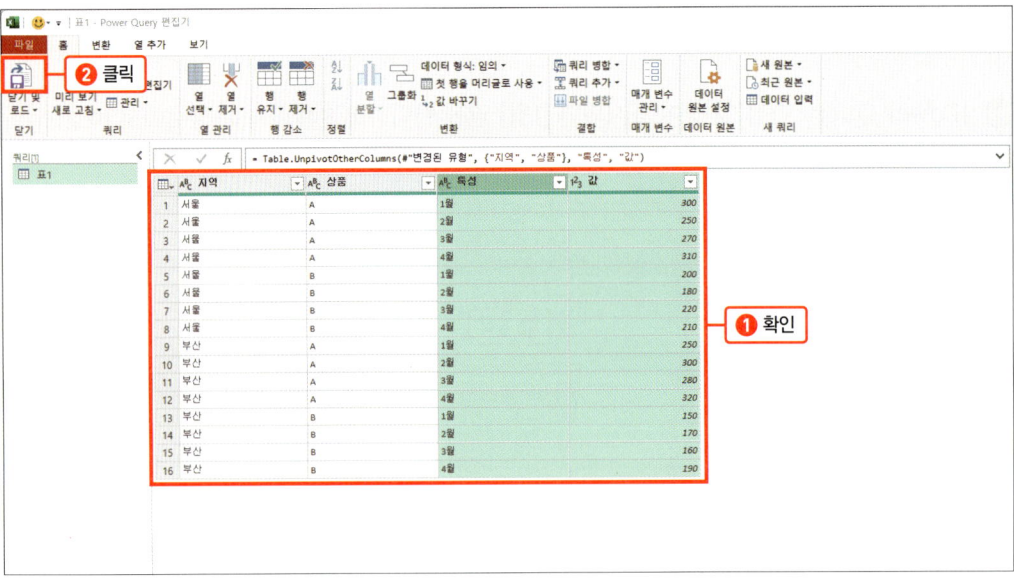

⑥ 새로 생성된 [표1] 시트에서 [A1:D17] 영역을 선택하고 메뉴의 [테이블 디자인]-[도구]-[범위로 변환]을 클릭합니다.

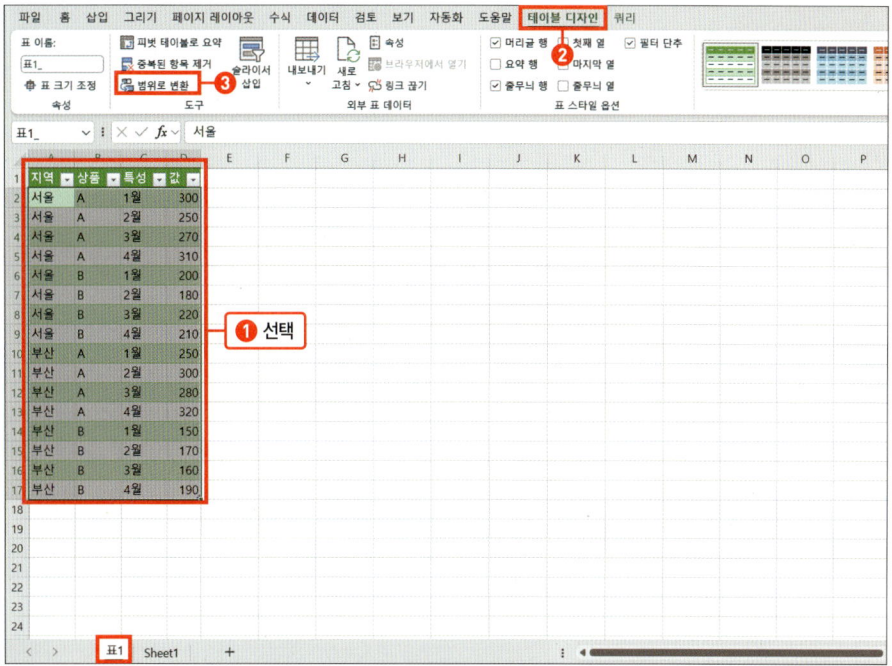

TIP 표 형태의 데이터 작업이 익숙하다면, [범위로 변환]을 생략해도 됩니다. 표 형태의 데이터에 대한 자세한 내용은 109쪽을 참고하세요.

⑦ 경고 창이 표시되면 [확인]을 클릭합니다.

⑧ [C1] 셀은 '날짜', [D1] 셀은 '매출'로 머리글을 수정합니다.

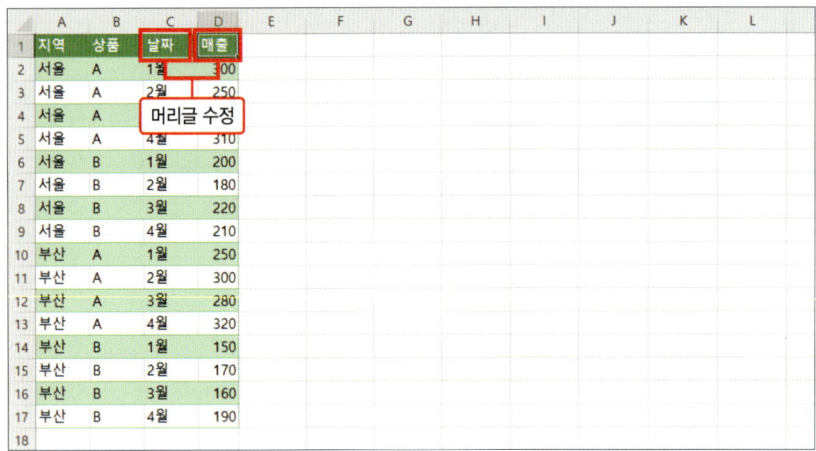

이 작업은 '열 피벗 해제' 또는 '언피벗(unpivot)'이라고 합니다. 이렇게 수정해 두면 열을 추가하지 않고 행 단위로만 데이터를 추가할 수 있습니다. 이로 인해 테이블 구조가 바뀌지 않아 미리 정해둔 규칙이나 디자인이 깨질 위험도 적어집니다. 행과 열이 많을수록 유용한 기능이므로 기억해 두면 다양한 상황에서 활용할 수 있습니다.

여러 데이터 합치기

협업하는 다른 부서의 데이터를 취합하거나 인터넷에서 내려 받은 데이터를 정리하는 일이 잦다면, 데이터가 분산되는 이유와 관리 방법을 통해 근본적인 해결 방법을 찾을 수 있습니다. 근본적인 원인이 해결된다면, 데이터를 보다 쉽고 간단하게 합쳐 데이터를 편리하게 활용할 수 있을 것입니다.

✓ 데이터가 분산되는 이유와 관리 방법

같은 기업이라도 부서별로 데이터가 분산되어 있는 주된 이유는 업무나 부서별로 역할이 나뉘어져 있기 때문입니다. 즉, 부서와 담당자별로 업무가 세분화되어 있어 데이터도 그에 따라 분리되어 있는 것이죠. 예를 들어 고객을 관리하는 고객부서와 판매를 담당하는 영업부서는 업무에 따라 기록하는 데이터도 다릅니다. 고객부서는 고객정보, 포인트 등 고객 중심의 데이터를 기록하는 반면, 영업부서는 같은 고객 대상 데이터라도 고객정보 보다는 판매내역을 더 자세히 기록하게 됩니다. 지역별로 영업점이 나뉘져 있다면 같은 판매 데이터라도 각 영업점별로 데이터가 분산됩니다. 전산망을 구축하여 데이터를 통합할 수도 있지만, 아직 시스템이 구축되어 있지 않다면 데이터는 분산될 수밖에 없습니다.

데이터 설계 전문가는 이렇게 다양한 이유로 분산된 데이터를 효율적으로 관리하기 위해 '관계형 데이터 모델'과 '데이터 거버넌스(Governance)'라는 개념을 고안해냈습니다. 관계형 데이터 모델은 데이터를 테이블 형태로 구조화하고, 테이블 간의 관계를 정의하여 데이터의 중복을 최소화하고 일관성을 유지하는 방법론입니다. 데이터 거버넌스는 데이터의 생성, 저장, 사용, 삭제 등 데이터의 전 생애주기에 걸쳐 데이터의 품질과 보안을 관리하는 체계와 프로세스를 의미합니다. 이 두 가지 개념을 바탕으로 엑셀에서 분산된 데이터를 관리하기 위한 몇 가지 방법을 정리해 보면 다음과 같습니다.

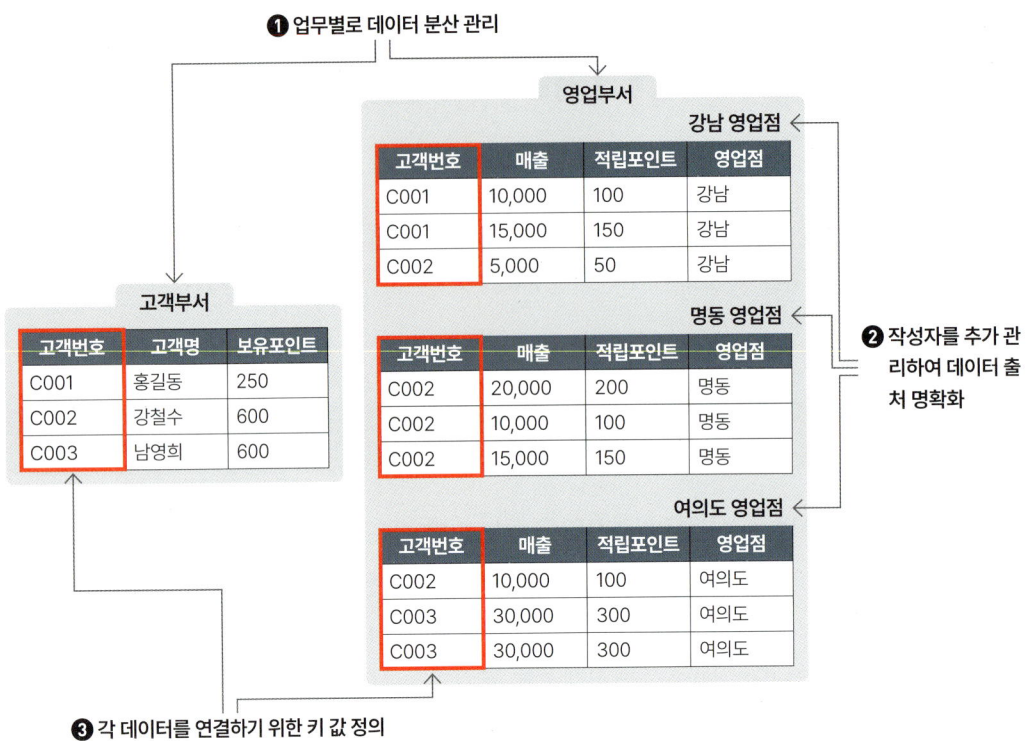

❶ **업무별로 데이터 분산 관리**: 기업의 업무는 부서별로 세분화되어 있으며, 각 부서는 고유의 역할과 책임을 가지고 있습니다. 이에 따라 부서별로 필요한 데이터의 종류와 형식을 다르게 관리됩니다. 다만, 공통으로 수집하는 데이터가 있을 경우에는 관리부서를 결정하고 최신정보를 유지하고 서로 다른 값을 저장하지 않도록 노력해야 합니다.

❷ **작성자를 추가 관리하여 데이터 출처 명확화**: 동일한 항목의 데이터라도 작성자에 따라 데이터의 정확도나 신뢰도가 달라질 수 있으므로 데이터 작성자를 구분할 수 있는 항목을 추가하여 데이터의 출처를 명확히 해야 합니다. 이는 향후 데이터 검증이나 문제 발생 시 책임소재를 파악하는 데에도 도움이 됩니다.

❸ **각 데이터를 연결하기 위한 키 값 정의**: 분산된 데이터를 효율적으로 관리하고 통합하기 위해서는 각 데이터를 구분할 수 있는 고유한 키 값이 필요합니다. 키 값은 각 데이터의 공통적인 속성을 활용하여 설정되며, 이를 통해 분산된 데이터를 연결하고 통합할 수 있어야 합니다. 예를 들어, 고객부서와 영업부서에서 관리하는 고객 데이터는 고객번호라는 키 값을 공유해야만 두 부서의 데이터를 연결하고 통합할 수 있습니다.

이처럼 분산된 데이터를 관리하기 위해서는 업무별 데이터 관리, 작성자 추가 관리, 키 값 정의 등의 방법을 활용할 수 있습니다. 특히 엑셀로 여러 부서나 동료로부터 데이터를 취합할 때는 이러한 규칙을 적용하면 데이터 관리와 통합이 한결 수월해 집니다.

결과적으로 분산된 데이터를 연결하고 통합하기 위해서는 각 데이터를 구분할 수 있는 고유한 키 값 설정이 가장 중요합니다. 키 값은 데이터의 공통 속성을 활용하여 정의할 수 있으며, 이를 통해 업무상 발생하는 다양한 데이터를 효과적으로 관리하고 활용할 수 있게 됩니다. 만약 데이터 통합과 관리에 어려움을 겪고 있다면 여기서 소개하는 방법을 참고하여 업무를 개선해 보세요.

실습 VLOOKUP 함수로 데이터 병합하기 CASE_02_01

분산된 데이터를 병합할 때는 키 값과 함께 기준을 통일하는 것이 중요합니다. 앞선 예시에서 고객부서는 고객별로 데이터를 보관하고 있었지만, 영업부서는 판매 건 별로 데이터를 기록했습니다. 이로 인해 고객부서 데이터를 기준으로 데이터를 병합하려면 영업부서의 데이터를 요약해야 하고, 영업부서 기준으로 병합하려면 고객정보가 중복되는 걸 감수해야 합니다. 우선, 다음과 같이 영업부서의 데이터를 요약했다고 가정하고 데이터를 병합하는 방법을 알아보겠습니다.

고객기준으로 3행 기록

고객번호	고객명	보유포인트
C001	홍길동	250
C002	강철수	600
C003	남영희	600

판매기준으로 9행 기록

고객번호	매출	적립포인트	영업점
C001	10,000	100	강남
C001	15,000	150	강남
C002	5,000	50	강남
C002	20,000	200	명동
C002	10,000	100	명동
C002	15,000	150	명동
C002	10,000	100	여의도
C003	30,000	300	여의도
C003	30,000	300	여의도

❷ 고객번호를 키 값으로 병합

고객번호	고객명	보유포인트	매출합계	주거래 영업점
C001	홍길동	250	25,000	강남
C002	강철수	600	60,000	명동
C003	남영희	600	60,000	여의도

❶ 고객기준으로 데이터 요약

고객번호	매출	영업점
C001	25,000	강남
C001	60,000	명동
C002	60,000	여의도

1 | VLOOKLUP 함수의 동작 방식 알아보기

수직(vertical) 조회(look up)라는 의미의 VLOOKUP 함수는 키 값을 이용하여 지정한 범위에서 원하는 키를 조회한 후 수직에 있는 값을 반환하는 함수입니다. 매우 유용한 함수지만 아직 사용 방법이 낯설고 어렵다면 이번 실습을 통해 VLOOKUP 함수의 동작 방식을 이해해 보세요.

① 기준 데이터, 가져올 데이터, 키 값 정하기: 데이터를 병합할 때 가장 먼저 할 것은 작업을 진행할 기준 데이터와 가져올 데이터에서 정하고, 공통 항목을 찾아 키 값을 결정하는 것입니다. 여기서는 고객부서의 데이터를 기준 데이터, 영업부서(요약)을 가져올 데이터로 정하고 고객번호를 키 값으로 정했습니다.

고객부서 → 기준 데이터

고객번호	고객명	보유포인트
C001	홍길동	250
C002	강철수	600
C003	남영희	600

영업부서(요약) → 가져올 데이터

고객번호	매출합계	주거래 영업점
C001	25,000	강남
C001	60,000	명동
C002	60,000	여의도

② 기본 인수를 차례로 입력하기: VLOOKUP 함수의 인수는 '검색할 값', '데이터 범위', '열 인덱스 번호', '일치 여부'이며 일치 여부는 생략할 수 있습니다. 여기서는 기준 데이터를 '검색할 값', 가져올 데이터를 '데이터 범위', 데이터 범위에서 출력할 '열 인덱스 번호'를 차례로 입력합니다.

고객번호	고객명	보유포인트
C001	홍길동	250
C002	강철수	600
C003	남영희	600

❶ 검색할 값

고객번호	매출합계	주거래 영업점
C001	25,000	강남
C001	60,000	명동
C002	60,000	여의도

❷ 데이터 범위
❸ 열 인덱스 번호

③ 범위 검색 방식을 결정하고 함수 실행: VLOOKUP 함수는 값을 찾을 때 일치여부를 선택할 수 있습니다. '0' 또는 'FALSE'를 입력하면 정확히 일치하는 데이터를 가져오고 '1' 또는 'TRUE'를 입력하면 유사 일치 값을 가져옵니다. 여기서는 데이터를 병합할 것이므로 정확하게 일치하는 데이터를 가져오기 위해 일치여부 인수에 '0'을 입력합니다.

2 | VLOOKUP함수로 데이터 병합하기

① 데이터를 가져올 [D2] 셀에 다음의 함수를 입력하고 Enter를 눌러 실행합니다.

> **[D2]** *fx*
> =VLOOKUP(A2, $A$7:$C$9, 2, 0)
> 여기서는 데이터 범위인 [A7:C9] 영역에서 수직 방향으로 [A2](고객번호) 셀의 값과 일치하는 값을 검색하여 열 인덱스 번호가 '2'인 열의 데이터(매출합계)를 가져옵니다. 여기서는 데이터 범위를 선택한 다음 F4 를 눌러 절대 참조로 고정했습니다.

② [D2] 셀에 데이터 범위([A7:C9]) 중 고객번호가 [A2] 셀과 일치하는 두 번째 열(매출합계)의 데이터가 출력됩니다. 여기서는 'C001'을 찾은 후 같은 행의 두 번째 열에 있는 '25,000'이 반환되었습니다.

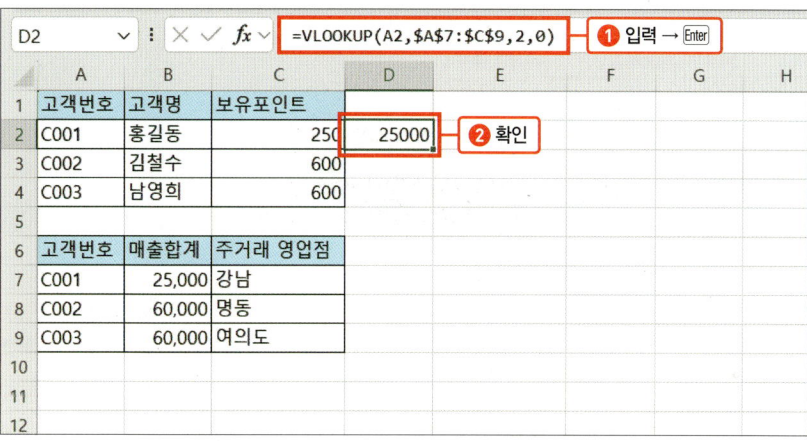

③ 같은 방법으로 [E2] 셀에 다음의 함수를 입력하고 Enter를 눌러 실행합니다.

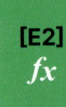

=VLOOKUP(A2, $A7:$C$9, 3, 0)

데이터 범위인 [A7:C9] 영역에서 수직 방향으로 [A2](고객번호) 셀의 값과 일치하는 값을 검색하여 열 인덱스 번호가 '3'인 열의 데이터(주거래 영업점)를 가져옵니다. 여기서는 데이터 범위를 선택한 다음 F4를 눌러 절대 참조로 고정했습니다.

④ '열 인덱스 번호'에 '3'을 입력하여 '주거래 영업점'에 해당하는 '강남'이 출력됩니다. 열 인덱스 번호는 왼쪽부터 순서대로 1씩 증가하므로 데이터 범위의 전체 데이터를 가져올 경우 이와 같이 열 인덱스 번호만 '1'씩 늘리면 됩니다.

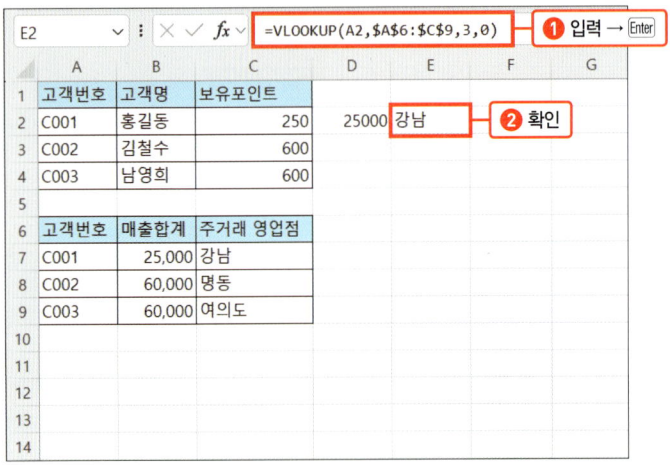

⑤ [D2:E2] 영역을 선택한 다음 채우기 핸들을 더블클릭하여 나머지 셀에 함수를 채워 넣습니다. 머리글이 있는 [B6:C6] 영역을 복사하여 [D2:E2] 영역에 붙여넣고 셀 테두리를 추가하여 작업을 마무리합니다.

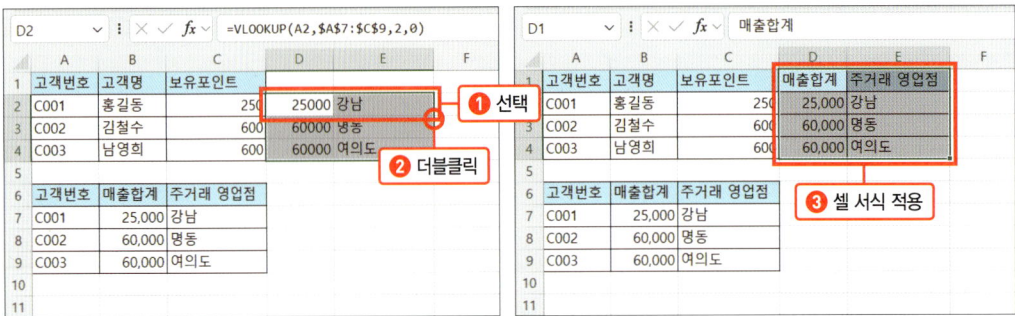

실습 파워 쿼리로 데이터 병합하기

CASE_02_02

앞선 실습과 같이 VLOOKUP 함수를 활용하면 데이터를 병합할 수 있지만 데이터 범위의 열 데이터를 하나씩 가져와야 하기 때문에 함수를 여러 번 입력해야 하는 단점이 있습니다. 또한, 열 인덱스 번호를 사용하므로 항목이 많아지면 원하는 열 번호를 기억하도 어렵죠.

이러한 단점은 병합해야 하는 데이터가 많아질수록 걷잡을 수 없이 커집니다. 예를 들어 고객관리, 상품개발, 영업부서에서 전부 다른 양식의 데이터를 사용하고 이를 전부 합쳐야 한다면 병합 방식을 결정하기도 어렵지만, VLOOKUP 함수를 반복 적용하는 과정에서 오류가 발생할 수도 있습니다.

이럴 땐, 파워 쿼리를 활용해 보세요. VLOOKUP 함수와 유사한 방식으로 동작하므로 한 번만 따라 해보면 쉽게 익힐 수 있습니다. 이번 실습에서는 고객번호를 기준으로 영업점별 포인트 적립 내역, 보유 포인트, 담당 직원 데이터가 나뉘어 있는 상황을 가정하였습니다.

① 병합할 데이터 중 첫 번째 데이터가 있는 **[A1:D10]** 영역을 선택한 후, 메뉴에서 **[데이터]-[데이터 가져오기 및 변환]-[테이블/범위에서]**를 클릭합니다.

② **[표 만들기]** 창이 표시되면 ①에서 선택한 범위를 확인하고 **[머리글 포함]**을 체크 표시한 다음 **[확인]**을 클릭합니다.

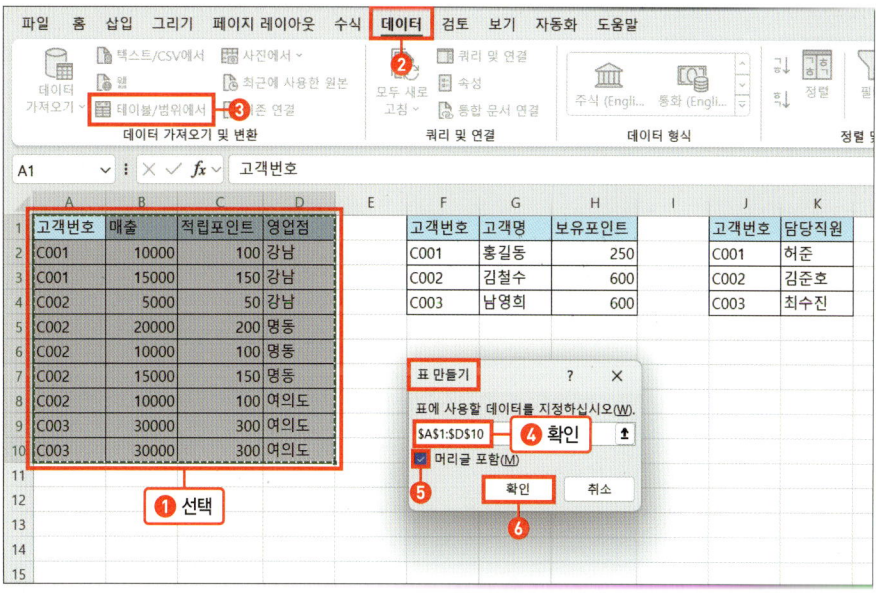

③ [Power Query 편집기] 창이 표시되면 [닫기 및 로드]의 하위 메뉴에서 [닫기 및 다음으로 로드]를 선택합니다.

TIP [닫기 및 로드]를 선택하면 데이터가 바로 워크시트에 표시되고 [닫기 및 다음으로 로드]를 선택하면 데이터를 가져오는 방법을 선택할 수 있습니다.

④ [데이터 가져오기] 창이 표시되면 [연결만 만들기]를 선택한 후 [확인]을 클릭합니다.

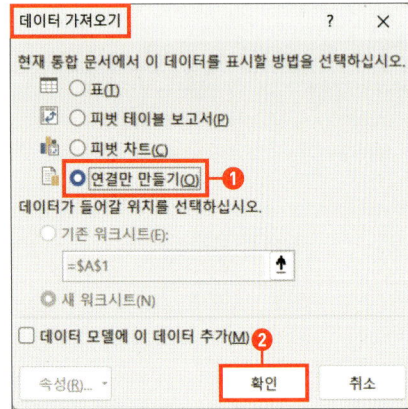

⑤ 작업 창 오른쪽에 **[쿼리 및 연결]** 창이 표시되고 **[표1]**이 연결 전용으로 추가된 것을 확인할 수 있습니다.

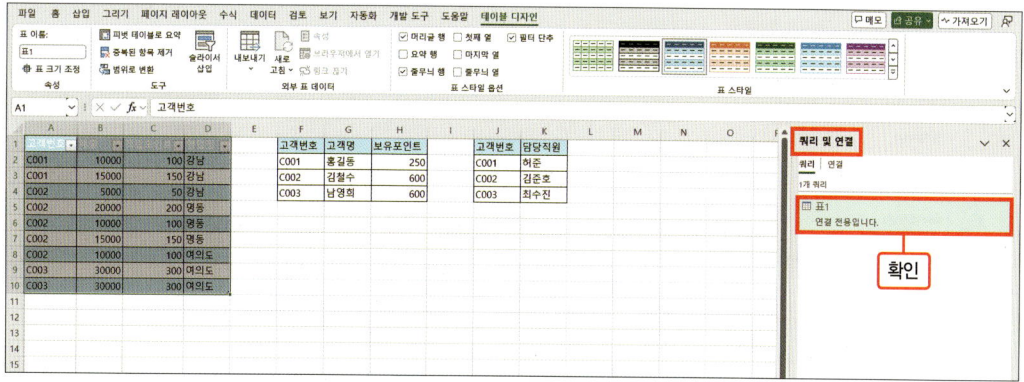

⑥ ①~④와 같은 방법으로 **[F1:H4]** 영역과 **[J1:K4]** 영역을 연결 전용으로 추가합니다.

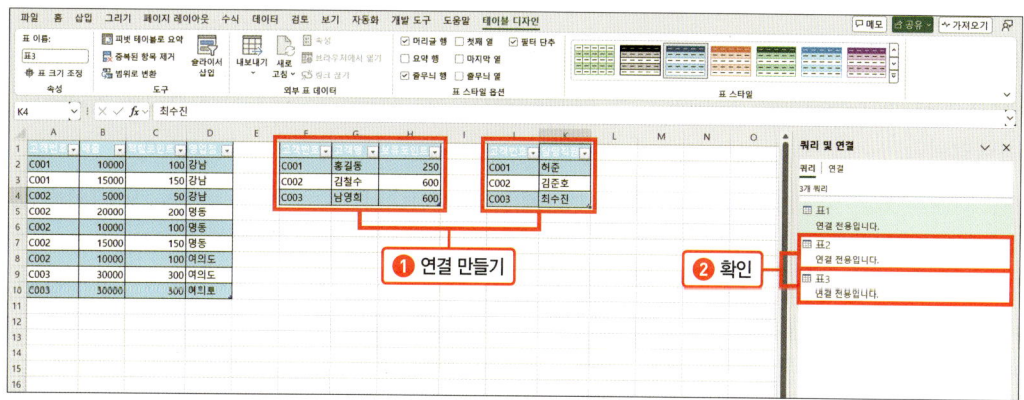

TIP ⑥의 작업을 완료하면 [쿼리 및 연결] 창에 [F1:H4] 영역은 '표2' [J1:K4] 영역은 '표3'으로 표시됩니다.

⑦ 각 영역이 추가된 것을 확인한 다음, 메뉴에서 [데이터]-[데이터 가져오기]-[쿼리 결합]-[병합]을 선택합니다.

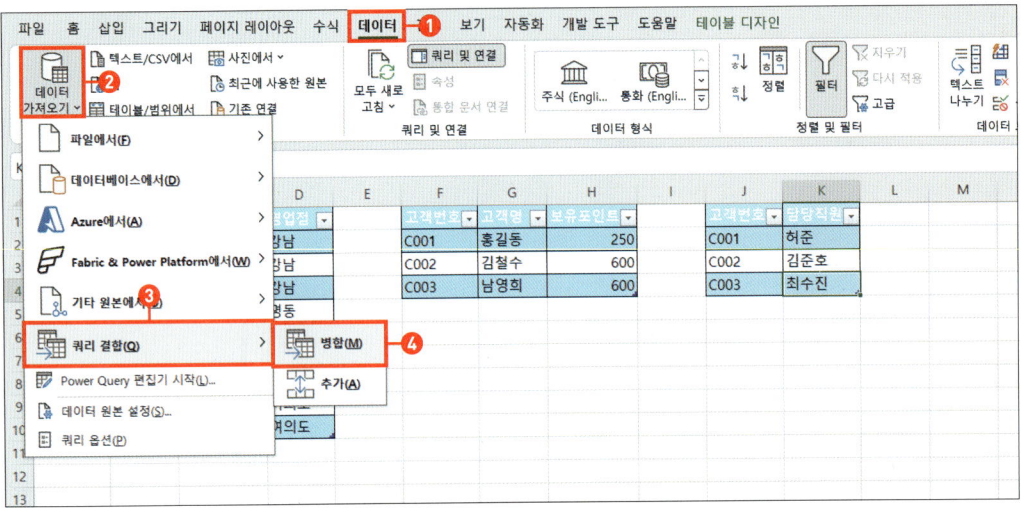

⑧ [병합] 창이 표시되면 첫 번째 선택 상자에 [표1]을 선택하고 두 번째 선택 상자에서 [표2]을 선택합니다.

⑨ 선택 상자의 '표1'과 '표2'에서 [고객번호] 열을 선택합니다. 조인 종류는 기본 값인 [왼쪽 외부]를 유지하고 [확인]을 클릭합니다.

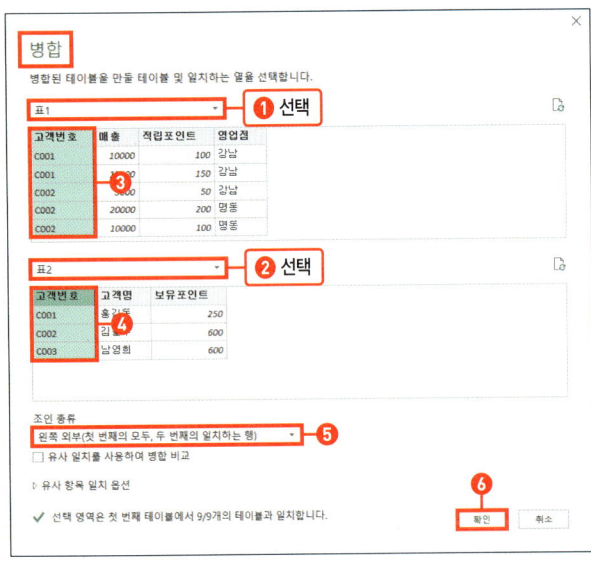

TIP 조인 종류에 대한 자세한 내용은 42쪽의 전문가의 조언을 참고하세요.

⑩ [Power Query 편집기]가 표시되면 [표2] 열의 아이콘을 클릭한 후, [고객번호] 항목의 체크를 해제하고 [확인]을 클릭합니다.

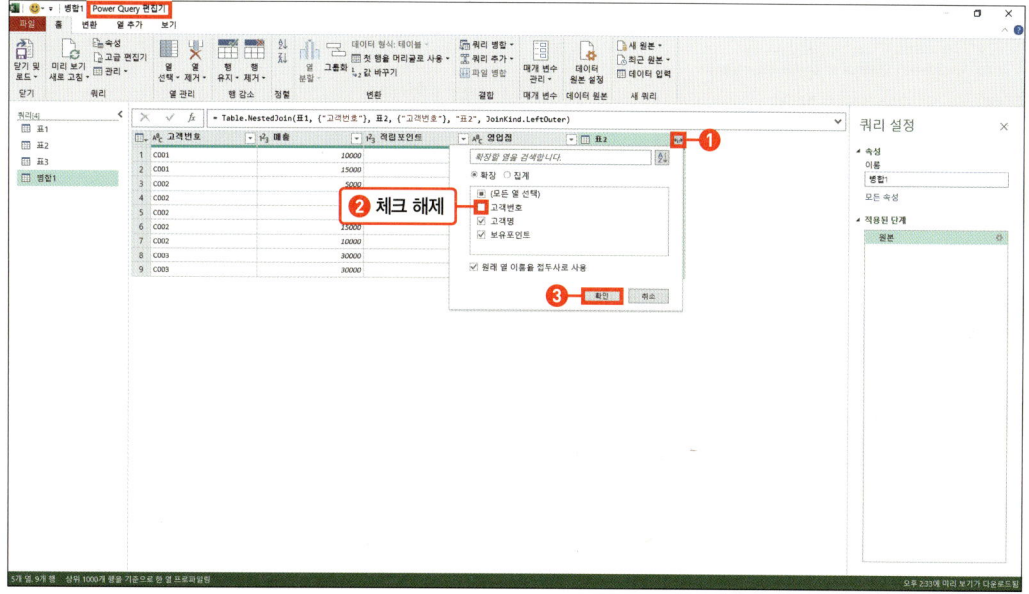

⑪ [Power Query 편집기] 창의 메뉴에서 [쿼리 병합]를 클릭합니다.

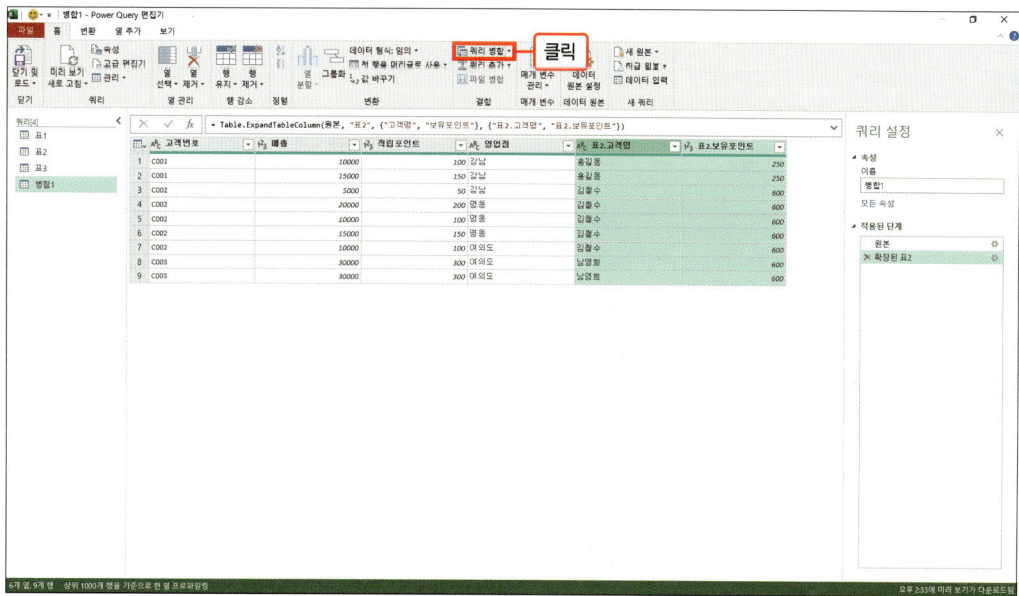

1장 엑셀이 쉬워지는 데이터 구조 만들기 —— **039**

⑫ [**병합**] 창의 두 번째 선택 상자에서 [**표3**]을 선택한 후, 선택 상자의 '병합1'과 '표3'의 [**고객번호**] 열을 선택한 후 [**확인**]을 클릭합니다.

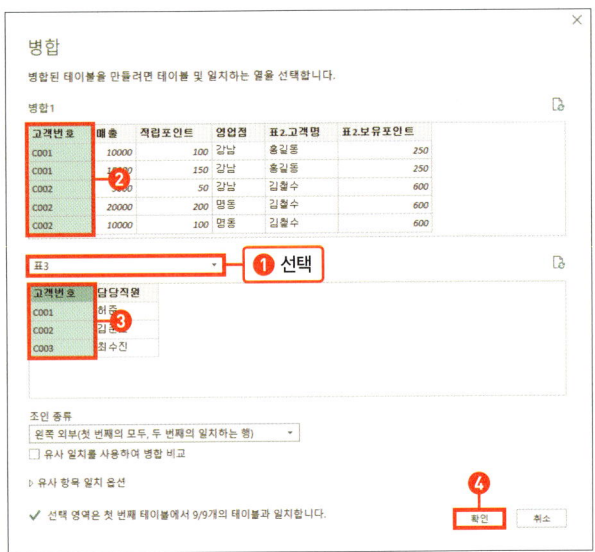

TIP 조인 종류는 기본 값인 [왼쪽 외부]를 유지합니다.

⑬ [**Power Query 편집기**] 창의 [**표3**] 열의 아이콘을 클릭한 다음, [**고객번호**]의 체크를 해제한 후 [**확인**]을 클릭합니다.

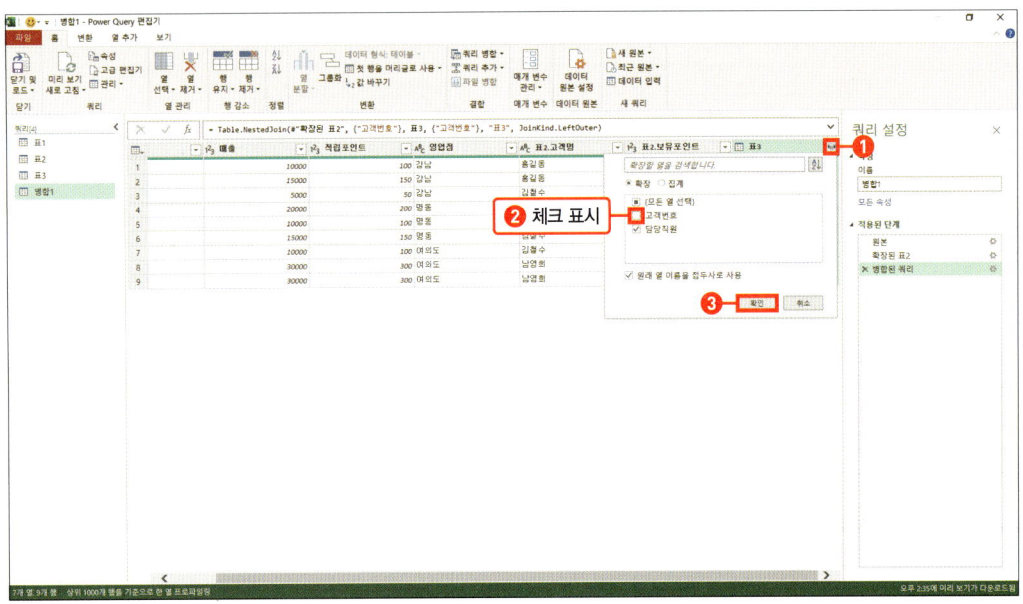

TIP [표3] 열이 표시되지 않는다면 [Power Query 편집기] 창의 스크롤을 오른쪽으로 움직여 보세요.

⑭ [표3] 열에 '담당직원' 데이터가 연결된 것을 확인하고 메뉴에서 [닫기 및 로드]를 클릭합니다.

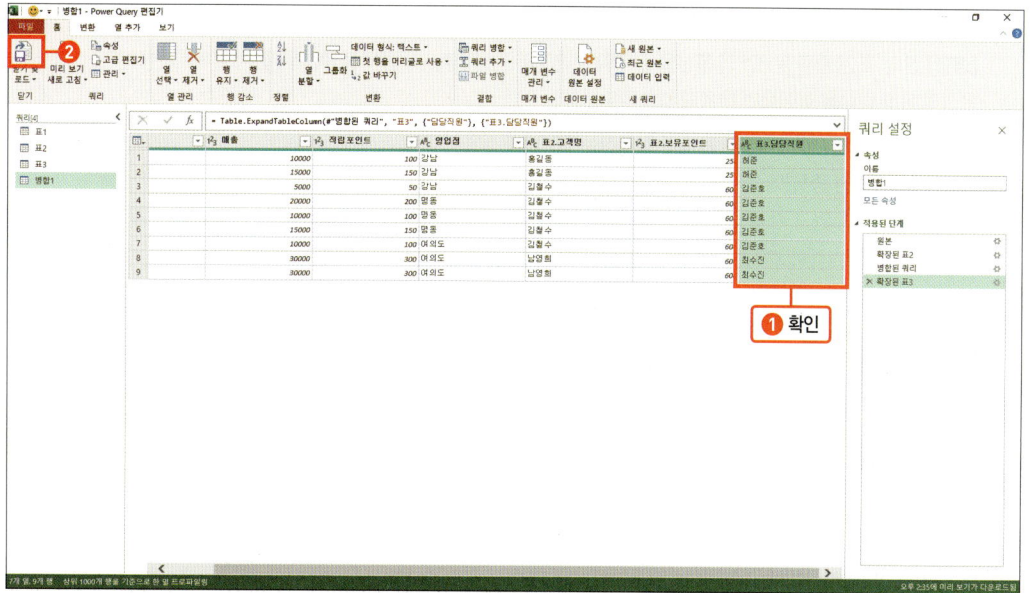

⑮ [병합1] 시트에 데이터가 병합된 것을 확인한 다음, 메뉴에서 [테이블 디자인]-[범위로 변환]을 선택하면 병합된 데이터만 남길 수 있습니다.

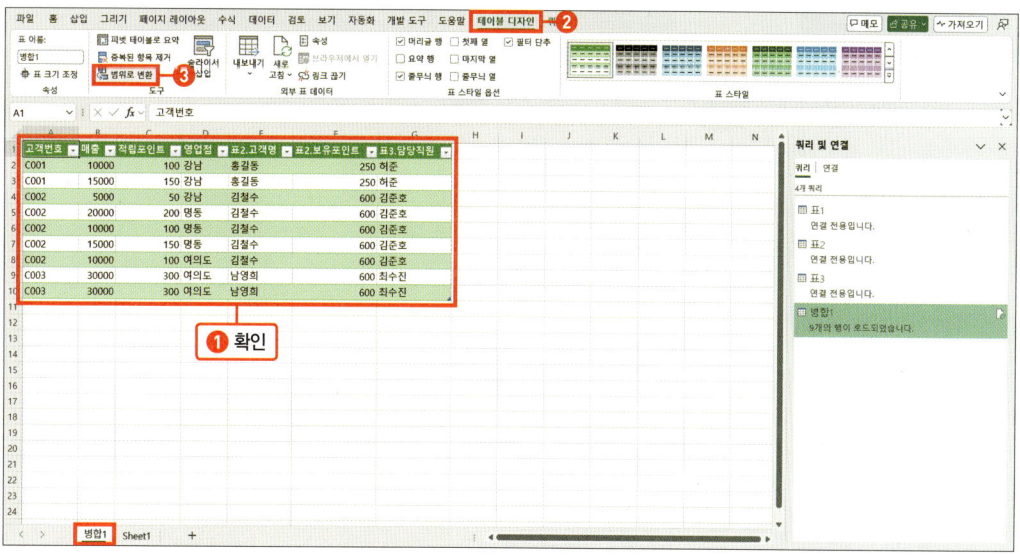

TIP 표 형태의 데이터 작업에 익숙하다면, [범위로 변환]을 생략해도 됩니다. 표 형태의 데이터에 대한 자세한 내용은 109쪽을 참고하세요.

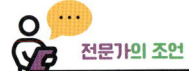 **전문가의 조언**

조인의 종류

[병합] 창의 '조인 종류'는 6개의 옵션을 선택할 수 있습니다. 대부분의 경우 **[왼쪽 외부]**를 그대로 사용하지만, 각 옵션의 동작 방식을 짚어보면 다음과 같습니다.

1. 왼쪽 외부(첫 번째의 모두, 두 번째의 일치하는 행)

[병합] 창의 **[조인 종류]**에서 '왼쪽'은 첫 번째 테이블, '오른쪽'은 두 번째 테이블을 의미합니다. 다음과 같이 두 개의 데이터 영역이 있고 키 값으로 '상품코드'를 사용할 경우 **[병합]** 창의 **[조인 종류]**에서 **[왼쪽 외부]**를 선택하면 첫 번째 표는 전부 가져오지만, 두 번째 표에서는 **[상품코드]**가 일치하는 값만 가져옵니다.

첫 번째 표

상품코드	상품명
A	사과
B	배
C	수박
D	참외
E	멜론

두 번째 표

상품코드	가격
A	1,000
C	5,000
D	25,000
F	2,000
G	8,000

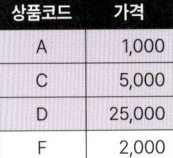

병합

상품코드	상품명	가격
A	사과	1,000
B	배	
C	수박	5,000
D	참외	25,000
E	멜론	

2. 오른쪽 외부(두 번째의 모두, 첫 번째의 일치하는 행)

두 번째 표를 전부 가져오고 첫 번째 표에서는 일치하는 행만 가져옵니다. **[왼쪽 외부]**에서 가져오는 표만 바뀐 셈이지만, 여러 데이터를 가져올 때는 헷갈릴 수 있으니 기준 데이터는 항상 첫 번째(왼쪽)에 두는 것을 추천합니다.

첫 번째 표

상품코드	상품명
A	사과
B	배
C	수박
D	참외
E	멜론

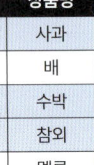

두 번째 표

상품코드	가격
A	1,000
C	5,000
D	25,000
F	2,000
G	8,000

병합

상품코드	상품명	가격
A	사과	1,000
C	수박	5,000
D	참외	25,000
F		2,000
G		8,000

3. 완전 외부(양쪽의 모든 행)

두 개의 표에서 모든 데이터를 가져옵니다. 키 값이 일치하면 같은 행에 연결되고, 일치하지 않는 행은 덧붙여진 표가 만들어집니다.

첫 번째 표

상품코드	상품명
A	사과
B	배
C	수박
D	참외
E	멜론

두 번째 표

상품코드	가격
A	1,000
C	5,000
D	25,000
F	2,000
G	8,000

병합

상품코드	상품명	가격
A	사과	1,000
C	수박	5,000
D	참외	25,000
F		2,000
G		8,000
B	배	
E	멜론	

4. 내부(일치하는 행만)

두 개의 표에서 전부 일치하는 행만 가져옵니다. 데이터가 있는 것만 필터링 할 수 있어서 **[왼쪽 외부]** 옵션 다음으로 활용도가 높습니다.

첫 번째 표			두 번째 표			병합		
상품코드	상품명		상품코드	가격		상품코드	상품명	가격
A	사과		A	1,000		A	사과	1,000
B	배		C	5,000		C	수박	5,000
C	수박		D	25,000		D	참외	25,000
D	참외		F	2,000				
E	멜론		G	8,000				

5. 왼쪽 앤티(첫 번째의 행만)

'앤티'는 '반대'를 의미하는 'Anti'를 발음대로 적은 것으로 '일치하지 않는'으로 해석하면 됩니다. 이 옵션을 선택하면 두 개의 표에서 일치하지 않는 행 중에 첫 번째 표의 행만 가져옵니다.

첫 번째 표			두 번째 표			병합		
상품코드	상품명		상품코드	가격		상품코드	상품명	가격
A	사과		A	1,000		B	배	
B	배		C	5,000		E	멜론	
C	수박		D	25,000				
D	참외		F	2,000				
E	멜론		G	8,000				

6. 오른쪽 앤티(두 번째의 행만)

두 개의 표에서 일치하지 않는 행 중에 두 번째 표의 행만 가져옵니다.

첫 번째 표			두 번째 표			병합		
상품코드	상품명		상품코드	가격		상품코드	상품명	가격
A	사과		A	1,000		F		2,000
B	배		C	5,000		G		8,000
C	수박		D	25,000				
D	참외		F	2,000				
E	멜론		G	8,000				

엑셀의 병합 기능은 데이터베이스 서버에서 사용하는 명령어인 'SQL(Structured Query Language)'과 동작 방식이 비슷합니다. 전산실에 데이터를 요청하면 담당자들은 요청서를 검토 후 '조인 종류'를 판단하여 결과물을 제공합니다. 그래서 전산실에 자주 데이터를 요청한다면, 이와 같은 차이를 확인하여 요청할 경우 시행착오를 줄일 수 있습니다.

실습 같은 양식의 여러 개 파일을 병합하기 📎 새 통합문서

영업부서에서 여러 영업점의 판매 데이터를 취합할 때처럼 서로 같은 양식을 사용하는 파일을 정기적으로 병합해야 한다면, 병합할 파일을 일일이 확인하며 복사/붙여넣기를 하지 않아도 엑셀의 데이터 기능을 이용하여 간단하게 작업할 수 있습니다.

여기서는 같은 양식으로 저장된 '강남', '명동', '여의도'의 데이터를 병합하는 방법을 실습해 보겠습니다.

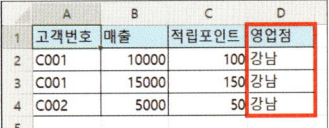 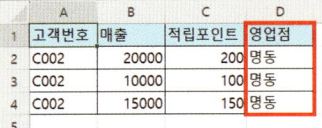 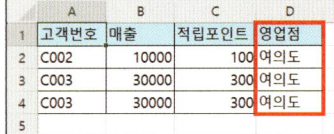

① 새 통합 문서의 메뉴에서 [데이터]-[데이터 가져오기]-[파일에서]-[폴더에서]를 선택합니다.

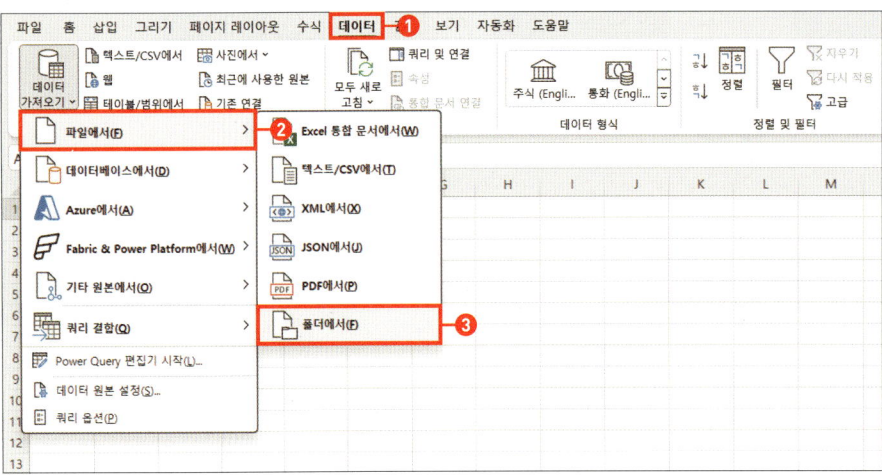

② 병합할 파일이 있는 [받은 파일] 폴더를 선택한 다음, [열기]를 선택합니다.

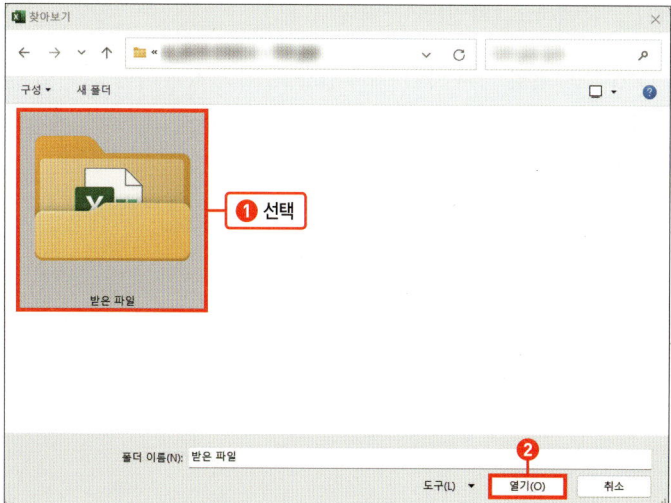

③ ②에서 선택한 파일을 확인한 후, [결합]의 하위 메뉴에서 [결합 및 로드]를 선택합니다.

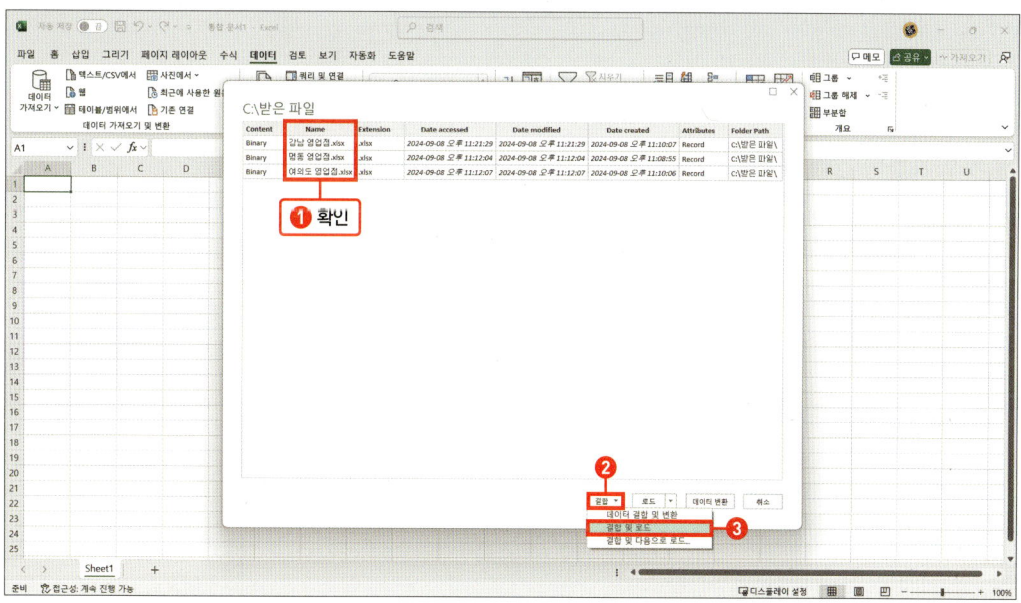

④ [**파일 병합**] 창에서 원하는 파일을 선택한 후, '표시 옵션'에서 [**Sheet1**]을 클릭하면 각 파일의 내용을 확인할 수 있습니다. [**Sheet1**]를 선택하고 [**확인**]을 클릭합니다.

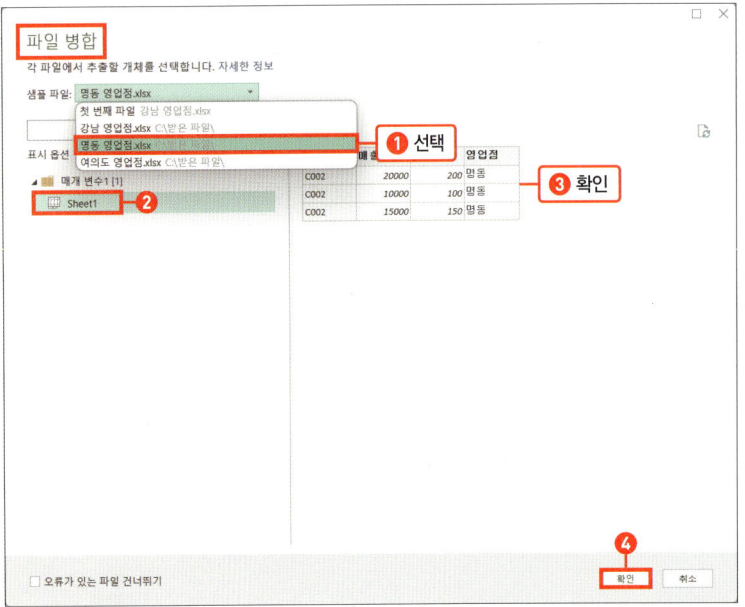

⑤ 자동으로 파일 병합이 시작되고 작업이 완료되면 병합된 데이터가 표시됩니다. 병합할 파일이 클 경우 시간이 걸릴 수 있습니다.

⑥ 병합된 데이터를 확인한 다음 메뉴에서 [**테이블 디자인**]-[**범위로 변환**]을 선택합니다.

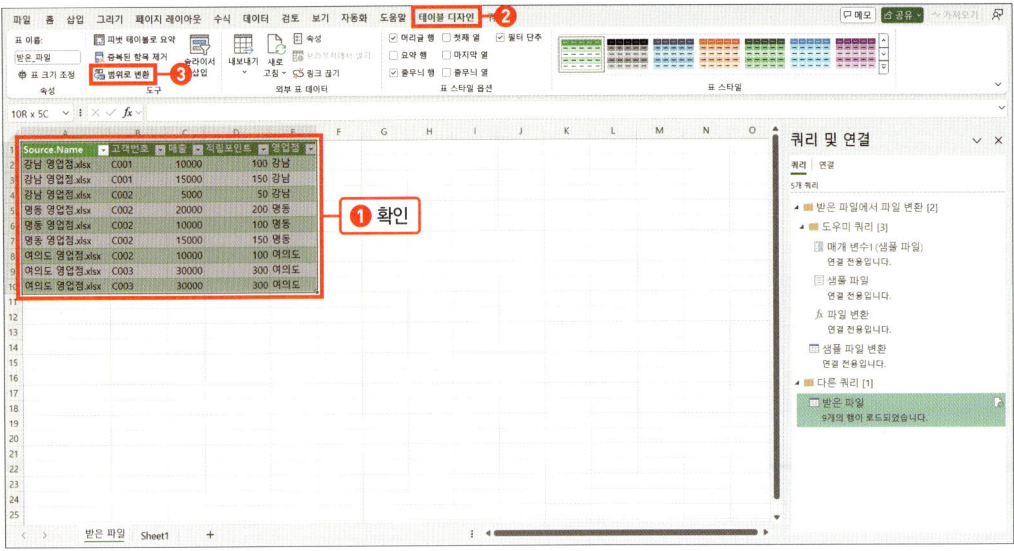

046

7 파일명이 있는 [A] 열을 삭제하면 각 파일의 데이터만 남길 수 있습니다.

고객번호	매출	적립포인트	영업점
C001	10000	100	강남
C001	15000	150	강남
C002	5000	50	강남
C002	20000	200	명동
C002	10000	100	명동
C002	15000	150	명동
C002	10000	100	여의도
C003	30000	300	여의도
C003	30000	300	여의도

― 확인

파일 병합은 병합할 폴더에 병합하려는 파일이 있어야 하며 각 파일의 양식이 다를 경우 오류가 발생합니다. 오류가 발생한 파일은 제외하거나 사용할 열만 선택할 수 있지만 이럴 경우 수작업 보다 번거로울 수 있으며 병합할 파일의 양식이 같아야 합니다. 특히, 병합할 열의 머리글은 같은 이름을 사용해야 합니다.

2장

빠르게 찾고
한 번에 정리하기

엑셀은 반복 작업이 잦아 다른 사무자동화 도구보다 단축키의 활용도가 훨씬 높습니다. 그러나 기억하기 어렵거나 자주 사용되지 않는 단축키도 꽤 많죠. 이번 장에서는 데이터를 가공할 때 발생하는 상황을 통해 업무 시간을 확실히 줄여주는 단축키와 기능에 대해 알아보겠습니다.

데이터 정리에 유용한 단축키 모음

엑셀에서 자주 사용하지 않는 단축키를 모두 외울 필요는 없습니다. 하지만 데이터 정리와 같이 수작업이 많이 필요한 경우, 복사(Ctrl+C)와 붙여넣기(Ctrl+V)처럼 자주 사용하는 기능의 단축키를 기억하면 업무 효율을 높일 수 있습니다. 여기서는 데이터를 정리할 때 유용한 단축키를 상황별로 설명하겠습니다. 평소 자주 활용하는 기능이라면 메모해두고 익혀 보기 바랍니다.

실습 데이터 영역 확인 및 전체 선택 CASE_01_01

엑셀은 시트 안에 여러 개의 데이터를 저장할 수 있습니다. 여기서 데이터란 행 또는 열 단위로 머리글을 입력한 후 값을 이어 붙인 표 형태의 자료를 말합니다. 하나의 시트마다 약 171억 개의 셀이 있는 만큼 아무 셀에 데이터를 입력하기 시작했다면 다른 사용자가 데이터를 찾거나 정리하기 어려울 수밖에 없죠. 이번 실습에서는 값이 비어 있거나 떨어져 있는 두 개의 데이터를 예제로 활용하여 데이터를 찾고 정리할 때 유용한 단축키를 알아보겠습니다.

이름	나이	직업	도시	취미	연봉	상품명	카테고리	가격	재고	판매량	평점
김철수	28	회사원	서울	낚시	3500	노트북	전자기기	1200000	50	230	4.5
박영희	35	교사	부산	요리	4200	청바지	의류	59000	200	890	4.2
이민준	42	의사		골프	8000						
정수아	31	변호사	인천	독서	6500	커피머신	주방가전	180000	30	75	4.7
강동원	39	배우	광주	영화	12000	운동화	신발	89000	150	340	4.3
홍길동		학생	대전	게임	0	스마트폰	전자기기	990000	100	450	4.6
송미라											
	45	사업가	울산	여행	15000	책상	가구	250000	20	60	4.4
오준서	33	연구원	세종	등산	5500	화장품	뷰티	68000	300	1200	4.1
최다인	29	디자이너	제주	그림	4800	헤드폰	전자기기	150000	80	210	4.8
						텐트	아웃도어	220000	40	95	4.5

1 | 데이터 영역 확인 및 전체 선택 Ctrl + A

① [B3] 셀에서 Ctrl + A 를 누르면 [B3:G13] 영역이 선택됩니다.

② [I3] 셀에서 Ctrl + A 를 누르면 [I3:N5] 영역이 선택됩니다.

Ctrl + A 는 윈도우 또는 MS Office에서 '전체 선택'을 목적으로 사용하는 단축키입니다. 많은 프로그램에서 Ctrl + A 를 누르면 문서 전체의 이미지와 콘텐츠가 선택됩니다. 하지만 엑셀에서 Ctrl + A 를 누르면 엑셀이 데이터라고 인지하는 영역을 먼저 선택하고, 한 번 더 Ctrl + A 를 누르면 전체 시트가 선택됩니다.

엑셀은 사람과 달리 테두리의 디자인으로 표를 인지하지 않고, 데이터가 입력되어 있는 셀의 행 또는 열이 인접해 있어야만 같은 데이터 영역으로 인지합니다. 그래서 [B1] 셀에서 Ctrl + A 를 누르면 [10] 행과 [12]행은 행을 기준으로 데이터가 인접해 있으므로 [B3:G13]이 같은 데이터 영역으로 선택되지만, [I3] 셀에서 Ctrl + A 를 누르면 [I3:N5] 영역만 선택됩니다.

실습 셀 선택한 후 행 단위로 삭제/삽입   ⌘ CASE_01_02

시트 안에 여러 데이터가 섞여 있을 때는 행 또는 열 전체를 선택해 데이터를 삽입/삭제하면, 같은 행의 데이터가 모두 삽입/삭제됩니다. 이번에 실습에서는 데이터가 복잡하게 섞여 있는 상황에서 필요한 영역만 삭제/삽입할 때 유용한 단축키에 대해 알아보겠습니다.

1 | 셀 선택한 후 행 삭제하기 [Ctrl]+[-]

① [C9:G9] 영역이 선택된 상태에서 [Ctrl]+[-]를 누릅니다.

② [삭제] 창에서 [셀을 위로 밀기]를 선택한 후, [확인]을 클릭하면 [C9:G9] 영역이 삭제되고 아래 영역의 데이터가 위로 옮겨집니다.

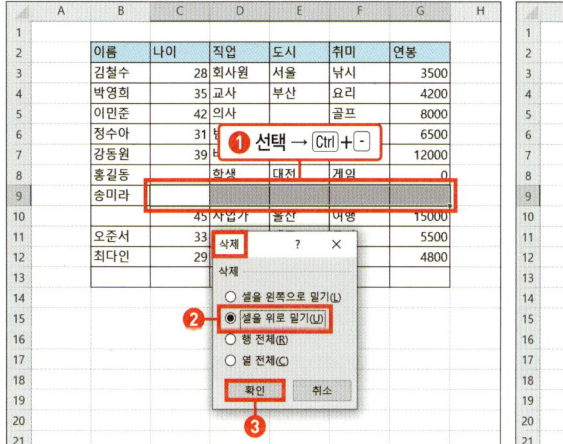

③ [B10] 셀이 선택된 상태에서 Ctrl+-를 누릅니다.

④ [삭제] 창에서 [셀을 위로 밀기]를 선택한 후, [확인]을 클릭하면 [B10] 셀이 삭제되고 아래의 셀이 위로 옮겨집니다.

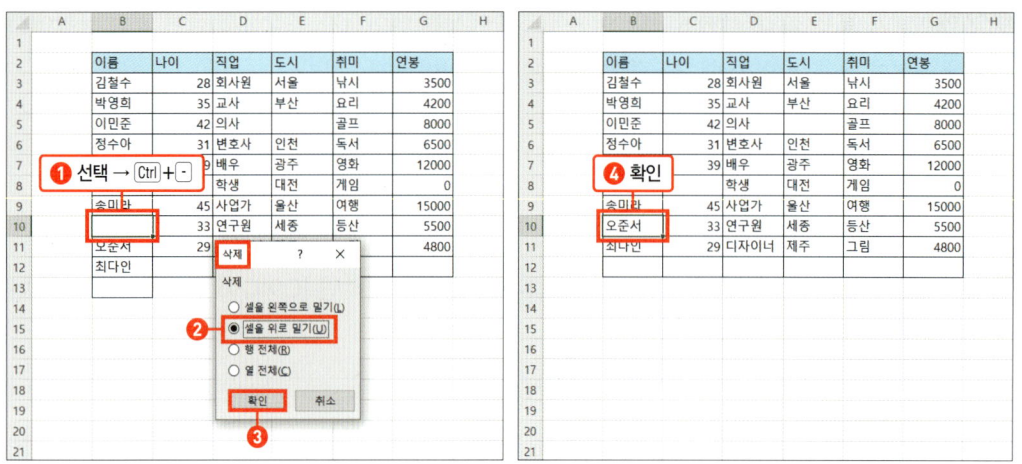

TIP [삭제] 창에서 [행 전체] 또는 [열 전체]를 선택하면 선택한 셀을 기준으로 전체 행이나 열이 삭제됩니다. 메뉴에서 [홈] - [셀] - [삭제]를 클릭하면 하위 메뉴에서 같은 작업을 실행할 수 있습니다.

2 | 서식이 있는 데이터 중간에서 행 추가하기 Ctrl + Shift + +

① [I11:N11] 영역이 선택된 상태에서 Ctrl+Shift++를 누릅니다.

② [삽입] 창에서 [셀을 아래로 밀기]를 선택한 후, [확인]을 클릭하면 선택한 셀부터 아래에 있는 모든 데이터가 한 칸씩 아래로 이동합니다. 이 과정에서 선택된 영역의 서식은 유지되고 빈 셀이 남아 있게 됩니다.

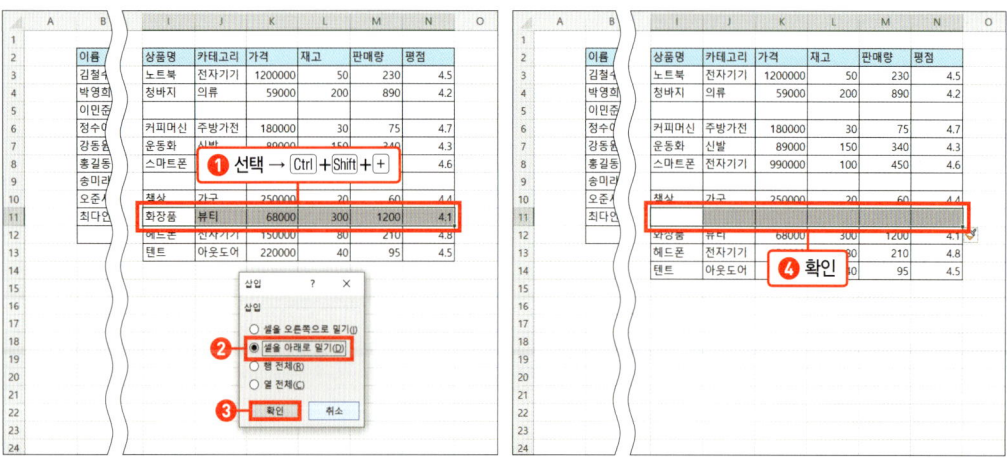

052

열 단위로 데이터를 삭제할 때는 Ctrl+-를 누르면 표시되는 [삭제] 창에서 [셀을 왼쪽으로 밀기]를 선택하고, 추가할 때는 Ctrl+Shift+ +를 누르면 표시되는 [삭제] 창에서 [셀을 오른쪽으로 밀기]를 선택하면 됩니다. 이 두 개의 단축키는 [삭제] 창을 통해 행/열 전체를 추가하거나 삭제할 때도 유용하게 활용할 수 있습니다.

> **TIP** 숫자 키패드가 있는 키보드에서는 Ctrl과 숫자 키패드의 -만 눌러도 됩니다.

실습 근처에 있는 셀로 빈 셀 채우기   CASE_01_03

엑셀에서 데이터를 복사/붙여넣기할 때 Ctrl+C와 Ctrl+V를 가장 많이 사용합니다. 하지만, 비슷한 작업이 많다면 [홈] 메뉴의 채우기 기능과 단축키를 활용하면 좀 더 간단하게 작업할 수 있습니다.

1 | 아래쪽으로 채우기 Ctrl+D

① [E5] 셀이 선택된 상태에서 Ctrl+D를 누릅니다.

② [E5] 셀 위에 있는 [E4] 셀의 '부산'이 [E5] 셀에 채워집니다.

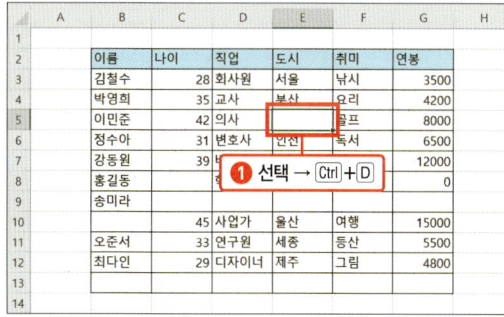

2 | 오른쪽으로 채우기 Ctrl + R

① [C8] 셀이 선택된 상태에서 Ctrl + R 를 누릅니다.

② [C8] 셀 왼쪽에 있는 [C7] 셀의 '홍길동'이 [C8] 셀에 채워집니다.

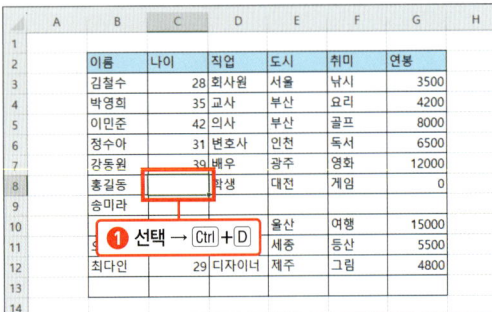 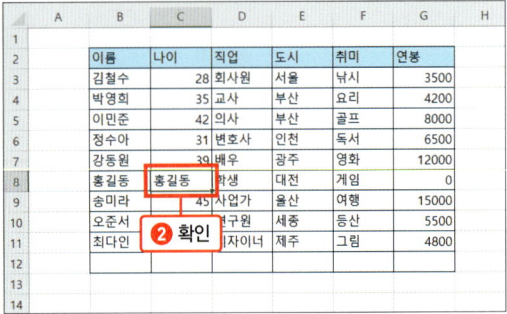

TIP 메뉴에서 [홈] - [편집] - [채우기]를 차례대로 선택하면 왼쪽/오른쪽/위/아래 방향을 선택하여 값을 채울 수 있습니다. 단, 단축키는 오른쪽 데이터 채우기(Ctrl + D)와 아래쪽 데이터 채우기(Ctrl + R)만 있습니다.

3 | 빠른 채우기 Ctrl + E

① [I3], [L3], [M3] 셀의 데이터를 참고하여 [O3]셀에 '노트북 판매량 230, 재고 50'을 입력합니다.

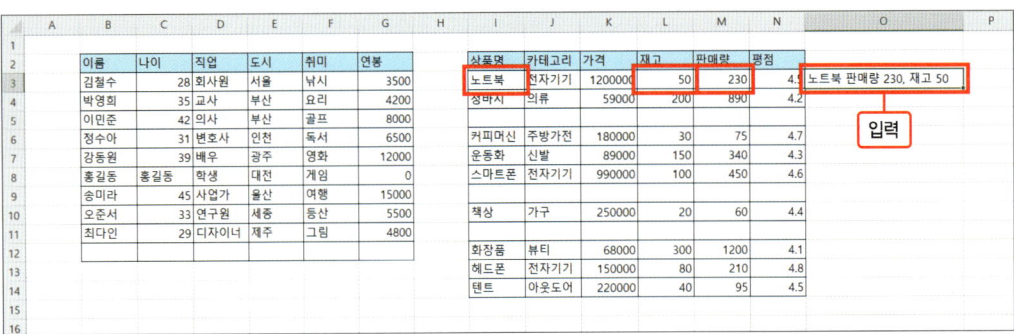

② **[O3:O14]** 영역을 선택한 다음 Ctrl+E를 누르면 비어 있는 **[O4:O14]** 영역에 데이터가 자동으로 채워집니다.

	A	B	C	D	E	F	G	H	I	J	K	L	M	N	O	P
1																
2		이름	나이	직업	도시	취미	연봉		상품명	카테고리	가격	재고	판매량	평점		
3		김철수	28	회사원	서울	낚시	3500		노트북	전자기기	1200000	50	230	4.	노트북 판매량 230, 재고 50	
4		박영희	35	교사	부산	요리	4200		청바지	의류	59000	200	890	4.	청바지 판매량 890, 재고 200	
5		이민준	42	의사	부산	골프	8000									
6		정수아	31	변호사	인천	독서	6500		커피머신	주방가전	180000	30	75	4.	커피머신 판매량 75, 재고 30	
7		강동원	39	배우	광주	영화	12000		운동화	신발	89000	150	340	4.	운동화 판매량 340, 재고 150	
8		홍길동	홍길동	사업가	대전	게임	0		스마트폰	전자기기	990000	100	450	4.	스마트폰 판매량 450, 재고 100	
9		송미라	45	사업가	울산	여행	15000									
10		오준서	33	연구원	세종	등산	5500		책상	가구	250000	20	60	4.	책상 판매량 60, 재고 20	
11		최다인	29	디자이너	제주	그림	4800									
12									화장품	뷰티	68000	300	1200	4.	화장품 판매량 1200, 재고 300	
13									헤드폰	전자기기	150000	80	210	4.	헤드폰 판매량 210, 재고 80	
14									텐트	아웃도어	220000	40	95	4.	텐트 판매량 95, 재고 40	

선택 → Ctrl+E

TIP [홈]-[채우기]-[빠른 채우기]를 선택해도 같은 기능을 실행할 수 있습니다.

빠른 채우기(Ctrl+E)는 선택한 영역의 상위에 있는 셀의 패턴을 인식하여 같은 방식으로 셀의 내용을 채우는 기능입니다. 이 기능은 데이터 영역에 있는 셀을 이용하여 원하는 데이터를 입력한 다음 실행하면 예시와 같이 데이터의 패턴을 인식해 내용을 자동으로 채워줍니다. 실습처럼 여러 셀을 활용하여 채울 수도 있지만, 단순히 '100개', '12000원'처럼 숫자와 텍스트가 같이 섞여 있는 값을 '100', '12000'처럼 숫자만 추출할 때 활용할 수 있습니다. 범위를 선택하지 않고 Ctrl+E를 누르면 위에 있는 셀의 패턴을 파악하여 값을 채웁니다.

실습 데이터 영역 안에서 빠르게 이동하기   CASE_01_04

엑셀에서는 Ctrl 을 누른 채 방향키를 누르면 현재 선택된 셀을 기준으로 데이터 영역에서 각 방향키의 끝 셀로 이동할 수 있습니다. 예를 들어 표의 중간에 있는 셀이 선택된 상태에서 Ctrl+← 를 누르면 왼쪽 끝, Ctrl+→ 를 입력하면 오른쪽 끝으로 이동합니다.

1 | 데이터 영역에서 빠르게 이동하기 Ctrl + [방향키]

① [B3] 셀에서 Ctrl+→ 를 누르면 [G3] 셀로 이동합니다.

② [G3] 셀에서 Ctrl+← 를 누르면 [B3] 셀로 이동합니다.

③ [B3] 셀에서 Ctrl+↓ 를 누르면 [B11] 셀로 이동합니다.

④ [B11]셀에서 Ctrl+↑ 를 입력하면 [B3]셀로 이동합니다.

⑤ [G3] 셀에서 Ctrl+→를 누르면 [I3]셀로 이동합니다. Ctrl을 누른 상태에서 방향키를 입력하면 데이터가 있는 셀을 기준으로 이동하므로, 데이터 영역의 끝에서 방향키를 입력하면 데이터가 없는 영역을 건너뛰고 입력한 방향으로 다음 데이터가 있는 영역으로 이동합니다. 이 기능을 이용하면 시트 내에서 데이터 간 이동을 더욱 편리하게 할 수 있습니다.

2 | 데이터 영역을 빠르게 선택하기 Ctrl + Shift + [방향키]

① [B2] 셀에서 Ctrl+Shift+→를 누르면 [B2:G2] 영역이 선택됩니다. 일반적으로 윈도우에선 Shift를 누른 채 커서를 이동하면 커서가 이동한 만큼 데이터가 선택됩니다. 엑셀에서도 Shift를 누른 채 셀을 이동하면 이동한 만큼 셀이 선택되죠. 여기서는 Shift와 Ctrl을 같이 누른 채 방향키를 눌러 [B2] 셀에서 출발한 커서가 데이터 영역의 오른쪽 끝에 있는 [G2] 셀까지 이동하면서 해당 영역 전부가 선택되었습니다.

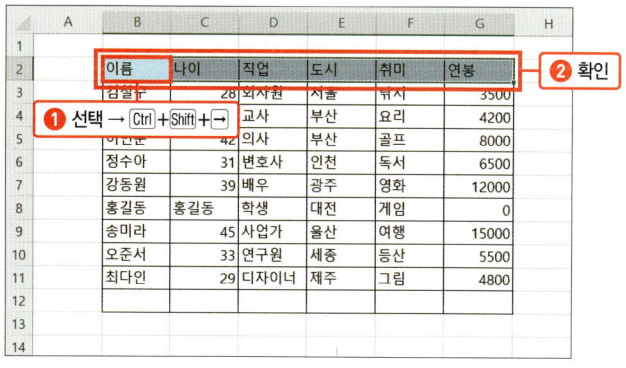

② [B2] 셀에서 Ctrl+Shift+↓를 누르면 [B2:B11] 영역이 선택됩니다.

③ [B2] 셀에서 Ctrl+Shift+→, Ctrl+Shift+↓를 차례대로 누르면 [B2:G11] 영역이 선택됩니다. 이처럼 Ctrl과 Shift를 함께 누른 채 방향키를 이동하면, 커서의 시작점부터 도착점까지의 영역 전체가 선택됩니다.

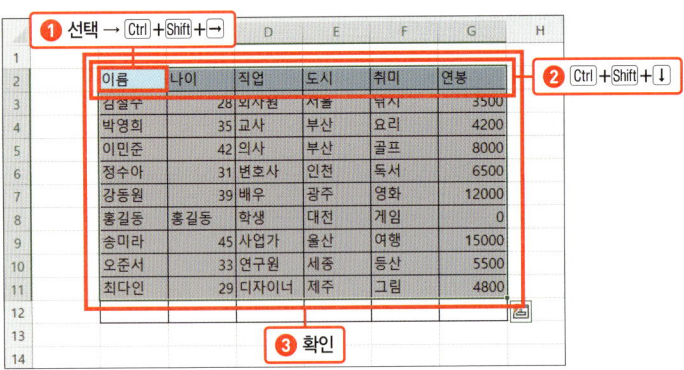

이번에 실습한 단축키를 조합하여 사용하면 더욱 효율적으로 데이터나 데이터 영역을 선택하고 수정할 수 있습니다. 예를 들어보면 다음과 같습니다.

빠른 데이터 복사

- 데이터 영역의 시작 셀에서 Ctrl+Shift+↑를 누르면 전체 열을 선택할 수 있습니다.
- 그 다음 Ctrl+C로 복사하고 원하는 위치에 Ctrl+V로 붙여넣기 할 수 있습니다.

특정 영역 빠르게 삭제

- Ctrl+Shift+[방향키]로 원하는 영역을 선택한 후 Ctrl+-를 눌러 삭제할 수 있습니다.

대규모 데이터 이동

- [Ctrl]+[Shift]+[→]+[↓]를 눌러 현재 셀에서 데이터의 끝까지 선택할 수 있습니다.
- 이후 [Ctrl]+[X]로 잘라내기 한 뒤 원하는 위치로 이동하여 [Ctrl]+[V]로 붙여넣기 할 수 있습니다.

엑셀의 단축키를 조합하면 마우스 사용해 데이터를 선택하는 것보다 작업 속도를 크게 향상시킬 수 있습니다. 처음에는 어색할 수 있지만, 꾸준히 연습하면 자연스럽게 사용할 수 있게 될 것입니다. 또한, 이러한 단축키들은 대부분의 버전에서 동일하게 작동하므로, 한 번 익혀두면 오랫동안 활용할 수 있습니다. 개인의 작업 스타일에 맞게 가장 자주 사용하는 단축키 조합을 만들어 사용해 보세요. 이를 통해 데이터 처리 작업의 효율성을 크게 높일 수 있을 것입니다.

필터와 정렬로 데이터 살펴보기

대용량 데이터 분석 작업을 하기 전에는 분석할 데이터의 구조와 특징부터 파악하는 것이 좋습니다. 데이터의 형태와 내용을 제대로 이해해야 어떤 정리 작업이 필요한지 계획을 세울 수 있기 때문이죠. 엑셀에는 방대한 데이터를 쉽게 탐색할 수 있는 필터와 정렬 기능이 마련되어 있습니다. 이번 CASE에서는 실습을 통해 업무에서 유용하게 활용할 수 있는 탐색 기능을 자세히 알아보겠습니다.

실습 자동 필터 활용 방법   🔗 CASE_02

자동 필터는 데이터의 머리글을 기준으로 각 열에 있는 항목을 살펴보고, 원하는 값만 골라낼 때 사용하는 기능입니다. 자동 필터는 중복된 데이터의 종류나 분포를 확인하거나, 특정 조건을 만족하는 행만 추출할 때 유용하게 활용할 수 있습니다.

1 | 자동 필터 만들기

① 머리글이 있는 [A1:E1] 영역을 선택하고 메뉴에서 [홈]-[편집]-[정렬 및 필터]-[필터]를 차례대로 클릭합니다.

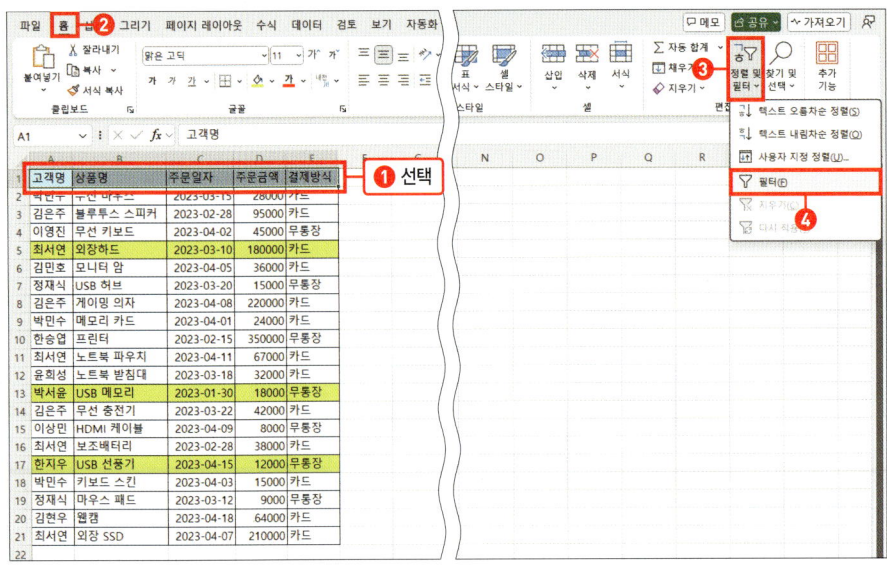

> **TIP** 단축키 Ctrl + Shift + L 을 누르거나 메뉴에서 [데이터] - [정렬 및 필터] - [필터]를 선택해도 됩니다.

② [A1:E1] 영역의 각 셀에 필터 아이콘 ▼이 표시됩니다. ▼을 클릭하면 정렬과 필터에 관한 세부 메뉴가 표시됩니다. 정렬은 필터가 적용된 데이터 영역에 한해서 적용되어 원하는 방식으로 데이터를 정렬할 수 있습니다. 우선 정렬 기능을 사용해 보고 자동 필터 기능을 알아보겠습니다.

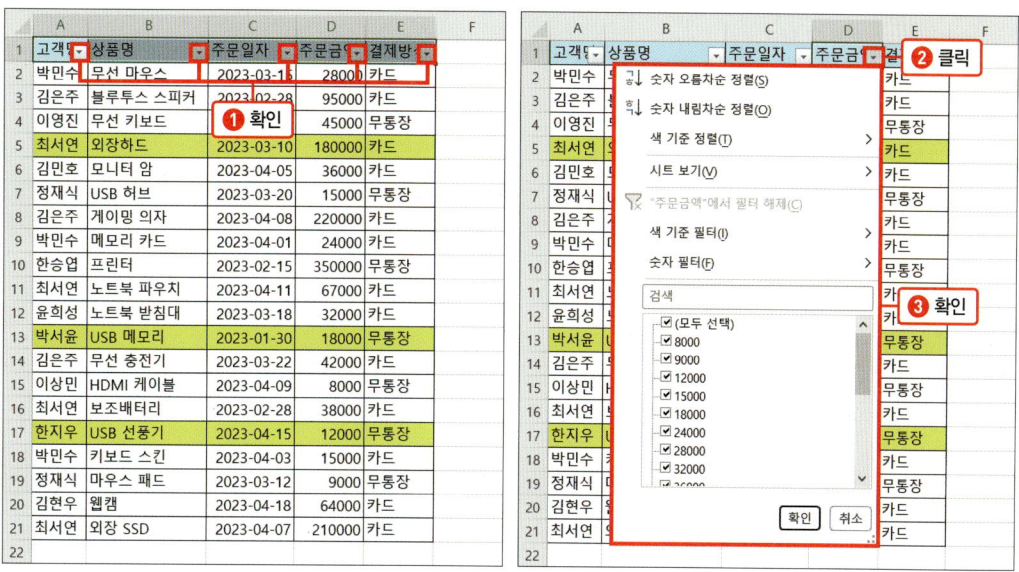

2 | 자동 필터를 이용해서 데이터 정렬하기

① '주문금액'이 있는 [D1] 셀의 ▼을 클릭한 후, [숫자 오름차순 정렬]을 선택하면 [D1] 셀의 ▼ 아이콘이 ↑로 바뀌고, 데이터가 오름차순으로 정렬됩니다.

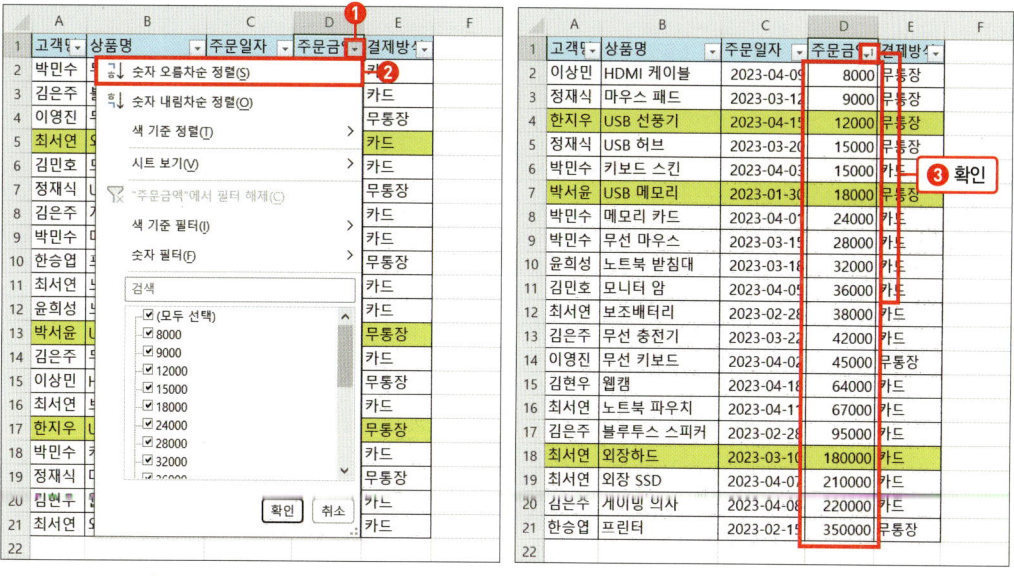

2장 빠르게 찾고 한 번에 정리하기 —— 061

② '결제방식'이 있는 [E1] 셀의 ▼을 클릭한 다음, [텍스트 오름차순 정렬]을 선택합니다.

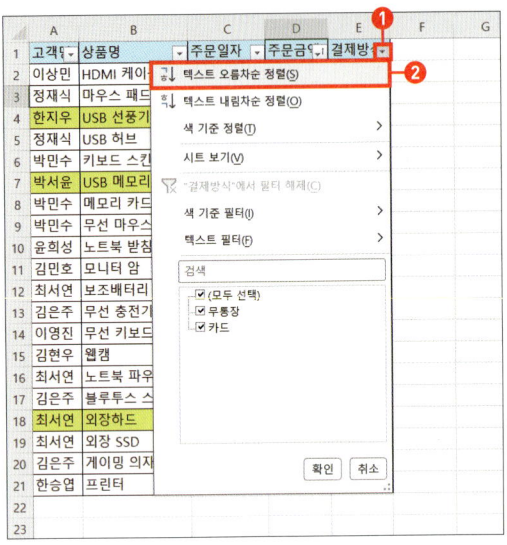

③ ①에서 적용한 '주문금액'의 정렬(숫자 오름차순 정렬)이 유지된 상태에서 [D1] 셀의 아이콘이 ▼로 바뀝니다. [E1]의 정렬 아이콘은 ▼으로 변경되고 데이터가 내림차순으로 정렬됩니다. 또한 주문금액의 숫자를 오름차순으로 정렬한 상태에서 결제방식의 텍스트를 오름차순으로 정렬하여 결제방식이 무통장인 [D2:D8] 영역까지 주문금액이 오름차순으로 정렬됩니다. 이와 같이 필터 기능의 정렬은 한 번에 하나씩 적용되지만, 순서대로 사용하면 데이터를 원하는 대로 정리할 수 있습니다.

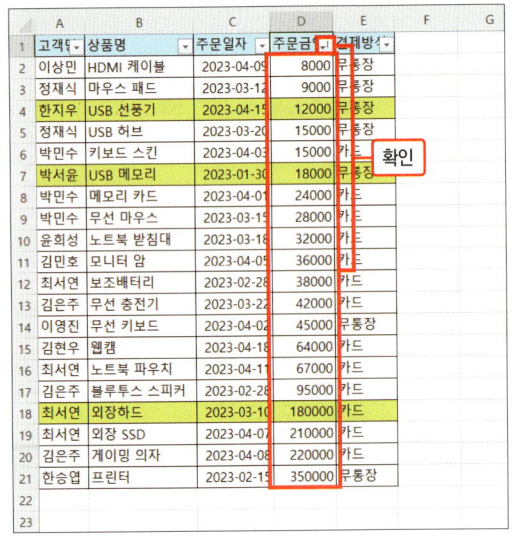

▲ 주문금액 숫자 오름차순 정렬

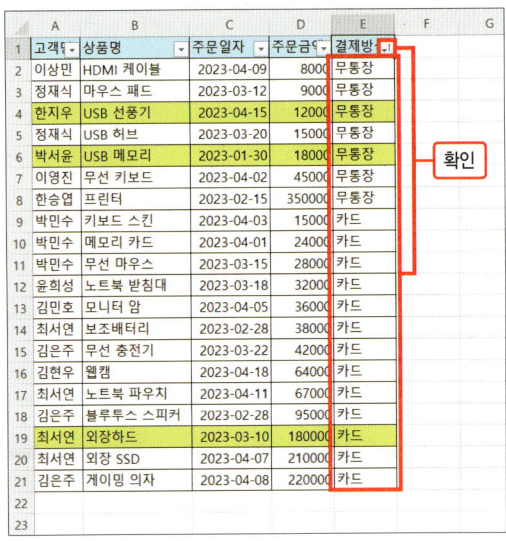

▲ 주문금액 숫자 오름차순 정렬+결제방식 텍스트 오름차순 정렬

④ '고객명'이 있는 [A1] 셀의 ▼을 클릭한 다음, [색 기준 정렬]-[노란색]을 차례대로 선택합니다.

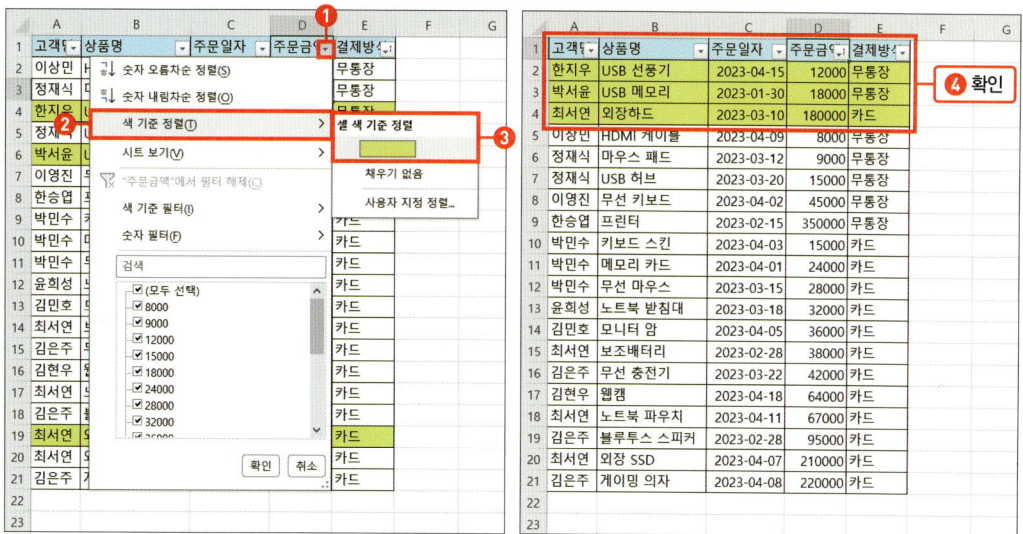

⑤ 셀이 노란색으로 채워진 셀이 위쪽으로 정렬되고 셀 색이 지정되지 않은 셀은 아래쪽으로 정렬됩니다. 정렬된 데이터를 살펴보면 앞의 실습으로 정렬한 순서와 반대방향으로 '색 기준 정렬', '결제방식', '주문금액' 순으로 정렬되었습니다.

필터는 데이터의 형태에 따라 세부 메뉴가 달라집니다. 주로 '텍스트', '숫자', '날짜'를 구분하여 텍스트는 '문자' 단위, 숫자는 '범위', 날짜는 '년/월/일 단위'로 필터를 적용할 수 있습니다.

3 | 텍스트 열에 필터 적용하기

① '고객명'이 있는 [A1] 셀의 ▼을 클릭한 다음, [텍스트 필터]를 선택하면 [같음], [시작 문자], [포함] 등 텍스트를 기준으로 데이터를 필터링할 수 있습니다. 여기서는 [사용자 지정 자동 필터]를 선택합니다.

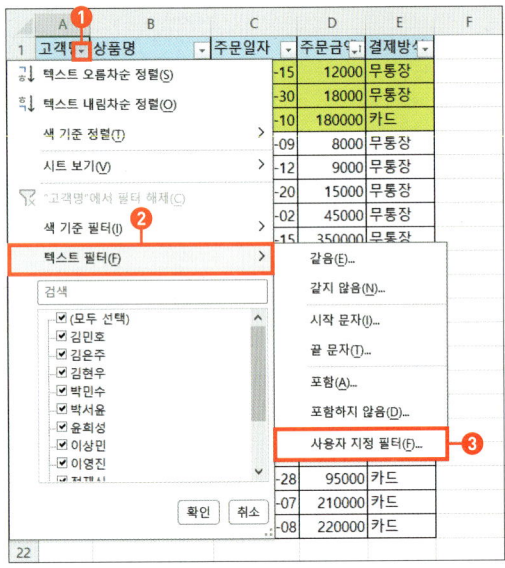

② [사용자 지정 자동 필터] 창에서는 원하는 조건을 최대 두 개까지 중복하여 정렬할 수 있습니다. [그리고]를 선택하면 두 개의 조건을 모두 만족할 때, [또는]을 선택하면 두 개 중 하나만 만족할 때 적용됩니다. 다음 그림과 같이 조건을 지정한 다음 [확인]을 클릭합니다.

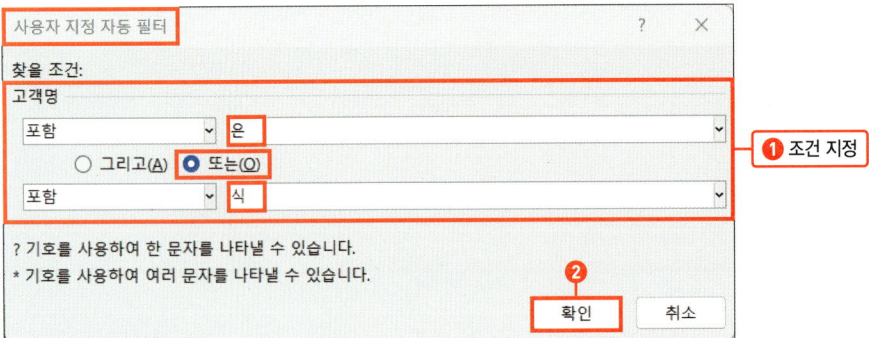

③ [A1] 셀의 필터 아이콘이 로 변경되고 '고객명' 데이터 중 '은' 또는 '식'이 포함된 데이터만 필터링됩니다.

④ [A1] 셀의 을 클릭한 다음, ["고객명"에서 필터 해제]를 선택하면 [A1] 셀의 아이콘이 로 변경되고 ②에서 적용한 필터가 해제됩니다.

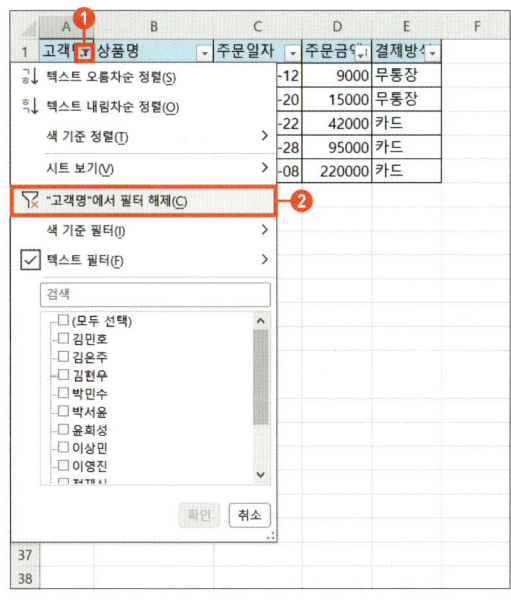
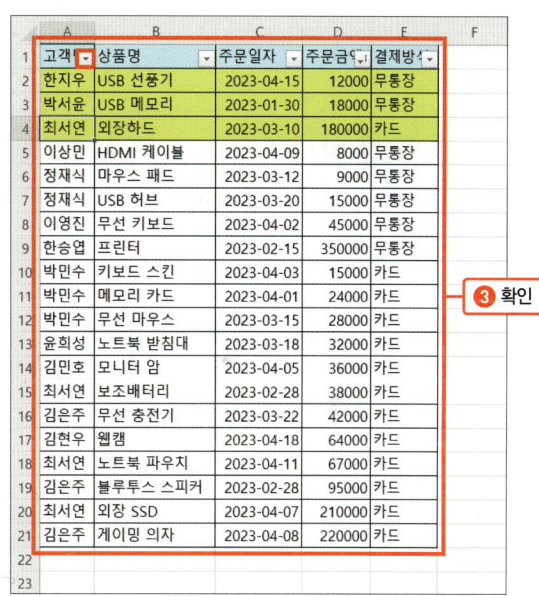

2장 빠르게 찾고 한 번에 정리하기 —— 065

4 | 숫자 열에 필터 적용하기

① '주문금액'이 있는 [D1] 셀의 ▼을 클릭 후, [숫자 필터]를 선택하면 [같음], [보다 큼], [상위 10] 등의 숫자를 기준으로 데이터를 필터링할 수 있습니다. 여기서는 [해당 범위]를 선택합니다.

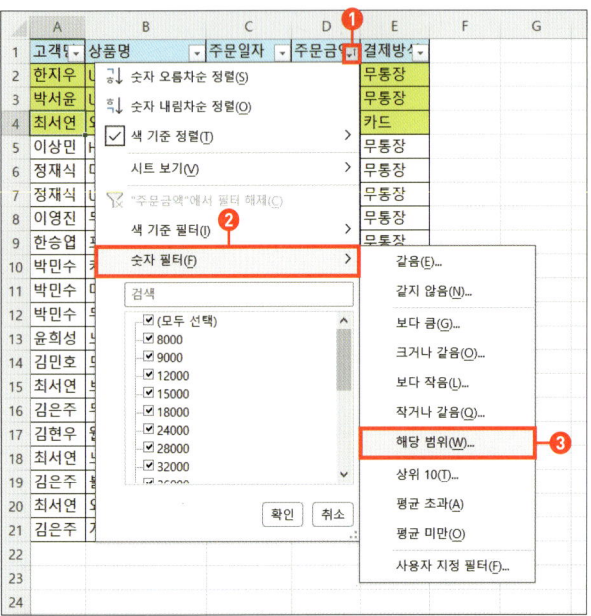

② [사용자 지정 자동 필터] 창에서는 특정 구간의 숫자 데이터만 필터링할 수 있습니다. 다음 그림과 같이 조건을 지정한 다음 [확인]을 클릭합니다.

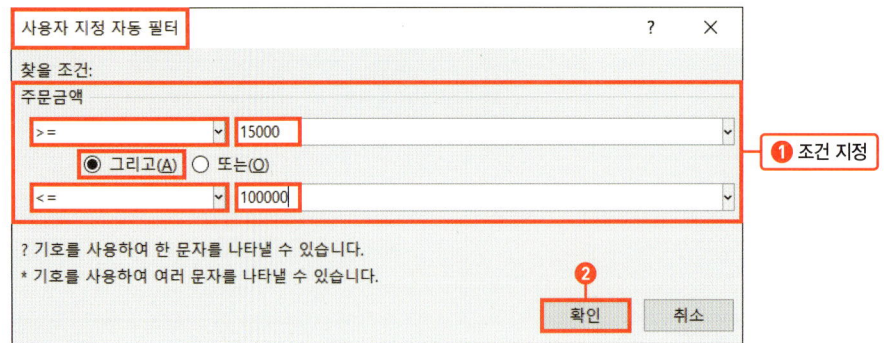

TIP '=', '<', '>', 등의 조건에 대한 자세한 내용은 72쪽을 참고하세요.

③ [D1] 셀의 필터 아이콘이 로 변경되고 '주문금액'이 '15,000' 이상, '100,000' 이하의 데이터만 필터링됩니다.

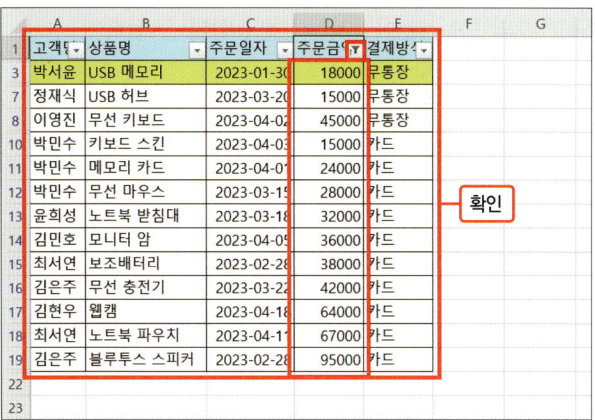

④ ②의 [사용자 지정 자동 필터] 창의 조건을 다음과 같이 지정하여 필터링 하면 '주문금액'이 '15,000' 미만이거나 '100,000' 초과인 데이터만 필터링됩니다.

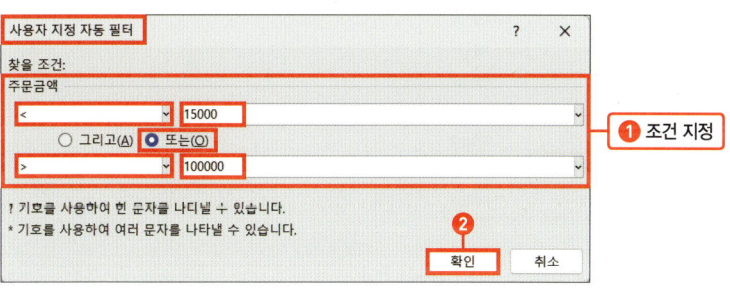

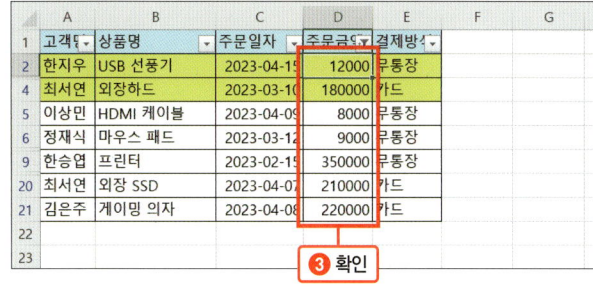

5 | 날짜 열에 필터 적용하기

① '주문일자'가 있는 [C1] 셀의 ▼을 클릭한 다음, [**날짜 필터**]를 선택하면 날짜 데이터를 기준으로 필터링할 수 있습니다. 여기서는 [**해당 기간의 모든 날짜**]-[**2분기**]를 선택했습니다.

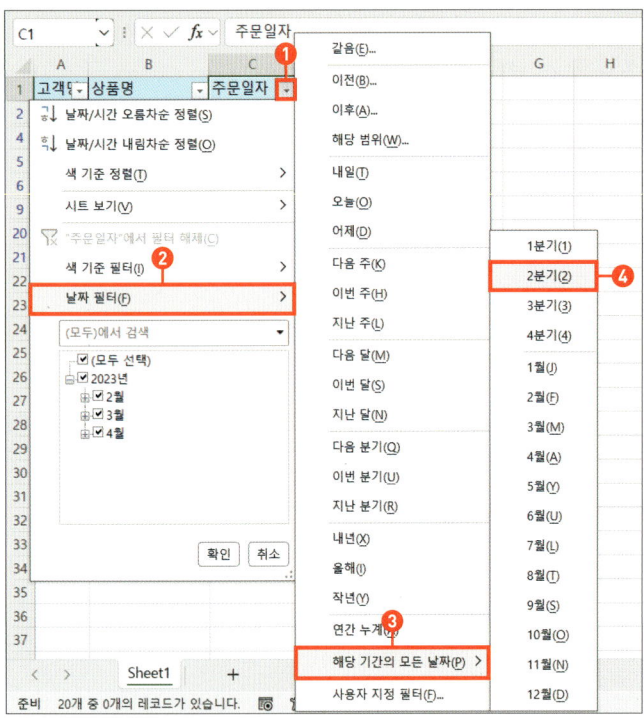

② 주문일자 데이터 중 2분기에 해당하는 4월만 필터링됩니다.

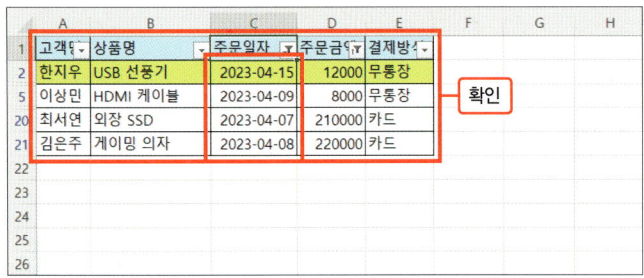

필터는 정렬과 달리 중복으로 적용할 수 있습니다. 위에서는 주문금액에 필터가 적용된 채 날짜 필터가 중복으로 적용되어 주문금액이 '15,000 미만 또는 100,000 초과'인 데이터 중에 '23년 2분기'에 해당하는 데이터만 필터링 되었습니다.

실습 고급 필터 활용 방법　　　　　　　　　CASE_02

고급 필터는 주로 대용량 데이터에서 자동 필터로 처리하기 어려운 복잡한 조건을 적용해야 할 때 사용합니다. 자동 필터와 달리 필터링 조건은 셀에 입력하고 필터링할 범위를 선택하면 적용하는 방식으로 좀 더 세밀하게 필터링을 적용할 수 있고, 한 번 만들어두면 복사해서 사용할 수 있는 장점이 있습니다.

1 | 고급 필터 간단하게 사용해보기

① [A23] 셀에 '고객명', [A24] 셀에 '김은주'를 입력합니다.

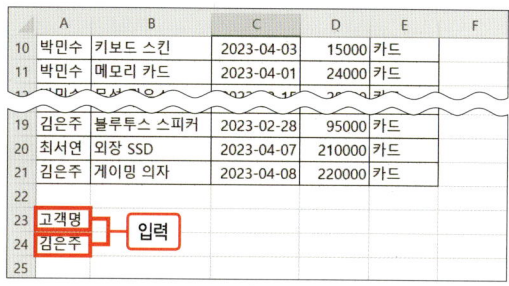

② 메뉴에서 [데이터]-[정렬 및 필터]-[고급]을 차례대로 선택한 다음, [고급 필터] 창에 그림과 같이 조건을 입력하고 [확인]을 클릭합니다.

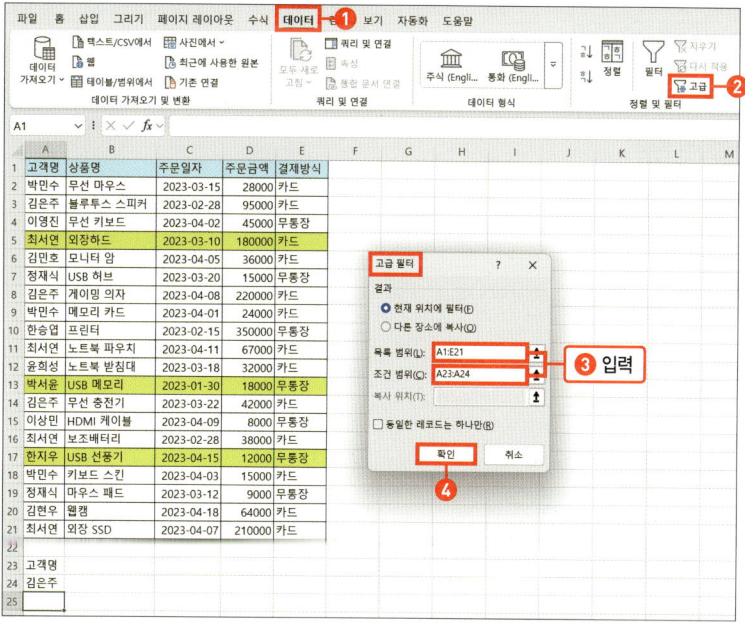

2장 빠르게 찾고 한 번에 정리하기 — 069

③ '고객명'이 '김은주'인 데이터가 필터링 되었습니다.

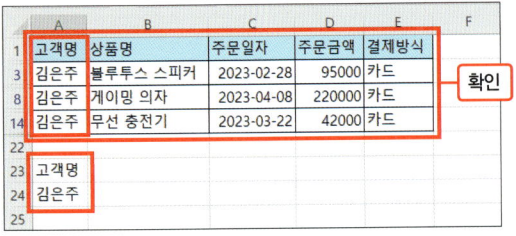

2 | 다중 조건 사용해보기

① [B23] 셀에 '주문금액', [B24] 셀에 '>50000'을 입력합니다.

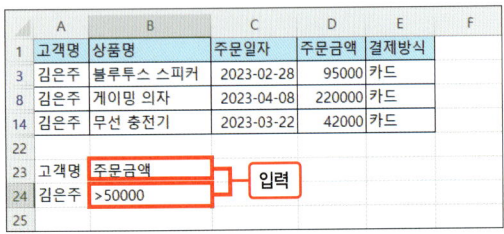

② 메뉴에서 [데이터]-[정렬 및 필터]-[고급]을 차례대로 선택한 다음, [고급 필터] 창에 그림과 같이 조건을 입력하고 [확인]을 클릭합니다.

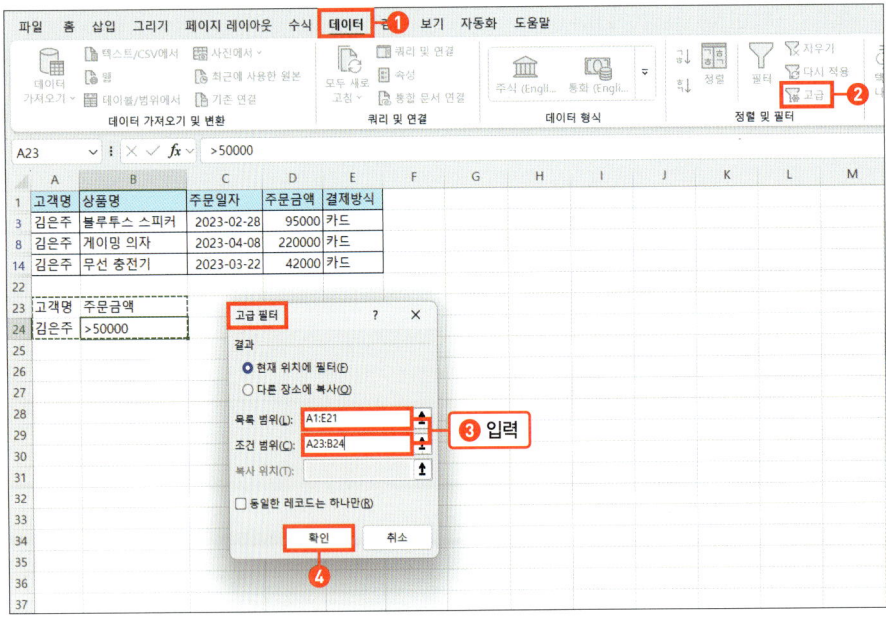

③ 고객명이 '김은주'이고 주문금액이 '50,000'원을 초과한 데이터만 필터링됩니다.

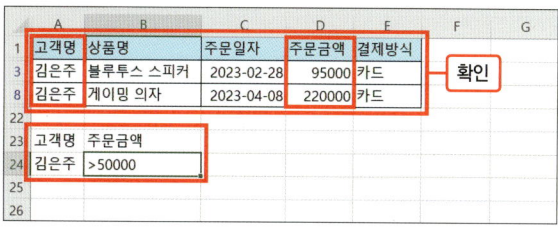

④ [B24] 셀의 데이터를 잘라내기(Ctrl+X)하여 [B25] 셀에 붙여넣습니다.

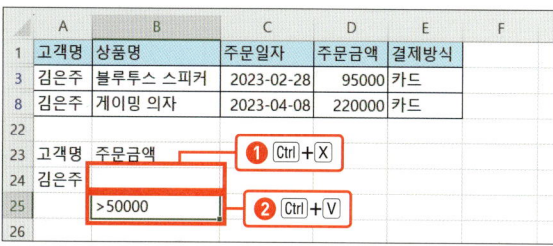

⑤ 다시 [고급 필터] 창을 표시한 다음 그림과 같이 조건을 입력하고 [확인]을 클릭하면 고객명이 '김은주'이거나 주문금액이 '50,000'을 초과하는 데이터가 필터링되어 [A27:E35]에 복사됩니다.

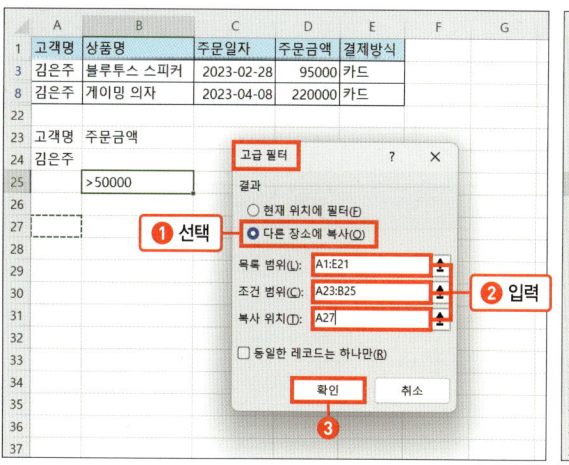
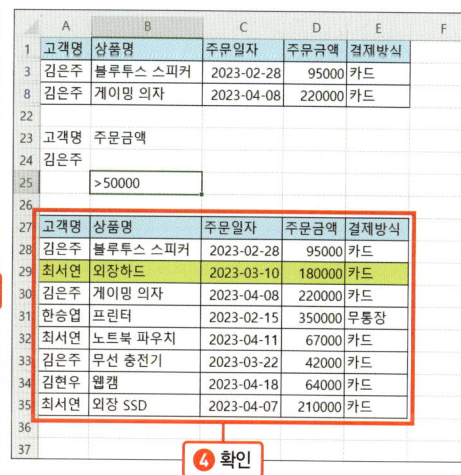

⑥ 메뉴에서 **[데이터]**-**[정렬 및 필터]**-**[지우기]**를 선택하면 원본 데이터가 있는 [A1:E21] 영역에 적용된 필터가 해제됩니다. 하지만, [A27:E35] 영역에 복사한 데이터는 그대로 남아있습니다.

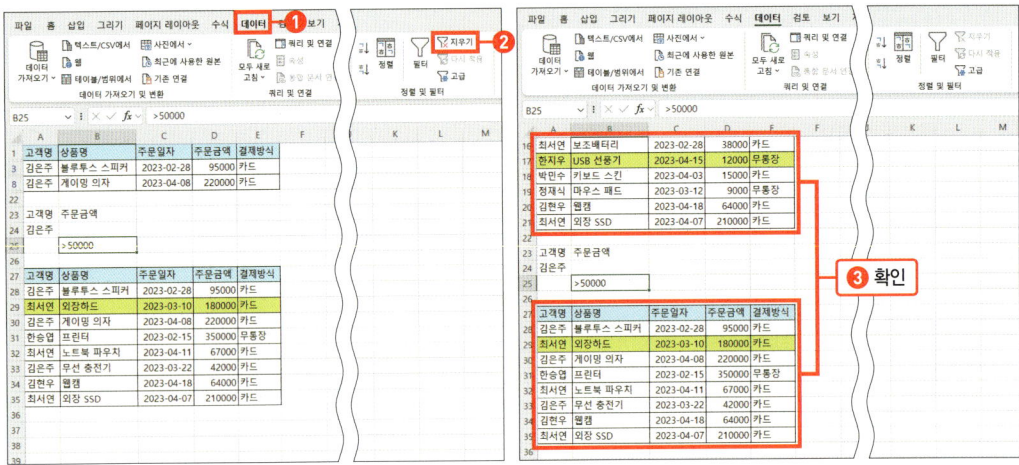

고급 필터는 조건 범위의 첫 번째 행에 필터링할 데이터의 머리글을 입력하고 두 번째 행부터는 조건을 입력하여 필터링 조건을 지정할 수 있습니다. 사용자가 입력한 조건이 같은 행에 있으면 각 조건이 중복으로 적용되어 자동 필터에서 **[그리고]**를 선택한 것처럼 동작하며, 다른 행에 붙여넣으면 **[또는]**을 선택한 것처럼 동작합니다.

자동 필터에 비해서 만들기는 번거롭지만 복사해서 사용할 수 있으므로 필터링 작업이 반복해서 발생한다면 매번 메뉴에서 조건을 적용해야 하는 자동 필터보다 업무가 수월해질 수 있습니다. 고급 필터에서 사용할 수 있는 조건식은 다음과 같습니다.

조건	조건 예시	결과
같음	=100	100인 값
크거나 같음	>=50	50 이상인 값
작거나 같음	<=50	50 이하인 값
크다	>50	50 초과인 값
작다	<50	50 미만인 값
다름	<>100	100이 아닌 값
특정 글자 포함	*서울*	'서울'을 포함하는 텍스트
특정 글자로 시작	서울*	'서울'로 시작하는 텍스트
특정 글자로 끝남	*회사	'회사'로 끝나는 텍스트
특정 날짜	2014	특정 날짜(년/월/일 선택 가능)

조건	조건 예시	결과
날짜 범위	>=2024-01-01	2024-01-01 이후
빈 셀		빈 셀인 값
빈 셀이 아닌 셀	<>""	빈 셀이 아닌 값

실습 데이터 정렬 활용 방법   CASE_02

데이터를 분석할 때 필터와 함께 빈번하게 사용하는 또 다른 기능은 정렬입니다. 특정 열의 데이터에 따라 오름차순이나 내림차순으로 나열하면, 데이터의 크기와 분포를 직관적으로 파악할 수 있어 데이터 탐색이 한결 수월해집니다. 앞서 자동 필터에 포함된 정렬 기능은 한 번에 하나의 열만 적용되어 원하는 순서로 정렬된 데이터를 얻으려면 순서대로 정렬을 적용해야 하지만, 정렬 기능을 이용하면 사용자가 지정한 우선 순위에 따라 여러 열을 정렬할 수 있습니다.

① [A1:E21] 영역 중 임의의 셀을 선택한 후, 메뉴의 [데이터]-[정렬 및 필터]-[정렬]을 차례대로 선택합니다.

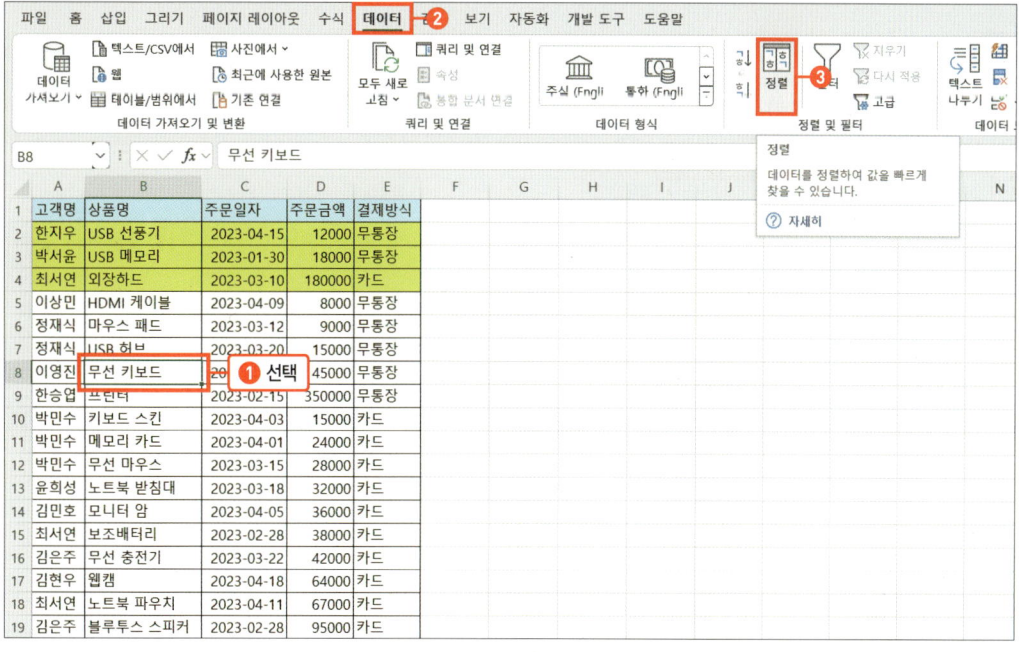

② [A1:E21] 영역이 자동으로 선택되고 [정렬] 창이 표시됩니다. 그림과 같이 조건을 입력하고 [확인]을 클릭합니다.

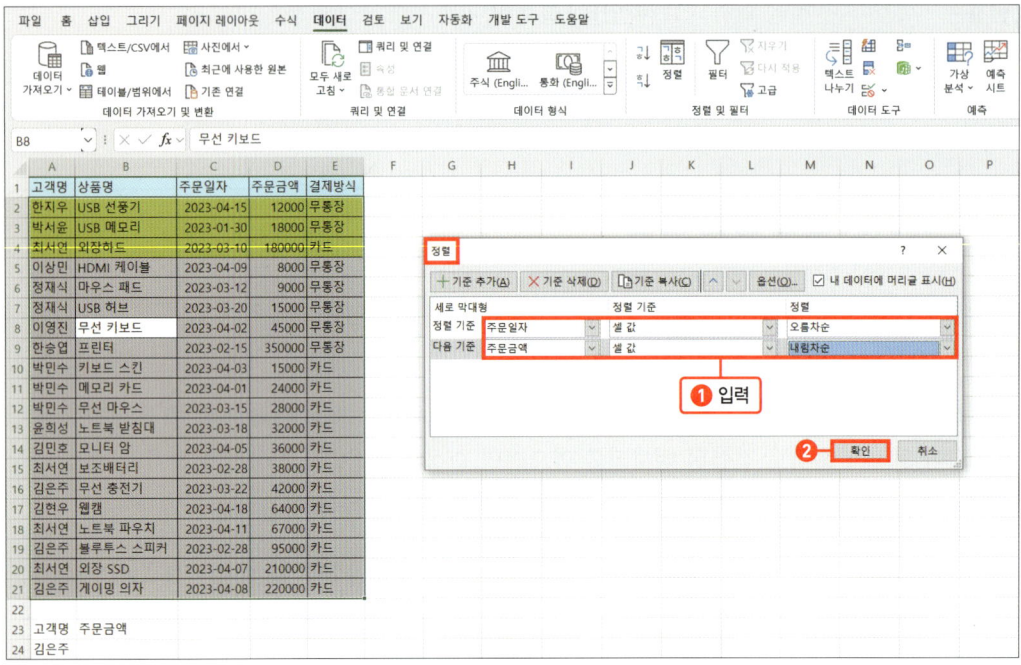

TIP [정렬] 창의 [기준 추가]를 클릭하면 새 정렬(다음 기준) 조건을 추가할 수 있습니다.

③ '주문일자'가 오름차순, '주문금액'이 내림차순으로 정렬됩니다.

④ 메뉴의 [데이터]-[정렬 및 필터]-[정렬]을 차례대로 선택하여 [정렬] 창을 표시하고 '주문일자' 조건을 선택한 후, ⌄을 클릭하면 정렬 기준의 순서를 변경할 수 있습니다. '주문일자' 조건이 다음 기준으로 변경된 것을 확인하고 [확인]을 클릭합니다.

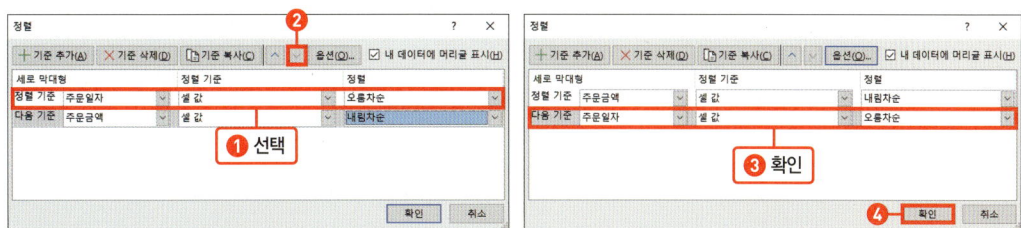

⑤ '주문금액'이 내림차순, '주문일자'가 오름차순으로 정렬됩니다.

정렬과 필터는 대용량 데이터를 다룰 때 가장 기본이 되면서도 강력한 도구입니다. 실무에서는 먼저 자동 필터로 각 열의 데이터 구성을 살펴보는 것이 좋습니다. 그런 다음 고급 필터나 정렬 기능을 조합하여 필요한 데이터만 집중적으로 추출하면 데이터의 특성을 놓치지 않으면서도 효율적으로 원하는 결과를 얻을 수 있습니다.

중복 데이터와 빈 셀 처리하기

엑셀에서 데이터를 정리할 때 자주 마주치는 문제 중 하나는 중복 데이터와 빈 셀입니다. 중복 데이터는 분석 결과를 왜곡시키고, 빈 셀은 계산 오류를 일으키기 때문이죠. 이번 CASE에서는 데이터 분석에 걸림돌이 되는 중복 데이터와 빈 셀을 정리하는 방법에 대해 알아보겠습니다.

✓ 중복 데이터와 빈 셀의 위험성

데이터 분석의 정확성과 효율성을 높이기 위해서는 일관되고 정돈된 데이터가 필요합니다. 그러나 실제 업무 환경에서 생산된 엑셀 파일에는 중복된 데이터와 빈 셀로 가득 차 있는 경우가 많습니다. 이러한 중복 데이터와 빈 셀은 데이터의 가독성 뿐만 아니라 데이터 분석에 심각한 오류를 초래할 수 있습니다. 중복 데이터를 제거하지 않으면 발생하는 문제점은 다음과 같습니다.

위험 유형	문제점
통계 왜곡	같은 정보가 여러 번 계산되어 평균, 합계 등의 통계값이 실제보다 커짐
데이터 불일치	중복된 데이터에서 일부만 수정될 경우, 같은 정보에 대해 서로 다른 버전이 발생
신뢰성 저하	중복된 데이터에서 일부만 수정될 경우, 같은 정보에 대해 서로 다른 버전이 발생

▲ 중복 데이터의 문제점

이러한 문제는 데이터를 집계했을 때 통계치가 너무 크거나, 같은 항목이 매번 다르게 검출될 경우 중복 데이터를 의심해야 한다는 것을 알려줍니다. 엑셀에서 중복 처리는 특별한 경우가 아니라면 자동으로 이루어지지 않기 때문에, 위험 유형을 인지하고 삭제 등의 처리 방법을 결정해야 합니다.

엑셀에서는 행 또는 열 단위로 셀이 비어 있으면 데이터가 없다고 인식하여 함수를 입력하거나 필터링할 때 데이터가 있는 범위만 자동으로 입력됩니다. 하지만, 한두 개의 셀만 비어 있는 경우에는 값이 없는 경우라고 인지하고 수식이나 필터를 그대로 적용합니다. 빈 셀을 방치했을 때 발생할 수 있는 문제는 다음과 같습니다.

위치 유형	문제점
계산 오류	수식에 따라 빈 셀을 0으로 바꾸는 등 예상치 못한 결과가 발생
정렬 및 필터 문제	빈 셀을 가장 작은 값으로 인식하여 맨 위 또는 아래에 배치하거나 필터에서 제외
시각화 왜곡	차트 작성 시 빈 셀로 인해 선이 끊어지거나 일그러진 모양으로 표현

▲ 빈 셀의 문제점

중복 데이터와 빈 셀은 데이터 처리 시 문제를 일으킬 수 있으므로, 행 단위로 삭제하거나 대체 값을 채우는 등의 방법으로 미리 방지하는 것이 좋습니다. 만약 처리 방법을 결정하지 못하거나 원본 데이터를 유지해야 하는 등의 이유로 이를 방치해야 한다면, 이러한 위험성을 인지하고 작업해야 합니다.

실습 중복 행 삭제하기 CASE_03_01

고객 관리 데이터나 판매 내역을 취합할 때 흔히 볼 수 있는 중복 행은 데이터는 동일하고 서식만 다른 경우가 대부분입니다. 엑셀에서는 중복된 데이터를 한꺼번에 삭제할 수 있는 기능을 제공하여 일일이 수작업으로 중복 행을 찾아 제거하는 번거로움을 피할 수 있습니다.

1 | [중복된 항목 제거]를 이용해 중복 행 삭제하기

실습 예제는 고객 ID가 'C002'인 고객이 '소설의 이해'를 3회 주문하여, '주문 번호'가 각각 '1003', '1009', '1020'으로 '주문 일자'와 '총액', '배송 상태'는 모두 다른 데이터입니다. 여기서는 고객별로 구매한 도서명 데이터만 필요한 상황을 가정하고 실습을 진행해 보겠습니다.

① [A1:J21] 영역 중 임의의 셀을 선택한 후, 메뉴에서 [데이터]-[데이터 도구]-[중복된 항목 제거](   )를 클릭합니다.

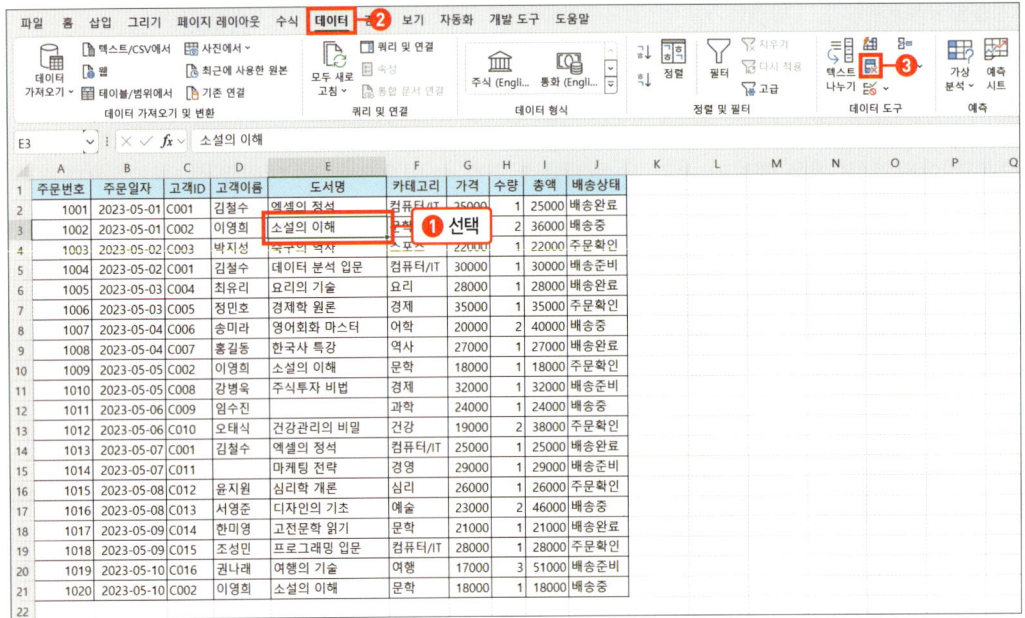

② [중복 값 제거] 창이 표시되면 [모두 선택 취소]를 클릭한 후, [고객ID], [도서명]을 선택하고 [확인]을 클릭합니다. 이렇게 하면 전체 열에서 [고객ID]와 [도서명]에 대한 중복 여부만 체크합니다.

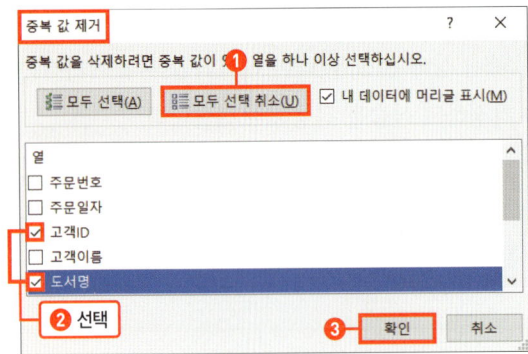

③ 중복 값 3개가 발견되어 제거되었다는 [메시지 창]의 [확인]을 클릭하면 중복 데이터인 주문번호 [1009], [1020] 행의 데이터가 삭제됩니다. 중복 값은 시트 가장 위의 행을 제외한 나머지 데이터를 삭제합니다.

일반적으로 중복 데이터라고 하면 서버나 데이터를 취합하는 과정에서 의도치 않게 복사된 데이터를 떠올리기 쉽습니다. 그러나 실제로 문제가 되는 것은 이렇게 중복 여부가 명확한 데이터보다는 사실상 같은 데이터지만 작업자가 실수로 여러 번 기록하거나 작업자를 명확히 구분되지 않아 중복으로 기록한 데이터입니다. 이런 데이터는 번호, 날짜, 작성자 등은 다르지만 실질적으로는 같은 데이터이므로 재고나 판매량 등을 집계할 때 문제가 됩니다. 이럴 때는 실습한 것처럼 필요한 항목만 제외하고 삭제하는 것이 좋습니다.

[**중복 값 제거**]는 업무를 간소화하는 데에도 유용하게 활용될 수 있습니다. 앞서 실습한 바와 같이 불필요한 행이나 시스템 오류 메시지, 웹로그의 고객별 방문 페이지 등 동일한 내용이 시간에 따라 반복적으로 발생하는 경우 중복 데이터를 삭제하면 데이터를 가공하거나 함수를 실행하는데 소모되는 시간을 줄일 수 있습니다. 이러한 데이터는 대개 실습 데이터처럼 일련번호와 시간 등이 다르게 기록되어 행 전체가 중복되지는 않으므로, 필요한 항목만 선택하여 중복 값을 제거하면 간단하게 처리할 수 있습니다. 단, [**중복 값 제거**]는 행 자체를 삭제하므로 원본 데이터는 별도로 보관하는 것이 좋습니다.

실습 빈 셀이 있는 행을 한 번에 삭제하는 방법   🔗 CASE_03_02

행 기반 데이터에서 각 행은 보통 하나의 완전한 기록을 나타냅니다. 이 중 일부 정보만 누락된 경우 해당 기록 전체의 신뢰성이 떨어질 수 있습니다. 예를 들어, 고객 주문 데이터에서 상품명이 누락되어 있다면 해당 주문의 정확성을 보장할 수 없죠. 따라서 데이터 분석이 목적이라면 데이터의 정확성을 유지하기 위해 빈 셀이 있는 누락된 데이터(빈 셀)가 있는 행 전체를 제거하는 것이 좋습니다.

① 빈 셀을 제거할 시트에서 Ctrl+G를 눌러 [이동] 창을 표시한 다음 [옵션]을 클릭합니다.

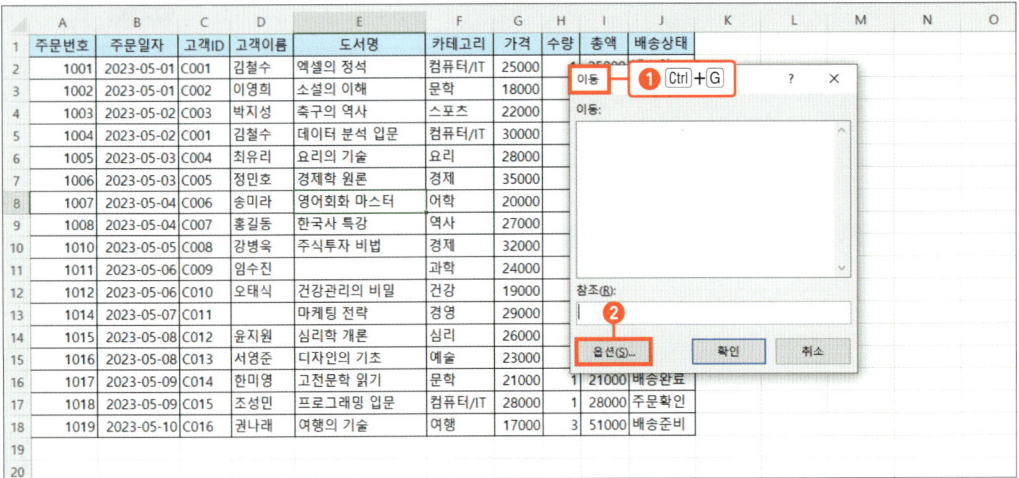

② [이동 옵션] 창에서 [빈 셀]을 선택하고 [확인]을 클릭합니다.

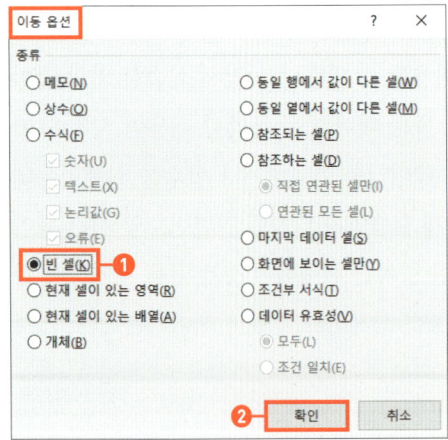

> TIP   메뉴에서 [홈] - [찾기 및 선택] - [이동 옵션]을 선택하여 [이동 옵션] 창을 표시할 수 있습니다.

③ 데이터 영역 중 빈 셀만 선택됩니다. 빈 셀이 선택된 것을 확인한 후, Ctrl+-를 눌러 [삭제] 창 표시하고 [행 전체]를 선택한 다음 [확인]을 클릭합니다.

④ 빈 셀이 있던 주문번호 [1011], [1014] 행이 삭제됩니다.

실습 빈 셀을 한 번에 채우는 방법　　　　　　　🔗 CASE_03_03

데이터 분석이 목적이 아니라면, 빈 셀이 있다고 해서 거래 기록을 함부로 지우기는 어려울 것입니다. 결국 사례별로 데이터를 채워야 할지도 모르죠. 그러나 함수식을 활용하면 빈 셀에 특정 데이터를 한 번에 채워 넣을 수 있습니다. 이번에는 빈 셀을 삭제하는 대신 특정 값으로 채우는 방법에 대해 알아보겠습니다.

2장 빠르게 찾고 한 번에 정리하기 ── 081

① 실습 예제는 [I6], [I9], [I14] 셀의 데이터가 비어 있습니다.

② [이동 옵션] 창을 표시하고 [빈 셀]을 선택한 다음 [확인]을 클릭합니다.

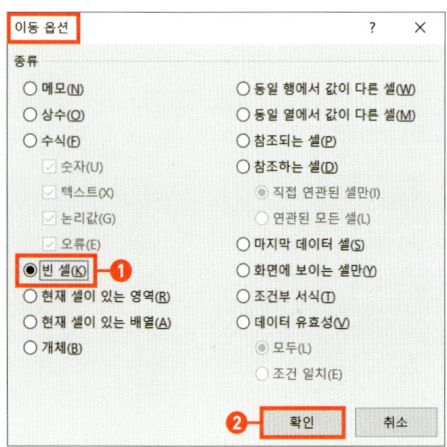

TIP Ctrl + G 를 눌러 [이동] 창을 표시한 다음 [옵션]을 클릭하면 [이동 옵션] 창을 표시할 수 있습니다.

③ 빈 셀이 선택된 것을 확인하고 수식 입력창에 '=G6*H6'를 입력하면 빈 셀 중 가장 위에 있는 [I6] 셀에 수식이 채워집니다.

④ [I6] 셀에 수식이 채워진 것을 확인하고 Ctrl + Enter 를 누르면 선택된 빈 셀에 같은 수식이 적용합니다.

TIP 엑셀에서 여러 셀이 선택된 상태에서 함수나 데이터를 입력하고 Ctrl + Enter 를 누르면 동일한 값을 한 번에 입력할 수 있습니다. 이때 입력한 함수는 상대 참조를 사용하여 각 행에 맞는 수식이 자동으로 입력됩니다.

이 방법을 응용하면 비어 있는 셀에 원하는 데이터를 채우는 등 빈 셀을 대상으로 일괄 작업을 할 수 있습니다. 또한 중복 데이터를 삭제하는 것처럼 작업이 완료되면 이전 상태로 돌아갈 수 없으므로 원본 데이터를 별도로 보관하는 것이 좋습니다.

2장 빠르게 찾고 한 번에 정리하기 —— 083

2

둘째마당

제대로 배우는 데이터 탐색과 시각화

1장 데이터가 쉬워지는 탐색과 요약

2장 차트만 그려도 알 수 있는 인사이트 도출 방법

데이터가 쉬워지는 탐색과 요약

엑셀을 활용하면 데이터를 쉽게 탐색할 수 있습니다. 방향키로 셀을 이동하며 값을 하나씩 살펴보는 건 엑셀만의 장점이죠. 하지만, 피벗 테이블과 표를 활용하면 업무가 더욱 효율적으로 바뀝니다. 이번 장에서는 피벗 테이블과 표, 그리고 요약에 사용되는 통계값을 효과적으로 사용하는 방법을 알아보겠습니다.

피벗 테이블로 데이터 요약하기

CASE 01

기업의 데이터 활용이 강조되면서 BI 도구의 도입이 활발해졌습니다. Tableau, 파워 BI 등의 BI 도구는 데이터를 요약하고 시각화하는 데 특화되어 있죠. 엑셀의 피벗 테이블은 BI 도구만큼 유연하고 다양한 분석이 가능하면서도, 엑셀 안에서 작동하여 접근성과 활용도가 높다는 장점이 있습니다. 피벗 테이블의 핵심 개념과 기본 사용법을 익히면 엑셀에서도 고도화된 데이터 요약을 수행할 수 있습니다.

✔ 차원과 측정값의 개념

'BI(Business Intelligence)' 도구나 데이터 시각화 솔루션에서는 '차원(Dimension)', '측정값(Measure)'이라는 용어가 자주 등장합니다.

차원은 데이터를 그룹화하여 요약하고 비교 분석할 수 있게 해줍니다. 주로 범주형 데이터로 구성되어 있으며, 데이터의 성격에 따라 계층 구조로 이루어져 있습니다. 예를 들어, 매출 데이터의 '지역' 차원이 [국가]-[지역]-[도시] 등의 계층으로 구성된 것을 생각하면 쉽게 이해할 수 있습니다.

측정값은 차원에 따라 구분된 데이터에 대해 실제 계산을 수행하는 것을 말합니다. 대표적인 측정값에는 '합계', '평균', '개수', '최대', '최소' 등이 있으며, 매출 데이터의 상품 카테고리별 매출액을 합산하거나, 지역별 평균 판매량을 구하는 것이 측정값 계산에 해당합니다. 측정값은 주로 숫자형 데이터를 대상으로 하며, 하나의 차원을 여러 측정값으로 동시에 계산할 수 있습니다.

원본 데이터 : 매출 기록

지역	분류	채널	매출액	판매량
서울	의류	온라인	1,000,000	100
서울	의류	오프라인	2,000,000	150
서울	가전	온라인	1,500,000	50
서울	가전	오프라인	3,000,000	80
부산	의류	온라인	800,000	120
부산	의류	오프라인	1,200,000	100
부산	가전	온라인	2,000,000	60
부산	가전	오프라인	1,800,000	70

범주형 값 (주로 차원에 사용) / 숫자형 값 (주로 측정값에 사용)

요약 : 분류/채널별 평균 판매량

구분	온라인	오프라인
의류	110	125
가전	55	75

요약 : 지역/분류별 최대/최소 매출

지역	분류	최대매출	최소매출
서울	의류	2,000,000	1,000,000
서울	가전	3,000,000	1,500,000
부산	의류	1,200,000	800,000
부산	가전	2,000,000	1,800,000

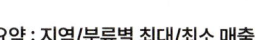 차원

 측정값

차원과 측정값은 BI 도구를 비롯한 다양한 시각화 솔루션에서 공통적으로 사용되는 만큼, 그 원리를 이해하는 것만으로도 데이터를 자유자재로 요약하여 분석할 있습니다. 엑셀의 피벗 테이블에서는 '행'과 '열'에 차원을 배치하고 '값'에 측정값을 배치합니다.

실습 피벗 테이블로 데이터 요약하기 　　　🔗 CASE_01

실습 예제는 '크리스틴 고먼' 박사와 연구팀이 수집한 '팔머 펭귄 데이터'입니다. 이 데이터는 남극의 팔머 군도에 서식하는 '아델리(Adélie)', '턱끈(Chinstrap)', '젠투(Gentoo)' 펭귄의 데이터로 생태 및 해양 환경 변화를 이해하기 위한 목적으로 수집되었습니다. 데이터에는 펭귄의 종과 서식지(섬)을 비롯하여, 부리와 날개 등의 신체 측정치, 그리고 깃털과 혈액 등에서 채취한 동위원소 비율이 포함되어 있습니다.

머리글	데이터 설명
연구명	연구 프로젝트의 이름 및 식별자
표본번호	개별 표본에 부여된 고유 번호
종	펭귄의 종(예: 아델리 펭귄, 턱끈 펭귄, 젠투 펭귄)
지역	연구가 수행된 지역(예: Anvers 등)
섬	펭귄이 관찰된 섬(예: Torgersen, Biscoe, Dream 등)
단계	펭귄의 생물학적 상태(예: 성체, 알 1개 단계 등)
개체ID	각 개체에 부여된 고유 식별자
산란완료	산란 완료 여부(예: Yes/No)
산란날짜	알을 낳은 날짜
부리길이(mm)	펭귄의 부리 길이(mm 단위)
부리깊이(mm)	펭귄의 부리 깊이(mm 단위)
날개길이(mm)	펭귄의 날개 길이(mm 단위)
체중(g)	펭귄의 체중(g 단위)
성별	펭귄의 성별(예: 수컷, 암컷)
질소동위원소비율	질소 동위원소 비율(생태적 위치 및 식성 연구에 사용)
탄소동위원소비율	탄소 동위원소 비율(생태적 위치 및 식성 연구에 사용)

1 | 피벗 테이블 기본 사용법

① 데이터 영역 중 임의의 셀을 선택한 다음, 메뉴의 [삽입]-[표]-[피벗 테이블]을 클릭합니다.

② [표 또는 범위의 피벗 테이블] 창에 데이터 범위가 제대로 입력되었는지 확인한 후, [새 워크시트]를 선택하고 [확인]을 클릭합니다.

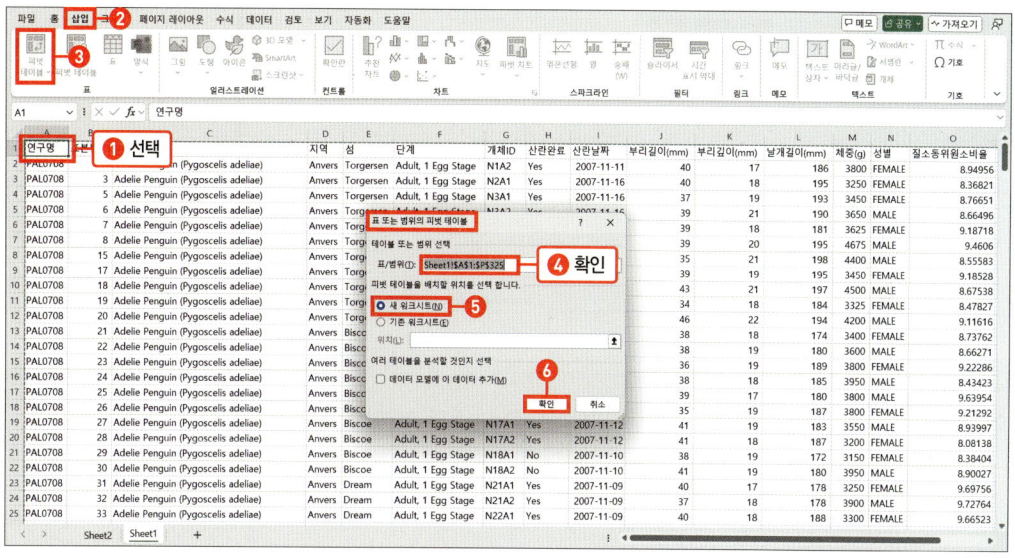

③ '피벗 테이블 필드'에서 [종]을 [행], [성별]을 [열]로 드래그합니다.

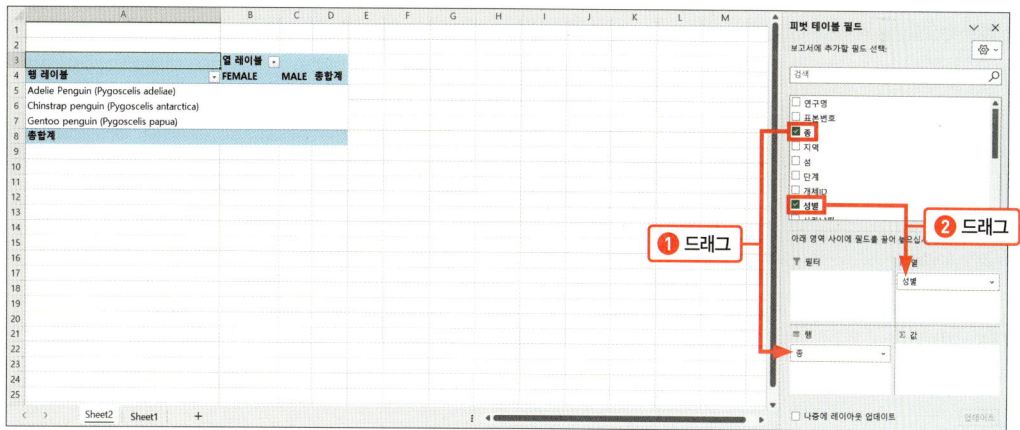

1장 데이터가 쉬워지는 탐색과 요약 —— 089

④ [체중(g)]을 [값]으로 드래그한 후, [값]의 [합계 : 체중(g)]을 클릭하고 [값 필드 설정]를 선택합니다.

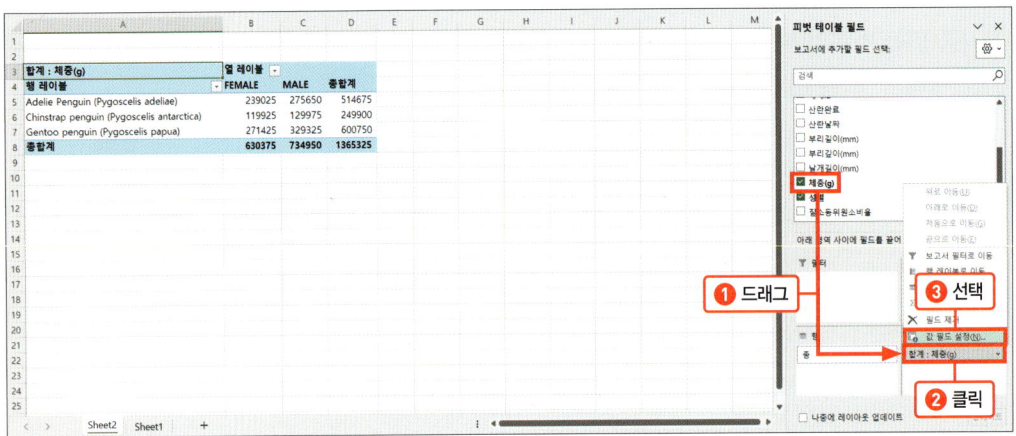

⑤ 여기서는 펭귄의 종과 성별에 따른 평균 체중을 비교해보겠습니다. [값 필드 설정] 창의 [값 요약 기준] 탭에서 '값 필드 요약 기준'을 [평균]으로 변경하고 [확인]을 클릭합니다.

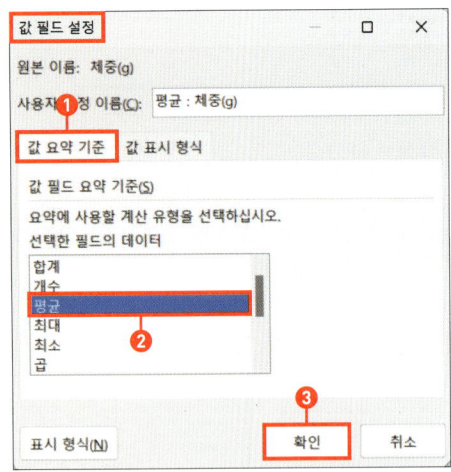

⑥ 피벗 테이블에 [종]과 [성별]을 기준으로 [평균 체중]이 요약됩니다.

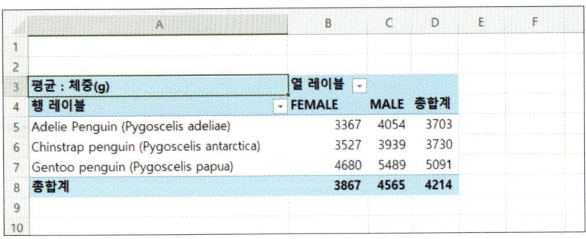

 **피벗 테이블의 차원과 측정값**

피벗 테이블은 요약할 '차원'을 '피벗 테이블 필드'의 [행], [열]에 추가하고, '측정값'은 [값]에 추가하는 방식으로 동작합니다. 그리고 측정값의 계산 방식은 '값 필드 설정'에서 변경할 수 있습니다.

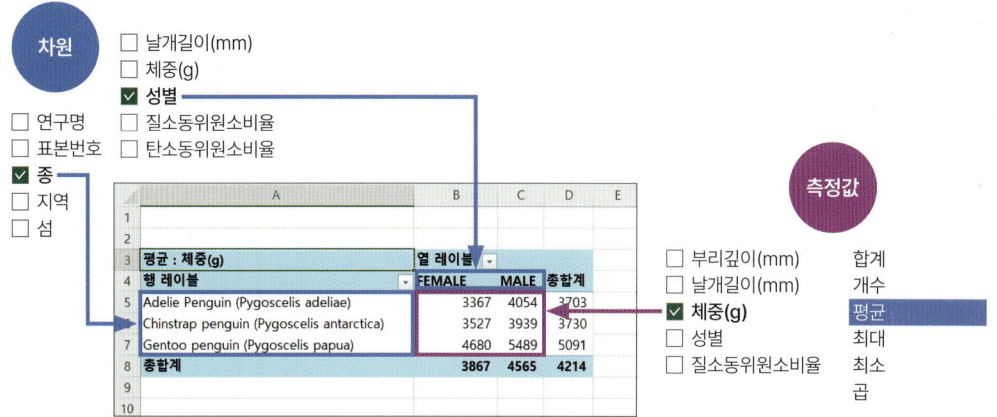

요약된 피벗 테이블을 살펴보면 차원으로 추가한 [종]과 [성별]은 [행]과 [열]의 머리글에 각각 배치되었습니다. 그리고 행과 열이 교차되는 지점에 측정값이 평균값으로 표시됩니다. 작업량으로 살펴보면 차원으로 선택한 세 개의 종과 두 개의 성별이 조합되어 여섯 개의 칸을 만들어지고, 각 주함별 평균을 계산하는 작업이 뚝딱 처리된 셈입니다.

이러한 형태의 표는 기업에서 흔히 사용하는 재무장표나 대시보드(현황판)에서 자주 볼 수 있습니다. 복잡한 데이터에서 핵심을 추출하여 목적에 따라 요약한 후, 현황을 파악하고 중요한 의사결정을 하는데 사용할 수 있는 피벗 테이블은 데이터를 요약할 때 값을 채우는 작업을 쉽게 할 수 있습니다.

피벗 테이블은 데이터를 필터링하고 함수를 적용하는 것보다 작업이 간단하고, 항목을 자유자재로 바꿔가며 데이터를 탐색할 수 있기 때문에 데이터 분석가들에게도 각광받는 도구입니다. '엑셀 5.0'에 처음으로 추가된 피벗 테이블은 꾸준히 발전하면서 별도의 분석 도구가 필요가 없을 만큼 강력한 기능을 갖추게 되었죠.

실습에서도 간단한 작업만으로 종과 성별을 교차 계산하여 젠투 펭귄의 수컷이 가장 체중이 많이 나가고, 아델리 펭귄 암컷이 가장 작은 것을 확인할 수 있습니다. 행과 열의 끝에 있는 총합계에서는 각 항목의 요약 값도 쉽게 확인할 수 있어, 행의 총합계를 통해 젠투 펭귄이 다른 두 종에 비해 체중이 큰 걸 볼 수 있으며, 열의 총합계에서 모든 종의 수컷이 암컷보다 많이 나가는 것을 쉽게 확인할 수 있습니다.

2 | 그룹화 기능을 활용한 분포 분석

① [Sheet1] 시트의 임의의 데이터 영역을 선택하고 [삽입]-[표]-[피벗 테이블]을 클릭하여 새 워크시트([Sheet3])에 피벗 테이블을 추가합니다.

② [Sheet3] 시트의 '피벗 테이블 필드'에서 [종]을 [행], [체중(g)]을 [열]로 드래그합니다.

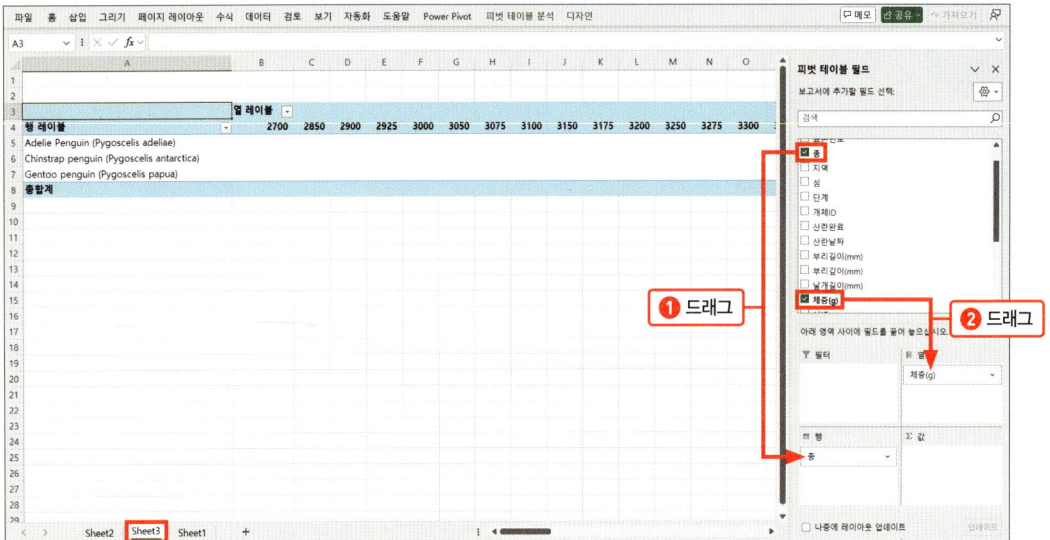

③ 체중과 같은 숫자형 값을 열에 추가하면 그림처럼 표가 길어져 데이터를 확인하기 어려워집니다. 이럴 때는 숫자형 값을 일정한 간격으로 묶어주는 [그룹화]를 이용하면 편리합니다. 열 레이블이 있는 [B4:CP4] 영역에서 임의의 셀을 선택한 후, 메뉴의 [피벗 테이블 분석]-[그룹]-[필드 그룹화]를 선택합니다.

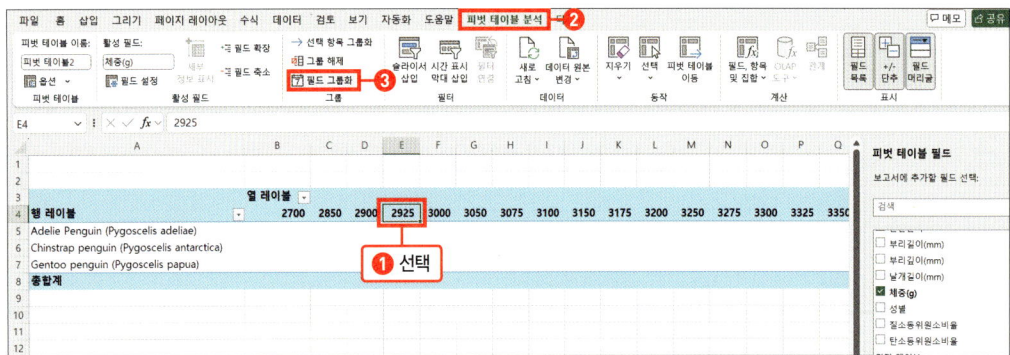

④ **[그룹화]** 창에 데이터의 **[단위]**에는 기본값으로 '1000'이 입력되어 있습니다. 이대로 그룹화를 실행하면 '1,000' 단위로 네 개의 그룹이 생성됩니다. 여기서는 데이터를 좀 더 자세히 살펴보기 위해 '단위'를 '500'으로 변경 후, **[확인]** 클릭합니다.

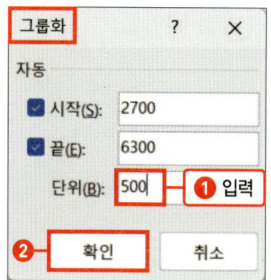

⑤ '피벗 테이블 필드'에서 **[개체ID]**를 **[값]**으로 드래그합니다.

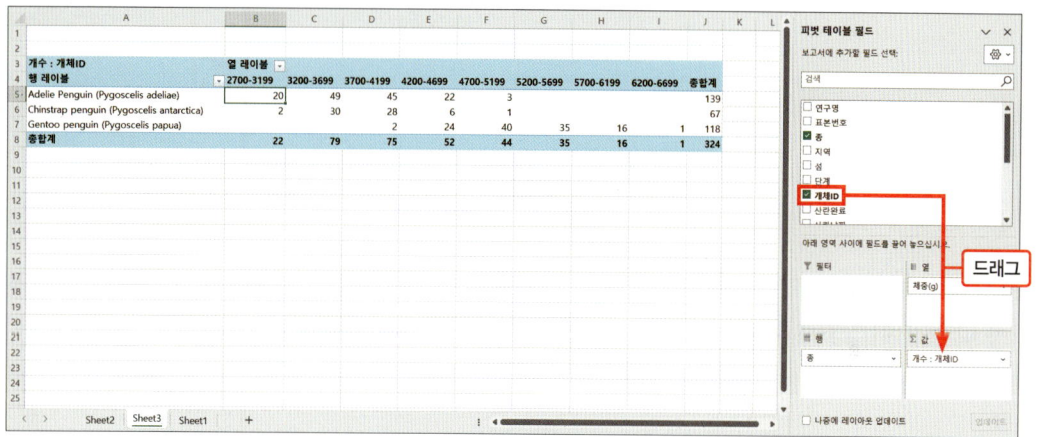

피벗 테이블에서는 보통 문자 등의 형태를 가진 범주형 값을 차원으로 활용하지만, 필요에 따라 숫자형 값도 차원에 추가할 수 있습니다. 단, 숫자형 값은 데이터에 따라 행과 열의 개수가 달라져 표가 길어질 수 있습니다. 이럴 때에는 데이터를 일정한 간격으로 그룹화하여 사용합니다. 기업의 활용사례에서는 고객을 나이에 따라 10살 단위로 구분하거나, 가격대에 따라 상품을 구분하는 것을 예시로 들 수 있습니다.

그룹화 기능을 이용하면 각 그룹의 분포를 쉽게 확인할 수 있습니다. 실습 데이터를 예시로 부리와 날개 길이를 그룹화하거나 체중이 큰 개체와 작은 개체 등을 나눠 신체적 차이에 따라 개체를 분류한 후 분포를 파악할 수 있을 것입니다. 여기에서는 체중을 500g 단위로 그룹화함으로써 아델리 펭귄과 턱끈 펭귄의 크기별 분포를 확인함으로써 대부분의 아델리 펭귄이 젠투 펭귄보다 체중이 적게 나가지만, 일부 개체는 젠투 펭귄만큼 큰 것을 확인할 수 있습니다. 이러한 작업은 마치 실무에서 매출 규모에 따른 매장의 분포를 확인하는 것과 유사합니다.

3 | 값 표시 형식을 활용한 종별 비율 변화 분석

① [Sheet1] 시트의 데이터 영역에서 임의의 셀을 선택하고 [삽입]-[표]-[피벗 테이블]을 클릭하여 새 워크시트([Sheet4])에 피벗 테이블을 추가합니다.

② [Sheet4] 시트의 '피벗 테이블 필드'에서 [산란날짜]를 [행], [종]을 [열]로 드래그합니다.

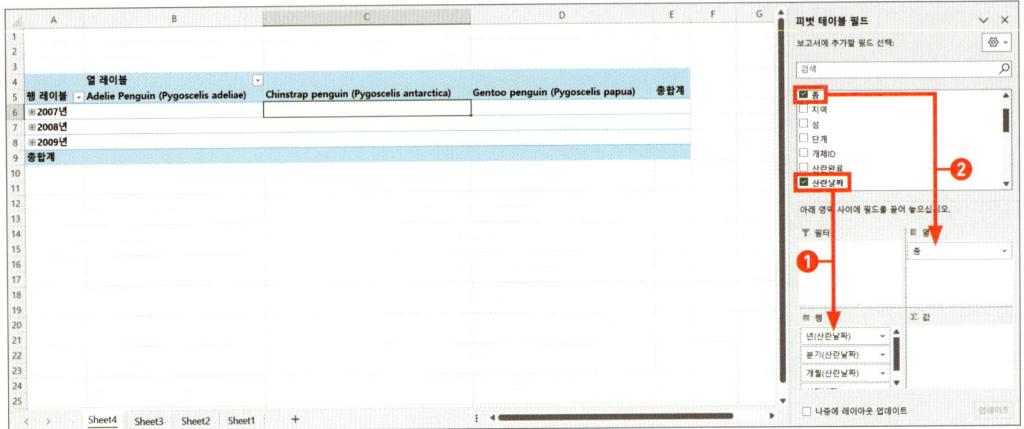

③ '피벗 테이블 필드'에서 [개체ID]를 [값]으로 드래그 후, [값]의 [개수 : 개체ID]를 클릭하고 [값 필드 설정]를 선택합니다

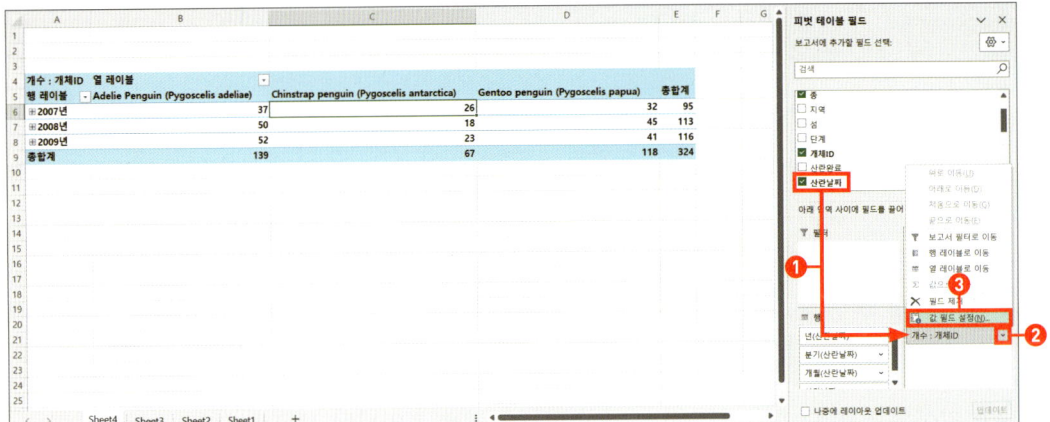

④ [값 필드 설정] 창에서 [값 표시 형식] 탭을 선택한 다음, '값 표시 형식'에서 [행 합계 비율]을 선택하고 [확인]을 클릭합니다.

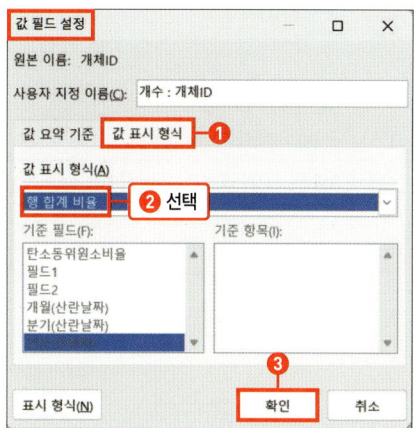

⑤ 행 방향 총합계가 100%로 요약되고 년도별/종별 비율이 계산됩니다. 여기서는 산란날짜를 기준으로 했기 때문에 년도별 태어난 종별 펭귄 비율로 해석하면 됩니다.

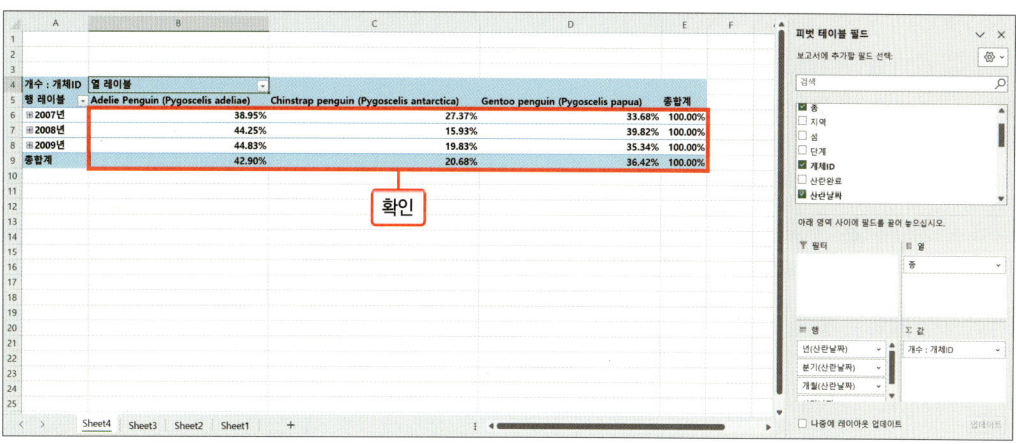

1장 데이터가 쉬워지는 탐색과 요약 —— 095

 **전문가의 시선** **피벗 테이블을 활용한 데이터 분석**

개체: 개체 ID	열 레이블			
행 레이블	Adelie Penguin (Pygoscelis adeliae)	Chinstrap Penguin (Pygoscelis antarctica)	Gentoo Penguin (Pygoscelis papua)	총합계
2007년	37	26	32	95
2008년	50	18	45	113
2009년	52	23	41	116
총합계	139	67	118	324

▲ 년도/종별 출생한 개체 수 계산

실습을 통해 팔머 군도의 연도별 펭귄 종 비율을 쉽게 확인할 수 있습니다. 3년간 출생한 총 개체수를 합산하면 아델리 펭귄이 139마리로 가장 많고, 젠투 펭귄이 118마리로 그 뒤를 이었으며, 턱끈 펭귄은 67마리로 다른 두 종의 절반 수준에 그칩니다.

2008년에는 턱끈 펭귄의 출생 비율이 전년 대비 감소한 반면, 아델리와 젠투 펭귄의 비율은 상대적으로 증가했습니다. 이후 턱끈 펭귄의 출생 비율이 다소 회복되었지만, 여전히 2007년보다는 낮은 수준을 유지하고 있습니다.

이러한 내용을 종합해 보면, 팔머 군도에서 턱끈 펭귄은 다른 펭귄에 비해 개체 수가 적을 뿐만 아니라 출생률도 낮아지고 있는 추세입니다. 물론 이 데이터는 연구원들이 관찰한 개체에 한정된 것이므로, 팔머 군도 전체의 종 비율을 대변한다고 보기는 어렵습니다. 그럼에도 불구하고, 먹이와 서식지가 제한된 환경에서 이러한 추세가 지속된다면 턱끈 펭귄의 개체 수는 점차 감소할 것으로 예측할 수 있습니다.

피벗 테이블은 설정 방식에 따라 다양하게 활용할 수 있으며, 행, 열, 값을 지정하고 요약 방식을 선택하는 순서로 작업하면 대부분 쉽게 사용할 수 있습니다. **피벗 테이블은 작업 시간을 줄여줄 뿐만 아니라 원본 데이터에도 영향을 주지 않아 데이터 분석에 매우 유용합니다.** 이후 실습에서도 자주 활용될 예정이니, 데이터에 따라 상황별 활용 방법을 익혀보시기 바랍니다.

 **피벗 테이블의 값 표시 형식**

피벗 테이블의 '값 표시 형식'은 표를 두어 번 가공한 것과 같은 작업 효과를 낼 수 있습니다. 실습에서는 다음과 같이 년도/종별 출생 개체 수를 계산한 후, 종별 개체 수를 년도별 합계로 나눠 비율을 계산되었습니다.

개체: 개체 ID	열 레이블			
행 레이블	Adelie Penguin (Pygoscelis adeliae)	Chinstrap Penguin (Pygoscelis antarctica)	Gentoo Penguin (Pygoscelis papua)	총합계
2007년	37	26	32	95
2008년	50	18	45	113
2009년	52	23	41	116
총합계	139	67	118	324

▲ 년도/종별 출생한 개체 수 계산

개체: 개체 ID	열 레이블			
행 레이블	Adelie Penguin (Pygoscelis adeliae)	Chinstrap Penguin (Pygoscelis antarctica)	Gentoo Penguin (Pygoscelis papua)	총합계
2007년	38.95%	27.37%	33.68%	100.00%
2008년	44.25%	15.93%	39.82%	100.00%
2009년	44.83%	19.83%	35.34%	100.00%
총합계	42.90%	20.68%	36.42%	100.00%

▲ 종별 개체수를 년도별 합계로 나눠 비율 계산

값 표시 형식은 표를 복사하거나 수식을 적용하지 않고도 다양한 계산을 할 수 있어, 다소 복잡해 보여도 익혀두면 유용하게 활용할 수 있습니다. 사용할 수 있는 옵션은 다음과 같습니다.

구분	값 표시 형식	설명
기본 값	계산 없음	피벗 테이블 필드에 지정된 계산 방식(합계, 평균 등)을 그대로 표시합니다.
비율	총합계 비율	피벗 테이블 전체 총합에 대한 백분율로 각 셀의 값을 표시합니다.
	열 합계 비율	전체 열 합계에서 해당 셀이 차지하는 비율을 백분율로 표시합니다.
	행 합계 비율	전체 행 합계에서 해당 셀이 차지하는 비율을 백분율로 표시합니다.
	[기준값]에 대한 비율	기준 셀을 설정하여 해당 셀과 비교한 비율을 계산하여 표시합니다.
	상위 행 합계 비율	피벗 테이블에서 행을 기준으로 상위 레벨의 값이 전체에서 차지하는 비율을 표시합니다.
	상위 열 합계 비율	피벗 테이블에서 열을 기준으로 상위 레벨의 값이 전체에서 차지하는 비율을 표시합니다.

구분	값 표시 형식	설명
기준 값을 기준으로 계산	[기준값]과의 차이	기준 셀과 비교하여 해당 셀의 차이 값을 표시합니다. 특정 기준값과의 차이를 비교할 때 유용합니다.
	[기준값]에 대한 비율의 차이	기준 셀과의 백분율 차이를 계산하여 표시합니다. 특정 기준과의 증감 백분율을 비교할 때 사용됩니다.
누계	누계	상위에서부터 각 행이나 열의 값을 누적하여 합계로 표시합니다.
	누계 비율	전체 누적 합에서 각 값이 차지하는 백분율을 누적하여 표시합니다.
순위	오름차순 순위	값이 작은 순서대로 순위를 표시합니다. 순위 분석에 유용합니다.
	내림차순 순위	값이 큰 순서대로 순위를 표시합니다. 순위 분석에 유용합니다.
지수	지수 (Index)	특정 셀이 전체 데이터에서 상대적으로 어느 정도 중요한지 나타냅니다. 값이 1보다 크면 평균보다 높고, 작으면 평균보다 낮습니다.

'비율'은 가장 자주 사용되는 옵션으로 실습에서 사용했던 '행 합계 비율'을 포함하여 6개로 [기준값]에 대한 비율의 경우 옵션을 선택하면 추가 팝업을 통해 기준 값을 지정할 수 있습니다. 기준 값을 기준으로 계산하는 옵션 두 가지는 유사한 방식으로 동작하며 각각 직접적인 수치 차이, 그리고 비율에 대한 차이를 계산합니다.

'누계'와 '순위'는 피벗 테이블 안에서 값을 누적으로 더하거나 비율을 계산하고, 순위를 표시함으로써 행과 열에 추가한 차원이 교차하는 지점의 순위를 쉽게 할 수 있습니다.

'지수'는 특정 셀이 전체 데이터에서 상대적으로 어느 정도 중요한지를 나타내는 값으로 복잡하고 다른 사용자에게 설명하기 어려워 자주 사용되지는 않습니다. 참고를 위해 예시를 들어 설명하면 다음과 같습니다.

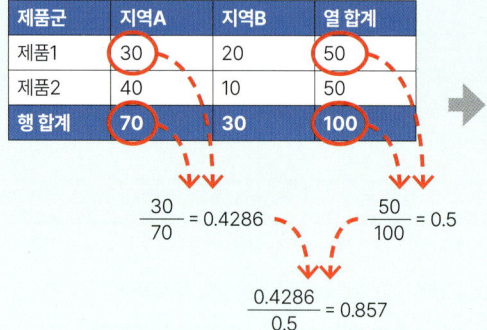

▲ 지수(index)의 계산 방식

지수는 예시와 같이 특정 셀의 값을 그 셀이 속한 열과 행의 비율을 비교하여 계산합니다. 값이 1보다 크면 평균보다 높고, 1보다 작으면 평균보다 낮은 상대적인 중요도를 나타내죠. 다만, 앞서 말했듯이 다소 복잡하여 자주 활용되지는 않습니다.

통계 함수의 이해와 표 활용 방법

엑셀에는 약 80개의 통계 함수가 있습니다. 종류가 많아 어떤 함수를 사용해야 할지 고민될 수 있지만, 사실 대부분의 통계 함수는 평균을 기반으로 파생되므로 평균만 제대로 이해하면 다른 통계 함수도 쉽게 익히고 활용할 수 있습니다. 평균은 가장 오래된 통계값이자 모든 통계값의 중심에 자리 잡고 있습니다. 여기서는 평균을 중심으로, 다른 통계 함수를 이해하는 방법과 엑셀의 표 기능을 이용해 통계값을 빠르게 추출하는 방법까지 알아보겠습니다.

✔ 평균과 기초 통계 함수

'평균'은 데이터의 중심을 나타내는 가장 기본적인 통계 지표로, 그 기원은 인류가 측정과 계산을 시작한 오래전으로 거슬러 올라갑니다. 고대 이집트와 바빌로니아에서는 천문학과 건축에서 정확한 계산이 필수적이었으며, 천문학자들은 천체의 위치와 움직임을 관측할 때 여러 번의 측정을 실시하여 오차를 최소화하고자 했습니다. 이러한 과정에서 여러 측정값의 중심을 찾는 개념이 자연스럽게 형성되었고, 이것이 평균의 초기 형태였습니다.

중세 유럽부터 17~18세기에 이르러 항해, 무역, 과학의 발전으로 평균의 중요성이 커졌습니다. 특히 라플라스와 가우스 같은 수학자들이 통계학과 확률론을 발전시키면서 평균의 개념이 수학적으로 정립되었고, 이는 현대 통계학의 기초가 되었습니다. 이렇게 오래 전부터 평균을 중요하게 생각한 이유를 간단히 정리하면 다음 세 가지를 꼽을 수 있습니다.

❶ 측정의 우연한 오차를 줄여 정확성을 높입니다.

❷ 복잡한 데이터를 하나의 대푯값으로 요약하여 비교를 용이하게 합니다.

❸ 다양한 분야에서 의사 결정의 근거로 활용됩니다.

엑셀의 통계 함수는 평균(AVERAGE)을 기준으로 데이터의 중심을 나타내는 대푯값, 분포, 그리고 위치를 나타내는 함수로 나뉘어지며, 대표적인 함수는 다음과 같습니다.

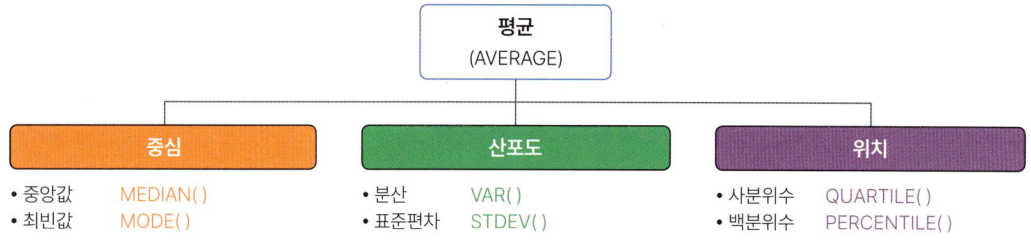

1 | 데이터의 중심을 측정하는 통계값

평균은 데이터 분석에서 그룹의 중심을 측정하는 가장 일반적인 방법입니다. 여기서 중심이란 데이터를 대표하는 값으로, 전체 데이터의 특징을 나타내는 하나의 숫자라고 생각하면 됩니다. 평균은 모든 데이터 값을 더해서 데이터 개수로 나누는 방식으로 구합니다. 이런 방법으로 구한 평균은 데이터 전체의 중심이 어디에 있는지 알려줍니다. 그러나 평균은 극단적인 값(이상치)에 영향을 많이 받고, 데이터가 고르게 분포되어 있지 않을 때는 데이터의 중심을 잘 나타내지 못할 수 있습니다. 이런 평균의 단점을 보완하기 위해 '중앙값'과 '최빈값'을 함께 사용합니다.

중앙값은 데이터를 정렬했을 때 중앙에 위치한 값으로 이상치가 있거나 분포가 비대칭적일 때 유용합니다. 예를 들어, 직원 연봉이 '3,000만 원', '3,200만 원', '3,500만 원', '4,000만 원', '10,000만 원'일 경우, 평균(4,740만 원)보다 중앙값(3,500만 원)이 일반 직원의 연봉 수준을 더 잘 반영합니다.

최빈값은 가장 자주 나타나는 값으로 범주형이나 이산형 데이터에 특히 유용합니다. 예를 들어, 학급에서 선호하는 과일 조사에서 사과가 가장 많이 언급되었다면, 사과가 최빈값이 됩니다.

평균, 중앙값, 최빈값, 이 세 가지 측정치를 함께 사용하면 데이터의 특성을 더 정확히 이해할 수 있습니다. 특히 데이터가 비대칭이거나 이상치가 있을 때 유용합니다. 각 상황에 맞는 적절한 측정치를 선택하는 것이 중요합니다.

2 | 산포도를 측정하는 통계값

데이터 분석에서는 중심뿐만 아니라 데이터의 변동성과 분포를 이해하는 것이 중요합니다. 이를 위해 '산포도'가 사용되며, 대표적으로 '분산'과 '표준편차'가 있습니다. 여기서 분산은 데이터가 평균으로부터 떨어진 정도를 말하고 산포도란 데이터가 흩어져 있는 정도를 말합니다.

분산은 데이터가 평균으로부터 떨어진 정도를 제곱한 값들의 평균입니다. 분산이 크면 데이터가 넓게 분포되어 있고, 작으면 평균 주변에 밀집해 있음을 나타냅니다. 표준편차는 분산의 제곱근으로, 분산이 제곱으로 인해 단위가 바뀌어 해석하기 어려운 점을 보완하기 위해 원 데이터와 동일한 단위로 변경한 값입니다. 산포도 측정치는 주로 다음과 같은 용도로 사용됩니다.

❶ 데이터 변동성 파악: 분산과 표준편차를 통해 데이터가 평균 주위에서 어떻게 분포되어 있는지 알 수 있습니다. 이는 데이터의 안정성이나 신뢰성을 평가하는 데 중요합니다. 예를 들어, 기상 데이터에서 기온의 표준편차가 크다면 날씨의 변동성이 크다는 것을 의미합니다.

❷ 품질 관리: 제조업에서는 제품의 품질을 관리하기 위해 표준편차를 활용합니다. 부품의 크기나 무게의 표준편차를 관리하여 제품의 품질과 일관성을 유지할 수 있습니다. 표준편차가 작을수록 제품의 균일성이 높다고 볼 수 있습니다.

❸ 금융 분야: 투자 수익률의 표준편차는 투자 위험을 나타냅니다. 표준편차가 클수록 수익률의 변동성이 크고, 이는 높은 위험과 잠재적 수익을 의미합니다. 투자자들은 표준편차를 활용하여 자신의 위험 선호도에 맞는 투자 결정을 내릴 수 있습니다.

3 | 위치를 측정하는 통계값

데이터 분석에서 '위치'는 데이터 집합 안에서 특정값의 상대적인 위치를 나타내는 지표로서, 데이터의 분포와 개별 값의 위치를 파악하는 데 유용합니다. 대표적인 위치 측정치로는 '사분위수', '백분위수'가 있습니다.

사분위수는 데이터 집합을 오름차순으로 정렬했을 때 이를 네 부분으로 나누는 경계에 있는 값을 의미합니다. 전체 데이터의 25%, 50%, 75% 지점에 해당하는 값을 각각 1사분위수(Q1), 2사분위수(Q2), 3사분위수(Q3)라고 하며, 여기서 2사분위수(Q2)는 중앙값과 동일합니다. 4사분위수를 활용하면 데이터의 분포를 쉽게 확인할 수 있습니다. 예를 들어 다음과 같이 학생 10명의 성적을 사분위수로 표현하면 1사분위수와 3사분위수로 중간 50%의 학생들이 66.25점에서 88.75점 사이에 분포하고 있음을 알 수 있습니다.

▲ 사분위수와 백분위수 예시

백분위수는 사분위수를 보다 세분화한 개념으로, 데이터를 100개의 동일한 부분으로 나누는 경계에 있는 값을 의미합니다. n 번째 백분위수는 데이터의 하위 n%에 해당하는 값을 나타냅니다. 백분위수는 대규모 데이터 집합에서 개별 값의 상대적인 위치를 파악하는 데 특히 유용합니다. 예를 들어, 대학 입시에서 어떤 학생의 성적이 90번째 백분위수에 해당한다면, 이는 그 학생이 전체 지원자 중 하위 90% 즉, 상위 10%에 속한다는 의미입니다. 이를 통해 해당 학생의 성적이 다른 지원자들과 비교하여 어느 정도의 수준인지 알 수 있습니다.

이와 같이 위치 측정치는 데이터의 분포와 개별 값의 상대적 위치를 이해하는 데 활용됩니다. 데이터의 전반적인 구조를 파악하고, 특정값이 데이터 집합 안에서 어떤 의미를 갖는지 해석하는 데 유용합니다. 특히 교육 평가, 인적 자원 관리, 마케팅 분석 등 다양한 분야에서 위치 측정치를 활용하여 보다 정교한 분석과 의사 결정을 내릴 수 있습니다.

실습 표를 활용해 빠르게 통계값 탐색하기   🔗 CASE_02

엑셀의 표는 데이터를 구조화하고 관리하는 데 매우 유용한 도구입니다. 표를 생성할 때 자동으로 적용되는 서식과 제약 때문에 외면 받기도 하지만, 표를 생성하면 데이터를 탐색하고 통계값을 살펴보는 데 편리한 기능을 제공합니다. 이번 실습에서는 통계를 목적으로 표를 사용하는 방법을 알아보겠습니다.

실습 예제는 '공공데이터포털'에서 제공하는 '서울교통공사 지하역사 공기질 측정 정보'로 실내공기질관리법 유지기준 항목인 미세먼지, 일산화탄소, 폼알데하이드등의 연간 농도 측정값이 기록되어 있습니다.

머리글	데이터 설명	표현형식
시도명	서울특별시, 경기도	
시군구명	중구, 성남시, 하남시 등	
측정연도	측정연도(2023년)	YYYY
지하철호선명	지하철호선명(1~9호선)	
지하철역사명	지하철역사명, 괄호안의 숫자는 호선표시	
측정위치	측정위치(대합실 및 승강장)	
미세먼지	미세먼지농도	$\mu g/m^3$
초미세먼지	초미세먼지농도	$\mu g/m^3$
이산화탄소	이산화탄소농도	PPM
폼알데하이드	폼알데하이드농도	$\mu g/m^3$
일산화탄소	일산화탄소농도	PPM
이산화질소	이산화질소농도	PPM
라돈	라돈농도	Bq/m^3
휘발성유기화합물	휘발성유기화합물농도	$\mu g/m^3$
관리기관명	관리기관명(서울교통공사)	
데이터기준일자	데이터기준일자((2024-6-25)	YYYY-MM-DD

1 | 표와 요약 행으로 통계값 탐색하기

① 데이터 영역 중 임의의 셀을 선택한 후, Ctrl+T를 누릅니다.

② [표 만들기] 창에서 데이터 범위를 확인하고 [머리글 포함]에 체크 표시한 후, [확인]을 누릅니다.

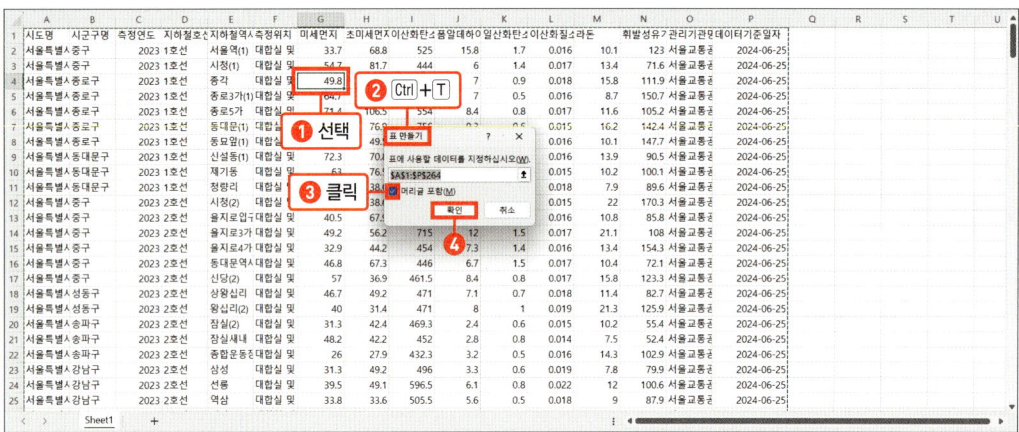

③ 메뉴에서 [테이블 디자인]-[표 스타일 옵션]의 [요약 행]을 체크 표시합니다.

④ '미세먼지' 요약 행이 있는 [G265] 셀의 ▼를 클릭한 다음, [평균]을 선택합니다.

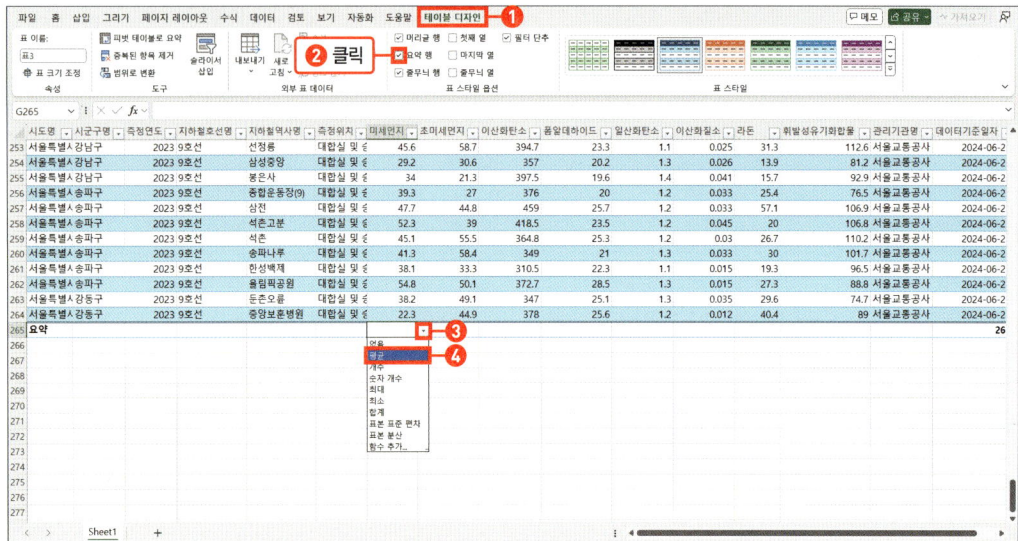

⑤ [G265] 셀의 채우기 핸들을 [N265] 셀까지 드래그하여 '휘발성유기화합물'까지 [평균]을 적용합니다.

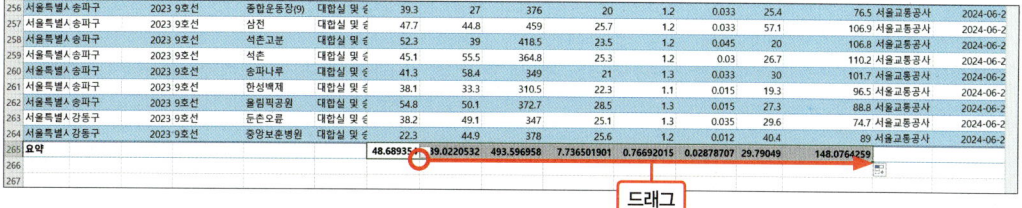

TIP [G265] 셀의 수식을 살펴보면 '=SUBTOTAL(101,[미세먼지])'으로 SUBTOTAL 함수가 자동으로 적용된 것을 볼 수 있습니다. SUBTOTAL 함수에 대해서는 실습의 마지막 부분에서 자세히 설명합니다.

⑥ '지하철호선명'의 머리글에 있는 ▼을 클릭한 다음, [1호선]만 필터링합니다.

⑦ 필터링한 '1호선'의 항목별 평균이 자동으로 계산됩니다.

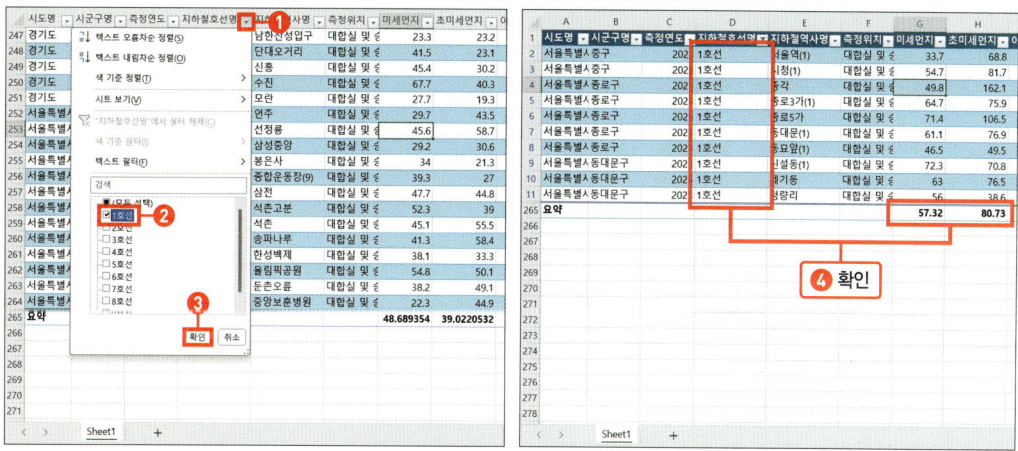

⑧ '지하철호선명'의 필터링을 해제한 후, [G265] 셀에서 SUBTOTAL 함수의 첫 번째 인수를 '107'로 변경합니다. 요약 행의 통계값은 ④처럼 셀의 오른쪽의 ▼에서 선택해도 되지만, 원하는 인수를 직접 수정해도 됩니다.

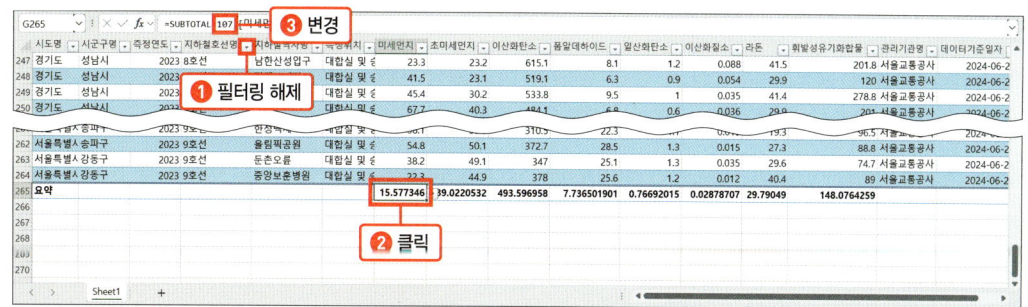

1장 데이터가 쉬워지는 탐색과 요약 —— 105

요약 행에 자동으로 적용된 SUBTOTAL 함수는 필터링된 행을 제외한 통계값을 계산할 수 있는 기능이 포함되어 있습니다. 이로 인하여 ⑦에서 실습한 것처럼 필터링을 적용하면 선택된 데이터에 한해 통계값을 계산할 수 있죠. 이는 데이터를 탐색할 때 상당히 유용합니다.

일반적인 통계 함수는 데이터를 필터링해도 전체 데이터에 대한 통계값을 계산합니다. 그래서 실습한 것처럼 특정한 분류의 통계값을 확인하려면 데이터를 가공하거나 피벗 테이블을 사용해야 합니다. 표를 사용하면 데이터를 가공하지 않고 피벗 테이블을 새로 만들 필요가 없기 때문에 간단한 탐색에 적합합니다. 다만, 표에 적용된 SUBTOTAL 함수도 첫 번째 인수(옵션 번호)를 잘못 선택하면 필터링된 데이터가 아닌 전체 데이터의 통계값을 계산할 수 있으므로 주의해야 합니다.

SUBTOTAL 함수는 두 개의 인수로 구성되어 있습니다. 첫 번째 인수는 통계값에 대한 옵션 번호이며, 두 번째 인수는 데이터의 범위로 표에서는 머리글이 자동으로 입력됩니다. 선택할 수 있는 통계값은 다음과 같습니다.

필터링 된 행을 포함	필터링 된 행은 제외	통계값	대응 함수
1	101	평균	AVERAGE
2	102	숫자가 포함된 셀의 개수	COUNT
3	103	비어 있지 않은 셀의 개수	COUNTA
4	104	가장 큰 값	MAX
5	105	가장 작은 값	MIN
6	106	모두 곱한 결과	PRODUCT
7	107	표본 데이터에 대한 표준편차	STDEV.S
8	108	전체 데이터에 대한 표준편차	STDEV.P
9	109	합계	SUM
10	110	표본 데이터에 대한 분산	VAR.S
11	111	전체 데이터에 대한 분산	VAR.P

▲ SUBTOTAL 함수의 옵션번호와 통계값

통계값은 11가지로 필터링 된 행을 포함하는지에 따라 번호대가 달라집니다. 1~11번은 필터링 된 행을 포함한 통계값으로 일반적인 통계 함수를 사용했을 때와 같은 결과를 출력합니다. 그리고 101~111번은 필터링 된 행은 제외하고 통계값을 추출합니다. 요약 행에 있는 ▼를 이용하여 통계값을 적용하면 100번대의 번호로만 적용되며, 탐색을 목적으로 표를 사용한다면 꼭 100번대의 통계값을 선택해야만 필터링하면서 값을 확인할 수 있습니다.

2 | 탐색을 끝낸 후 원래 형태로 돌아가기

통계값을 탐색하는 것이 목적이었다면 작업이 끝난 후에는 표를 삭제하고 서식을 제거해야 다음 작업에 영향을 주지 않습니다. 여러가지 방법이 있지만, 다음의 방법으로 데이터를 원래 형태로 되돌릴 수 있습니다.

① 표 영역이 선택된 상태에서 메뉴의 **[테이블 디자인]**-**[표 스타일]**을 **[없음]**으로 변경합니다. 이렇게 하면 표에 적용된 서식이 삭제됩니다.

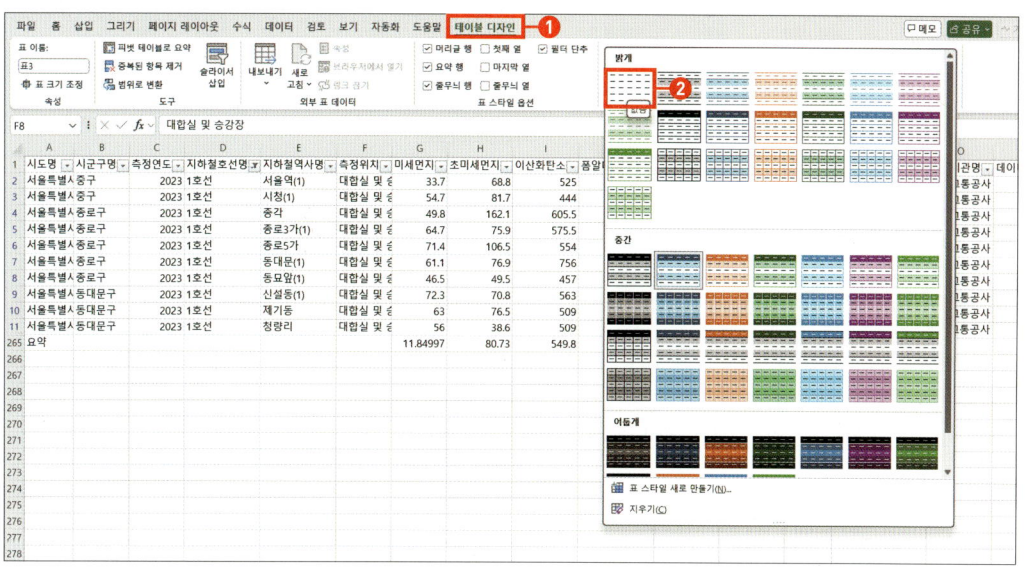

1장 데이터가 쉬워지는 탐색과 요약 — 107

② 메뉴에서 [테이블 디자인]-[표 스타일 옵션]의 [요약 행]에 표시된 체크를 해제합니다. 이렇게 하면 [265] 행에 있는 요약 행이 삭제됩니다.

③ [테이블 디자인]-[도구]의 [범위로 변환]을 선택한 다음, 안내창의 [예]를 선택합니다.

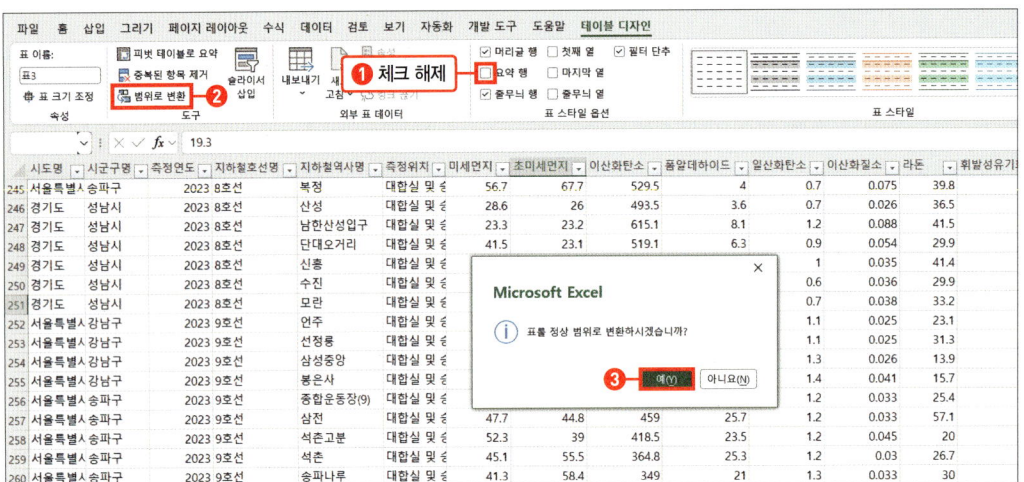

④ 표에 적용된 서식과 요약 행이 사라지고 원래의 모습으로 돌아왔습니다. ①, ②의 과정은 꼭 표를 범위로 변환하기 전에 실행해야 하니 유의하세요.

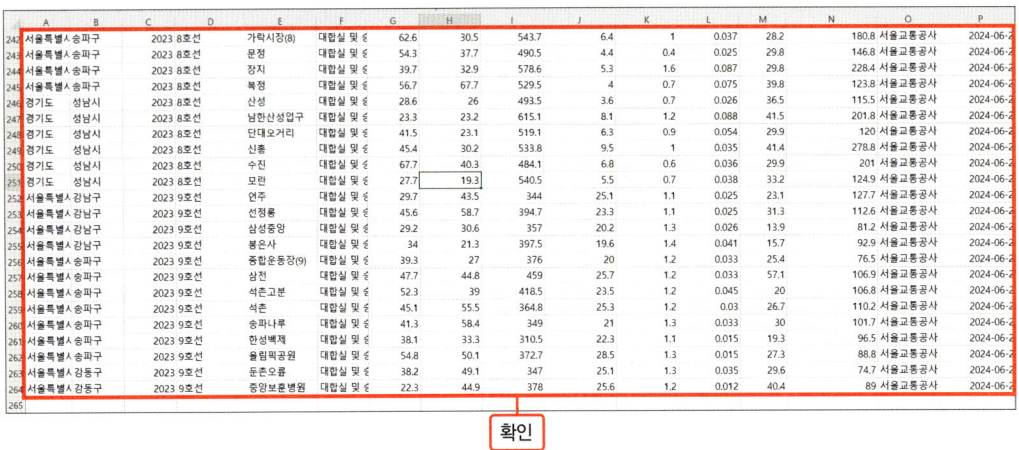

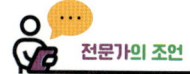

표의 기능적 제약

엑셀에서 표는 데이터 구조를 유지하고 통계값을 분석하는 데 유용합니다. 그러나 다음과 같은 제약으로 불편할 수 있으니 이후 작업을 고려하여 표를 유지하거나 [테이블 디자인] - [도구] - [범위로 전환]을 선택하는 것이 좋습니다.

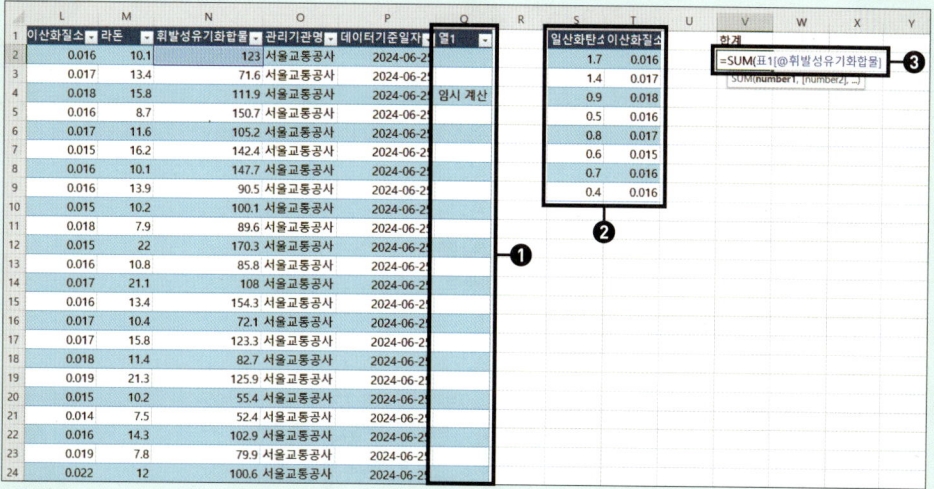

❶ 복사/붙여넣기: 표에서 값을 복사하여 일반 셀에 붙여넣을 경우 원래의 서식이나 구조 정보가 함께 복사됩니다. 이는 데이터의 경계를 뚜렷하게 보여주는 장점이 있지만, 데이터의 형태를 변경하거나 일반 셀에 값을 붙여 넣을 때는 방해가 될 수 있습니다. 단순히 데이터만 복사하고 싶다면 표를 범위로 전환한 후 작업하는 것이 편리합니다.

❷ 행/열의 자동 확장: 표에 데이터를 입력하면 표의 범위가 자동으로 확장됩니다. 이는 데이터의 구조를 유지하면서 값을 추가할 때는 편리하지만, 함수를 적용하여 값을 확인하거나 특정 범위 내에서만 작업하려 할 때는 불편함을 줄 수 있습니다.

❸ 구조적 참조: 표로 삽입된 데이터 범위를 선택하면 자동으로 '=SUM(표[머리글])'과 같은 형식의 구조적 참조가 생성됩니다. 구조적 참조는 머리글만 지정해도 데이터를 선택할 수 있지만, '=SUM(A2:A10)'과 같은 일반적인 셀 참조 방식에 익숙한 사용자에게는 혼란을 줄 수 있습니다. 또한, 구조적 참조는 매크로 사용 시 작업 대상을 인지하지 못하는 문제를 일으킬 수 있습니다.

2장

DATA × LITERACY

차트만 그려도 알 수 있는 인사이트 도출 방법

잘 만들어진 차트는 전자제품이나 가구의 조립 설명서와 같습니다. 데이터를 모양에 맞게 조립하다 보면, 마치 전문가처럼 데이터에 숨겨진 인사이트를 찾아볼 수 있죠. 이번 장에서는 엑셀 차트를 단순한 시각화 도구가 아닌, 인사이트를 발굴하는 도구로 활용하는 방법에 대해 알아보겠습니다.

 # 히스토그램을 활용한 분포 분석

데이터 분석을 어디서부터 시작해야 할지 막막하다면 데이터의 분포를 파악하는 것만으로도 분석의 실마리를 찾을 수 있습니다. 히스토그램은 엑셀 2016 버전부터 도입된 통계 차트로, 데이터의 분포를 직관적으로 나타내는 강력한 도구입니다. 히스토그램 하나만으로도 데이터의 대략적인 형태, 중심 위치, 밀집 구간 등 주요 특성을 쉽게 파악할 수 있습니다. 이번 CASE에서는 히스토그램을 작성하고 해석하는 방법에 대해 자세히 알아보겠습니다.

✓ 히스토그램의 구조와 활용

'히스토그램(histogram)'이라는 용어는 19세기 말 영국의 통계학자 '칼 피어슨(Karl Pearson)'이 처음 사용한 것으로 알려져 있습니다. 정확한 어원은 불분명하지만, 그리스어로 '똑바로 선 물체'를 의미하는 '히스토스(histos)'와 '그림'을 뜻하는 '그램(gram)'의 합성어로 데이터를 기둥 모양의 차트로 표현하는 것을 빗댄 것으로 여겨집니다.

히스토그램은 데이터를 여러 구간으로 나누고, 각 구간에 속하는 빈도를 막대의 높이로 표현합니다. 이를 통해서 어떤 구간에 데이터가 집중되어 있는지, 어떻게 분포되어 있는지를 한눈에 파악할 수 있으며, 데이터를 시각화함으로써 평균이나 표준편차와 같은 수치적 요약만으로는 알기 어려운 특성도 확인할 수 있습니다.

이러한 장점 덕분에 데이터 분포의 형태를 분석하여 이상치를 식별하거나, 대칭성 및 치우침을 평가하는 데 유용하게 쓰이며, 품질 관리, 시장 분석, 공학 등 다양한 분야에 사용됩니다. 무엇보다 거의 모든 데이터 분석의 본격적인 작업에 앞서 기초적인 내용을 파악하여 세부 방향을 설정하는 데 필수적인 역할을 합니다.

실습 히스토그램을 활용한 분포 분석   📎 CASE_01

실습 예제는 '공공데이터포털'에서 제공하는 '교육부 학생건강검사 표본조사' 데이터입니다. 초등학교 1학년부터 고등학교 3학년까지 학년별로 약 6천에서 1만여명의 키와 몸무게가 포함되어 있으며, 전체 데이터는 97,787건입니다. 데이터 항목과 설명은 다음과 같습니다.

항목	데이터 설명
도시규모	대도시/중소도시, 읍지역, 도서벽지/면지역
공학여부	공학, 남자, 여자
시도	서울, 경기, 강원 등 17개 시도
학교급	초, 중, 고
학년	초 1~6학년, 중 1~3학년, 고 1~3학년
반	1~21
순번	1~39
성별	남, 여
생년월일	8자리 숫자로 구성되어 있으며 잘못 기입된 값이 있음
건강검진일	주로 2019~2021년에 측정되었으나 이전 측정된 데이터 일부 포함
키	101~196cm
몸무게	14~130kg

1 | 초등학교 1학년 키 데이터로 히스토그램 그리기

① [A1:L97788] 영역에서 임의의 셀을 선택하고 피벗 테이블을 삽입합니다.

② [표 또는 범위의 피벗 테이블] 창에서 데이터 범위를 확인하고, [새 워크시트]를 선택한 다음 [확인]을 클릭합니다.

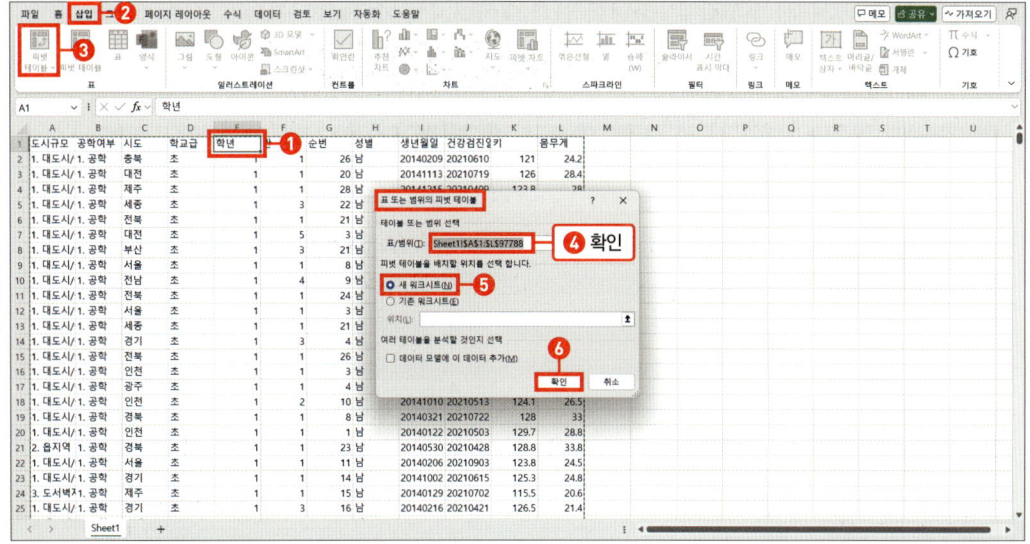

> **TIP** 피벗 테이블을 생성할 데이터 영역 중 임의의 셀이 선택된 상태에서 Alt → N → V → Enter 를 차례대로 누르면 바로 피벗 테이블을 생성할 수 있습니다.

③ '피벗 테이블 필드'에서 [학교급]과 [학년]을 [행], [키]를 [값]으로 드래그하고 '값 요약 기준'을 [평균]으로 변경합니다.

④ 초등학교 1학년의 평균 키가 데이터가 있는 [B13] 셀을 더블클릭합니다.

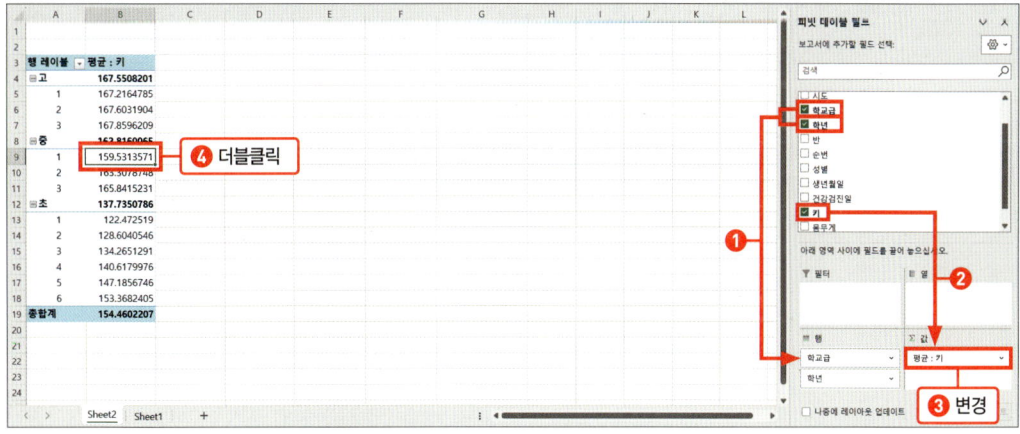

2장 차트만 그려도 알 수 있는 인사이트 도출 방법 — 113

⑤ [세부 정보1] 시트에 초등학교 1학년의 전체 데이터가 추가됩니다.

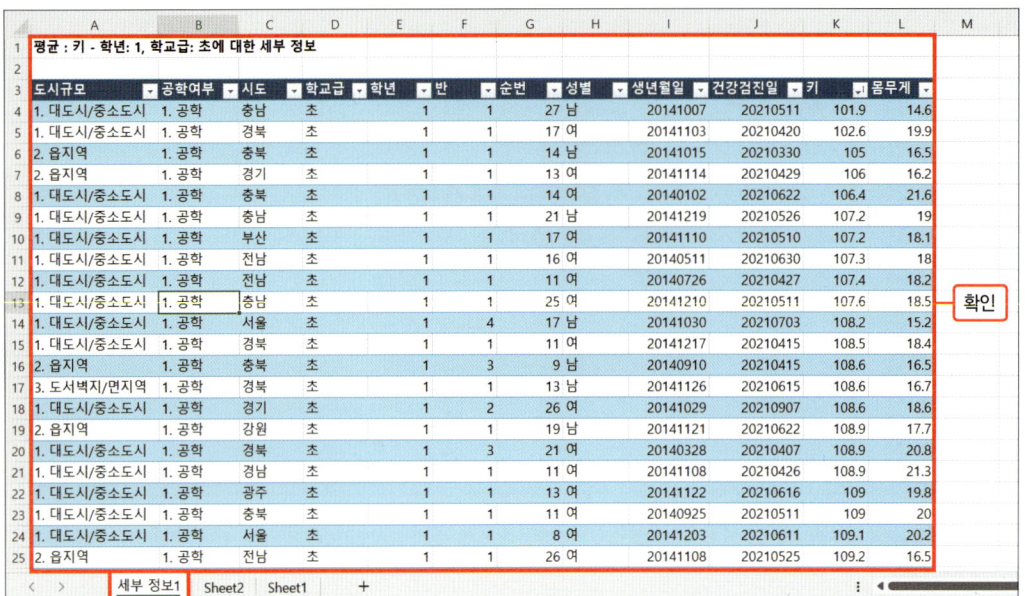

⑥ 키 데이터가 있는 [K4:K6462] 영역을 선택하고, 메뉴에서 [삽입]-[차트] 그룹에서 [히스토그램]을 선택합니다.

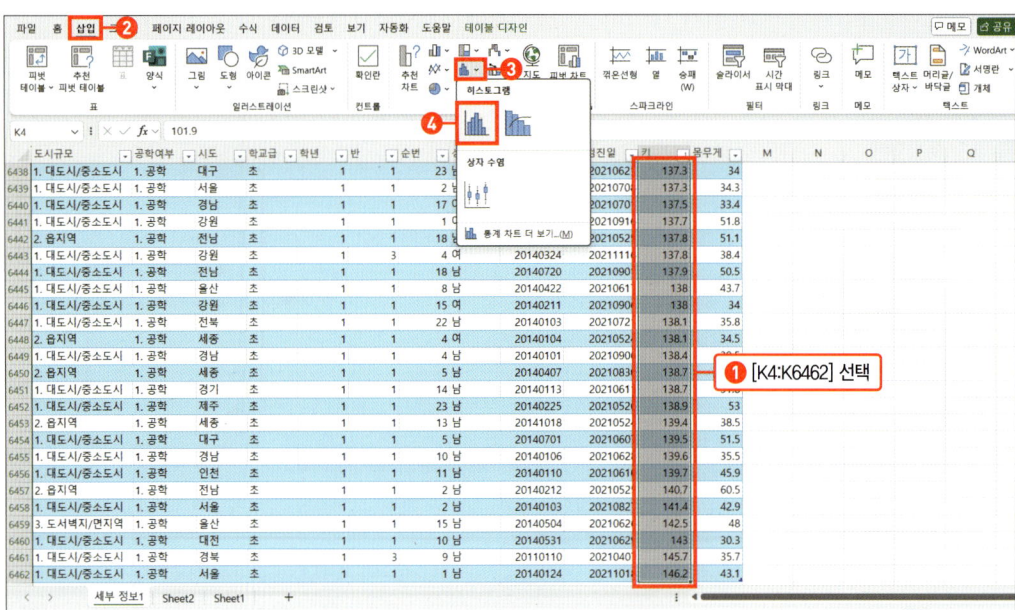

> **TIP** '키' 데이터가 시작되는 [K4] 셀을 선택한 다음 Ctrl + Shift 를 누른 상태에서 ↓ 를 누르면 [K4:K6462] 영역을 한 번에 선택할 수 있습니다. 원하는 데이터를 편리하게 선택하는 자세한 방법은 49쪽을 참고하세요.

⑦ 삽입된 차트의 가로축을 마우스 오른쪽 버튼으로 클릭한 다음, [축 서식]을 선택합니다.

⑧ '축 서식'에서 [축 옵션] 탭을 선택하고 [계급 구간 너비]를 적절하게 조절합니다. 여기서는 '1.99'를 입력했습니다.

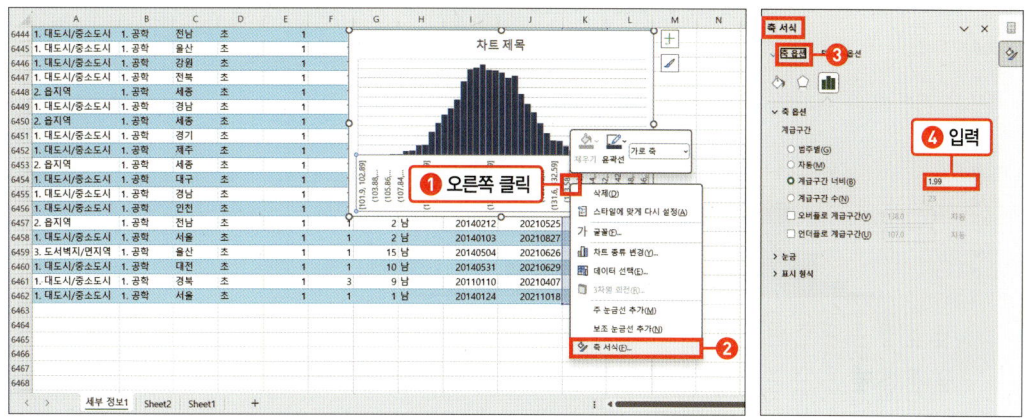

TIP [계급구간 너비]에 입력란이 표시되지 않는다면 차트 크기를 크게 조절해 보세요.

⑨ '축 서식'의 '표시 형식'에서 '범주'를 [숫자]로 변경합니다.

⑩ 차트 제목을 '초등학교 1학년 키 분포'로 변경하여 히스토그램 차트를 완성합니다.

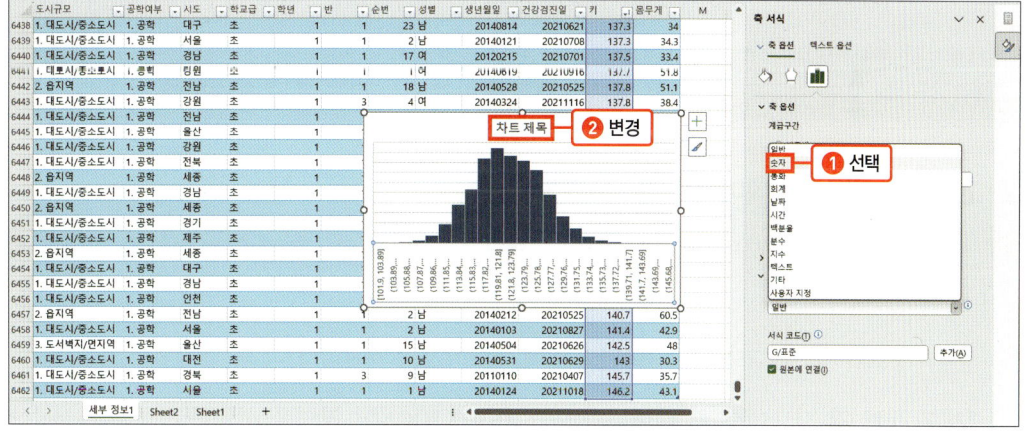

> **전문가의 시선**   평균을 중심으로 밀집된 히스토그램

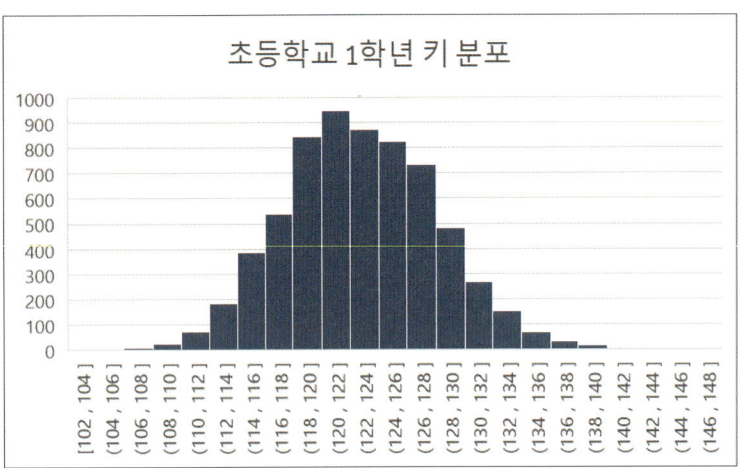

가로축 눈금에서 소괄호 '('은 초과 또는 미만, 대괄호 ']'은 이상 또는 이하를 의미합니다. 첫 번째 눈금 [102, 104]은 102 이상, 104 이하이며 마지막 눈금 '(146,148]'은 146 초과, 148 이하를 의미합니다. 이로써 키가 104.0cm일 경우 첫 번째 막대에 104.1cm는 두 번째 막대에 추가됩니다.

가로축 서식 [102, 104]부터 (146,148]으로 1.99cm간격으로 나뉘어 있으며, 각 구간별 개수가 막대로 표시되었습니다. 피벗 테이블에서 확인한 초등학교 1학년 평균 키는 122.5cm입니다. **히스토그램을 확인해 보면 평균을 중심으로 막대가 고르게 퍼져 있는 것을 볼 수 있습니다.**

2 | 고등학교 3학년 키 데이터로 히스토그램 그리기

① 피벗 테이블이 있는 시트([Sheet2])에서 고등학교 3학년을 평균 키가 있는 영역 중 임의의 셀을 더블클릭합니다.

② [세부 정보2] 시트에 고등학교 3학년의 전체 데이터가 추가됩니다.

③ [세부 정보 2] 시트에서 키 데이터가 있는 [K4:K10080] 영역을 선택하고, 메뉴에서 [삽입]-[차트] 그룹에서 [히스토그램]을 선택하여 히스토그램 차트를 삽입합니다.

④ 삽입된 차트의 가로축을 마우스 오른쪽 버튼으로 클릭한 다음 [축 서식]을 선택합니다.

⑤ '축 서식'에서 [축 옵션] 탭을 선택하고 [계급구간 너비]는 '1.99', '표시형식'은 [숫자]로 변경합니다.

⑥ 차트 제목을 '고등학교 3학년 키 분포'로 변경하여 히스토그램 차트를 완성합니다.

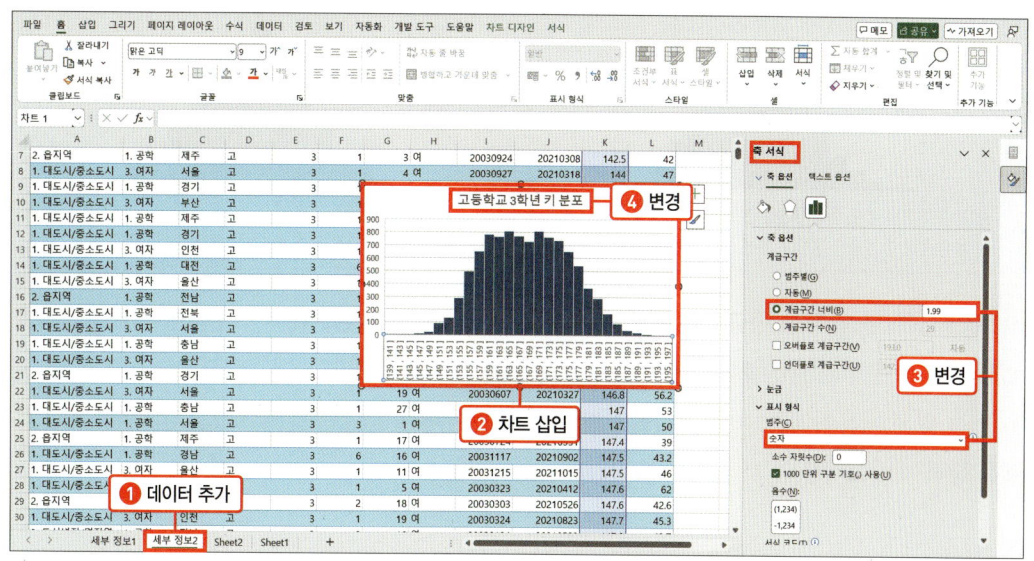

전문가의 시선 — 밀집된 구간이 여러 개인 히스토그램

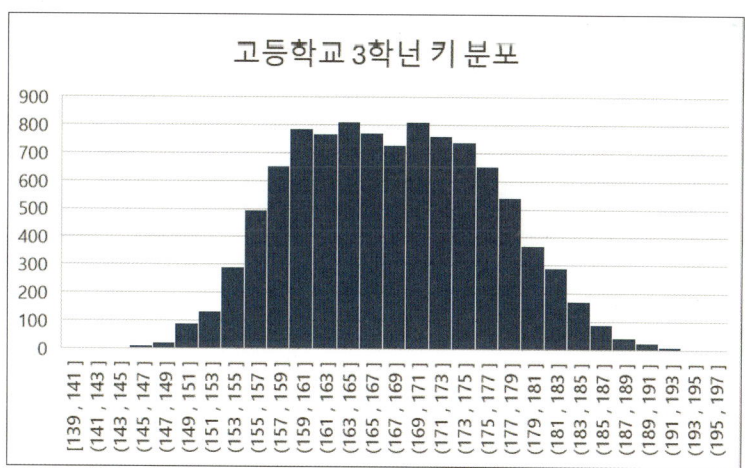

고등학교 3학년의 평균키는 167.9cm입니다. 히스토그램을 보면 평균을 중심으로 양쪽으로 막대가 분포되어 있으나 초등학교 1학년 히스토그램에 비해 넓게 펼쳐져 있는 것을 볼 수 있습니다. 이는 초등학교 1학년 때에는 성별간 키 차이가 적어 좁은 형태를 띄고 있었으나, 고등학교 3학년에는 성별 간의 키 차이가 커지면서 발생하는 현상입니다.

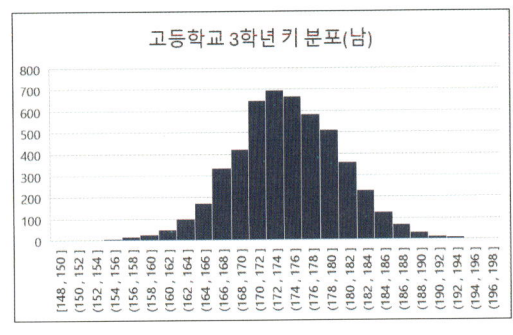 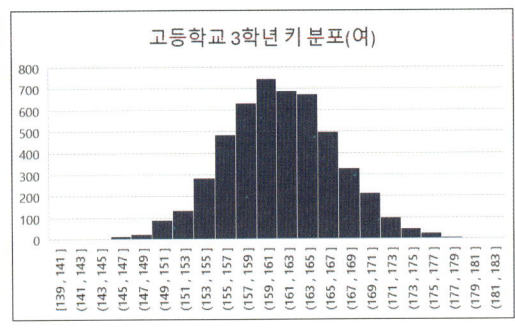

고등학교 3학년 남자의 평균키는 174.1cm, 여자는 161.5cm로 남, 여를 구분하여 히스토그램을 생성하면, 차트의 좌우가 좁아지는 것을 확인할 수 있습니다. 예시의 경우 일반적인 상식으로도 유추할 수 있는 내용이지만, **처음 접하는 데이터에서는 이러한 방식으로 히스토그램을 활용하면 분포를 통하여 데이터를 좀 더 세심하게 파악할 수 있습니다.**

3 | 고등학교 3학년 남자 체중 데이터로 히스토그램 그리기

① 피벗 테이블이 있는 시트([Scheet2])를 선택합니다.

② '피벗 테이블 필드'에서 [성별]을 [열], [몸무게]를 [값]으로 드래그한 다음, 몸무게의 '값 요약 기준'을 [평균]으로 변경합니다.

③ 고등학교 3학년 남자 평균 몸무게가 있는 [C9] 셀을 더블클릭합니다.

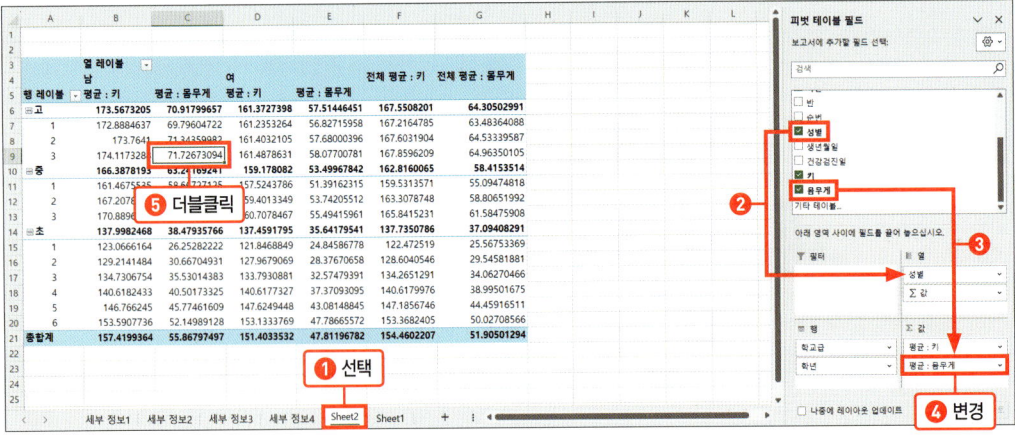

④ [세부 정보3] 시트에서 몸무게가 있는 [L4:L5087] 영역을 선택한 후, 히스토그램 차트를 삽입합니다.

⑤ 삽입된 차트의 가로축을 마우스 오른쪽 버튼으로 클릭한 다음 [축 서식]을 선택합니다.

⑥ '축 서식'에서 [축 옵션] 탭을 선택하고 [계급구간 너비]는 '2.99', '표시형식'은 [숫자]로 변경합니다.

⑦ 차트 제목을 '고등학교 3학년 몸무게 분포(남)'로 변경하여 히스트그램 차트를 완성합니다.

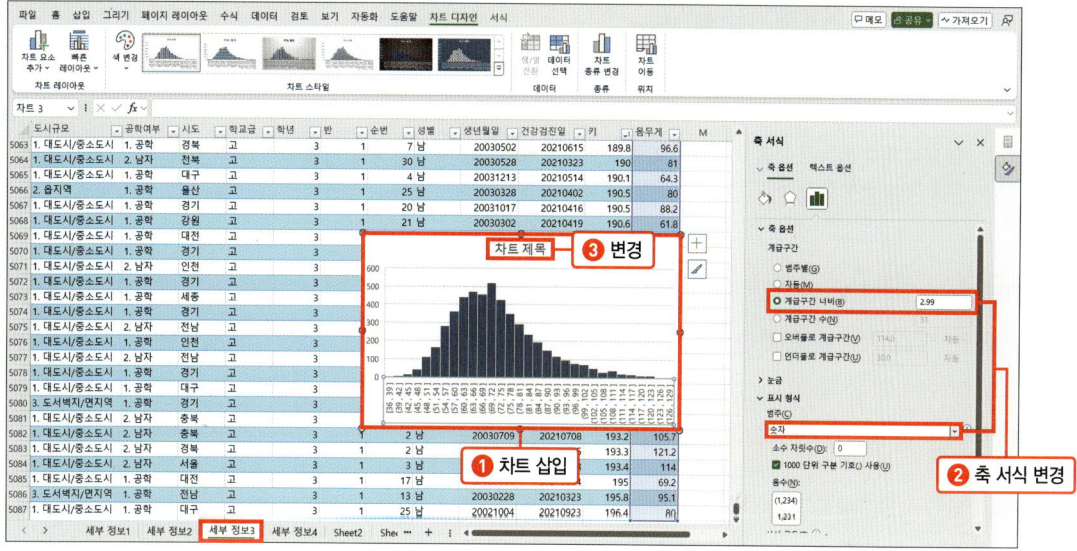

 **전문가의 시선 한쪽으로 치우친 히스토그램**

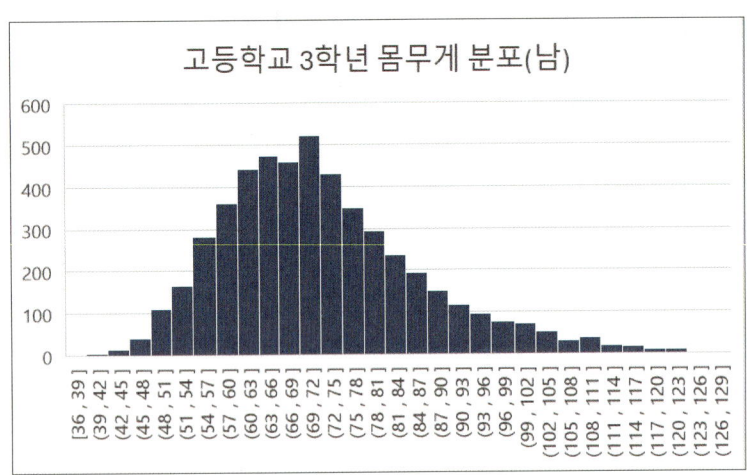

고등학교 3학년 남자 평균 몸무게는 71.8kg으로 히스토그램 차트에서 가장 긴 막대에 해당합니다. 키와는 달리 평균값을 기준으로 좌우 고르게 분포되어 있지 않고 오른쪽으로 넓게 펼쳐져 있어, 평균이 왜곡된 것을 알 수 있습니다. **이처럼 히스토그램은 데이터의 분포를 파악하여 수치적 요약만으로는 파악하기 어려운 특성을 파악할 수 있습니다.** 이렇게 왜곡 현상이 발생하면 평균을 대신할 수 있는 값을 정하거나 수치를 보정함으로써 잘못된 통계로 인한 오류를 보정할 수 있습니다.

예시와 같은 경우에는 중앙값이 69.9kg으로 평균보다 작습니다. 상황에 따라 다르지만, 이러한 통계값은 엘리베이터나 차량 같은 탑승물의 적정 인원 수를 계산할 때 활용할 수 있습니다. 또한, 확률적으로는 중앙값에 해당하는 학생으로 채워질 가능성이 높아 적합하다고 볼 수 있습니다.

분산형 차트로 상관관계 시각화하기

분산형 차트는 통계나 과학 분야에서 빼놓을 수 없는 중요한 데이터 분석 도구입니다. 분산이라는 이름처럼 데이터가 얼마나 흩어져 있는지, 즉 분산된 정도를 시각화하여 다양한 인사이트를 도출할 수 있는 차트입니다. 특히 서로 다른 두 변수 사이의 상관관계를 나타낼 때 직관적이고 설명하기 쉬워 자주 사용됩니다. 이번 CASE에는 분산형 차트를 그리는 방법과 용도를 알아보고, 상관관계 분석 방법에 대해 알아보겠습니다.

✓ 분산형 차트의 구조와 활용

분산형 차트는 가로축(X축)과 세로축(Y축)으로 구성되며, 2열(값1, 값2)로 구성된 데이터의 교차점에 점을 표시하여 데이터를 시각화합니다. 차트에 표시된 점의 분포를 통해 두 변수 간의 관계를 파악할 수 있죠.

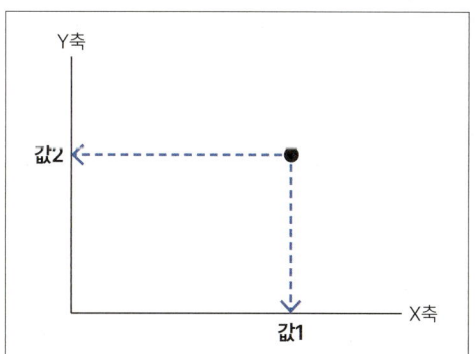

분산형 차트는 19세기 '후반 프랜시스 골턴(Francis Galton)'의 연구에서 처음 등장했습니다. 골턴은 부모와 자녀의 키 사이의 상관관계를 연구하며 분산형 차트를 활용해 데이터를 시각화하고 회귀분석의 개념을 발전시켰습니다. 그의 연구는 현대 통계학과 데이터 분석의 기초를 다지는 데 큰 역할을 했습니다.

오늘날 분산형 차트는 통계, 데이터 분석, 과학 연구, 시장 조사, 마케팅 분석, 품질 관리 등 다양한 분야에서 변수 사이의 관계 파악, 패턴 발견, 이상치 탐지 등 여러 목적으로 널리 활용되고 있습니다. 특히 머신러닝과 빅데이터 분석 분야에서는 데이터의 분포와 추세를 시각적으로 이해하는 데 중요한 도구로 사용됩니다.

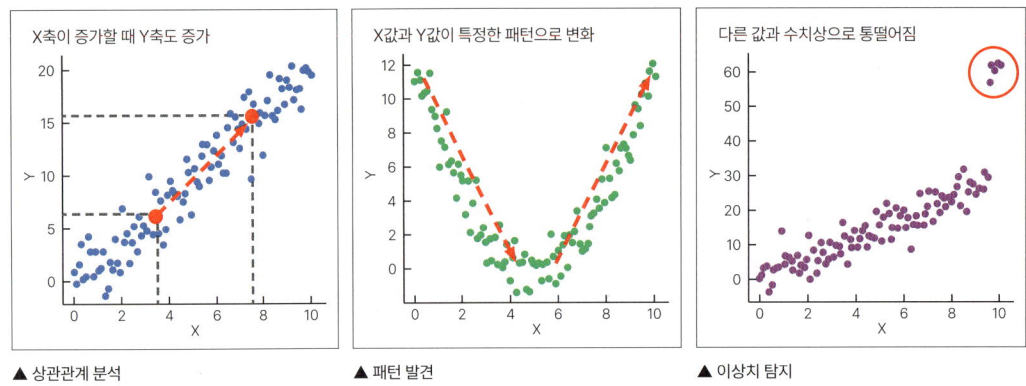

▲ 상관관계 분석　　　　　▲ 패턴 발견　　　　　▲ 이상치 탐지

분산형 차트는 단순히 데이터의 시각화뿐만 아니라 데이터의 특성을 분석하기 위한 용도로 활용되는 만큼 가로축과 세로축의 범위를 조절하거나 점의 크기와 색상 등을 활용하여 형태가 잘 보이도록 시각화하는 것이 중요합니다. 또한, 데이터를 과도하게 입력하여 가독성이 떨어지지 않도록 주의해야 합니다. 가독성 높은 분산형 차트를 만드는 방법은 실습을 통해 자세하게 알아보겠습니다.

실습　분산형 차트로 열별 상관관계 알아보기　　CASE_02

실습 예제는 'Red Wine Quality'로 레드 와인의 품질에 영향을 미치는 요인들을 분석하기 위한 목적으로 포르투갈 'Vinho Verde' 와인을 대상으로 수집되었습니다. 총 1,599개의 레드 와인 샘플에 대한 정보를 담고 있으며, 11개의 물리화학적 특성과 해당 와인의 품질 등급으로 구성되어 있습니다.

머리글	데이터 설명	비고
고정 산도	와인의 신맛을 결정하는 주요 성분	4.60 ~ 15.90(평균: 8.32)
휘발성 산도	와인의 신선함에 영향을 미치는 산도	0.12 ~ 1.58(평균: 0.53)
구연산	신맛을 추가하는 자연적인 산	0.00 ~ 1.00(평균: 0.27)
잔류 당	발효 후 남은 당분	0.90 ~ 15.50(평균: 2.54)
염화물	와인의 소금 함량을 나타내는 지표	0.01 ~ 0.61(평균: 0.09)
자유 이산화황	와인에서 미생물 성장을 방지하는 역할을 하는 방부제	1 ~ 72(평균: 15.87)
총 이상화황	자유 이산화황을 포함한 와인 전체의 이산화황 함량	6 ~ 289(평균: 46.47)
밀도	와인의 밀도, 주로 알코올과 당 함량에 의해 결정됨	0.9901 ~ 1.0037(평균: 0.9967)
산도	와인의 산도 또는 알칼리도를 나타내는 지표	2.74 ~ 4.01(평균: 3.31)

머리글	데이터 설명	비고
황산염	와인의 향을 유지하고 항산화제로 작용하는 물질	0.33 ~ 2.00(평균: 0.66)
알코올	와인의 알코올 함량	8.40% ~ 14.90%(평균: 10.42%)
품질	와인의 전반적인 품질을 나타내는 점수 (0-10)	범위 3 ~ 8(평균: 5.64)

품질 등급은 0부터 10까지의 범위로 전문 시음가들에 의해 결정되었습니다. 이를 통해 알코올 도수나 산도와 같은 특성이 와인의 품질에 어떤 영향을 미치는지 분석할 수 있으며, 여러 특성 간의 상관관계를 살펴봄으로써 레드 와인의 품질을 결정하는 주요 요인을 파악할 수 있습니다.

1 | 품질과 특성 간의 상관관계 살펴보기

① [Ctrl]을 누른 상태에서 [A] 열과 [L] 열을 차례대로 선택한 다음 메뉴에서 [삽입]-[차트]-[분산형]을 선택합니다.

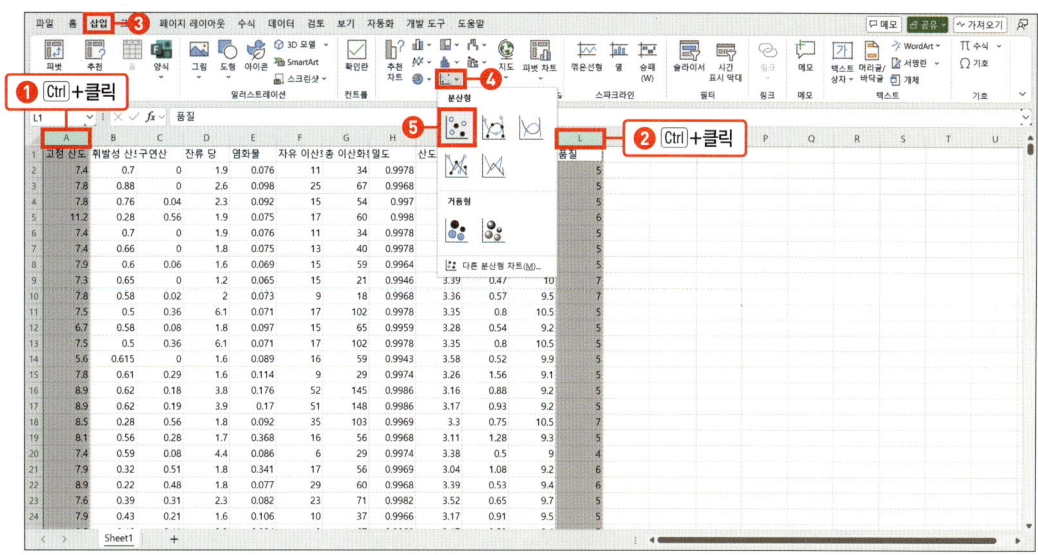

② 삽입된 차트의 세로축을 마우스 오른쪽 버튼으로 클릭한 다음 [축 서식]을 선택합니다.

③ '축 서식'의 '축 옵션'에서 경계의 [최소값]은 '2.0', [최대값]은 '9'로 변경합니다.

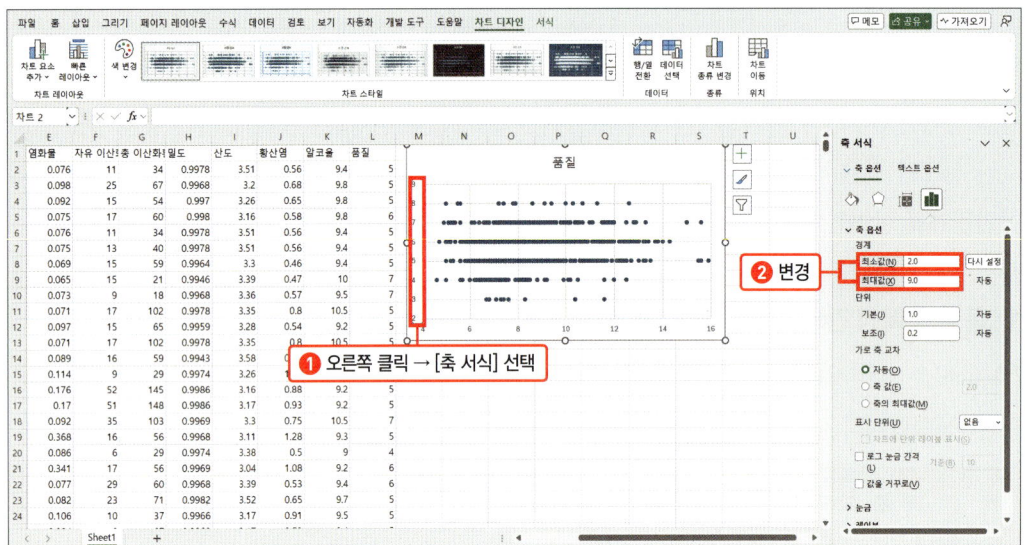

⑤ 차트의 가로축을 선택한 다음 '축 서식'의 '축 옵션'에서 경계의 [최소값]은 '4', [최대값]은 '16'으로 변경합니다.

⑥ 차트 제목을 '고정 산도'로 변경하여 산점도 차트를 완성합니다.

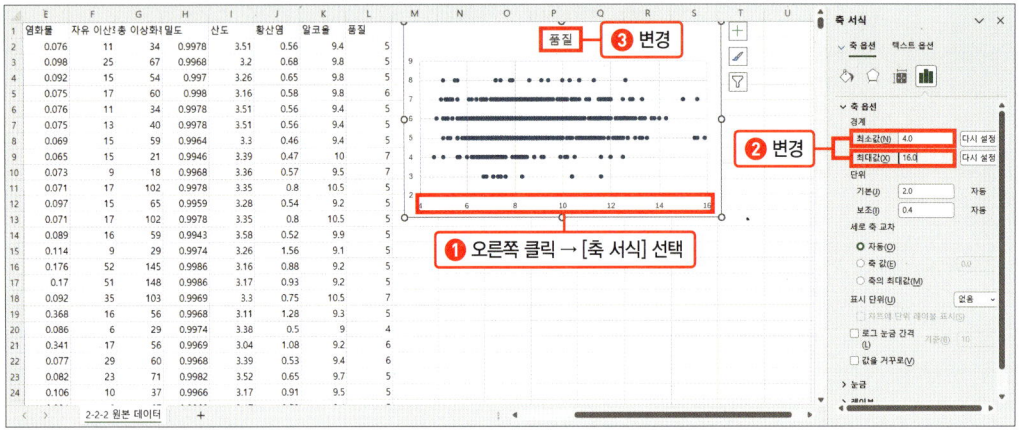

⑦ 같은 방법으로 [B] 열부터 [K] 열이 X축이고 [L] 열(품질)이 Y축인 분산형 차트를 생성하여 보기 좋게 배치합니다.

124

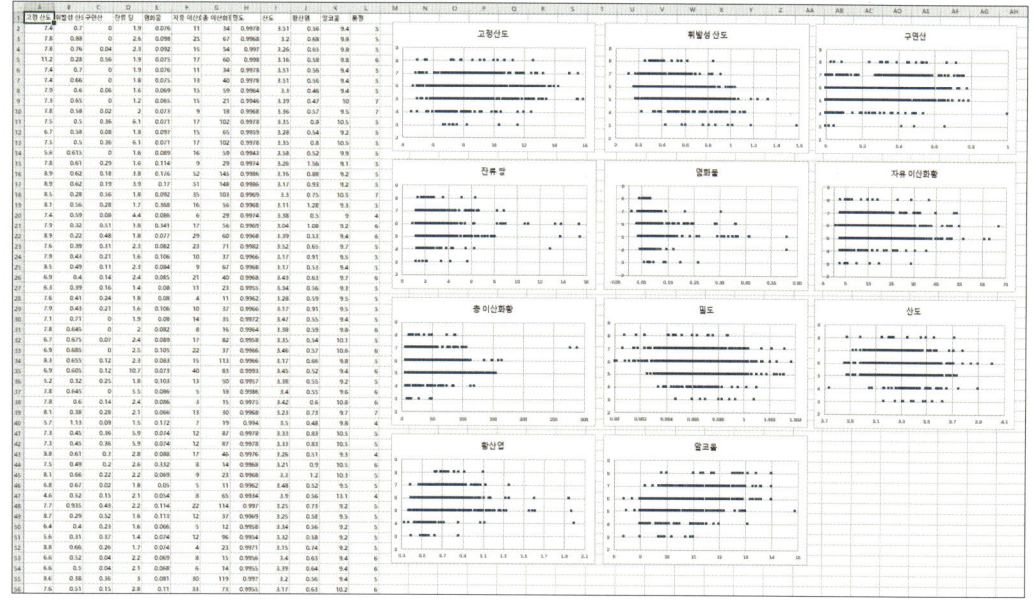

 전문가의 시선 **분산형 차트로 상관관계를 분석하는 방법**

==분산형 차트에서 X축과 Y축에 배치한 데이터는 상관관계가 높을수록 각 점이 밀집됩니다.== 알코올과 품질의 분산형 차트는 X축의 값이 증가할 때 Y축의 값도 증가합니다. 이것을 타원과 화살표로 표현하면 다음 그림과 같습니다. 이런 형태의 분산도 차트는 비교적 높은 상관관계를 가진 것을 볼 수 있으며 이를 양(+)의 상관관계라고 합니다. 즉, 알코올이 높을수록 품질도 좋아지는 것이죠.

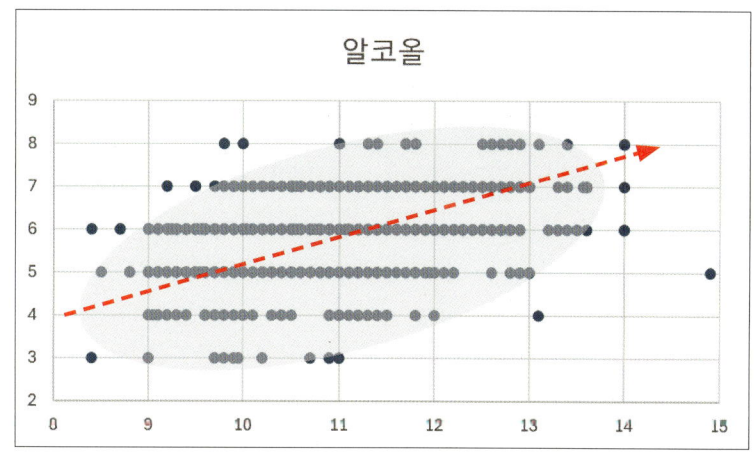

2장 차트만 그려도 알 수 있는 인사이트 도출 방법 ── 125

이에 반해, 휘발성 산도와 품질의 분산형 차트는 X축의 값이 감소할 때 Y축의 값도 감소합니다. 이런 형태의 분산형 차트 역시 높은 상관관계를 가지며 음(-)의 상관관계라고 합니다.

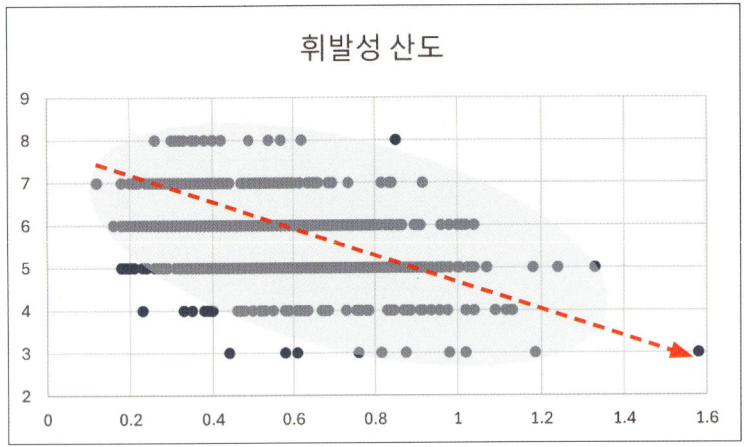

이외의 다른 차트에서는 알코올과 휘발성 산도처럼 데이터가 밀집되어 있거나 특정 방향을 가리키는 형태를 발견하기 어렵습니다. 이번에는 상관관계 함수(CORREL)를 활용하여 분산형 차트로 해석한 내용이 얼마나 상관관계를 가지고 있는지 확인해보겠습니다.

2 | CORREL 함수로 상관계수 추출하기

① [A1601] 셀에 다음의 함수를 입력하고 Enter 를 누릅니다.

[A1601] *fx*
=CORREL(A2:A1600,$L$2:$L$1600)

CORREL 함수는 데이터 집합 사이의 상관 계수를 구하는 함수입니다. 여기서는 첫 번째 인수에 '고정산도'가 있는 [A2:A1600] 영역을 입력하고 두 번째 인수로 '품질'이 있는 [L2:L1600] 영역을 입력했습니다. 이때 각 데이터 집합은 ','로 구분하고 '품질'이 있는 [L2:L1600] 영역은 절대 참조로 고정했습니다.

② 상관계수가 계산된 [A1601] 셀을 복사하여 [B1601:K1604] 영역에 붙여넣습니다.

	A	B	C	D	E	F	G	H	I	J	K	L	M	N
1576	5.6	0.31	0.78	13.9	0.074	23	92	0.99677	3.39	0.48	10.5	6		
1577	7.5	0.52	0.4	2.2	0.06	12	20	0.99474	3.26	0.64	11.8	6		
1578	8	0.3	0.63	1.6	0.081	16	29	0.99588	3.3	0.78	10.8	6		
1579	6.2	0.7	0.15	5.1	0.076	13	27	0.99622	3.54	0.6	11.9	6		
1580	6.8	0.67	0.15	1.8	0.118	13	20	0.9954	3.42	0.67	11.3	6		
1581	6.2	0.56	0.09	1.7	0.053	24	32	0.99402	3.54	0.6	11.3	5		
1582	7.4	0.35	0.33	2.4	0.068	9	26	0.9947	3.36	0.6	11.9	6		
1594	6.3	0.51	0.13	2.3	0.076	29	40	0.99574	3.42	0.75	11	6		
1595	6.8	0.62	0.08	1.9	0.068	28	38	0.99651	3.42	0.82	9.5	6		
1596	6.2	0.6	0.08	2	0.09	32	44	0.9949	3.45	0.58	10.5	5		
1597	5.9	0.55	0.1	2.2	0.062	39	51	0.99512	3.52	0.76	11.2	6		
1598	6.3	0.51	0.13	2.3	0.076	29	40	0.99574	3.42	0.75	11	6		
1599	5.9	0.645	0.12	2	0.075	32	44	0.99547	3.57	0.71	10.2	5		
1600	6	0.31	0.47	3.6	0.067	18	42	0.99549	3.39	0.66	11	6		
1601	0.124052	-0.39056	0.226373	0.013732	-0.12891	-0.05066	-0.1851	-0.17492	-0.05773	0.251397	0.476166			

❶ Ctrl + C   ❷ Ctrl + V

> **전문가의 시선** — 분산형 차트와 상관계수를 함께 살펴보는 이유

[A1601:K1601] 영역의 항목별 CORREL 함수 계산결과는 다음과 같습니다.

고정 산도	휘발성 산도	구연산	잔류 당	염화물	자유 이산화황	총 이산화황	밀도	산도	황산염	알코올
0.12	-0.39	0.23	0.01	-0.13	-0.05	-0.19	-0.17	-0.06	0.25	0.48

CORREL 함수는 상관관계를 '-1'부터 '+1'까지의 상관계수로 반환합니다. '-1'에 가까워질수록 휘발성 산도와 품질처럼 음의 상관관계가 커지며, '+1'에 가까워질수록 알코올과 품질처럼 양의 상관관계가 커집니다. 결과를 보면 휘발성 산도는 '-0.39', 알코올은 '0.48'로 각각 분산형 차트와 같은 결과인 것을 볼 수 있습니다.

이 결과만 보면 상관관계 확인에 CORREL 함수만 사용해도 된다고 생각할 수 있습니다. 하지만 상관관계는 특정 구간에서만 두드러질 수 있습니다. 예를 들어, 키와 몸무게의 상관관계는 일반적으로 높게 나타나지만, 과체중과 같은 특정 구간에서는 그렇지 않을 수 있습니다. **상관관계를 정확히 파악하기 위해서는 분산형 차트로 분포와 패턴을 시각적으로 확인하고, CORREL 함수를 통해 변수 간 상관관계의 강도를 수치화 하는 것이 바람직합니다.**

분산형 차트는 데이터의 분포를 시각적으로 확인하여 인사이트를 도출하는 데 유용합니다. 여기서는 차트의 모양을 통해 상관관계를 시각적으로 확인한 후 CORREL 함수로 이를 수치화 했지만, 만약 차트에서 패턴이나 이상치가 관찰되었다면, 그에 맞는 검증을 통해 다른 종류의 인사이트를 얻을 수 있었을 것입니다.

히트맵으로 패턴 발견하기

히트맵 차트는 색상의 차이로 데이터의 크기나 빈도를 직관적으로 표현하는 시각화 기법으로 데이터의 전체적인 형태를 빠르게 파악하고 패턴을 발견하거나 이상치를 찾아내는 데 유용하게 활용합니다. 히트맵 차트는 엑셀이 제공하는 차트에는 포함되어 있지 않지만, 시트를 활용하면 손쉽게 생성할 수 있습니다. 이번 CASE에서는 엑셀에서 히트맵을 생성하는 방법과 데이터 분석에 활용하는 방법을 알아보겠습니다.

✓ 히트맵의 구조와 활용

히트맵은 1991년 '코맥 키니(Cormac Kinney)'가 복잡한 금융 시장 데이터를 시각화하기 위해 고안한 기법입니다. 크기가 작은 값은 차가운 색(파란색)으로, 크기가 큰 값은 따뜻한 색(빨간색)으로 구분하여 트레이더가 시장의 움직임과 패턴을 빠르게 파악할 수 있도록 고안했습니다.

히트맵의 기본 구조는 2차원 격자 형태로, 각 블록의 값 크기에 따라 색상을 채워서 생성합니다. 이를 응용하면 지도를 배경으로 기온, 트래픽, 인구 밀집도 등을 표현하거나, 웹사이트의 레이아웃에 고객 이용 빈도를 나타내는 등 다양한 형태로도 활용할 수 있습니다.

히트맵의 가장 큰 장점은 방대한 데이터를 한눈에 파악할 수 있는 점입니다. 수치 데이터를 하나씩 비교하는 것보다 색상의 변화로 데이터를 파악할 수 있으므로 방대한 데이터의 전체적인 패턴을 빠르게 인지할 수 있어 비슷한 색상으로 표현된 데이터의 집합을 찾아 유사한 크기나 빈도의 데이터를 한눈에 알아챌 수 있고, 주변 데이터의 색상과 큰 차이가 나는 데이터를 색상으로 구분할 수 있어 이상치를 빠르게 탐색할 수 있습니다.

엑셀에서 제공하는 차트에 히트맵이 포함되어 있지 않지만, 격자무늬 형태의 셀 구조를 활용하면 조건부 서식을 활용하여 손쉽게 생성할 수 있습니다. 워크시트 자체를 차트로 표현할 수 있기 때문에 차트 생성을 위해 데이터를 따로 준비할 필요도 없으며 데이터를 가공하면서 수시로 히트맵 차트를 생성하며 심도 있는 분석을 이어 나갈 수 있습니다.

실습 히트맵 차트로 혼잡도 시각화하기 ①   CASE_03_01

실습 예제는 '서울교통공사'에서 제공하는 '지하철 혼잡도'입니다. '혼잡도'란 정원대비 승차인원으로 승차인원과 좌석수가 일치할 경우 혼잡도를 34%로 산정합니다. 즉, 좌석수보다 많은 사람이 승차하면 34%를 초과한 수치가 기록되죠. 실습 예제는 평일 2호선 내선 순환열차의 혼잡도로 오전 5:30부터 다음날 0시 30분까지 30분간격으로 평균 혼잡도와 역번호, 역명, 상하선구분 등이 포함되어 있습니다.

① 혼잡도 데이터가 있는 [G2:AS51] 영역을 선택합니다.

> **TIP** [G2] 셀을 선택한 상태에서 Ctrl + Shift + →, Ctrl + Shift + ↓ 를 누르면 데이터 영역 한번에 선택할 수 있습니다. 데이터 영역을 간편하게 선택하는 자세한 내용은 49쪽을 참고하세요.

② 메뉴에서 [홈]-[스타일] 그룹-[조건부 서식]-[색조]-[빨강-흰색-파랑 색조]를 차례대로 선택합니다.

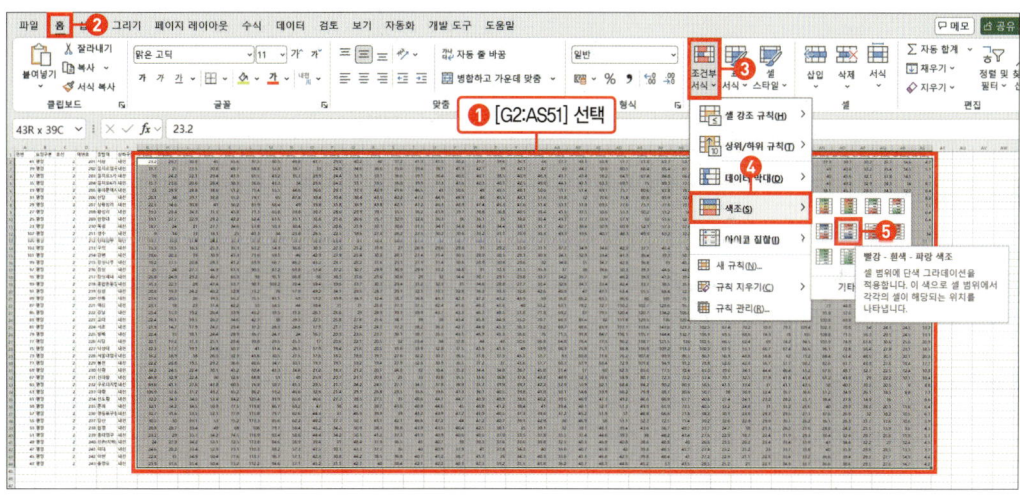

③ 데이터가 큰 셀은 '빨간색', 작은 셀은 '파란색'으로 채워집니다.

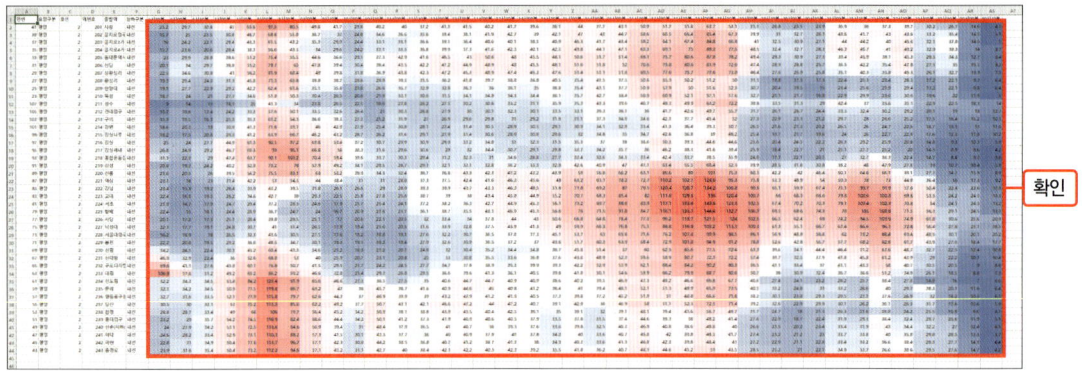

확인

전문가의 시선 — 히트맵 차트로 패턴을 분석하는 방법

히트맵 차트는 행과 열로 구성된 시트에서 각 셀의 데이터를 색상으로 표현합니다. 막대 차트나 선 차트와 달리, 가로/세로축에서 수치가 아닌 범주형 값을 표시하며, 데이터의 크기는 오직 색상으로만 표현하는 특성으로 인해 범주형 데이터의 분포와 패턴을 파악하는 데 매우 효과적입니다. 이번 실습에서도 별다른 가공 없이 데이터가 있는 영역에 조건부 서식만 적용했음에도 불구하고 혼잡도가 높은 구간과 시간대를 한눈에 파악할 수 있습니다.

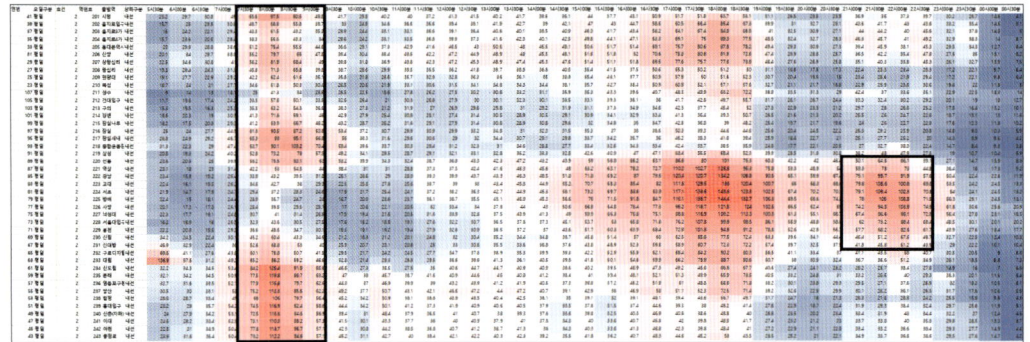

히트맵 차트 왼쪽의 빨간색이 모여 있는 구간은 오전 7시 30분에서 9시로 출근 시간에 해당합니다. 대부분의 역이 90에 달하는 높은 혼잡도를 기록하고 있으나, 강남부터 서울대입구에 이르는 역은 오히려 한가한 것을 볼 수 있습니다. 이 부근을 통과하여 위치한 강남, 역삼, 선릉, 서초, 교대 등은 서울의 대표적인 업무 중심 지역으로, 출근 시간대에는 이 지역으로 유입되는 인구가 많습니다. 하지만 이 시간대에 해당 지역에서 다른 지역으로 이동하는 인구는 상대적으로 적기 때문에 지하철 혼잡도가 낮게 나타나는 것으로 해석할 수 있습니다.

히트맵 차트의 오른쪽은 퇴근 시간이 지난 오후 9시부터 10시 30분에 빨간색이 다시 모이는 것을 볼 수 있는데, 이는 이 지역이 업무 지구인 동시에 유흥 및 엔터테인먼트 문화의 중심지이기 때문입니다. 강남역 주변에는 각종 맛집, 술집, 클럽 등이 밀집해 있어 퇴근 후에도 많은 사람들이 모이는 곳입니다. 또한 코엑스, 멀티플렉스 영화관, 대형 서점 등 다양한 문화 시설도 있어 퇴근 후 여가 시간을 보내는 인구가 많은 것으로 보입니다.

==이처럼 히트맵 차트는 지역과 시간대라는 범주형 데이터를 기반으로 실제 값인 혼잡도를 색상으로 표현함으로써, 데이터에 내재된 패턴을 시각적으로 드러내 줍니다.== 이를 통해 우리는 복잡한 데이터 속에서 의미 있는 특징과 경향성을 직관적으로 파악할 수 있게 됩니다.

실습 히트맵 차트로 혼잡도 시각화하기 ②   CASE_03_02

1 | 데이터를 탐색하며 히트맵 활용하기 ①

이번에는 시간대별 승하차인원 정보를 활용하여 실습을 진행해 보겠습니다. 실습 예제는 2호선만 추출한 후 시간대별 인원 수를 **[열 피벗 해제]**하여 가공하였습니다.

> **TIP** 열 피벗 해제에 대한 자세한 내용은 ###페이지를 참고하세요.

① 데이터가 있는 **[A1:F2001]** 영역에서 임의의 셀을 선택하고, 메뉴에서 **[삽입]**-**[피벗 테이블]**을 선택하여 새 워크시트에 피벗 테이블을 생성합니다.

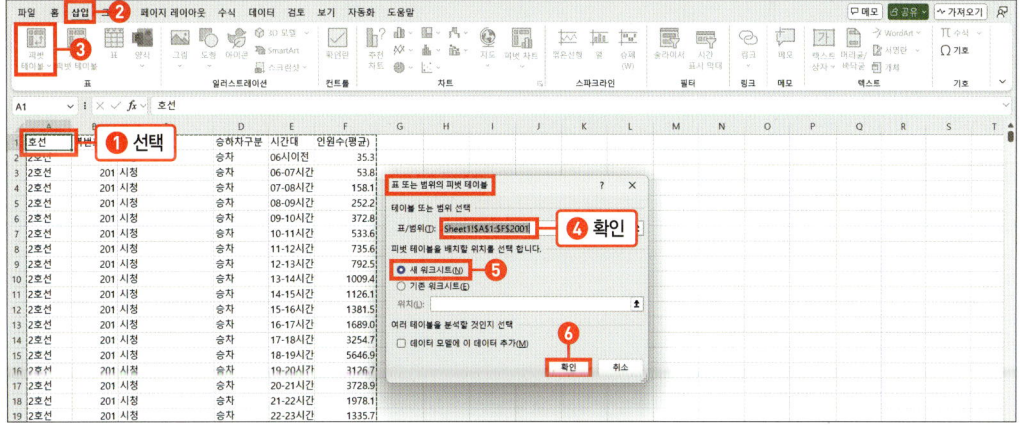

② '피벗 테이블 필드'에서 [승하차구분]을 [필터], [시간대]를 [행], [역번호], [역명]을 [열], [인원수(평균)]을 [값]으로 드래그합니다. 여기서 [역번호]는 노선의 순서대로 매겨져 있어 [열]에 추가하면 지하철 노선도의 순서대로 역 데이터를 구성할 수 있습니다.

③ [값]의 [합계 : 인원수(평균)]을 클릭한 다음 [값 필드 설정]을 선택합니다.

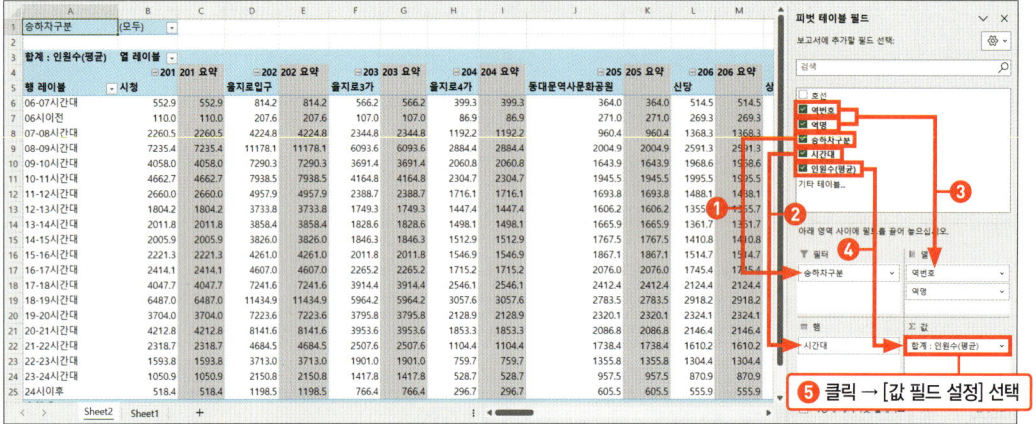

④ [값 필드 설정] 창에서 [값 요약 기준] 탭의 '값 필드 요약 기준'은 [최대], [값 표시 형식] 탭의 '값 표시 형식'은 [열 합계 비율]로 변경하고 [확인]을 클릭합니다.

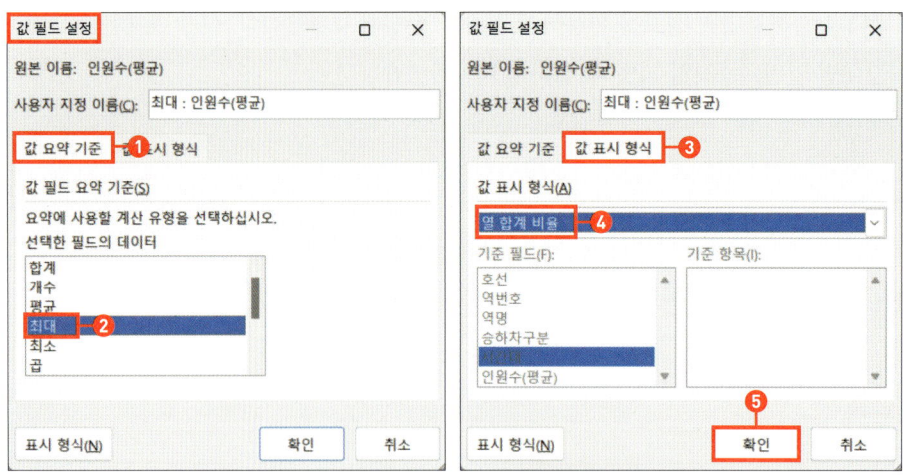

TIP 이렇게 피벗 테이블을 생성하면 각 역사별 최대 승차 인원을 기준으로 비율이 적용됩니다. 또한 각 셀의 값이 100%를 넘지 않으므로, 히트맵 차트의 최댓값과 최솟값에 따라 색을 채울 수 있어 역사별 혼잡도 차이를 더욱 뚜렷하게 파악할 수 있습니다.

⑤ 피벗 테이블의 필터에서 [승차]만 필터링합니다.

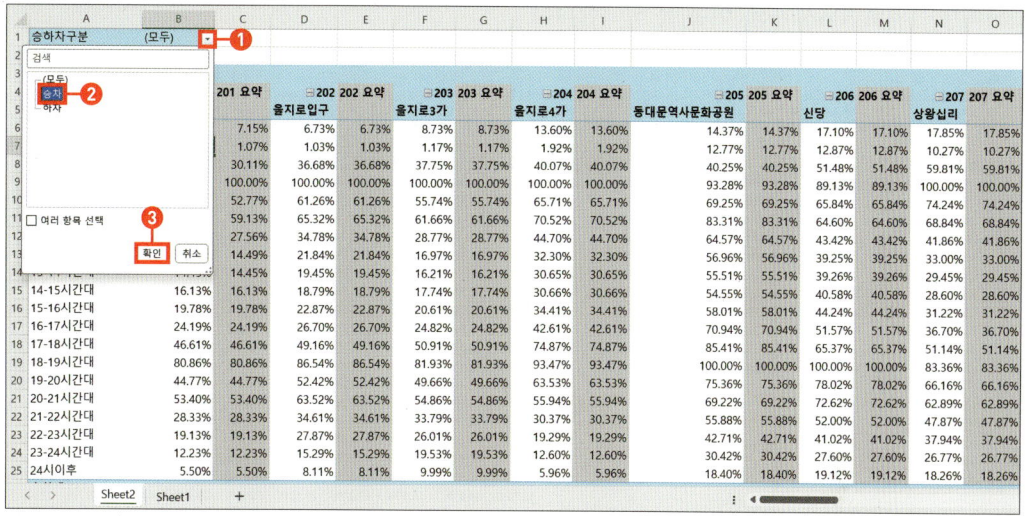

⑥ 메뉴의 [디자인]에서 [부분합]-[부분합 표시 안 함], [총합계]-[행 및 열의 총합계 해제]를 선택합니다.

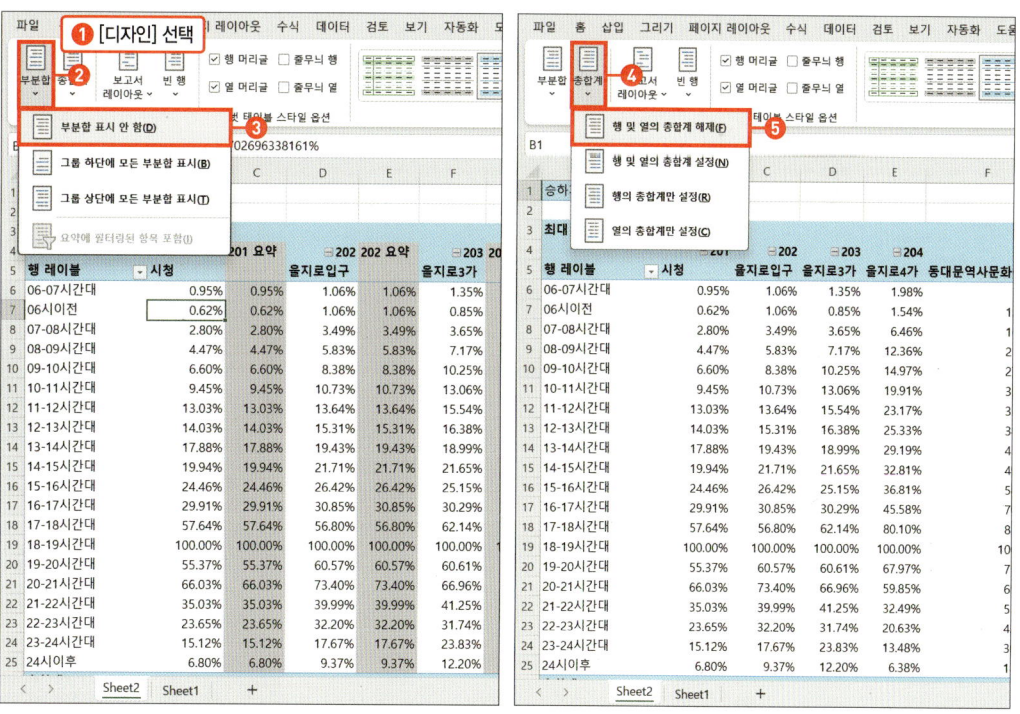

2장 차트만 그려도 알 수 있는 인사이트 도출 방법 ─── 133

⑦ 데이터를 시간순으로 요약하기 위해 피벗 테이블의 [A7] 셀을 마우스 오른쪽 버튼으로 클릭하고 [이동]-[위로 "06시이전" 이동]을 선택합니다.

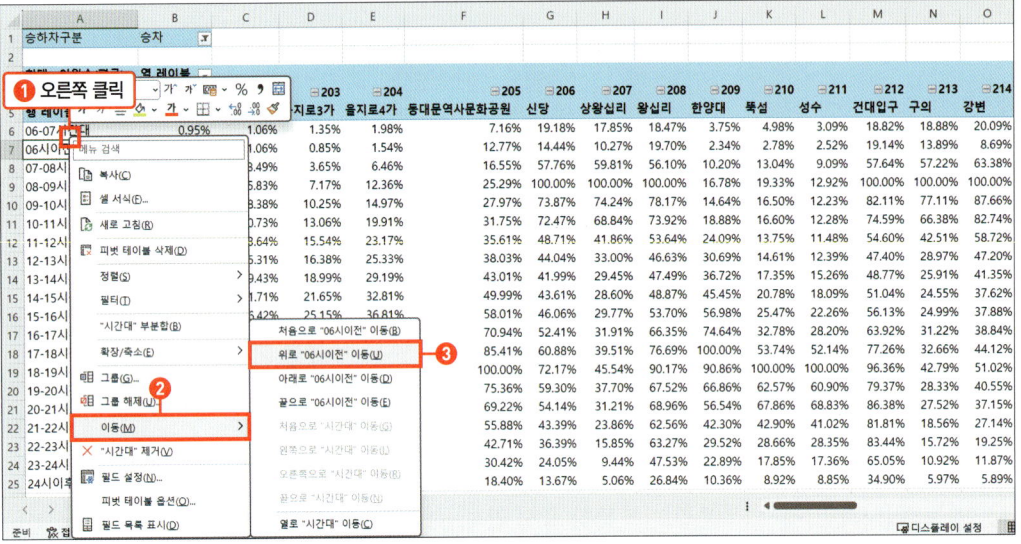

⑧ 피벗 테이블의 [B5:AY5] 영역을 선택한 후, Ctrl+1을 눌러 [셀 서식] 창을 표시합니다.

⑨ [맞춤] 탭의 '텍스트 맞춤'에서 '세로'를 [아래쪽 (들여쓰기)], '방향'에서 [세로쓰기]를 선택한 다음 [확인]을 클릭합니다.

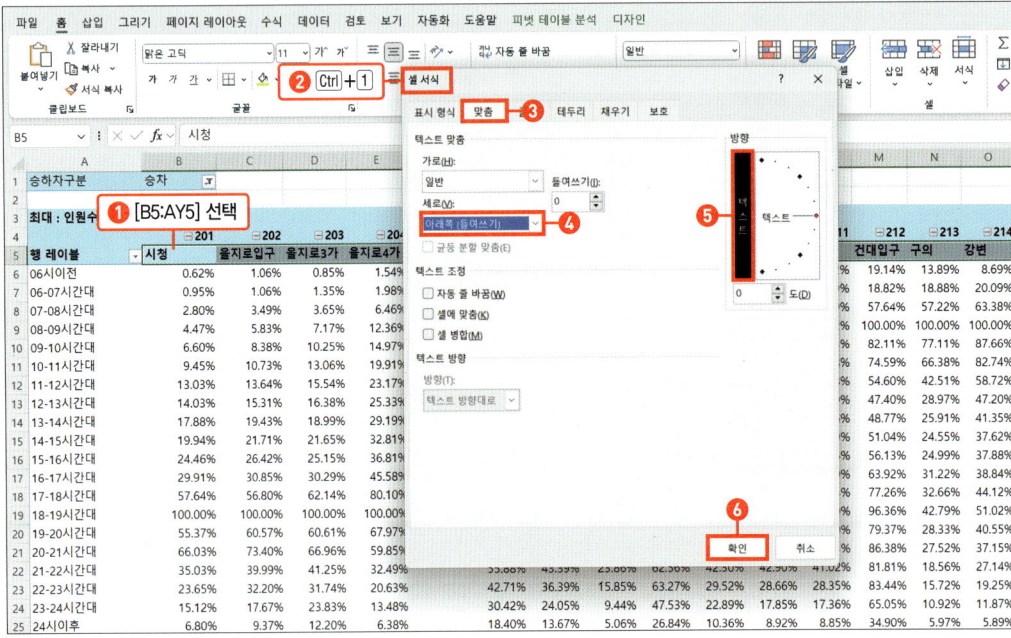

⑩ 피벗 테이블의 [B6:AY25] 영역을 선택한 후, Ctrl+1을 눌러 [셀 서식] 창을 표시합니다.

⑪ [표시 형식] 탭의 범주에서 [사용자 지정]을 선택하고 [형식]에 ';;;'을 입력한 다음 [확인]을 클릭합니다.

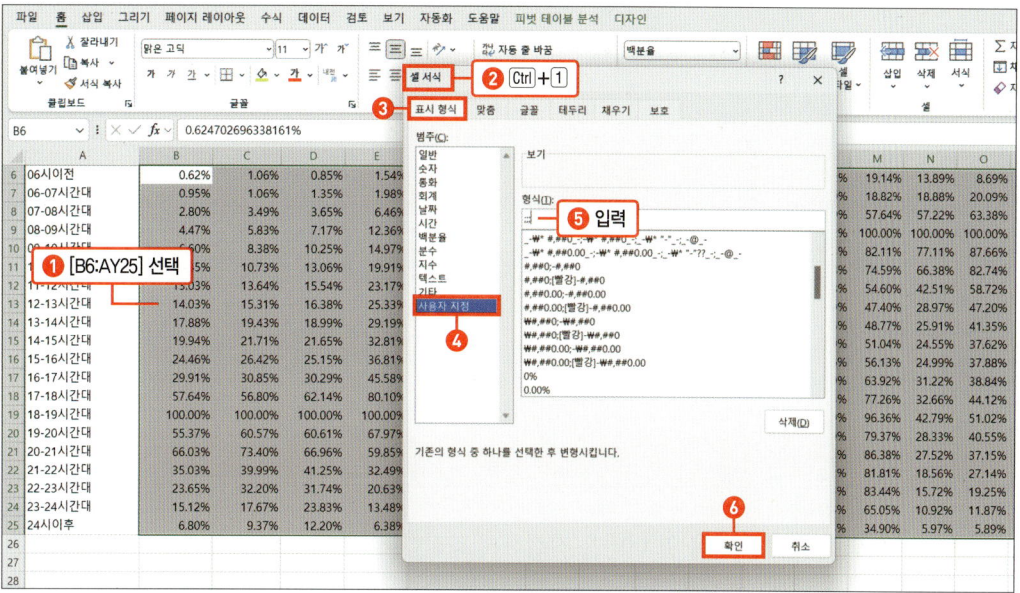

TIP [사용자 지정] 서식의 [형식]에 ';;;'을 입력하면 서식을 적용한 셀의 내용을 숨길 수 있습니다. 여기서는 히트맵의 색이 잘 보이고 디자인을 해치지 않도록 셀의 내용을 숨겼습니다.

⑫ 메뉴에서 [디자인]-[피벗 테이블 스타일 옵션]의 [열 머리글]의 체크를 해제합니다.

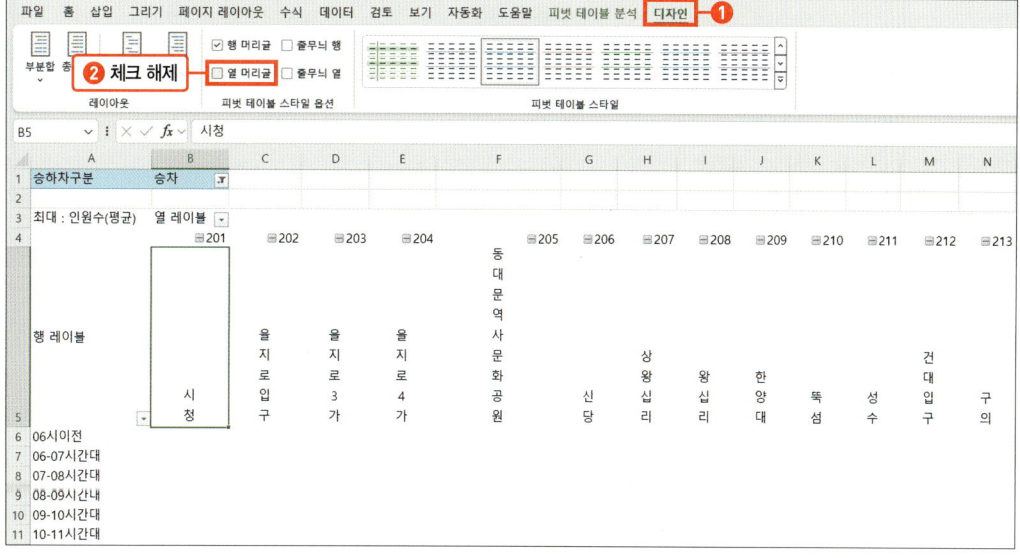

2장 차트만 그려도 알 수 있는 인사이트 도출 방법 — 135

⑬ 메뉴에서 [피벗 테이블 분석]-[표시]의 [필드 머리글]을 클릭하여 행/열 레이블 표시를 해제합니다.

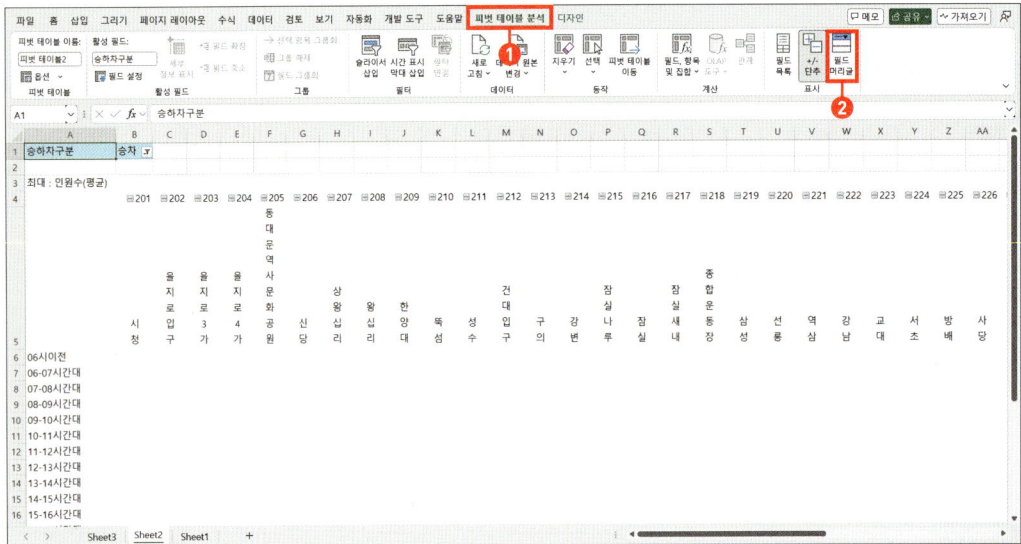

⑭ [B:AY] 영역을 선택한 다음 열 너비를 적절하게 조절합니다.

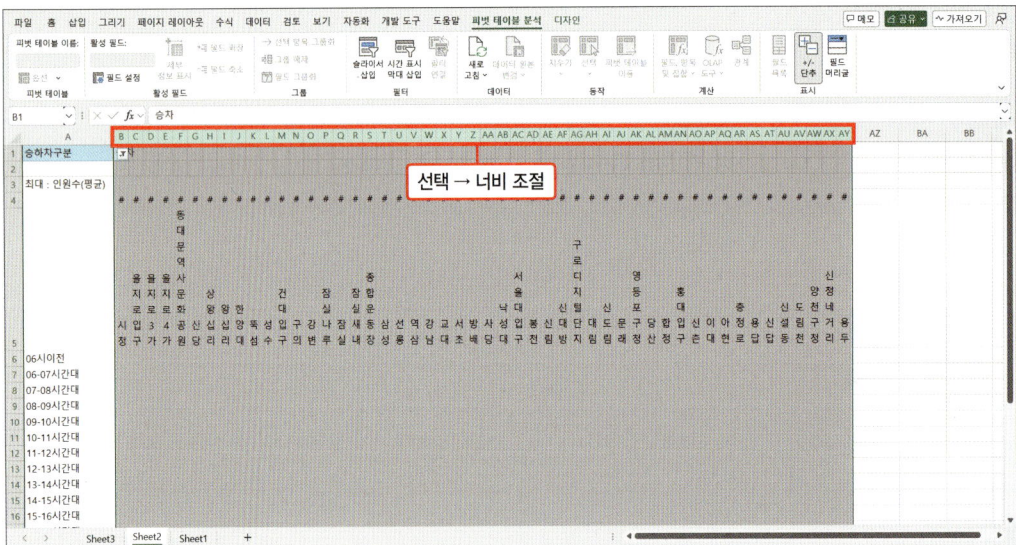

⑮ **[1:4]** 행을 선택한 다음 마우스 오른쪽 버튼으로 클릭하고 **[숨기기]**를 선택합니다.

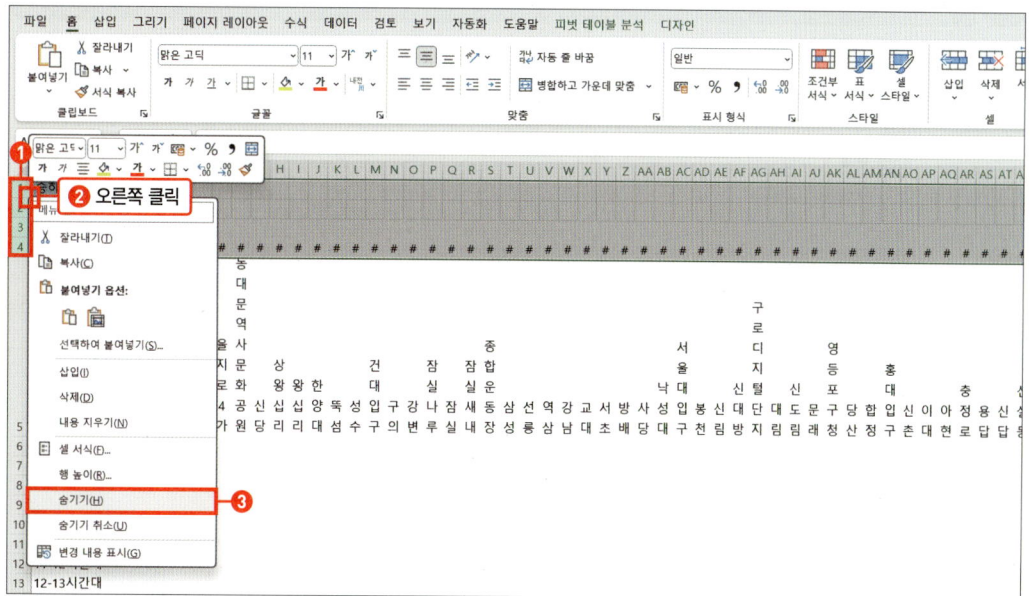

⑯ **[B6:AY25]** 영역을 선택한 후, 메뉴에서 **[홈]**-**[스타일]**-**[조건부 서식]**-**[색조]**-**[빨강-흰색- 파랑 색조]**를 선택하면 역/시간별 승차인원에 대한 히트맵 차트가 완성됩니다.

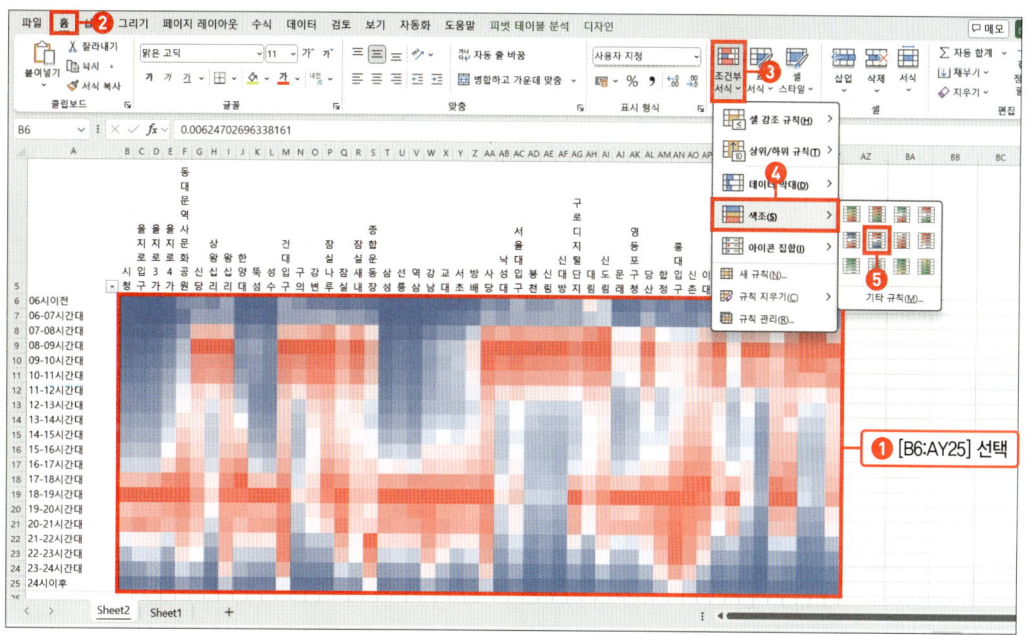

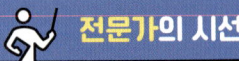 **전문가의 시선** 히트맵 차트로 데이터를 탐색하며 패턴 찾기

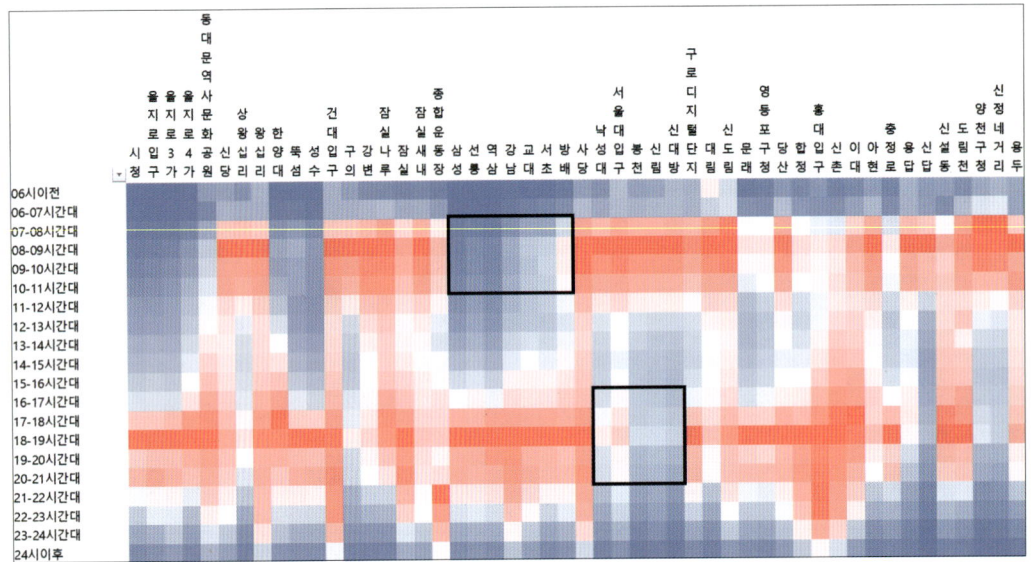

출근시간인 07시부터 11시까지 업무 지구인 삼성역에서 방배역은 다른 시간대보다 승차인원이 적어 파란색으로 표시됩니다. 그리고 퇴근시간인 16시부터 21시까지는 주거 지구인 낙성대역에서 신대방역이 같은 현상을 보입니다. 이를 통해 앞선 실습에서 혼잡도를 통해 살펴본 내용이 한 번 더 확인되었습니다.

2 | 데이터를 탐색하며 히트맵 활용하기 ②

① 워크 시트의 왼쪽 가장 윗부분에서 ◢를 눌러 전체 데이터 영역을 선택한 후 머리글을 마우스 오른쪽 버튼으로 클릭한 다음 [**숨기기 취소**]를 선택합니다.

② '피벗 테이블 필드'에서 [**역명**]을 [**필터**], [**승하차구분**]을 [**열**]로 드래그하고 [**역번호**]는 체크를 해제합니다.

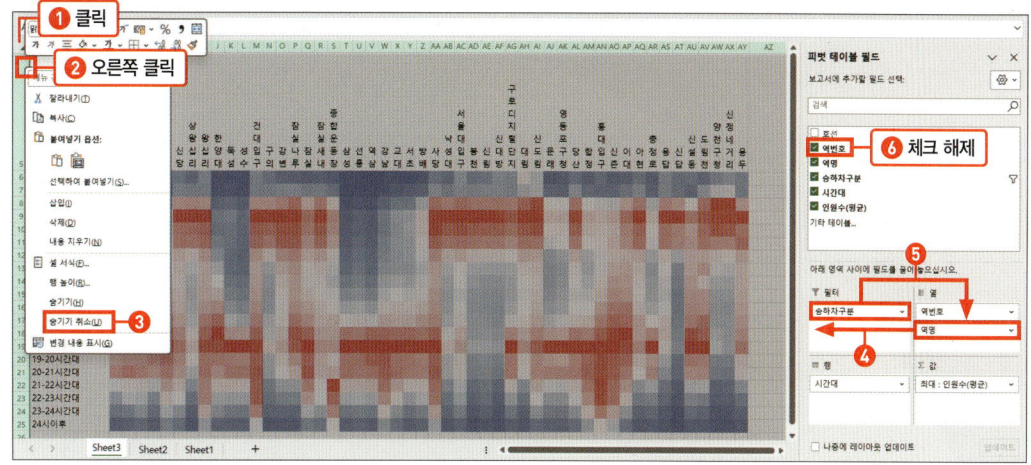

③ 피벗 테이블의 필터에서 **[강남]**만 필터링하면 출근 시간대에는 하차인원수가 많고 퇴근 시간대에는 승차인원이 많은 것을 파악할 수 있습니다.

④ 피벗 테이블의 필터에서 **[신림]**만 필터링하면 출근 시간대에 승차인원이 많고 퇴근 시간대에 하차인원이 많은 것을 파악할 수 있습니다.

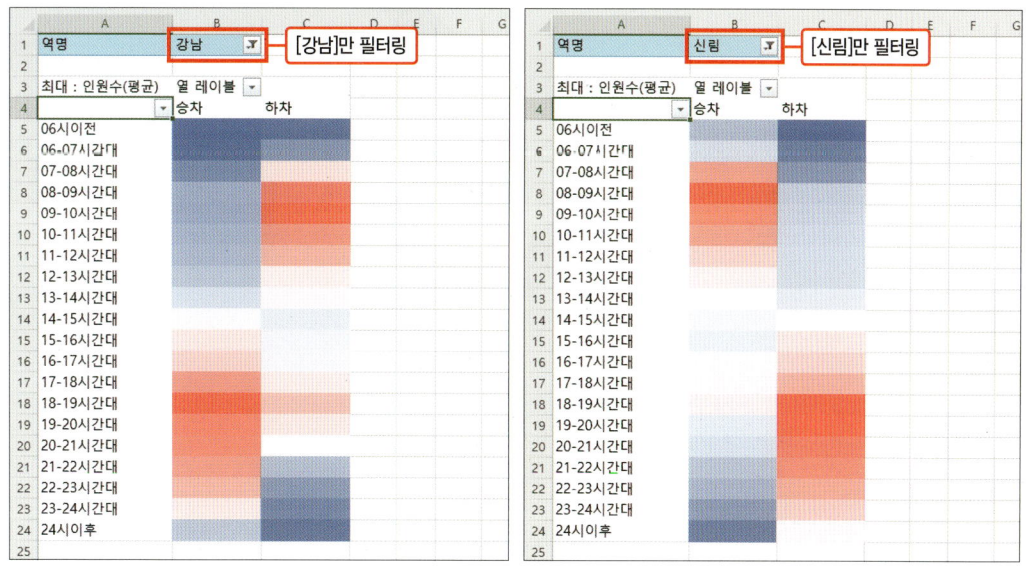

▲ 강남만 필터링   ▲ 신림만 필터링

엑셀은 이처럼 시트에서 조건부 서식으로 히트맵 차트를 생성하여 데이터를 분석할 수 있습니다. 특히 피벗 테이블과 함께 활용하면 원하는 데이터를 필터링하며 데이터에 숨겨진 패턴을 발견할 수 있습니다.

3

셋째마당

사례별 고객 데이터 분석 방법

1장   고객 관리의 시작, 우수 고객과 속성 분석

2장   그로스 해킹의 핵심, 이탈 고객 분석

3장   디지털 플랫폼의 성장 비법, 페르소나와 상품 추천

DATA × LITERACY

1장

고객 관리의 시작, 우수 고객과 속성 분석

우수 고객은 기업의 다양한 상품과 서비스를 누구보다 자주 이용하며 많은 데이터를 남깁니다. 기업은 우수 고객을 분석함으로써 고객의 반응을 파악하고 서비스를 개선할 수 있죠. 최근 발전하는 개인화 서비스에서도 우수 고객은 누구보다 앞장서서 행동하고 더 많은 흔적을 남김으로써 시스템 개선에 크게 기여합니다. 이번 장은 고객 분석의 첫걸음이자 무엇보다 중요한 우수 고객 분석에 대해 알아보겠습니다.

RFM 모델로 우수 고객 분류하기

기업의 성공은 우수 고객을 얼마나 많이 확보하는지에 달려 있습니다. 우수 고객은 단순히 한 번 구매한 고객과는 달리, 꾸준히 재방문하며 매출에 큰 기여를 합니다. 그러나 우수 고객에 대한 평가 기준이 담당자, 서비스별로 다르면 혼란을 초래할 수 있으므로 마케팅 분야에서는 데이터를 활용하여 우수 고객을 정의하고 있습니다. 이번 CASE에서는 전문가들이 사용하는 우수 고객 기준을 살펴보고, 데이터 관점에서 우수 고객이 어떤 의미를 갖는지 알아보겠습니다.

✓ 우수 고객의 실질적인 의미

우수 고객은 기업에 높은 이익과 충성도를 보이는 고객을 의미합니다. 그러나 우수 고객이라는 표현은 다소 추상적이고 모호할 수 있습니다. 이는 우수 고객의 기준이 기업의 사정에 따라 다를 수 있기 때문입니다. 예를 들어, 한 기업에서는 구매 금액이 큰 고객을 우수 고객으로 정의할 수 있는 반면, 다른 기업에서는 구매 빈도가 높은 고객을 우수 고객으로 볼 수 있습니다.

기업의 입장에서 브랜드에 대한 충성도가 높고 꾸준히 재방문하는 고객에 대한 실질적인 개념은 '단골'에 가깝습니다. 단골은 특정 기업의 제품이나 서비스를 지속적으로 이용하며 구매하는 고객을 의미합니다. 단골 고객은 일회성 구매 고객보다 기업에 대한 충성도가 높고, 장기적인 관점에서 기업의 수익성에 큰 기여를 합니다.

사실 마케팅 분야에서는 이러한 단골을 판별하기 위해 오래전부터 'RFM 모델'이 활용되어 왔습니다. RFM 모델은 '최근 구매(Recency)', '구매 빈도(Frequency)', '구매 금액(Monetary)' 세 가지 지표의 알파벳 첫 글자로 구성된 요소를 종합적으로 분석함으로써 고객의 구매 패턴과 충성도를 파악하는 방법입니다. 각 요소별 설명은 다음과 같습니다.

지표	설명
최근 구매(Recency)	고객이 마지막으로 구매한 시점부터 현재까지의 기간을 의미합니다. 최근에 구매한 고객일수록 기업에 대한 관심과 참여도가 높다고 판단할 수 있습니다.
구매 빈도(Frequency)	일정 기간 동안 고객이 구매한 횟수를 나타냅니다. 구매 빈도가 높을수록 해당 브랜드나 제품에 대한 만족도와 충성도가 높을 가능성이 큽니다.
구매 금액(Monetary)	고객이 일정 기간 동안 소비한 총 금액을 의미합니다. 이 금액이 클수록 기업에 대한 기여도가 높다고 볼 수 있습니다.

RFM 모델은 앞서 설명한 세 가지 요소를 기업의 상황에 맞게 구성하여 우수 고객을 발굴합니다. 예를 들어, 같은 RFM 모델을 사용하더라도 방문 가능한 횟수가 제한되어 있다면 금액에 높은 비중을 두거나, 이와 반대로 금액에 차별성이 없을 경우에는 구매 빈도와 최근 구매에 더 높은 비중을 둘 수 있습니다. RFM 모델은 목적과 상황에 따라 다양한 방법으로 사용할 수 있지만, 실습에서는 가장 기본이면서 응용이 편리한 '등간격' 분류 방법을 알아보겠습니다.

실습 RFM으로 고객 분류하기 　　　　　🔗 CASE_01_01

실습 예제는 'UCI(University of California, Irvine)'에서 제공하는 'Online Retail II Data Set'으로 영국에 기반을 둔 온라인 소매업체의 실제 거래 데이터입니다. 이 데이터는 2009년부터 2011년까지의 거래 내역을 담고 있으며, 제공하는 항목은 다음과 같습니다.

항목	데이터 설명
Invoice	송장 번호, 각 거래에 고유하게 할당된 6자리 정수. 취소주문은 'C'로 시작
StockCode	제품의 고유 코드, 5자리 정수. 일부는 알파벳을 추가하여 세부 상품으로 분류
Description	제품 설명, 알파벳으로 작성. 대부분 파티용품으로 일부는 구성 정보를 포함
Quantity	거래된 제품 수량, 취소 주문은 음수로 표기
InvoiceDate	거래 날짜와 시간, 월/일/년 시간 형식으로 표기
UnitPrice	제품의 단가, 파운드
Customer ID	고객의 고유 식별자, 5자리 정수. 비 회원은 값이 비어 있음
Country	고객의 국가, 대부분 영국이며, 일부는 한국을 비롯한 다른 국가

실습 예제는 편의를 위해 취소된 주문과 회원번호가 없는 데이터는 제외했습니다. 또한 실제 상황과 최대한 유사하게 데이터 분석을 체험할 수 있도록 해당 쇼핑몰에서 매출이 가장 많이 발생하는 12월을 기준으로, 이듬해 11월까지의 1년간 매출 데이터를 활용하여 우수 고객을 선정한 뒤, 이후 1년간의 소비 패턴을 분석해 보겠습니다.

우선, 전산실 또는 거래관리 프로그램에서 최근 1년간의 거래 데이터를 받았다고 가정하고, 고객별로 데이터를 정리하는 방법을 실습해 보겠습니다.

1 | 고객별로 거래 데이터 요약하기

거래 데이터는 Invoice(송장번호)를 기준으로 상품과 수량, 거래일 등이 기록되어 있습니다. 하나의 Invoice에는 여러 개의 상품이 포함되어 있어, 고객별 구매 빈도를 계산하려면 우선 Customer ID(고객번호)와 Invoice를 기준으로 데이터를 요약한 후 Invoice를 기준으로 개수를 파악해야 합니다.

① [우수 고객 선정(09-10)] 시트의 데이터 영역에서 임의의 셀을 선택한 후, 메뉴에서 [삽입]-[피벗 테이블]을 선택합니다.

② [표 또는 범위의 피벗 테이블] 창에서 데이터 범위를 확인하고 [새 워크시트]를 선택한 후, [확인]을 클릭합니다.

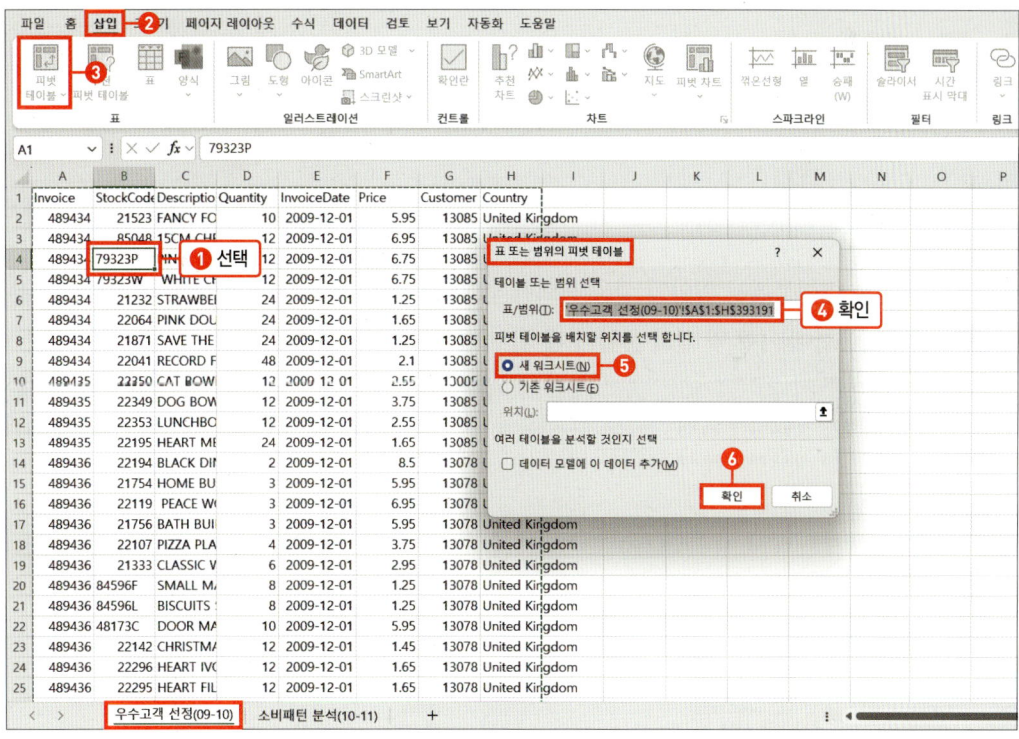

1장 고객 관리의 시작, 우수 고객과 속성 분석 ── 145

③ '피벗 테이블 필드'에서 [Customer ID], [Invoice]를 [행], [Price], [InvoiceDate]를 [값]으로 드래그 한 후, '값 필드 설정'을 다음과 같이 변경합니다.

- [합계 : Price], [최대 : InvoiceDate]

여기서 InvoiceDate는 각 Invoice마다 동일한 값을 가지므로, 최댓값이나 최솟값 중 하나로 설정하면 별도의 계산 없이 피벗 테이블에 원본 데이터를 추가할 수 있습니다.

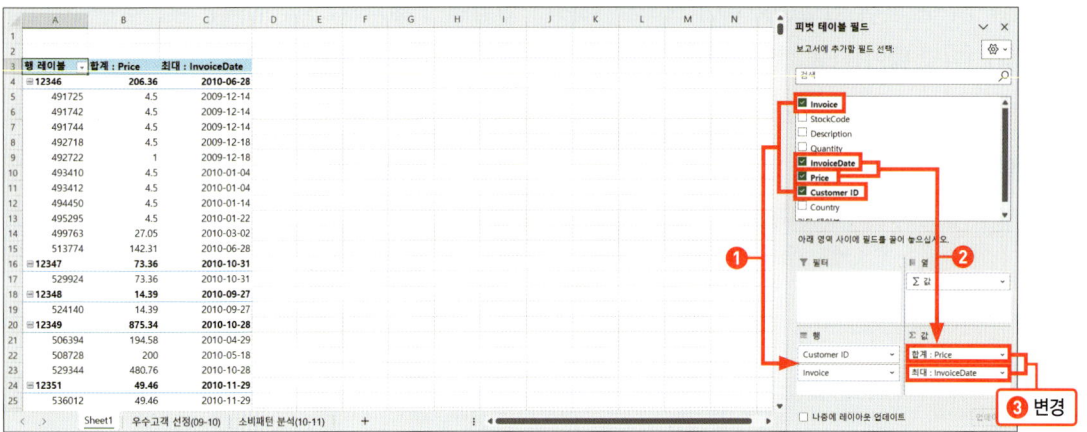

④ 요약된 피벗 테이블에서 임의의 셀을 선택한 후, 메뉴의 [디자인]-[레이아웃]-[부분합]-[부분합 표시 안함], [총합계]-[행 및 열의 총합계 해제]로 변경합니다.

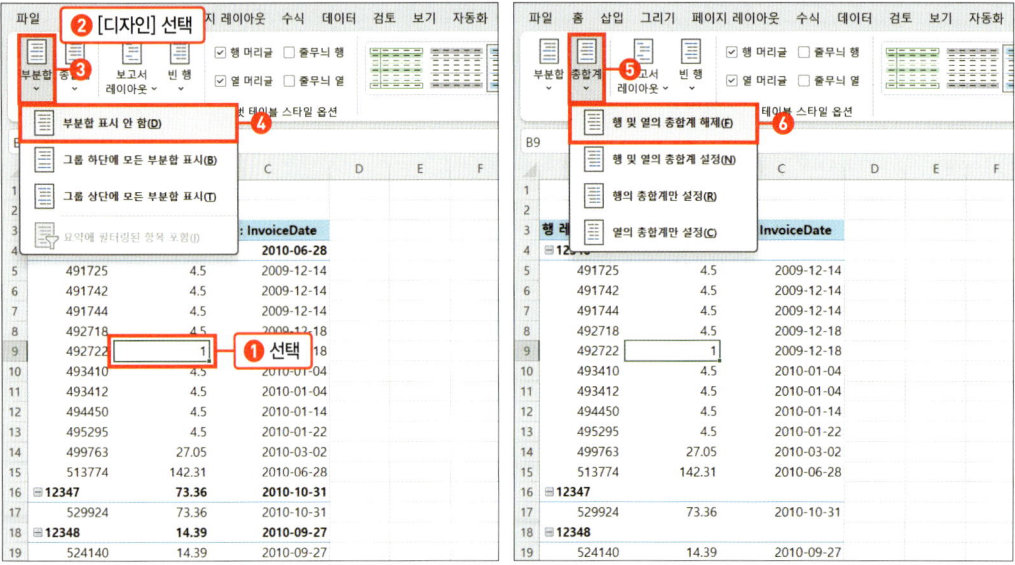

146

⑤ 메뉴에서 [디자인]-[레이아웃]-[보고서 레이아웃]-[테이블 형식으로 표시], [모든 항목 레이블 반복]을 차례로 선택합니다. 이렇게 하면 Customer ID와 Invoice를 기준으로 구매금액 합계와 InvoiceDate를 추가한 데이터가 완성됩니다.

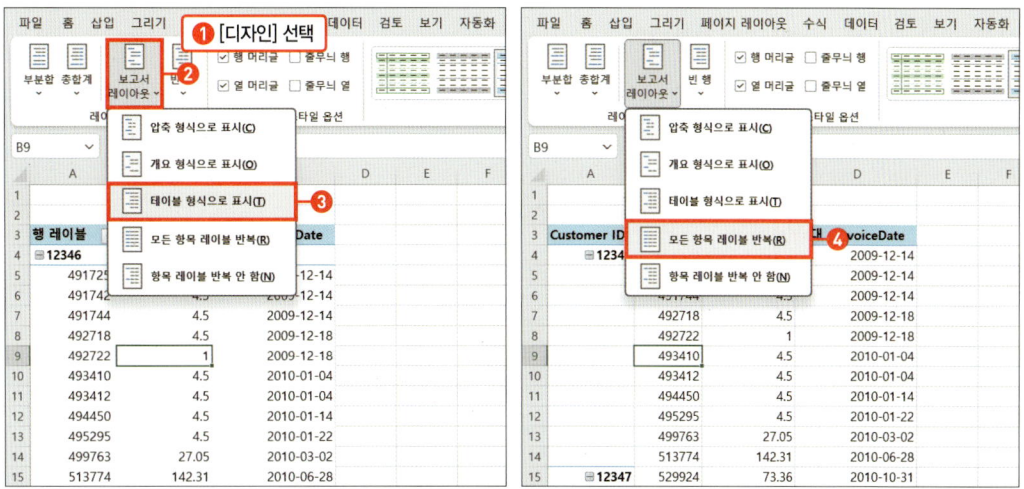

⑥ 이제 Customer ID를 기준으로 Invoice의 개수를 파악하기 위해 디자인이 변경된 피벗 테이블 영역([A3:D18442])을 복사하여 새 시트([Sheet2])에 값만 붙여넣기 합니다.

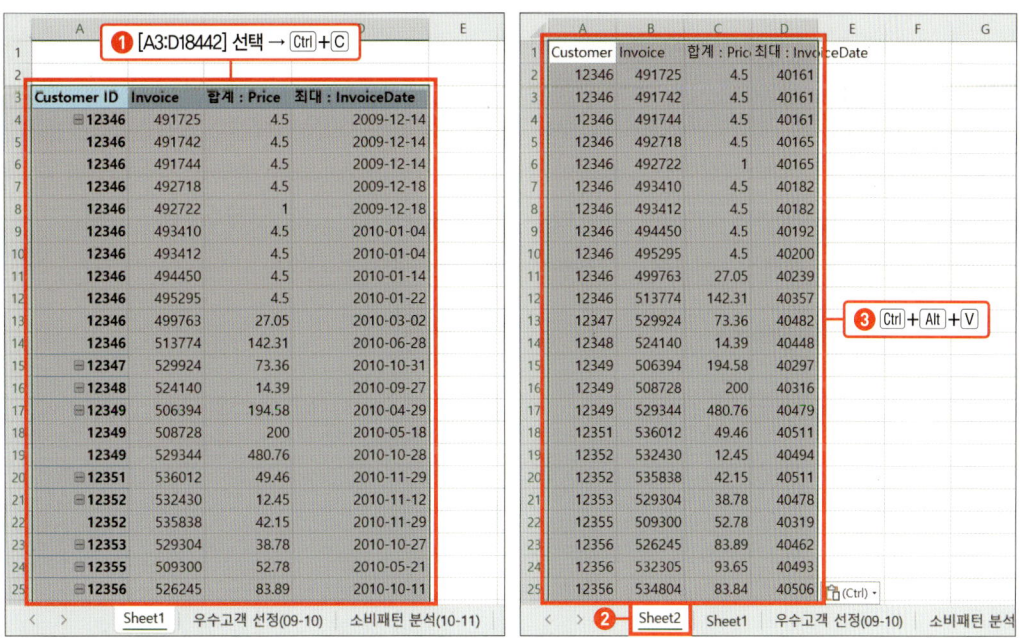

TIP [Ctrl]+[Alt]+[V]를 누른 후 '선택하여 붙여넣기' 창에서 [값]을 선택하면 값만 붙여 넣을 수 있습니다.

1장 고객 관리의 시작, 우수 고객과 속성 분석 —— 147

⑦ [Sheet2]의 [C1], [D1] 셀에 머리글을 다음과 같이 변경합니다.

• [C1]: '구매금액', [D1]: '최종구매일'

⑧ ⑥에서 [값만 붙여넣기]를 실행하여 [D2:D18440] 영역의 데이터가 날짜로 표시되지 않으므로 표시 형식을 [날짜]로 변경합니다.

⑨ [Sheet2] 시트의 데이터 영역 중 임의의 셀을 선택한 후, [새 워크시트]에 피벗 테이블을 추가합니다.

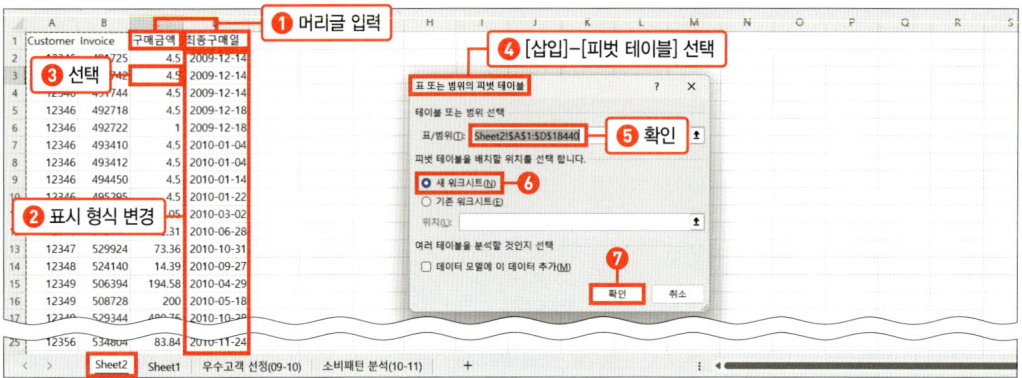

⑩ '피벗 테이블 필드'에서 [Customer ID]를 [행], [최종구매일], [Invoice], [구매금액]을 [값]으로 드래그 한 후 '값 필드 설정'을 다음과 같이 변경합니다.

• [최대 : 최종구매일], [개수 : Invoice], [합계 : 구매금액]

최종구매일을 최댓값으로 설정하면 Customer ID에 포함된 Invoice의 날짜 중 가장 큰 값, 즉 고객의 최근구매(Recency)에 해당하는 데이터를 가져오게 됩니다. 그리고 [개수 : Invoice]는 구매빈도(Frequency), [합계 : 구매금액]은 구매금액(Monetary)으로 사용하게 됩니다.

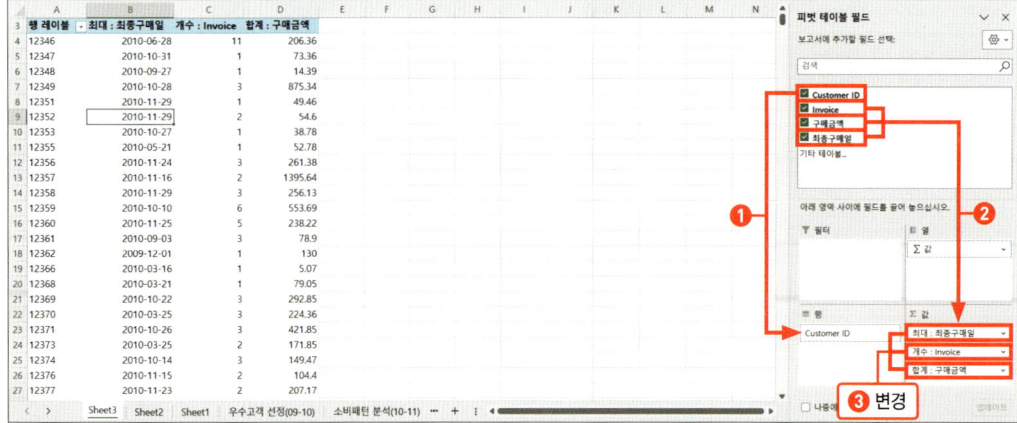

⑪ [Sheet3] 시트의 [A3:D4271] 영역을 복사하여 새 시트([Sheet4])에 값만 붙여 넣습니다.

⑫ [Sheet4] 시트의 머리글을 입력합니다.

- [A1]: '고객번호', [B1]: '최종구매일', [C1]: '구매횟수', [D1]: '구매금액'

⑬ [B2:B4269] 영역을 선택하고 표시 형식을 [날짜]로 변경합니다.

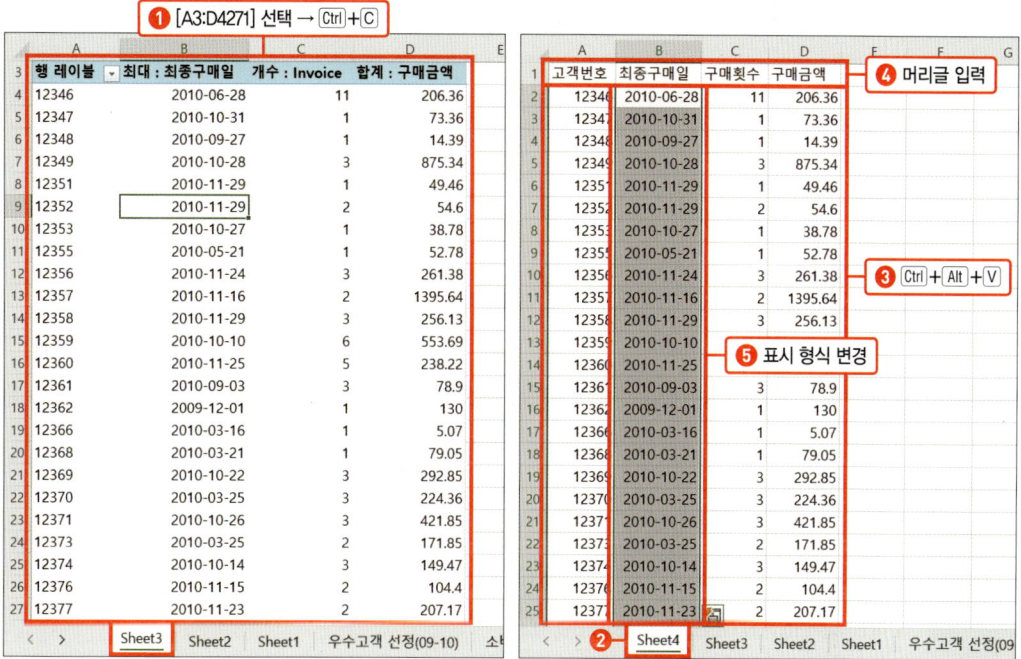

두 번의 피벗 테이블 삽입과 복사/붙여넣기를 통해 고객별로 '최종구매일', '구매횟수', '구매금액' 데이터 요약이 완성됐습니다. 이어지는 실습에서는 이 데이터를 활용하여 RFM 모델로 우수 고객을 분류하는 방법에 대해 알아보겠습니다.

2 | RFM 요소별 등간격 계산하기

① [Sheet4] 시트의 [J1:N7] 영역에 그림과 같은 표를 입력합니다.

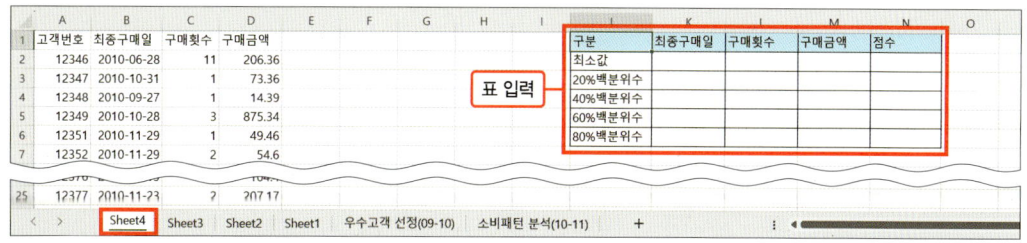

1장 고객 관리의 시작, 우수 고객과 속성 분석 —— 149

② [K2] 셀에 다음의 함수를 입력하고 Enter를 누릅니다.

[K2]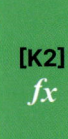
=PERCENTILE(B$2:B$4269, 0)
PERCENTILE 함수는 지정된 영역에서 백분위수를 계산합니다. 여기서는 첫 번째 인수에 '최종구매일'이 있는 [B2:B4269] 영역을 입력하고 두 번째 인수는 '0'을 입력하였습니다. 백분위수는 '0'부터 '1'까지의 값을 소수 형태로 입력할 수 있으며, '0'은 범위 내 최솟값을 의미합니다. 이때 '최종구매일'이 있는 [B2:B4269] 영역은 행을 혼합 참조로 고정했습니다.

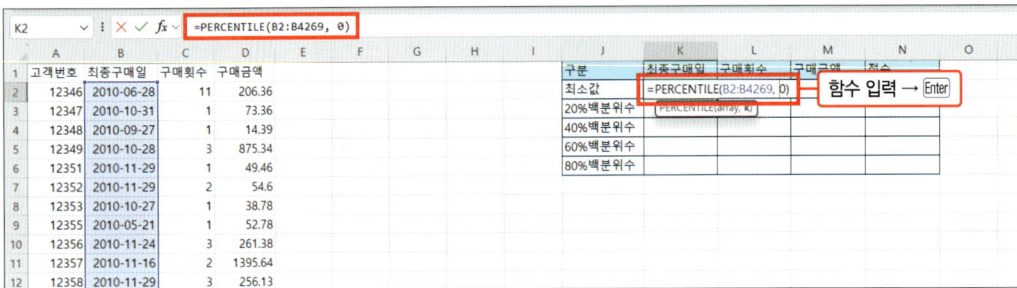

③ [K2] 셀를 복사하여 [K3:K6] 영역에 붙여 넣고 다음과 같이 인수를 0.2씩 더하여 수정합니다. 이렇게 하면 최종구매일의 0.2번째 백분위수, 즉 20% 간격으로 백분위수가 계산됩니다.

fx
- [K3]: =PERCENTILE(B$2:B$4269, 0.2)
- [K4]: =PERCENTILE(B$2:B$4269, 0.4)
- [K5] =PERCENTILE(B$2:B$4269, 0.6)
- [K6] =PERCENTILE(B$2:B$4269, 0.8)

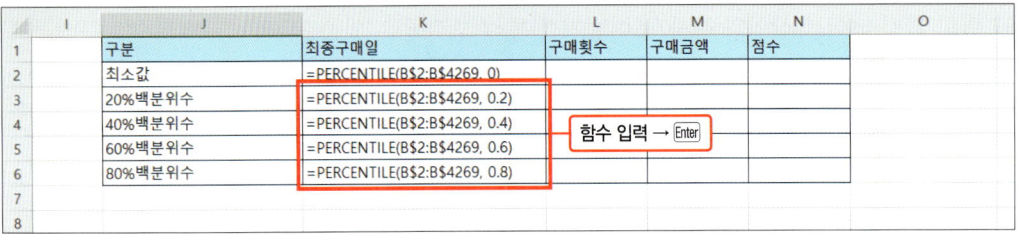

TIP Ctrl + `를 입력하면 그림처럼 수식을 펼쳐 확인할 수 있습니다. Ctrl + `를 누르면 원래 상태로 돌아갑니다.

④ [K2:K6] 영역을 복사하여 [L2:M6] 영역에 붙여 넣습니다. 이렇게 하면 [K2:K6] 영역에서 최종구매일을 기준으로 입력한 수식이 우측으로 한 칸씩 이동하며 구매횟수와 구매금액의 백분위수가 계산됩니다.

구분	최종구매일	구매횟수	구매금액	점수
최소값	40148	1	0	
20%백분위수	40342	1	44.888	
40%백분위수	40447.8	2	96.516	
60%백분위수	40479	3	185.408	
80%백분위수	40500	6	389.174	

⑤ [K2:K6] 영역의 표시 형식을 [날짜]로 변경합니다.

구분	최종구매일	구매횟수	구매금액	점수
최소값	2009-12-01	1	0.0	
20%백분위수	2010-06-13	1	44.9	
40%백분위수	2010-09-26	2	96.5	
60%백분위수	2010-10-28	3	185.4	
80%백분위수	2010-11-18	6	389.2	

표시 형식 변경

백분위수를 이용해 20% 등간격으로 경곗값을 계산한 결과, 최종 구매일은 데이터의 첫 거래 발생일인 2009년 12월 1일부터 마지막 구매일인 2010년 11월 30일까지 백분위수가 높아질수록 점차 가까워지는 것을 확인할 수 있었습니다. 또한 구매 횟수와 구매 금액 역시 백분위수에 따라 수치가 커지는 것으로 보아 이상 없이 추출된 것으로 보입니다.

구분	최종 구매일	구매 횟수	구매 금액
최솟값	2009-12-01	1	0.0
20%백분위수	2010-06-13	1	44.9
40%백분위수	2010-09-26	2	96.5
60%백분위수	2010-10-28	3	185.4
80%백분위수	2010-11-18	6	389.2

RFM 모델은 최종 구매일, 구매 횟수, 구매금액, 이 세가지 요소를 조합하여 고객의 충성도를 계산합니다. 위의 표를 보면 각 요소별 80% 백분위수, 즉 상위 20%는 '2010년 11월 18일' 이후에 방문하거나 '6회' 이상 또는 '389.2' 이상을 구매한 것을 알 수 있습니다. 만약 이 세 가지 조건을 모두 충족하는 고객이라면 최우수 고객으로 분류될 수 있습니다.

그러나 최우수 고객을 제외한 하위 고객의 경우 기업마다 고객의 잠재 가치를 평가하는 기준이 다를 수 있습니다. 예를 들어, 어떤 기업은 구매 횟수가 많은 고객을 더 중요하게 생각할 수 있고, 다른 기업은 매출에 대한 비중을 더 높게 평가할 수도 있습니다. RFM 모델의 등간격 산출 방식에서는 이러한 요소들을 동일한 간격으로 나누어 점수를 부여한 후, 이를 합산하여 고객의 충성도를 계산합니다. 이 과정에서 기업은 필요에 따라 특정 요소에 더 높은 가중치를 부여함으로써 우수 고객 선정 기준을 조정할 수 있습니다.

이어지는 실습에서는 세 가지 요소의 가중치를 동일하게 책정하여 점수를 부여해 보겠습니다.

3 | 고객별로 RFM 요소별 점수 매기기

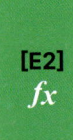 그림과 같이 [N2:N6] 영역에 '1'부터 '5'를 순서대로 입력합니다. 이 작업은 20%간격으로 나뉜 RFM 요소에 점수를 매기기 위한 것으로 백분위수에 따라 최대 5점까지 1점씩 증가하도록 배점했습니다.

② [E1:H1] 영역에 머리글을 입력합니다.

- [E1]: 'Recency', [F1]: 'Frequency', [G1]: 'Monetary', [H1]: '합계'

③ [E2] 셀에 다음의 함수를 입력하고 Enter 를 누릅니다.

[E2] fx
=LOOKUP(B2,K$2:K$6,$N$2:$N$6)

LOOKUP 함수는 특정 값을 검색 영역에서 찾은 후 결과 영역을 반환하는 함수입니다. 여기서는 첫 번째 인수에 검색할 값으로 '최종구매일'이 있는 [B2] 셀을 입력하고 두 번째 인수는 검색 영역으로 '최종구매일의 백분위수'가 있는 [K2:K6] 영역을 입력합니다. 세 번째 결과 값으로 '점수'가 있는 [N2:N6] 영역을 입력합니다. 이 때 검색 영역과 결과 영역은 혼합 참조와 절대 참조로 고정했습니다.

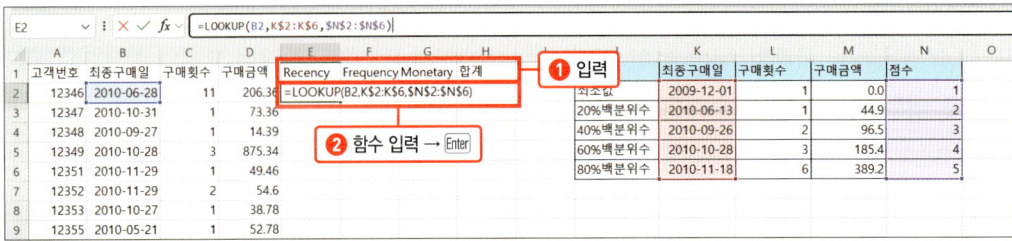

④ [E2] 셀의 함수를 복사한 후, [E2:G4269] 영역에 붙여넣습니다. LOOKUP 함수가 고객 번호별로 '최종 구매일', '구매횟수', '구매금액'의 백분위수를, [K2:M6] 영역에서 찾아 [N2:N6] 영역의 점수로 반환합니다. 이를 통해 'Recency', 'Frequency', 'Monetary' 각 항목에 대한 점수가 한 번에 입력됩니다.

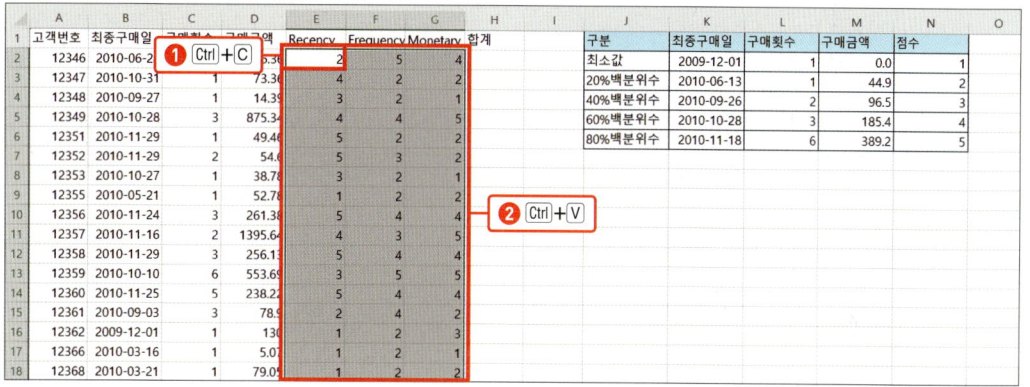

⑤ [H2] 셀에 다음의 함수를 입력하고 Enter 를 누릅니다.

[H2]
=SUM(E2:G2)

SUM 함수는 인수로 주어진 셀의 합계를 반환하는 함수입니다. 여기서는 인수로 [E2:G2] 영역을 입력하여 RFM 요소별 점수의 합계를 반환합니다.

⑥ [H2] 셀의 채우기 핸들을 더블클릭하여 함수를 자동 채우기합니다. 고객번호별로 RFM 요소의 점수를 합해진 'RFM 점수'가 계산되었습니다.

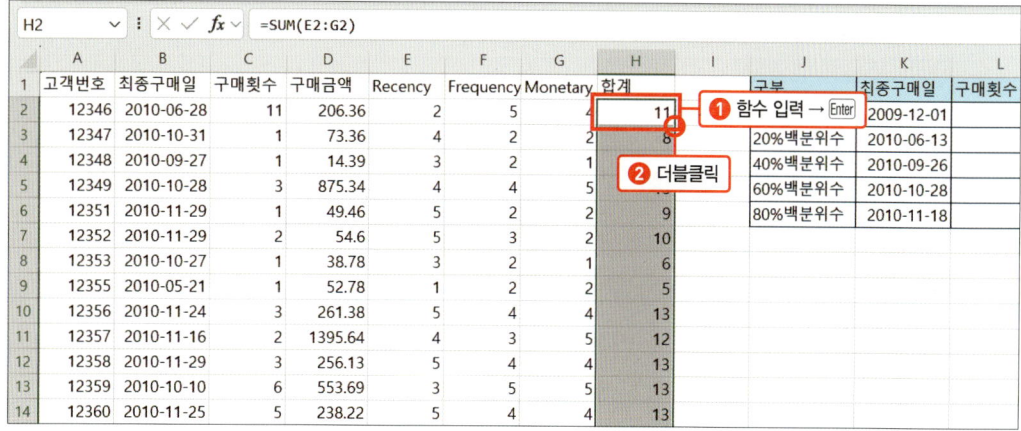

1장 고객 관리의 시작, 우수 고객과 속성 분석 —— **153**

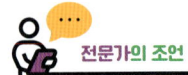

LOOKUP 함수의 동작 방식

LOOKUP 함수는 VLOOKUP 함수처럼 데이터 영역에서 값을 찾는 함수지만, 값을 찾는 방식이 정해져 있어 예시처럼 구간별 값을 배정하는데 주로 사용됩니다. 예를 들면 성적에 따라 등급을 매기거나 무게에 따라 요금을 매기는 등 특정한 구간마다 정해진 값을 부여하고자 한다면 LOOKUP 함수를 사용하는 것이 편리합니다.

LOOKUP 함수를 오름차순으로 정렬된 데이터 영역에 적용하면 항상 '작거나 같은 값'을 찾습니다.

❶ 구매금액 '150' 검색 시 작거나 같은 값 [96.5] → 3점 반환
❷ 구매금액 '500' 검색 시 작거나 같은 값 [389.2] → 5점 반환

구분	최종구매일	구매횟수	구매금액	점수
최솟값	2009-12-01	1	0.0	1
20%백분위수	2010-06-13	1	44.9	2
40%백분위수	2010-09-26	2	❶ 96.5 →	3
60%백분위수	2010-10-28	3	185.4	4
80%백분위수	2010-11-18	6	❷ 389.2 →	5

단, 데이터 영역에 같은 값이 있으면 아래 행의 결과 영역을 반환합니다.

❸ 구매횟수 '1' 검색 시 아래 행에 있는 [1] → 2점 반환

구분	최종구매일	구매횟수	구매금액	점수
최솟값	2009-12-01	1	0.0	1
20%백분위수	2010-06-13	❸ 1	→	2
40%백분위수	2010-09-26	2	96.5	3
60%백분위수	2010-10-28	3	185.4	4
80%백분위수	2010-11-18	6	389.2	5

4 | RFM 점수별 회원 분포 및 현황

지금까지 RFM 요소별 백분위수를 계산하고, 각 요소에 1점부터 5점을 부여하여 RFM 점수를 산출했습니다. 이때 구매 횟수는 최솟값과 20% 백분위수가 모두 '1'이므로 가장 낮은 점수인 '2점'을 부여하였고, 이로 인해 고객들은 '4~15점' 사이의 RFM 점수를 부여받게 됩니다. 이제 회원들의 분포와 구매 횟수 및 금액 등을 통해 부여된 점수별로 어떤 결과가 도출되는지 살펴보겠습니다.

① [Sheet4] 시트의 데이터 영역 중 임의의 셀을 선택하고 새 시트([Sheet5])에 피벗 테이블을 삽입합니다.

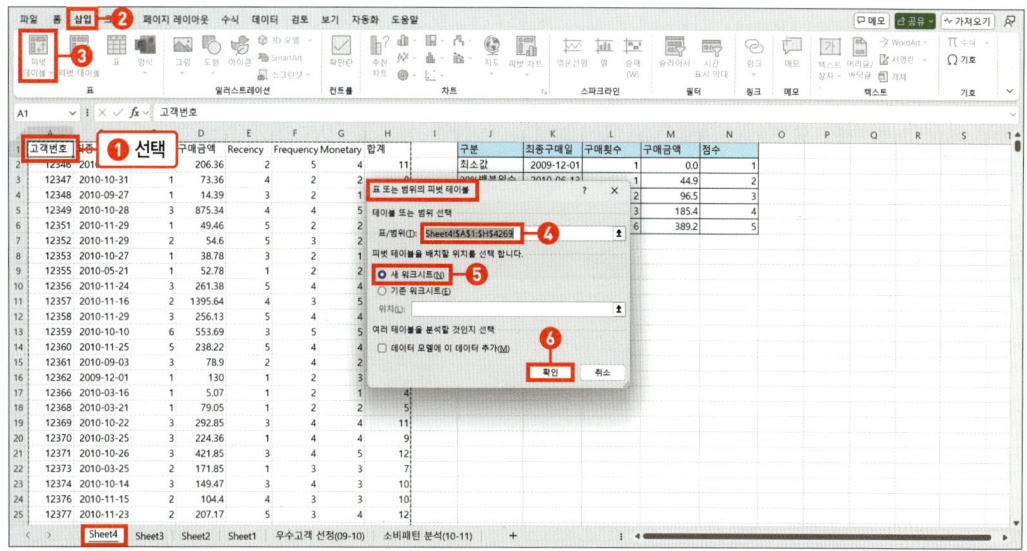

② '피벗 테이블 필드'에서 [합계]를 [행], [고객번호], [최종구매일], [구매횟수], [구매금액]을 [값]으로 드래그한 후 '값 필드 설정'을 다음과 같이 변경합니다.

• [개수 : 고객번호], [평균 : 최종구매일], [평균 : 구매횟수], [평균 : 구매금액]

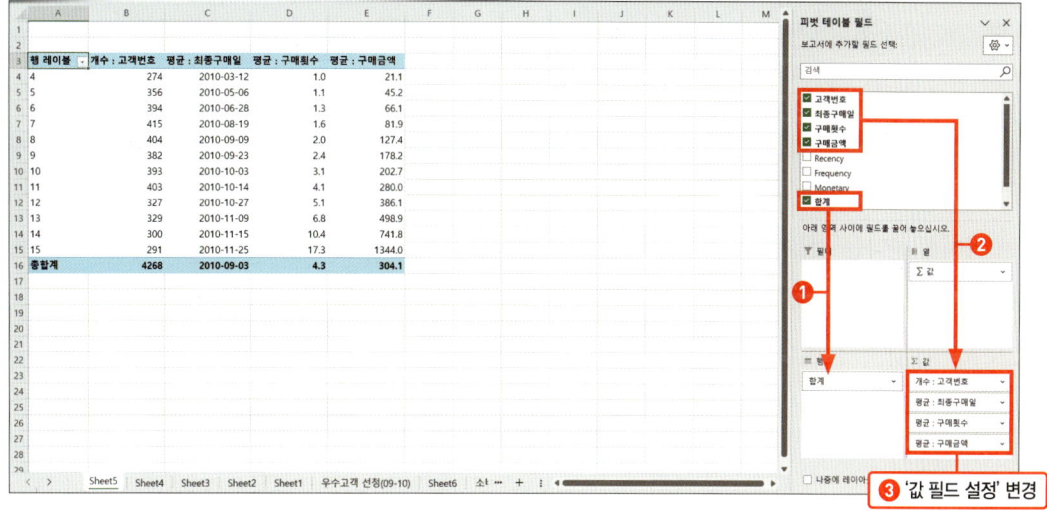

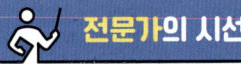

RFM 점수별 고객 현황 살펴보기

RFM 점수별 현황을 살펴보면 먼저 각 점수별로 3~400여명이 일정하게 분포되어 있는 것을 볼 수 있습니다. **이는 백분위수를 활용하여 만들어진 결과로 고객이 일정 규모로 나눠져 있어 점수에 따라 고객을 관리할 수 있습니다.** 여기서는 5개의 구간을 사용했지만 필요에 따라 더욱 세분화할 수도 있습니다.

행 레이블	개수 : 고객번호	평균 : 최종구매일	평균 : 구매횟수	평균 : 구매금액
4	274	2010-03-12	1.0	21.1
5	356	2010-05-06	1.1	45.2
6	394	2010-06-28	1.3	66.1
7	415	2010-08-19	1.6	81.9
8	404	2010-09-09	2.0	127.4
9	382	2010-09-23	2.4	178.2
10	393	2010-10-03	3.1	202.7
11	403	2010-10-14	4.1	280.0
12	327	2010-10-27	5.1	386.1
13	329	2010-11-09	6.8	498.9
14	300	2010-11-15	10.4	741.8
15	291	2010-11-25	17.3	1344.0
총합계	4268	2010-09-03	4.3	304.1

점수별 특징을 분석해 보면, RFM의 세 가지 요소 모두에서 만점을 받은 15점 고객은 14점 고객에 비해 구매 횟수와 구매 금액이 현저히 높은 것으로 나타났습니다. 이는 최상위 고객이 매출에 가장 큰 기여를 한다는 것을 의미합니다. 그리고 **점수가 낮아질수록 각 요소가 고르게 감소하여, 이 표를 활용하면 고객을 관리하거나 전략을 수립할 때 유용할 것으로 보입니다.**

그러나 RFM 점수가 높다고 해서 반드시 미래에도 높은 충성도와 매출을 보장한다는 것은 아닙니다. 고객의 니즈와 선호도는 시간이 지남에 따라 변화할 수 있기 때문입니다. 다음 실습에서는 RFM 점수가 높았던 고객들이 다음 해에도 방문과 매출을 이어가는지 분석해 보겠습니다.

실습 RFM 점수별 소비 패턴 분석   CASE_01_02

앞서 RFM 모델을 만들기 위해 사용한 데이터는 'Online Retail II Data Set'의 2009년 12월부터 2010년 11월까지 1년간의 구매 데이터입니다. 이번에는 앞서 분류한 RFM 점수를 활용하여 2010년 12월부터 2011년 11월까지 해당 고객의 구매내역을 통해 실제 소비활동이 이어지는지 확인해 보겠습니다.

1 | 구매데이터에 고객별 RFM 점수 매칭하기

① [소비패턴 분석(10-11)] 시트의 [E1] 셀에 머리글('RFM점수')를 입력합니다.

② [E2] 셀에 다음의 함수를 입력하고 Enter 를 누릅니다.

> [E2] fx
> =VLOOKUP(A2,Sheet4!$A$1:$H$4269,8,FALSE)
>
> VLOOKUP 함수는 데이터 영역에서 값을 찾은 후 같은 행에 있는 값을 반환하는 함수입니다. 여기서는 첫 번째 인수에 '고객번호'가 있는 [A2] 셀을 입력하고 두 번째 인수에 [Sheet4] 시트에 만들어둔 2010년 기준 고객별 RFM 점수가 저장된 [A1:H4269] 영역을 입력합니다. 세 번째 인수는 RFM 점수가 있는 열 인덱스 번호 '8'을 입력하고 네 번째 인수는 정확히 일치하는 값을 가져오는 옵션값 'FALSE'를 입력합니다.

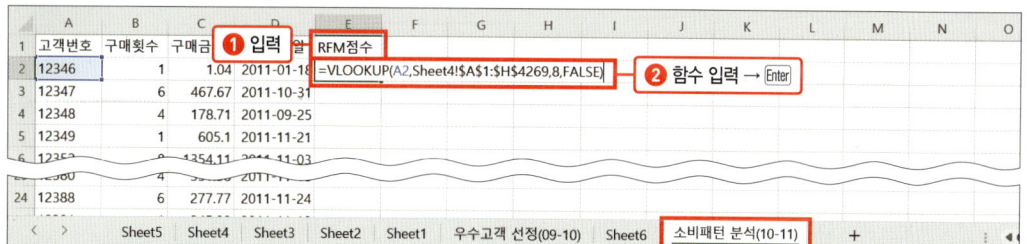

③ [E2] 셀의 채우기 핸들을 더블클릭하여 자동 채우기를 실행합니다. 이렇게 하면 [E2:4299] 영역에 고객의 09-10년 기준 RFM 점수가 배정됩니다. 단, 10~11년 데이터를 기준으로 점수를 부여하여 신규가입 고객은 RFM 점수가 없어 '#N/A'에러가 표시됩니다.

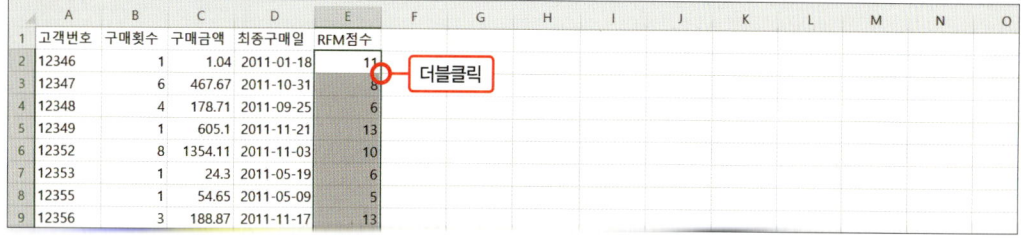

TIP #N/A 에러는 'Not Available'의 약자로 데이터가 없거나 참조할 수 없을 때 발생합니다.

2 | RFM 점수별 차년도 소비 현황 분석

① [소비패턴 분석(10-11)] 시트에서 데이터가 있는 임의의 셀을 선택한 후 메뉴에서 [삽입]-[피벗테이블]을 선택합니다.

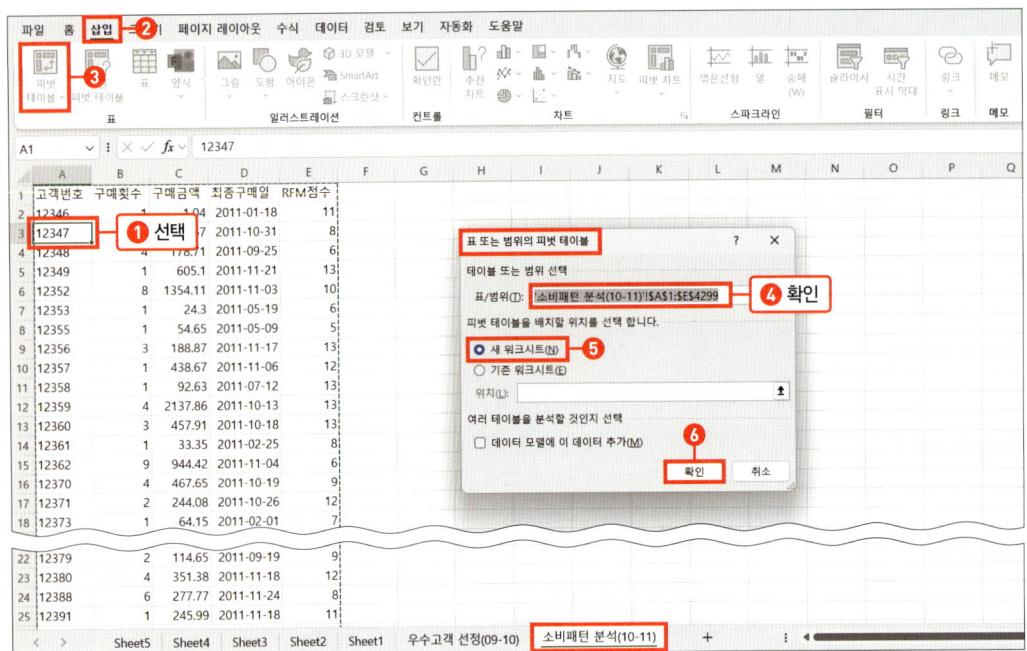

② '피벗 테이블 필드'에서 [RFM점수]를 [행], [고객번호], [최종구매일], [구매횟수], [구매금액]을 [값]으로 드래그 한 '값 필드 설정'을 다음과 같이 변경합니다.

• [개수 : 고객번호], [평균 : 최종구매일], [평균 : 구매횟수], [평균 : 구매금액]

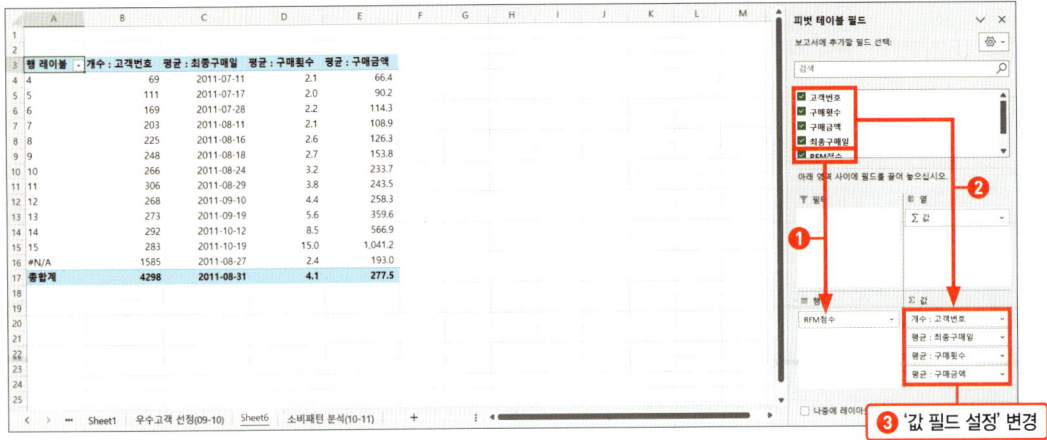

③ [F4] 셀에 다음의 함수를 입력하고 [Enter]를 누릅니다. 최종구매일의 경우 09~10년 데이터와 10~11년 데이터를 그대로 비교할 수 없어 각 데이터의 마지막 날짜를 기준으로 경과한 기간을 계산하여 비교합니다.

> **[F4] fx**
> =DATE(2011,11,30)-C4
>
> DATE 함수는 숫자 값을 날짜 형식으로 반환하는 함수입니다. 날짜는 숫자와 문자로 된 구분자가 혼합되어 있어서 날짜와 관련된 계산을 하려면 DATE 함수를 사용해야 합니다. 여기서는 피벗 테이블로 요약한 데이터의 마지막 날짜인 '2011-11-30'를 'Year', 'Month', 'Day' 인수로 입력한 다음 최종구매일([C4] 셀)을 빼서 최종구매일부터 마지막 날짜까지 경과한 기간(일)을 반환합니다.

④ [F4] 셀의 함수를 복사하여 [F5:F15] 영역에 붙여넣습니다.

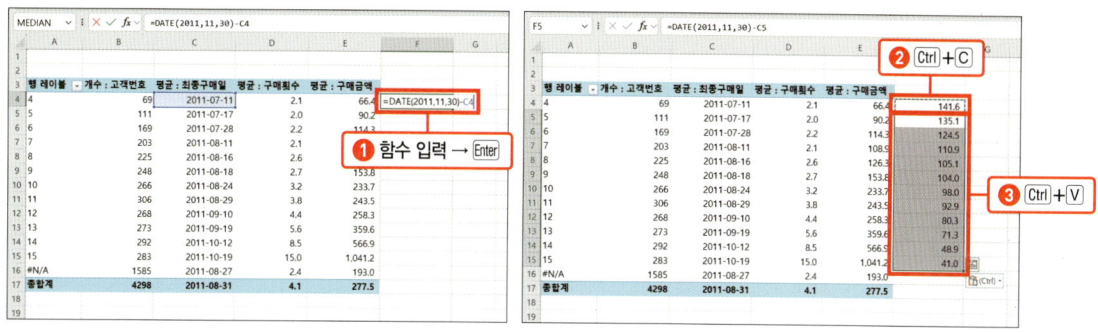

⑤ 09~10년 기준 RFM 점수별 피벗 테이블이 있는 [Sheet5] 시트의 [B3:E15] 영역을 복사합니다.

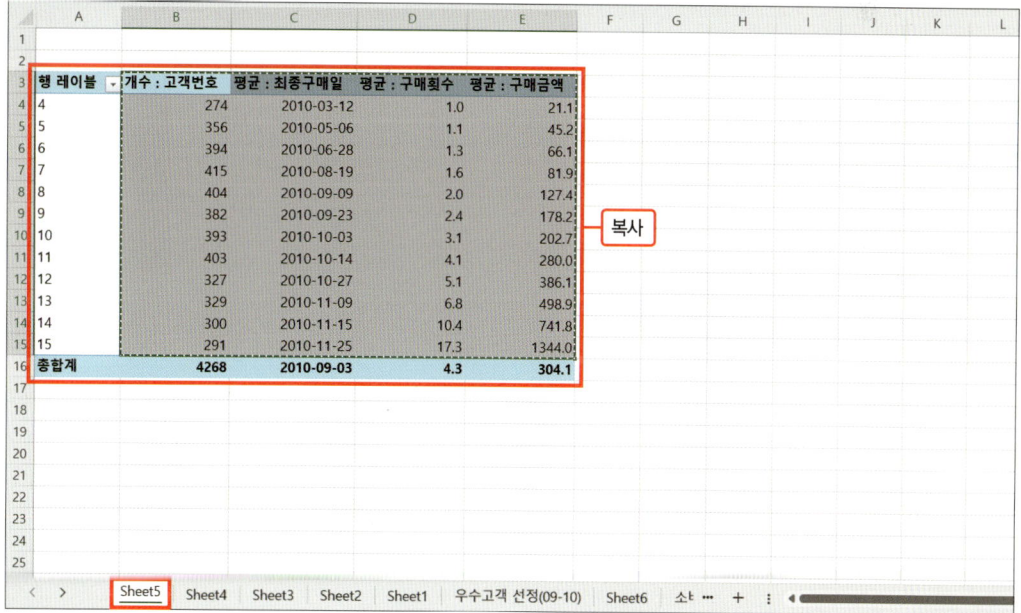

1장 고객 관리의 시작, 우수 고객과 속성 분석 — **159**

⑥ ⑤에서 복사한 영역을 [Sheet6] 시트의 [G3]셀에 붙여 넣습니다.

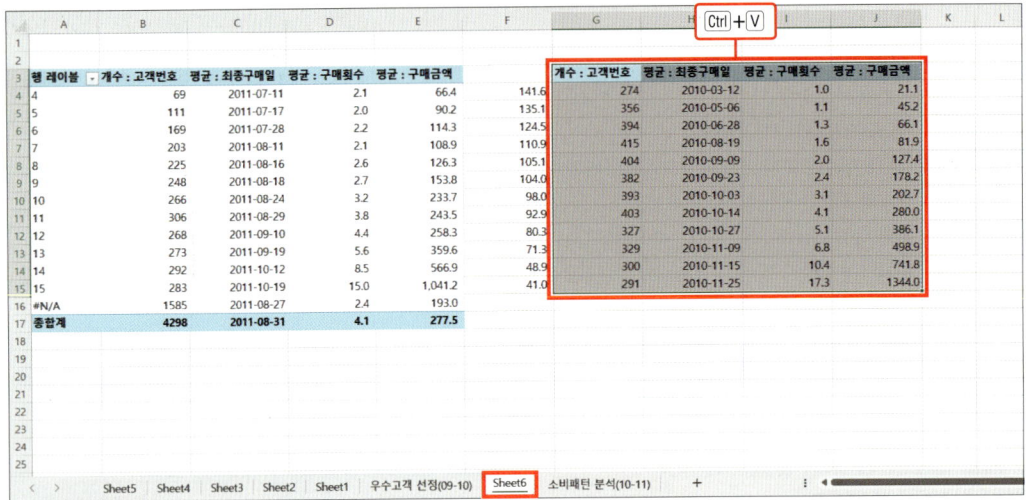

⑦ [K4] 셀에 다음의 함수를 입력하고 Enter 를 누릅니다.

[K4] =DATE(2010,11,30)-H4
fx 여기서는 09~10년 데이터의 마지막 날짜인 '2010-11-30'를 'Year', 'Month', 'Day' 인수로 입력한 다음, 최종구매일([H4] 셀)을 빼서 최종구매일부터 마지막 날짜까지 경과한 기간(일)을 반환합니다.

⑧ [K4] 셀의 함수를 복사한 다음 [K5:K15] 영역에 붙여 넣습니다.

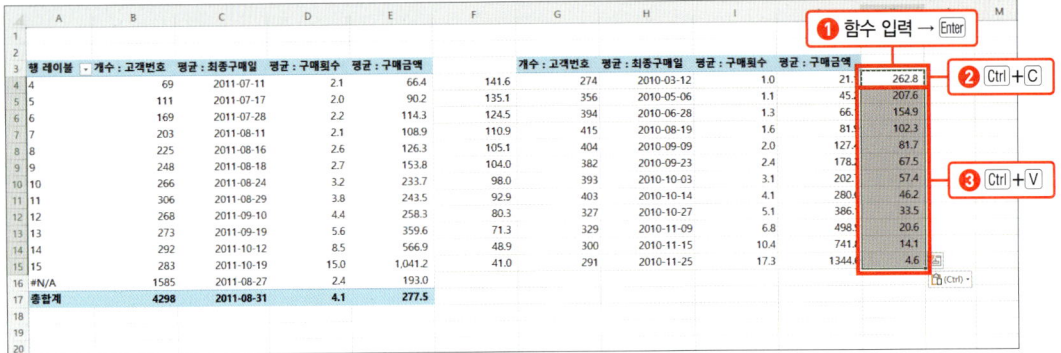

⑨ 피벗 테이블의 임의의 셀이 선택된 상태에서 메뉴의 **[피벗 테이블 분석]-[피벗 테이블]-[옵션]**에 있는 **[GetPivotData 생성]**의 체크 표시를 해제합니다.

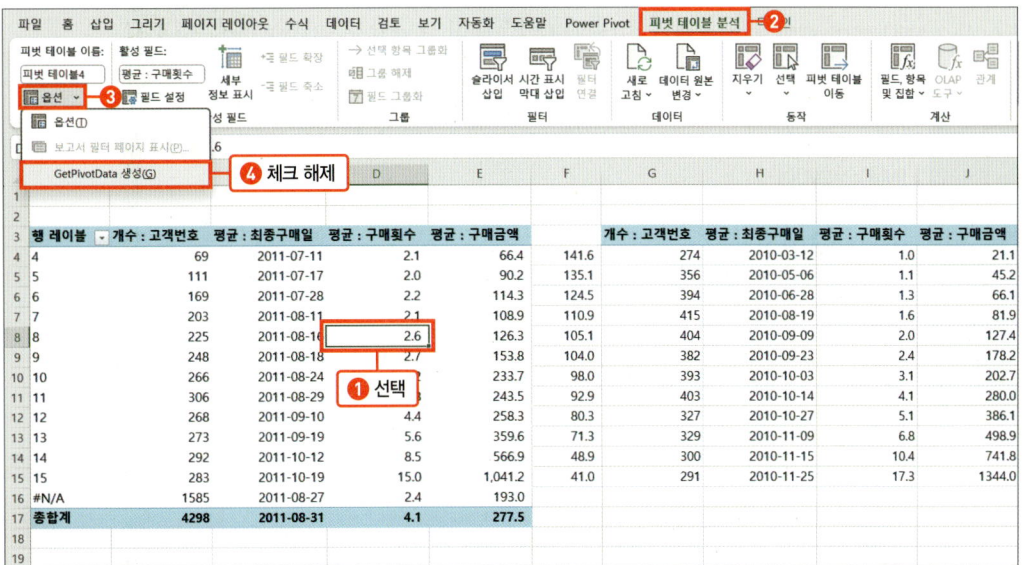

TIP [GetPivotData 생성]에 체크 표시가 되어 있으면 피벗 테이블에서 셀을 선택할 때 GETPIVOTDATA 함수를 적용합니다. GETPIVOTDATA 함수는 피벗 테이블에서 값을 선택하면, 셀의 위치가 변경되더라도 해당 값을 찾아주는 역할을 합니다. 그러나 함수를 복사하여 사용할 때는 이 기능이 불편할 수 있으므로, 체크를 해제하는 것이 더 편리합니다.

⑩ [L3:O3] 영역에 머리글을 입력합니다.

- [L3]: '고객수', [M3]: '구매횟수', [N3]: '구매금액', [O3]: '최종구매일'

⑪ [L4:N4] 영역에 다음의 수식을 입력하여 전년대비 증감률을 계산합니다.

> **[L4]: =B4/G4-1**
> 2010년의 고객수([B4] 셀)를 2011년의 고객수([G4] 셀)로 나눈 값에 '-1'을 하여 증감률을 계산합니다.
>
> **[M4]: =D4/I4-1**
> 2010년의 구매횟수([D4] 셀)를 2011년의 구매횟수([I4] 셀)로 나눈 값에 '-1'을 하여 증감률을 계산합니다.
>
> **[N4]: =E4/J4-1**
> 2010년의 구매금액([E4] 셀)를 2011년의 구매금액([J4] 셀)로 나눈 값에 '-1'을 하여 증감률을 계산합니다.
>
> **[O4]: =1-F4/K4**
> 최종구매일([O4] 셀)은 숫자가 작을수록 증가하므로 '1'에서 값을 뺀 수식를 입력해야 합니다. 2010년의 최종구매일([F4] 셀)를 2011년의 구매금액([K4] 셀)로 나눈 값을 '1'에서 빼 증감률을 계산합니다.

⑫ [L4:O4] 영역의 수식을 복사하여 [L4:O15] 영역에 붙여넣은 후 [L4:O15] 영역의 표시 형식을 '백분율(소수점 1자리수)'로 변경합니다.

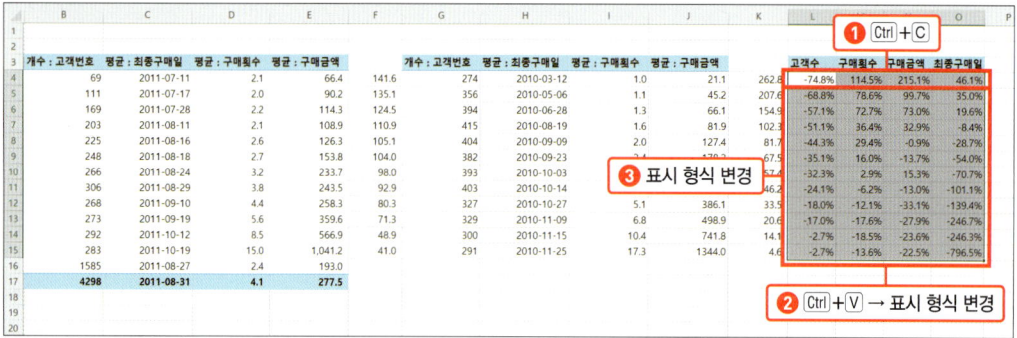

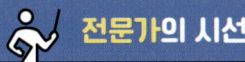

RFM 점수별 고객 분석 및 활용 방법

다음 표는 실습을 통해 계산한 내용을 정리한 것으로 회원의 2010년 RFM 점수를 기준으로 2011년의 구매 내역을 추출하고 2010년과 2011년의 구매 활동을 비교한 것입니다.

RFM 점수	고객 수	최종구매일	구매횟수	구매금액
4	❶ -74.8%	114.5%	215.1%	46.1%
5	-68.8%	78.6%	99.7%	35.0%
6	-57.1%	72.7%	73.0%	19.6%
7	-51.1%	36.4%	32.9%	-8.4%
8	-44.3%	29.4%	-0.9%	-28.7%
9	-35.1%	16.0%	-13.7%	-54.0%
10	-32.3%	❷ 2.9%	15.3%	-70.7%
11	-24.1%	-6.2%	-13.0%	-101.1%
12	-18.0%	-12.1%	-33.1%	-139.4%
13	-17.0%	-17.6%	-27.9%	-246.7%
14	-2.7%	-18.5%	-23.6%	-246.3%
15	-2.7%	-13.6%	-22.5%	-796.5%

❶ 2010년 기준 고객 수는 총 4,268명이었으며 이 중 2011년에도 구매를 지속한 고객은 2,713명으로 전체적으로 36.4% 감소하였습니다. 그러나 RFM 점수별로 고객 수를 살펴보면, 4점인 경우 고객 수가 -74.8%로 크게 감소했지만, 점수가 높아질수록 감소율이 낮아져 14점 이상인 고객은 감소율이 -2.7%에 불과했습니다. 이를 통해 RFM 점수가 높을수록 고객 유지율이 높아진다는 것을 알 수 있습니다.

❷ RFM 점수가 10점인 고객들의 최종 구매일과 구매 횟수가 2010년 대비 증가하였습니다. 이는 2010년에는 RFM 점수가 낮았지만 구매를 이어간 고객들이 구매 활동을 더욱 활발하게 했음을 나타내며, 기존 회원을 대상으로 프로모션을 진행하면 우수 고객으로 전환될 수 있음을 보여줍니다.

이처럼, RFM 점수는 고객의 충성도를 객관적이고 정량적인 지표로 측정함으로써 기존 고객의 구매를 확대하거나 이탈을 막는 데 활용할 수 있습니다. 이러한 방식은 백화점을 비롯한 유통기업과 회원제를 운영하는 제조사 등에서 자주 발견할 수 있는 우수 고객 혜택으로 이어지며, 기업마다 상황에 맞는 마케팅으로 연결됩니다.

평행 좌표 차트로 고객 속성 분석하기

데이터 분석가가 아니더라도, 자신이 담당하는 제품과 채널에서 고객을 이해하는 것은 매우 중요합니다. 그러나 고객의 다양한 속성과 행동을 분석해 유의미한 인사이트를 도출하는 일은 결코 쉽지 않습니다. 이번 CASE에서는 고객 속성과 행동을 간단히 분석할 수 있는 시각화 방법을 소개합니다.

✓ 고객 속성별 행동 패턴 분석

오늘날 시장에는 온·오프라인 채널, 매장 방문, 배달 서비스 등 다양한 상품과 서비스가 존재하며, 고객들은 자신의 필요에 따라 원하는 제품과 서비스를 선택합니다. 이러한 다양성 속에서 고객 행동을 이해하고 분석하는 것은 기업에게 중요한 과제로 자리 잡았습니다. 새로운 상품과 채널이 시장에 출시되었을 때 기업은 일반적으로 다음과 같은 인구통계학적 속성, 구매 행동, 선호도 등을 분석합니다.

구분	분석 항목 예시
인구통계학적 속성	성별, 연령, 거주지, 소득수준 등
구매 행동	구매 빈도, 구매 금액, 구매 시간대, 결제 방법, 구매 채널 등
선호도	선호 상품, 선호 브랜드, 선호 프로모션 등

다양한 데이터를 수집하고 분석하는 데는 많은 비용과 시간이 필요할 뿐만 아니라, 복잡한 분석 과정으로 인해 고객 니즈 파악과 대응이 지연될 수 있습니다. 이런 상황에서는 보유 중인 데이터로 신속하게 고객을 분석하고, 이를 구성원들과 공유하여 대응책을 마련하는 것이 효과적입니다. 시각화 분석은 이런 상황에 적합한 방법으로, 다양한 데이터를 한 눈에 파악할 수 있게 하고 구성원들과 함께 공유하며 대책을 논의할 수 있어 매우 훌륭한 대응 방안이 됩니다.

이번 실습에서는 고객 데이터 시각화에 유용한 '평행 좌표' 차트 작성법에 대해 알아보겠습니다. 평행 좌표 차트를 활용하면 복잡한 고객 데이터를 쉽게 이해할 수 있고, 고객 행동 패턴과 특성을 발견하는 데 큰 도움이 됩니다.

1 | 고객 속성데이터 예시 및 활용방법

실습 예제는 'kaggle'의 'Customer Personality Analysis' 데이터입니다. 이 데이터는 연령, 교육 수준, 가족 구성, 구매 습관, 마케팅 캠페인 반응 등 다양한 특성으로 구성되어 있으며, 항목별 내용은 다음과 같습니다.

Response	설명	비고
ID	각 고객에 대한 고유 식별자	0~11191
Year_Birth	고객의 출생 연도	1893~1996
Education	고객의 교육 수준	"Basic", "2n Cycle", "Graduation", "Master", "PhD"
Marital_Status	고객의 결혼 상태	"Single", "Married", "Together", "Divorced", "Widow", "Alone", "Absurd", "YOLO"
Income	고객의 연간 가구 소득	1730~666666 (일부 셀은 비어 있음)
Kidhome	가정 내 자녀 수	0~2
Teenhome	가정 내 청소년 수	0~2
Dt_Customer	고객이 가입한 날짜	2012-07-30~2014-06-29
Recency	고객의 마지막 구매 이후 경과 일수	0~99
Complain	지난 2년간 고객 불만 여부	0 : 아니오, 1: 예
MntWines	지난 2년간 와인에 지출한 금액	0~1493
MntFruits	지난 2년간 과일에 지출한 금액	0~199
MntMeatProducts	지난 2년간 육류 제품에 지출한 금액	0~1725
MntFishProducts	지난 2년간 생선 제품에 지출한 금액	0~259
MntSweetProducts	지난 2년간 과자류에 지출한 금액	0~263
MntGoldProds	지난 2년간 금 제품에 지출한 금액	0~362
NumWebPurchases	웹사이트를 통한 구매 횟수	0~27
NumCatalogPurchases	카탈로그를 통한 구매 횟수	0~28
NumStorePurchases	매장에서 직접 구매한 횟수	0~13
NumWebVisitsMonth	지난 달 웹사이트 방문 횟수	0~20
NumDealsPurchases	할인 구매 횟수	0~15
AcceptedCmp1	다양한 마케팅 캠페인에 대한 응답	0 : 아니오, 1: 예
AcceptedCmp2	다양한 마케팅 캠페인에 대한 응답	0 : 아니오, 1: 예
AcceptedCmp3	다양한 마케팅 캠페인에 대한 응답	0 : 아니오, 1: 예
AcceptedCmp4	다양한 마케팅 캠페인에 대한 응답	0 : 아니오, 1: 예
AcceptedCmp5	다양한 마케팅 캠페인에 대한 응답	0 : 아니오, 1: 예
Response	마지막 캠페인에 대한 응답	0 : 아니오, 1: 예

이 데이터를 특성에 따라 나눠보면 다음과 같이 다섯 가지로 나눌 수 있습니다.

❶ 인구통계학적 속성: 출생 연도, 교육, 결혼 상태, 가족 수와 같은 속성은 고객 행동에 직접적인 영향을 미치며, 특히 소비 활동과 밀접한 관련이 있습니다. 또한, 모든 고객이 필수적으로 가지고 있는 속성으로 기업의 경쟁력이나 소비자의 인식 등을 가늠하는 데 활용됩니다.

❷ 가입일과 최근 구매 경과일수, 고객불만: 최근 가입했거나 구매가 발생했다면 고객의 다른 활동에도 지대한 영향을 줍니다. 특히, 고객불만(Complain)은 이탈과 구매 감소에 직접적인 영향을 끼칩니다.

❸ 카테고리별 구매금액: 개인의 카테고리별 구매비중은 소비자로써 선호도와 경제적인 능력에 따라 좌우되지만, 기업의 판매량은 프로모션과 시장 경쟁력에 따라 달라질 수 있습니다. 예를 들어, 고객이 와인보다 육류를 구입하는데 많은 비용을 지출하더라도 판매 기업이 다른 유통점보다 와인을 저렴하게 판매했다면, 소비자의 와인 구매가 특정 기업에 집중될 수 있습니다.

❹ 구매 채널: 구매 채널은 개인의 성향과 밀접하게 연관되어 있지만, 매장은 고객의 방문 소요시간이나 이동 방식 등에 영향을 받으며, 웹사이트는 디지털 채널 활용 능력, 특히 연령과 밀접한 관계가 있습니다.

❺ 캠페인 참여 데이터: 일반적으로 캠페인 참여율은 이후 캠페인에 영향을 주며 고객 충성도와 밀접한 관련이 있습니다.

실습 예제는 개인의 특징뿐만 아니라 소비 활동에 대한 다양한 정보를 포함하고 있습니다. 실무에서 고객과 상품에 대한 데이터를 분석할 때 이 데이터의 형태를 참고한다면 유용하게 활용할 수 있을 것입니다.

실습 › 출생 년도별 평행 좌표 차트 그리기   CASE_02_01

평행 좌표 차트는 여러 속성을 하나로 모아 비교하는 데 사용되며, 차트에 추가되는 모든 속성은 동일한 범위로 조정해야 합니다. 이번 실습에서는 품목별 구매 금액을 비중으로 환산하여 차트를 그려보겠습니다. 첫 번째 실습에서는 출생 연도별 차트를 삽입할 예정이며, 편의를 위해 연도별로 시트를 구분했습니다.

1 | 표와 요약 행으로 통계 값 탐색하기

① 새 시트를 추가하고 이름을 '평행 좌표 차트'로 변경합니다.

② [40년대] 시트에서 품목별 구매비중 데이터가 있는 [C1:H83] 영역을 선택한 후, 메뉴에서 [삽입]-[차트]-[선형]-[2차원 꺾은 선형 차트]를 선택합니다.

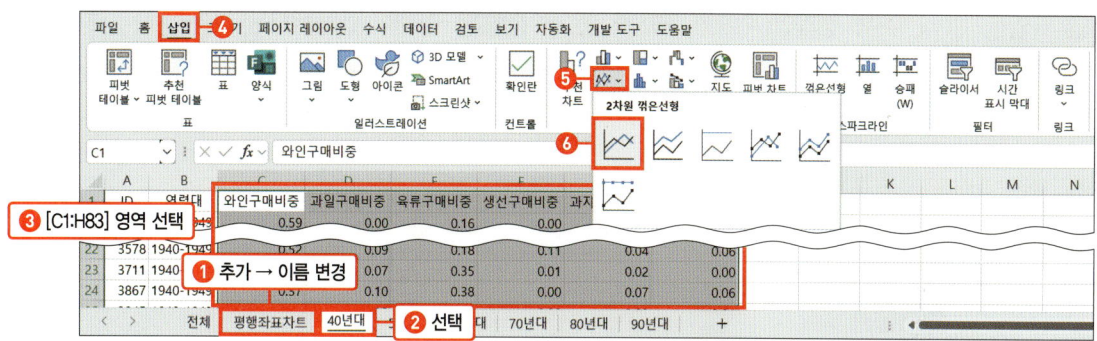

③ 삽입된 차트를 선택한 후, 메뉴에서 [차트 디자인]-[데이터]-[행/열 전환]을 선택합니다.

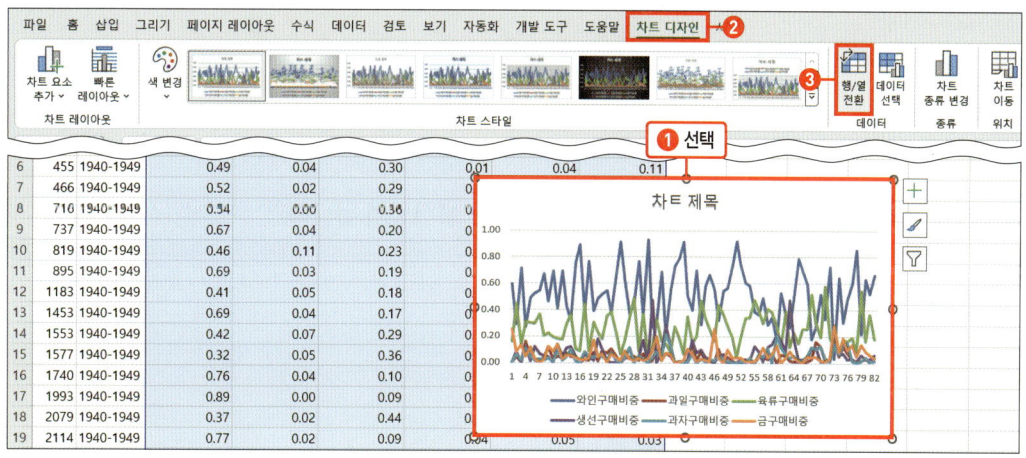

④ 범례를 삭제하고 차트 제목을 '40년대'로 변경합니다.

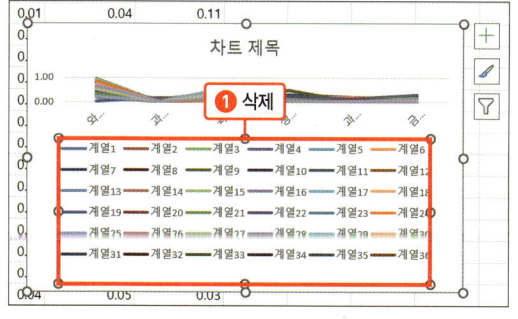
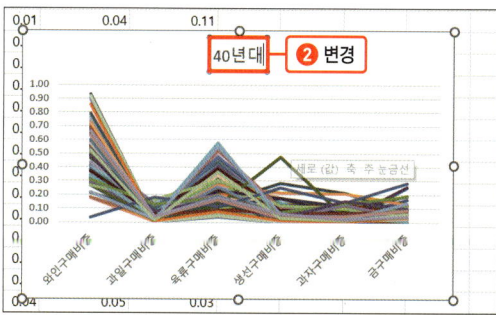

⑤ 년도별 차트를 색상으로 구분하기 위해 메뉴의 [차트 디자인]-[차트 스타일]-[색 변경]에서 단색형 중 하나의 색을 선택합니다.

⑥ 완성한 '40년대'를 복사합니다.

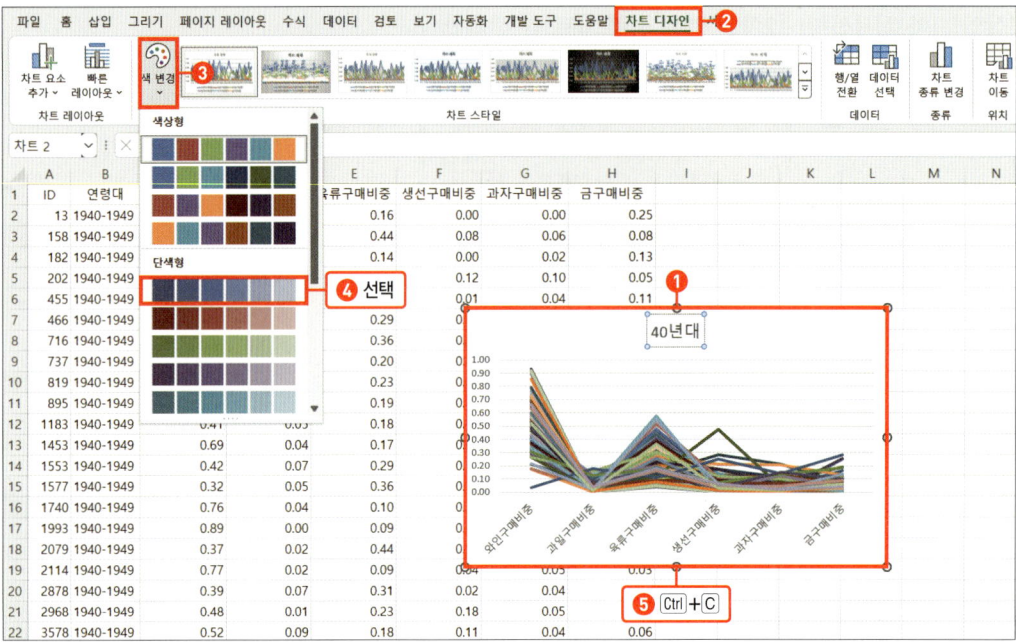

⑦ 복사한 차트를 ①에서 추가한 [평행 좌표 차트]에 붙여넣기 합니다.

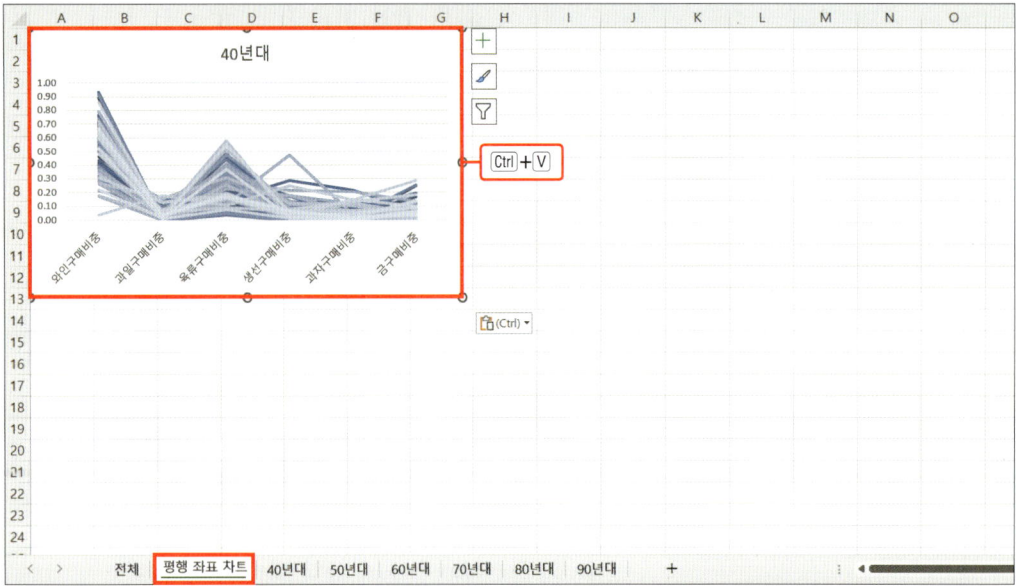

⑧ [50년대] 시트부터 [90년대] 시트의 데이터도 ①~⑦의 작업을 반복하여 삽입한 차트를 [평행 좌표 차트] 시트에 붙여넣기합니다.

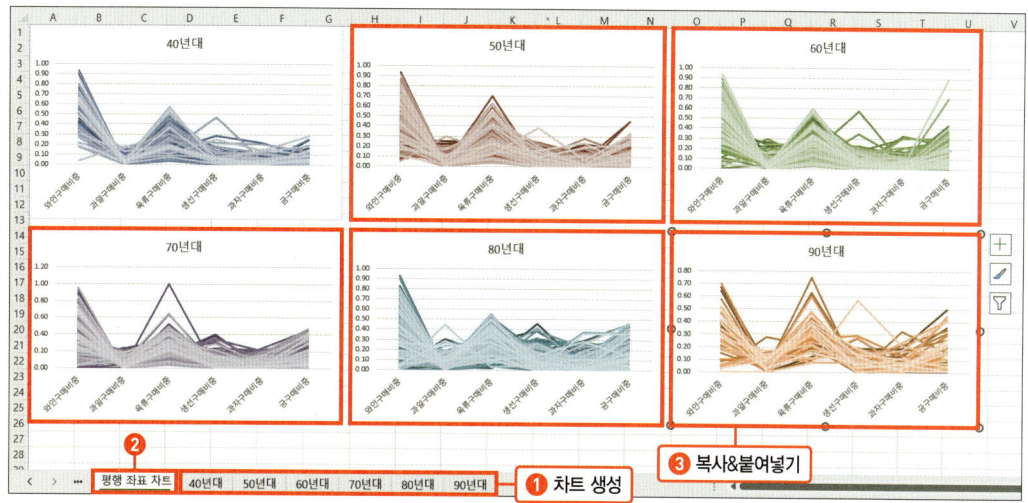

⑨ 세로축의 높이가 다른 '70년대'와 '90년대' 차트의 세로 축의 '최대값'을 '1.0'으로 변경합니다.

⑩ 출생 년도별 평행 좌표 차트가 완성되었습니다. 각 차트는 가로축의 항목과 세로축의 범위가 같고 색상으로 구분되어 있어 년도별로 쉽게 구분할 수 있습니다.

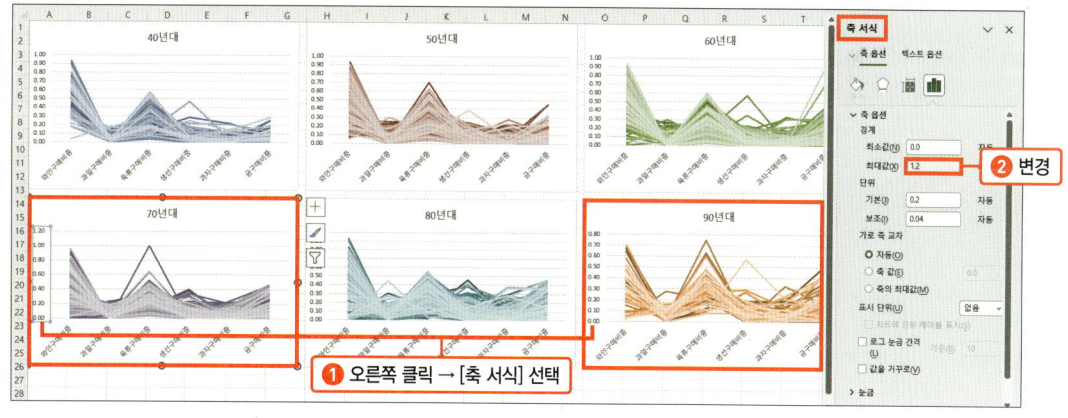

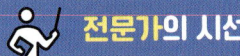 **전문가의 시선**   **출생 년도별 평행 좌표 차트 분석**

평행 좌표 차트는 다양한 속성을 가진 여러 그룹의 데이터를 시각화하여, 각 그룹의 특징적인 패턴을 한눈에 파악하고 그룹 간의 차이를 효과적으로 비교하는 데 사용됩니다. 일반적으로 통계값을 활용하여 그룹 간 차이를 분석하지만, 평행 좌표 차트는 각 속성별 최댓값과 최솟값의 분포, 이상치, 밀집도 등 통계값으로는 파악하기 어려운 세밀한 패턴까지 시각적으로 보여줍니다.

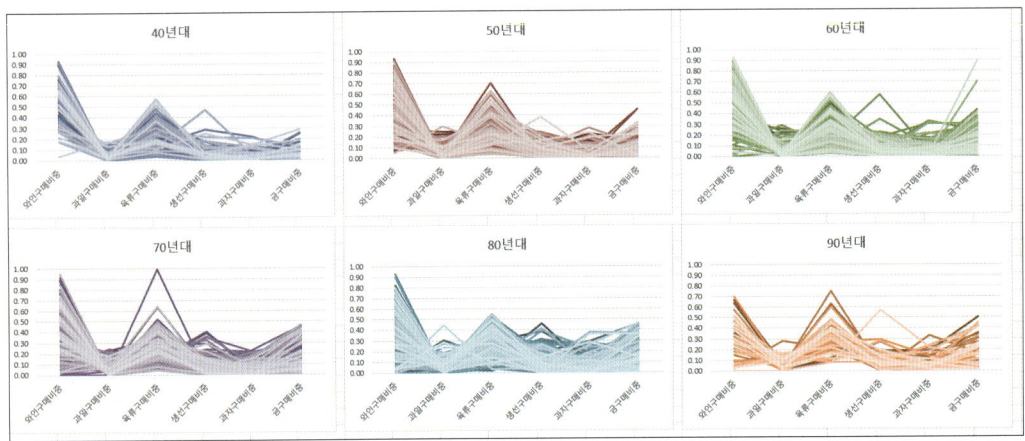

특히, 복잡한 데이터를 직관적인 이미지로 표현하기 때문에 통계적 지식이 부족한 사람들도 데이터를 쉽게 이해하고, 다양한 시각에서 의미 있는 유의미한 인사이트를 도출할 수 있습니다. 예를 들어, 각 연령대별 구매 패턴을 평행 좌표 차트로 시각화하면, 연령대별로 선호하는 상품이나 구매 빈도 등을 직관적으로 비교하여, 새로운 마케팅 전략을 수립하는 데 활용할 수 있습니다. 실습 결과를 해석하면 다음과 같습니다.

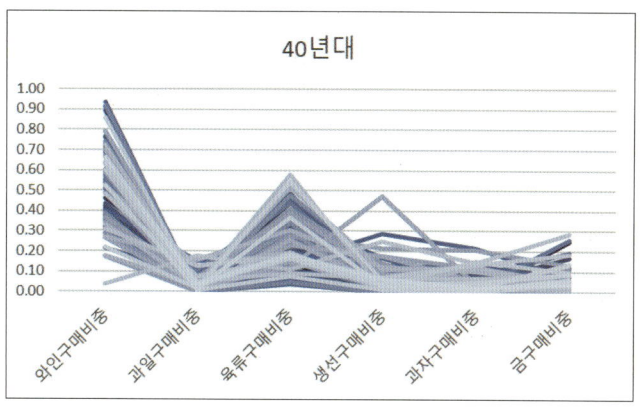

▲ 40년대 출생자

- 와인 구매 비중이 상대적으로 높고 0.10(10%)이하로 떨어지는 사례가 거의 없습니다.
- 전반적으로 구매 항목별 비중이 다양하지 않습니다.

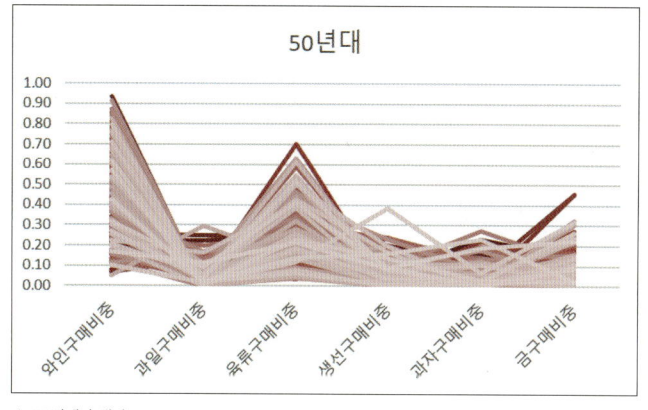

▲ 50년대 출생자

- 육류 구매 비중이 높아지고, 와인과 함께 다른 항목보다 많은 비중을 차지합니다.
- 다른 제품군의 비중은 40년대 출생사에 비해 다양한 편입니다.

▲ 60년대 출생자

- 와인 구매 비중이 높은 고객이 다수 있지만, 품목별 비중은 비교적 고르게 분포되어 있습니다.
- 일부 고객은 금, 생선, 과자 등 특정 품목 비중이 높게 나타납니다.

1장 고객 관리의 시작, 우수 고객과 속성 분석 — **171**

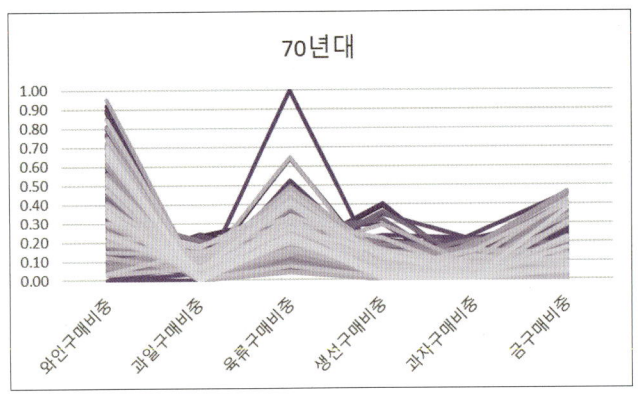

▲ 70년대 출생자

- 와인 구매 비중이 고르게 나타나며, 과일, 생선, 금에 대한 비중도 적당히 나타나고 있습니다.

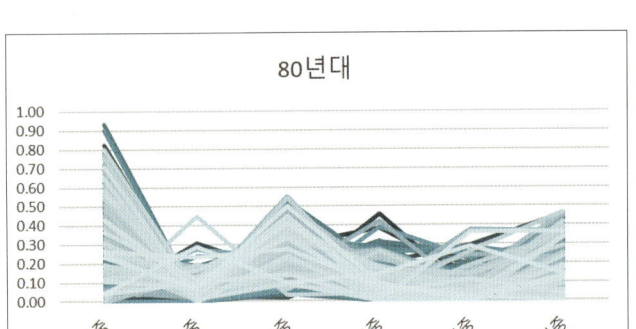

▲ 80년대 출생자

- 와인 구매 비중이 고르게 분포되어 있으며, 생선과 과자의 비중도 다른 연령대에 비해 높은 고객들이 다수 있습니다.
- 구매 항목을 시각화한 선이 여러 축에서 고르게 퍼져 있으며, 구매 패턴이 가장 다양합니다.

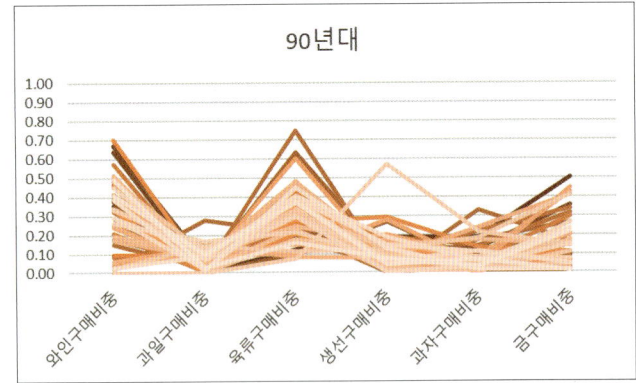

▲ 90년대 출생자

- 와인 구매 비중이 다른 년도에 비해 확연히 낮으며, 육류를 구매하지 않은 고객이 거의 없습니다.
- 다른 품목에 비해 과일과 생선 구매 비중이 낮은 편입니다.

전반적으로 모든 연령대에서 와인 구매에 대한 비중이 높게 나타나는 경향이 있습니다. 50년대와 70년대 출생자의 경우 와인뿐만 아니라 육류 구매에도 상당한 비중을 보이며, 70년대 출생자의 경우 육류에 대한 선호도가 가장 뚜렷하게 나타납니다. 60년대에서 80년대 출생자의 경우 구매 패턴이 다른 연령대보다 더 다양한 것으로 보이며, 특정 제품군에 대한 집중도가 상대적으로 낮은 것으로 나타납니다.

 전문가의 시선 　**소득별 평행 좌표 차트 분석**

이번에는 소득별로 평행 좌표 그래프를 그려 그룹별 차이를 확인해 보겠습니다. 차트를 삽입하는 방법은 출생 년도별 차트와 동일하여 생략했습니다.

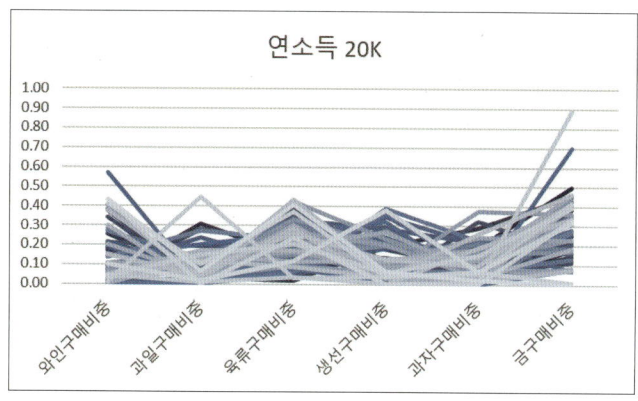

▲ 연소득 20K

- 항목별 비중이 다양하게 분포되어 있습니다.
- 전체적으로 특정 제품군에 집중된 소비보다는 분산된 구매 패턴을 보입니다.

▲ 연소득 40K

- 와인과 육류, 금의 비중이 높으며 일부 고객은 높은 비중으로 생선을 구매하였습니다.
- 과일과 과자의 구매가 상대적으로 낮게 나타납니다.

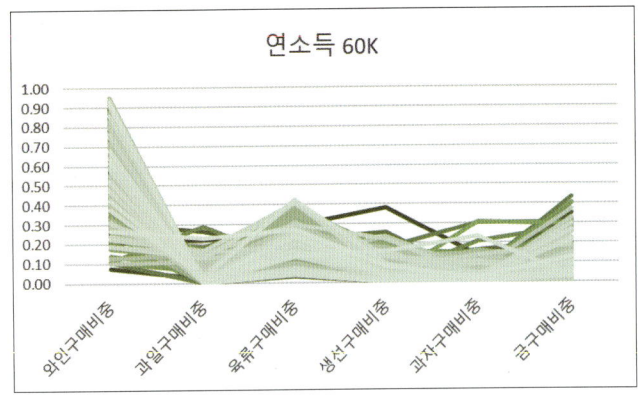
▲ 연소득 60K

- 와인 구매 비중이 급격이 높아졌으며, 와인을 구매하지 않은 고객은 볼 수 없습니다.
- 와인 외 다른 품목의 구매 비중은 상대적으로 낮게 나타납니다.

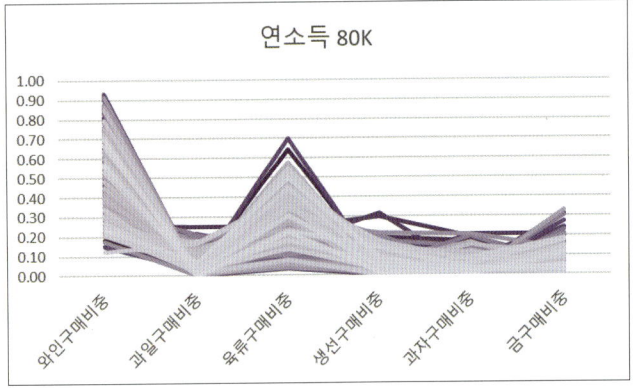
▲ 연소득 80K

- 와인 구매비중이 높아졌으며 육류 구매 비중도 높게 나타납니다.

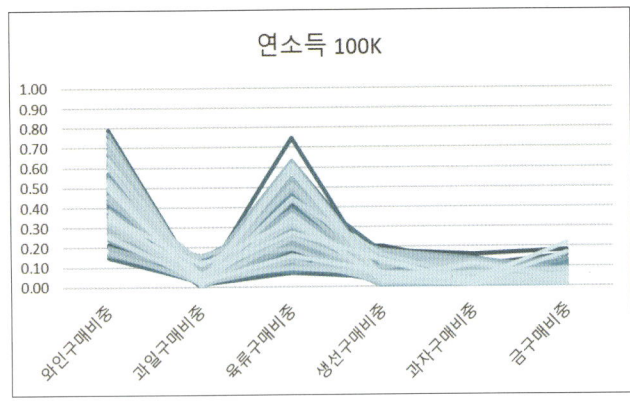
▲ 연소득 100K

- 와인과 육류 구매에 대한 비중이 다른 구간대의 고객보다 눈에 띄게 높습니다.

==소득별 구매 비중은 앞서 실습했던 연령대별 구매 비중보다 더욱 뚜렷한 차이를 보입니다.== 이는 데이터 분석에서 자주 발생하는 일로, ==연령별 구매 비중의 차이가 연령 자체의 영향일 수도 있지만 연령에 따른 소득 증가에 기인했을 가능성도 있습니다.== 물론 주어진 데이터만으로 과도한 해석을 하는 것은 위험할 수 있으나, 실무에서도 비슷한 상황이 자주 발생하는 점을 고려하면, 이처럼 속성을 비교하는 것은 다양한 가설과 해석이 필요하다는 사실을 알 수 있습니다.

결과를 종합해 보면, 소득이 높을수록 와인과 육류 구매 비중이 높아지고, 소득이 낮을수록 다양한 제품을 구매하는 경향이 있습니다. 이는 와인과 육류 구매가 소득과 밀접한 관계가 있음을 보여줍니다. 이 데이터가 구매 비중이라는 점을 고려하면, 와인을 주로 구매하는 고객과 육류를 주로 구매하는 고객이 혼재되어 있는 것으로 보입니다. 또한, 해당 품목들의 단가가 대체로 높다는 점을 감안할 때, 소득이 높은 고객이 다른 품목을 적게 구매하기보다는 와인이나 육류를 더 많이 구매하는 것으로 해석할 수 있습니다. 평행 좌표 차트는 데이터를 시각적으로 표현함으로써 동료들과 다양한 의견을 나눌 수 있게 해줍니다. 실제 실습 데이터에서 소득과 와인의 상관계수는 0.24, 소득과 육류의 상관계수는 0.16으로 낮게 나타났기 때문에, 단순히 상관계수만으로 소득과 품목 간의 연관성을 파악하기 어려웠을 것입니다.

> **TIP** 소득별 데이터는 'CASE_02_02.xlsx', 차트가 삽입된 데이터는 '완성_CASE_02_02.xlsx' 파일을 참고하세요.

그로스 해킹의 핵심, 이탈 고객 분석

적극적으로 의견을 표현하는 우수 고객과 달리, 이탈 고객은 조용히 사라지는 경우가 많습니다. 신규 고객을 유치하는 데 드는 비용을 고려할 때, 이는 기업의 성장과 수익성을 저해하는 주요 요인 중 하나로 작용합니다. 다행히도 데이터를 활용한 고객 이탈 분석이 최근 빠르게 발전하고 있습니다. 이번 장에서는 최신 기법을 활용해 고객의 이탈 시기와 원인을 분석하는 방법을 살펴보겠습니다.

01 CASE 코호트 분석으로 고객 유지율 살펴보기

갑작스러운 고객 이탈의 원인을 찾고 싶나요? '어느 고객이 떠났고, 우리의 실수는 무엇인가?'라는 의문을 갖고 있다면 코호트 분석에서 그 해답을 찾을 수 있습니다. 코호트는 공통된 특성을 가진 집단이라는 의미로 코호트 분석은 유사한 특성을 가진 고객 그룹의 행동 변화를 추적하여 이탈 패턴과 원인을 밝히는 분석 기법입니다. 이번 CASE에서는 대부분의 기업이 가지고 있는 거래 데이터를 활용한 코호트 분석과 해석 방법을 알아보겠습니다.

✓ 코호트 분석이란

'코호트(cohort) 분석'은 고객을 공통된 특성을 가진 그룹, 즉 '코호트'로 나누고, 시간이 경과하면서 달라지는 행동 변화를 추적하고 비교하는 분석 기법입니다. 코호트는 공통된 특성을 기반으로 그룹화하기 때문에, 그룹별 행동을 비교하여 속성과 행동 간의 연관성을 쉽게 파악할 수 있습니다. 예를 들어, 특정 코호트의 이탈률이 다른 코호트에 비해 높다면, 그 코호트를 구분 짓는 속성을 이탈 원인으로 간주할 수 있습니다.

코호트는 성별, 연령과 같은 다양한 특성으로 구분할 수 있지만, 마케팅에서는 주로 고객의 가입일이나 최초 구매일을 기준으로 분류합니다. 이러한 방식은 회원가입이나 최초 구매 시점의 프로모션이나 시장 상황을 분석하기 용이할 뿐만 아니라, 시간이 지남에 따라 변화하는 고객 유지율을 분석하는 데도 유리합니다. 예를 들어, 월별 신규 가입 고객을 코호트로 분류하고, 6개월 후 유지율을 비교한다면 유지율이 낮은 코호트의 가입 시점에 진행된 프로모션이나 당시 시장 상황을 분석하여 이탈 원인을 파악할 수 있습니다.

코호트 분석은 고객 유지율과 이탈 원인 분석뿐만 아니라, 맞춤형 고객 전략 수립에도 활용됩니다. 예를 들어, 전자제품 쇼핑몰에서 연초에 가입한 고객의 유지율이 낮다면, 신학기라는 시장 상황을 고려해 학생들에게 적합한 혜택을 제공하는 전략을 수립할 수 있습니다.

코호트 분석은 구매 데이터만으로도 분석할 수 있다는 점에서 실무 활용도가 높은 분석 기법입니다. 이번 장에서는 기업에서 자주 활용하는 코호트 분류 방법과 이탈 원인을 파악하는 방법에 대해 알아보겠습니다.

실습 코호트 분석하기

실습 예제는 'Kaggle'의 'Retail Transaction Data'입니다. 이 데이터는 영국에 본사를 둔 온라인 소매업체의 2011년 5월부터 2015년 3월까지의 거래 내역 125,000건을 담고 있습니다. 이 중에서 실습에 사용할 데이터는 2013년의 거래 기록으로 각 기록은 다음과 같은 정보를 포함하고 있습니다.

머리글	데이터 형태
고객번호	총 6,804명, CS로 시작하며 4자리 숫자를 덧붙인 형태
거래일	총 32,904건, 2013년 1월 1일부터 12월 31일까지
거래수량	최소 10개, 최대 105개, 평균 65개

코호트 분석 이와 같은 형태의 데이터에서 고객번호와 거래일을 사용합니다. 고객번호를 기준으로 고객별 구매 이력을 파악할 수 있고, 거래일을 통해 시간 경과에 따른 행동 변화를 추적할 수 있습니다. 이 데이터는 코호트 분석을 위해 다음과 같이 가공하였습니다.

머리글	데이터 설명	데이터 가공 방법
고객번호	각 고객의 고유 식별자	
거래월	해당 주문이 발생한 월	• 거래일에서 년도와 월만 추출하고 날짜는 1로 통일하여 [D] 열에 추가 =DATE(YEAR(B2), MONTH(B2), 1)
최초구매월	고객의 첫 구매 월, 코호트를 정의하는 기준	• 새로운 시트(Sheet2)에 피벗 테이블을 추가하여 고객별 '거래월'의 최솟값 추출 • VLOOKUP 함수를 이용하여 원본 데이터의 [E] 열에 고객별 최초구매월 추가 =VLOOKUP(A2,Sheet2!$A$4:$B$6807,2)
경과월	최초구매월로부터 경과한 월 수 (0은 최초구매 당월을 의미)	• 최초구매월과 거래월의 월 간격을 계산 =DATEDIF(E2, D2, "M") • 새로운 시트에 고객번호([A] 열), 최초구매월([D] 열), 거래월([E] 열), 경과월([F] 열)을 값 붙여넣기로 복사 • 메뉴에서 [데이터] - [데이터 도구] - [중복된 항목 제거] 실행하여 최종 27,058건 사용

이와 같은 방식으로 주문 내역을 가공하면 실무에서도 손쉽게 코호트 분석을 적용할 수 있습니다. 여기서 거래일을 '최초구매월', '거래월', '경과월' 등 각 항목을 '월' 단위로 변환하여 계산하는 이유는 월단위로 고객을 구분해야 시장과 기업에서 발생한 일을 구분하기 쉽게 때문입니다. 많은 기업들이 고객 주문 정보를 기본적으로 수집하고 있기 때문에, 이 데이터만 있으면 추가적인 정보

없이도 코호트 분석이 가능합니다.

> **TIP** 이번 실습에서는 코호트 분석을 목적으로 가공한 데이터로 진행합니다. Kaggle 홈페이지에서 원본 데이터와 가공 과정이 포함된 파일을 제공하고 있으니 필요한 경우 다운받아 활용해 보세요.

1 | 피벗 테이블을 활용하여 코호트/경과월별 유지율 계산하기

코호트 분석의 핵심은 시간 경과에 따른 고객 집단의 행동 변화를 추적하는 것입니다. 그 중에서도 고객 유지율은 가장 기본적이면서도 중요한 분석 지표라 할 수 있습니다. 고객 유지율이란 특정 기간에 획득한 신규 고객이 이후에도 계속 남아 있는 비율을 의미합니다. 이 지표를 통해 우리는 신규 고객의 월별 유지율을 비교함으로써 이탈 시점별 원인을 추정할 수 있습니다. 이번 실습에서는 피벗 테이블을 활용하여 최초구매월과 경과월별 고객 유지율을 계산하는 방법을 알아보겠습니다.

① [Sheet1] 시트의 데이터 영역에서 임의의 셀을 선택한 후, 메뉴에서 [삽입]-[피벗 테이블]을 선택합니다.

② [표 또는 범위의 피벗 테이블] 창에서 데이터 범위를 확인하고 [새 워크시트]를 선택한 후, [확인]을 클릭합니다.

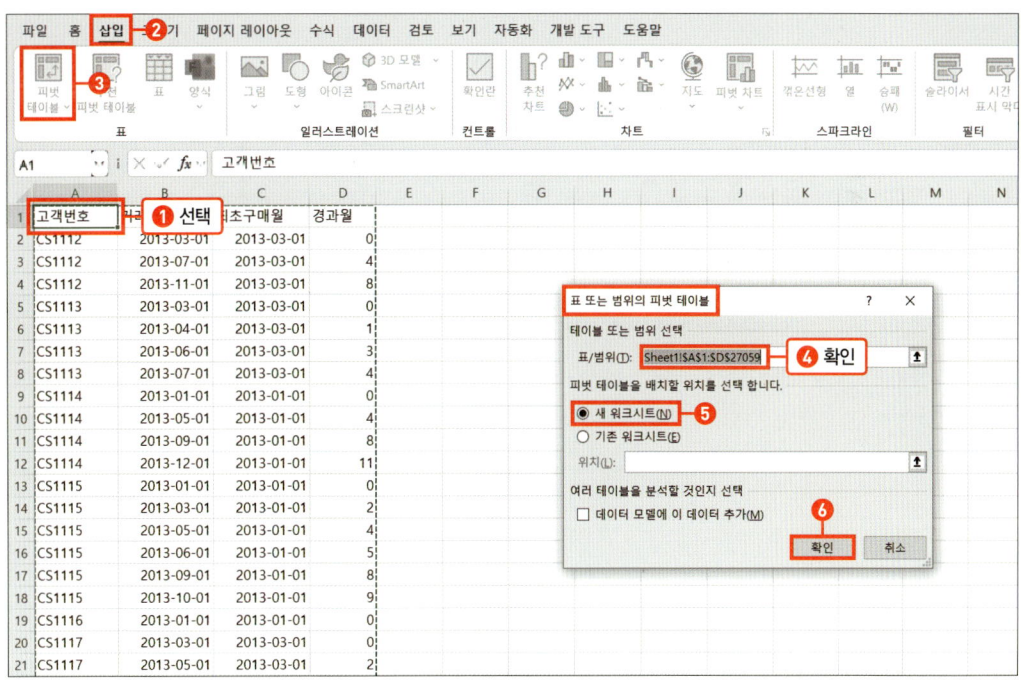

③ '피벗 테이블 필드'에서 [최초구매월]을 [행], [경과월]을 [열], [고객번호]를 [값] 영역으로 드래그합니다.

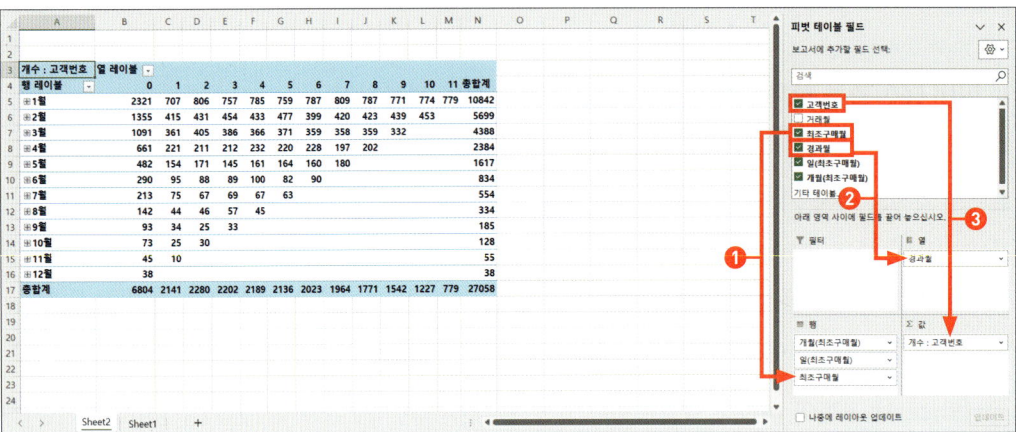

④ 요약된 피벗 테이블에서 그룹화된 날짜 필드를 마우스 오른쪽으로 클릭한 다음, [그룹 해제]를 선택합니다.

⑤ [값]의 [개수 : 고객번호]를 클릭한 다음, [값 필드 설정]을 선택합니다.

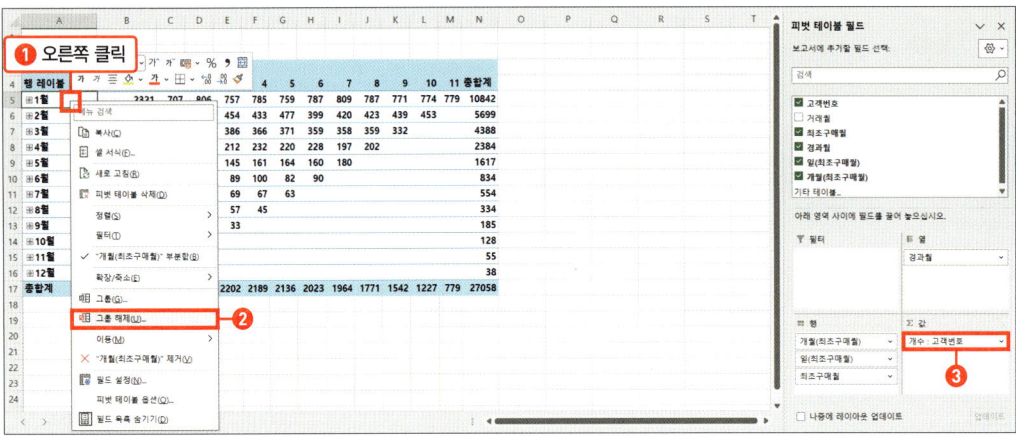

⑥ [값 필드 설정] 창의 [값 표시 형식] 탭에서 '값 표시 형식'을 [[기준값]에 대한 비율], '기준 필드'에서 [경과월], '기준 항목'에서 [0]을 선택하고 [확인]을 클릭합니다.

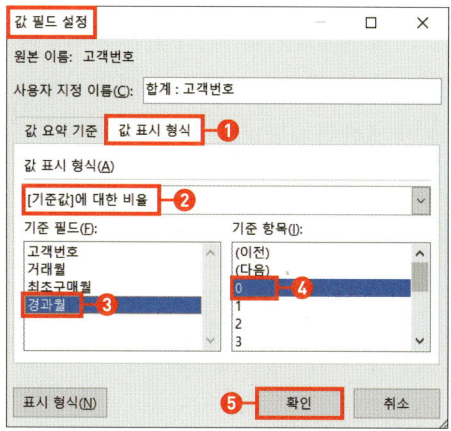

이렇게 하면 경과월별 유지율 계산이 완료되지만, 아직 가독성이 높지 않으므로 나머지 부분을 좀 더 정리하여 가독성을 높여보겠습니다.

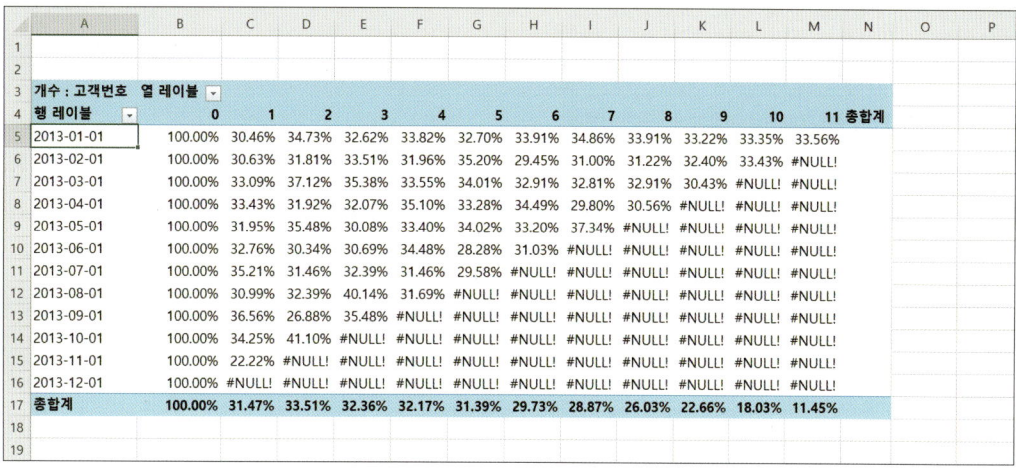

2 | 피벗 테이블 디자인 정리하기

① 요약된 피벗 테이블이 선택된 상태에서 메뉴의 [**피벗 테이블 분석**]-[**옵션**]을 선택합니다.

② [**피벗 테이블 옵션**] 창의 [**레이아웃 및 서식**] 탭에서 '서식'의 [**오류 값 표시**]를 체크하고 [**확인**]을 클릭합니다. 오류 값 표시의 입력란에는 요약된 피벗 테이블에 오류 값이 있을 때 표시할 값을 입력할 수 있습니다. 여기서는 아무것도 입력하지 않아 빈 셀이 표시됩니다.

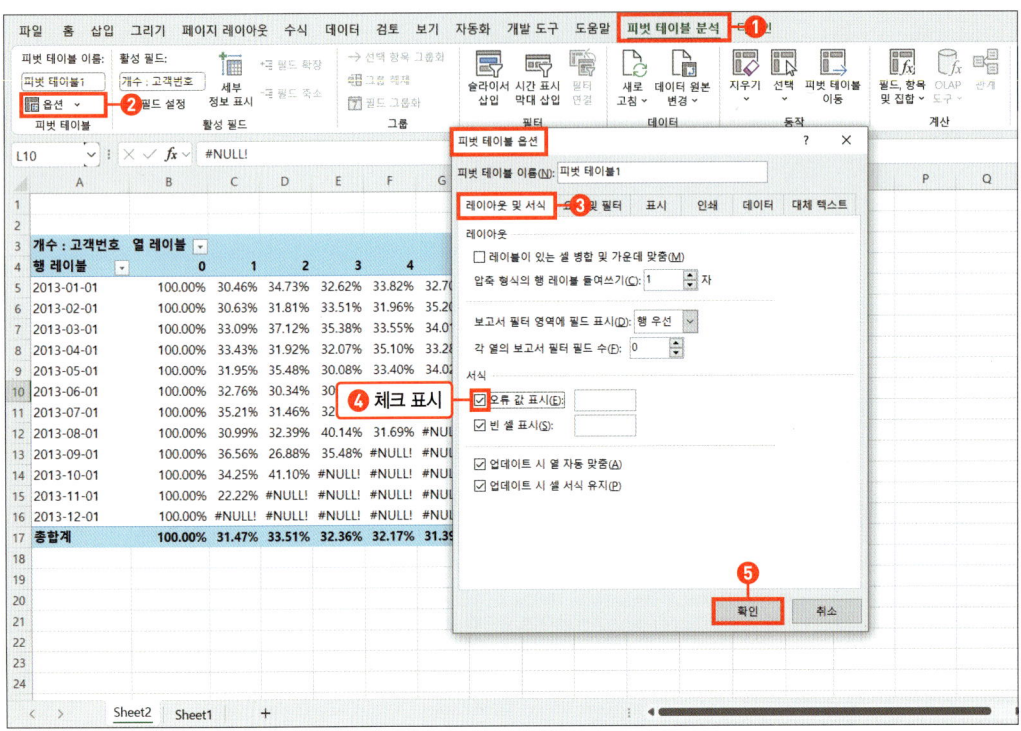

③ 메뉴에서 [**디자인**]-[**레이아웃**]-[**총합계**]-[**행 및 열의 총합계 해제**]를 선택합니다. 여기서는 데이터 분석에 혼란을 줄 수 있는 열의 총합계를 해제했습니다. 열 레이블 [0]의 총합계는 1월부터 12월까지 모두 포함한 '6,804'이지만, [11]의 총합계는 1월만 포함한 '779'입니다. 따라서 '[**기준값**]에 대한 비율'을 계산하면 잘못된 값인 11.45%가 나오게 됩니다. 또한 값이 없는 행의 총합계도 해제했습니다.

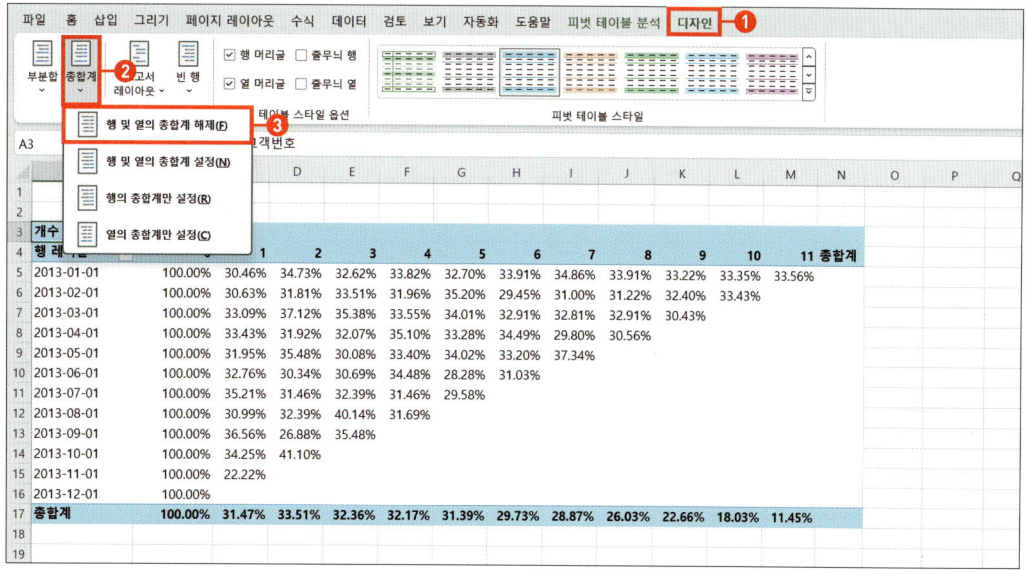

④ 요약된 피벗 테이블의 머리글을 수정합니다.

- [A3]: '경과월별 유지율', [B3]: '경과월', [A4]: '최초구매월'

⑤ [C5:M16] 영역을 선택한 후, 메뉴의 [홈]-[스타일]-[조건부 서식]-[색조]-[녹색 – 흰색 색조]를 선택하여 히트맵 차트를 생성합니다.

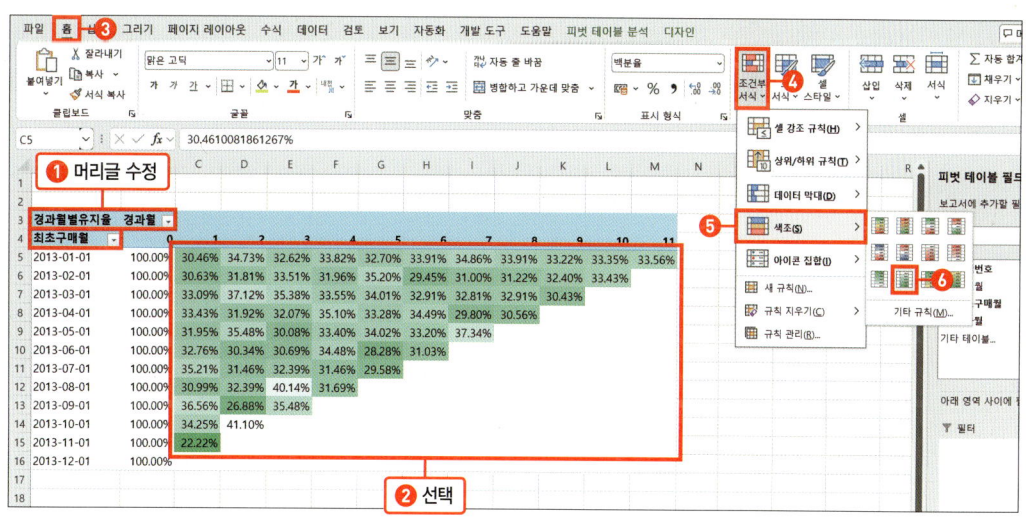

TIP 히트맵 차트에 대한 자세한 내용은 128쪽을 참고하세요.

 **코호트 분석 결과를 해석하는 방법**

피벗 테이블로 작성한 코호트 분석 결과를 통해 시간 경과에 따른 고객 유지율의 변화를 관찰할 수 있습니다. 그런데 이 결과를 어떻게 해석하고 활용해야 할까요?

경과월별유지율	경과월	0	1	2	3	4	5	6	7	8	9	10	11
최초구매월													
2013-01-01	100.00%	30.46%	34.73%	32.62%	33.82%	32.70%	33.91%	34.86%	33.91%	33.22%	33.35%	33.56%
2013-02-01	100.00%	30.63%	31.81%	33.51%	31.96%	35.20%	29.45%	31.00%	31.22%	32.40%	33.43%	
2013-03-01	100.00%	33.09%	37.12%	35.38%	33.55%	34.01%	32.91%	32.81%	32.91%	30.43%		
2013-04-01	100.00%	33.43%	31.92%	32.07%	35.10%	33.28%	34.49%	29.80%	30.56%			
2013-05-01	100.00%	31.95%	35.48%	30.08%	33.40%	34.02%	33.20%	37.34%				
2013-06-01	100.00%	32.76%	30.34%	30.69%	34.48%	28.28%	31.03%					
2013-07-01	100.00%	35.21%	31.46%	32.39%	31.46%	29.58%						
2013-08-01	100.00%	30.99%	32.13%	40.14%	35.69%							
2013-09-01	100.00%	36.56%	26.88%	35.48%								
2013-10-01	100.00%	34.25%	41.10%									
2013-11-01	100.00%	22.22%										
2013-12-01	100.00%											

1 │ 유지율의 전반적인 추이 파악하기

먼저 전체 코호트에 걸쳐 유지율이 어떻게 변화하는지 살펴봅니다. 일반적으로 시간이 지날수록 유지율은 자연스레 하락하기 마련입니다. 그러나 하락 속도와 패턴에 주목할 필요가 있습니다. ==급격한 하락세를 보이는 구간이 있다면 그 시점에 고객 경험을 해치는 요인이 있었던 것으로 해석할 수 있으며 반대로 하락세가 누그러지는 구간이 있다면 해당 시점의 마케팅 활동이나 서비스 개선 노력이 주효했을 가능성이 높습니다.==

예를 들어, 이 코호트 분석 결과에서는 아래와 같은 현상을 확인할 수 있습니다.

❶ 대부분의 코호트에서 1개월 차에 급격한 이탈이 발생하며, 유지율이 30~35% 정도로 떨어집니다. 이는 첫 구매 후 고객 경험을 개선할 필요성을 시사합니다.

❷ 이후 유지율은 비교적 안정적으로 유지되는 경향을 보입니다. 예를 들어, 2013년 1월 코호트는 2개월 차부터 11개월까지 32~35% 사이에서 안정적으로 유지됩니다. 이는 장기 고객 유지 전략이 어느 정도 효과적임을 나타냅니다.

2 │ 코호트 간 유지율 차이 비교하기

==각 코호트의 유지율을 같은 경과월 기준으로 비교해 보는 것도 중요합니다. 특정 코호트의 유지율이 다른 코호트에 비해 현저히 높거나 낮다면 그 원인을 파악해 볼 필요가 있습니다.== 가령 특정 프

로모션을 진행했던 달의 신규 고객 코호트가 이후에도 높은 유지율을 보인다면, 해당 프로모션의 장기적인 효과를 엿볼 수 있습니다. 반대로 특정 코호트의 이탈률이 유독 높았다면 그 시기에 발생한 상품 품절, 서비스 장애 등의 문제가 없었는지 살펴봐야 할 것입니다.

이 분석 결과에서 주목할 만한 점은 다음과 같습니다.

❸ 2013년 7월과 9월 코호트는 첫 달 유지율이 다소 높은 편(35.21%, 36.56%)입니다. 이는 여름 시즌 프로모션이나 마케팅 활동이 효과적이었을 가능성을 시사합니다.

❹ 반면, 2013년 11월 코호트의 1개월 차 유지율이 22.22%로 매우 낮습니다. 이 시기에 특별한 문제가 없었는지, 혹은 일회성 구매를 유도하는 프로모션이 있었는지 확인해 볼 필요가 있습니다.

❺ 2013년 8월 코호트는 3개월 차에 유지율이 40.14%로 크게 상승합니다. 이 시기는 11월로 코호트의 급격한 이탈과 연결된 현상일 수 있습니다. 같은 시기에 어떠한 프로모션이 실행되었는지 살펴볼 필요가 있습니다.

3 | 업계 평균과 비교하기

업계 평균 수준의 유지율 데이터를 확보할 수 있다면 이를 자사의 코호트 분석 결과와 비교해 보는 것도 좋습니다. 전반적인 유지율 수준이 경쟁사 대비 어떠한지, 신규 고객의 이탈률은 높지 않은지 등을 객관적으로 판단할 수 있게 됩니다. **동종 업계의 데이터를 구하기 어렵다면 자사의 과거 코호트 분석 결과를 기준으로 개선 여부를 가늠해 볼 수도 있겠죠.**

이 분석 결과만으로는 업계 벤치마크와의 직접적인 비교는 어렵지만, 다음과 같은 인사이트를 얻을 수 있습니다:

❻ 대부분의 코호트에서 4~5개월 이후 유지율이 30% 이상으로 안정화됩니다. 이는 충성 고객 기반이 형성되고 있음을 의미하며, 업계 평균과 비교해 볼 만한 중요한 지표입니다.

❼ 1개월 차 유지율이 대체로 30~35% 수준인데, 이것이 업계 평균 대비 어떤 수준인지 파악하면 초기 고객 유지 전략의 효과성을 판단할 수 있을 것입니다.

이러한 분석을 통해, 첫 구매 후 1개월 내 고객 이탈을 줄이기 위한 전략과 장기 고객을 위한 우대 프로그램 강화 등의 구체적인 방안을 도출할 수 있습니다. 또한, 계절성 영향이나 특정 마케팅 캠페인의 효과를 더 자세히 분석하여 향후 전략 수립에 활용할 수 있을 것입니다.

생존 곡선으로 이탈 고객 분석하기

지난 CASE에서 코호트 분석으로 매월 쇼핑몰에 방문하는 고객의 유지율을 살펴봤다면, 이번 CASE에서는 쇼핑몰 가입 이후 서비스를 유지하는 고객의 이탈률을 계산하는 '생존 분석'에 대해 알아보겠습니다. 코호트 분석과 생존 분석은 고객 유지와 이탈이라는 관점에서 유사해 보이지만, 생존 분석은 고객이 직접 해지 행동을 보이는 서비스에 더 적합한 방법론입니다.

✓ 생존 곡선이란

'생존 곡선(Survival Curve)'은 시간 경과에 따른 개체의 생존 확률을 시각적으로 보여주는 차트입니다. 주로 의학이나 공학 분야에서 사용되지만, 최근에는 고객 이탈 분석에도 활용되고 있습니다. 생존 곡선에서 가로축은 시간, 세로축은 생존율을 나타냅니다. 차트의 시작점에서는 모든 개체가 생존해 있으므로 누적 생존율을 100%로 표시합니다. 그리고 시간이 흐름에 따라 개체가 소멸(사망, 고장, 이탈 등)하면서 누적 생존율은 점차 감소하게 됩니다. 이로 인해 생존 곡선은 일반적으로 왼쪽 위에서 시작하여 오른쪽 아래를 향하는 계단 모양의 하향 곡선을 그립니다. 이 곡선은 시간이 지날수록 점점 더 완만해지는 경향을 보이는데, 이는 초기에 소멸이 빠르게 일어나다가 시간이 지날수록 그 속도가 감소함을 나타냅니다.

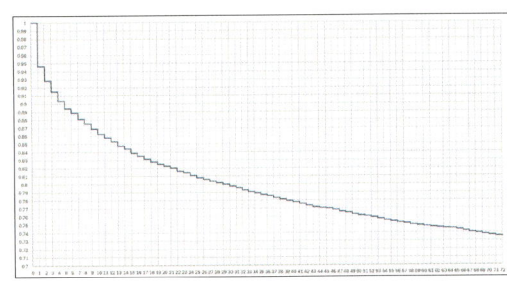 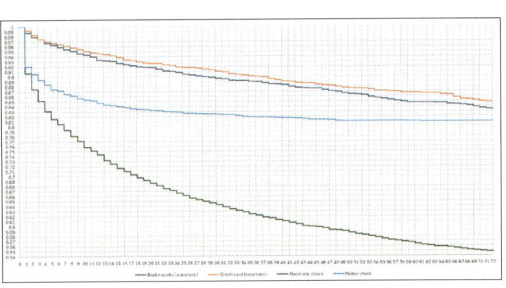

생존 곡선은 개체의 생존 패턴을 한눈에 파악할 수 있습니다. 급격히 하락하는 구간이 있다면 그 시기에 개체 소멸이 집중적으로 발생한다는 것을 의미하고 반대로 완만한 구간은 비교적 안정적인 시기라 볼 수 있습니다. 고객 이탈 분석에서 생존 곡선은 시간 흐름에 따른 고객 잔존율의 변화를 보여줍니다. 이를 통해 고객 이탈이 집중되는 시기를 파악하고, 해당 시점의 원인을 분석하는 데 활용할 수 있습니다. 나아가 위험 고객군을 선제적으로 발굴하고 적절한 마케팅 활동을 전개하는 데도 도움이 됩니다.

실습 생존 곡선 그리기　　　CASE_02

실습 예제는 'Kaggle'의 'Telco Customer Churn'입니다. 이 데이터는 통신사에서 제공하는 다양한 서비스와 관련된 고객 정보를 바탕으로, '고객 이탈(churn)' 분석을 수행하기 위해 수집된 것입니다.

데이터는 총 7,043명의 고객 정보를 포함하고 있으며, 각 고객의 계약 세부 사항, 서비스 사용 패턴, 인구통계적 특성, 결제 방식, 이탈 여부 등을 담고 있습니다. 주요 변수에는 고객의 성별, 연령, 결혼 여부와 같은 인구통계학적 정보뿐만 아니라, 인터넷 및 전화 서비스 이용 여부, 계약 유형, 결제 방법 등 다양한 서비스 사용 정보가 포함되어 있습니다.

머리글	데이터 설명	비고
customerID	고객 식별 번호	고유 값, 문자형
gender	성별	Male: 3,555 / Female: 3,488
SeniorCitizen	시니어(65세 이상) 여부	0 (시니어 아님): 5,901 / 1 (시니어): 1,142
Partner	결혼 여부	Yes: 3,402 / No: 3,641
Dependents	부양 가족이 있는지 여부	Yes: 2,110 / No: 4,933
tenure	서비스를 이용한 개월 수	1~72, 평균 32개월
PhoneService	전화 서비스 이용 여부	Yes: 6,361 / No: 682
MultipleLines	여러 회선 사용 여부	Yes: 2,971 / No: 3,390 / No phone service: 682
InternetService	인터넷 서비스 유형	Fiber optic: 3,096 / DSL: 2,421 / No: 1,526
OnlineSecurity	온라인 보안 서비스 이용 여부	Yes: 2,019 / No: 3,498 / No internet service: 1,526
OnlineBackup	온라인 백업 서비스 이용 여부	Yes: 2,429 / No: 3,088 / No internet service: 1,526
DeviceProtection	기기 보호 서비스 이용 여부	Yes: 2,422 / No: 3,095 / No internet service: 1,526
TechSupport	기술 지원 서비스 이용 여부	Yes: 2,044 / No: 3,473 / No internet service: 1,526
StreamingTV	TV 스트리밍 서비스 이용 여부	Yes: 2,707 / No: 2,810 / No internet service: 1,526
StreamingMovies	영화 스트리밍 서비스 이용 여부	Yes: 2,732 / No: 2,785 / No internet service: 1,526
Contract	계약 유형	• Month-to-month(월단위 갱신): 3,875 • One year(1년 약정): 1,473 • Two year(2년 약정): 1,695
PaperlessBilling	전자 청구서 이용 여부	Yes: 4,171 / No: 2,872
PaymentMethod	결제 방법	• Electronic check(온라인으로 전자결제): 2,365 • Mailed check(우편으로 수표 발송): 1,612 • Bank transfer(automatic, 은행자동이체): 1,544 • Credit card(automatic, 카드자동이체): 1,522

머리글	데이터 설명	비고
MonthlyCharges	월 청구 요금	18.25~118.75 평균 64.76
TotalCharges	총 청구 요금	18.8에서 8,684.8까지의 값, 총 청구 요금이 없을 수 있음(예 신규 고객)
Churn	고객 이탈 여부	Yes: 1,869 / No: 5,174

생존 곡선으로 고객의 잔존율 변화를 파악하기 위해서는 서비스를 이용한 개월 수를 나타내는 'tenure'와 고객의 이탈 여부를 나타내는 'Churn'을 사용합니다. 이와 같은 형태의 데이터는 장기간 수집할 필요 없이 월별 마감일 기준의 현황 자료를 사용하면 되기 때문에 분석에 필요한 데이터 수집이 쉬운 장점이 있습니다. 실습은 우선 생존 곡선을 생성하는 방법을 알아본 후 나머지 항목을 이용하여 이탈 원인을 분석하는 순서로 진행합니다.

1 | 피벗 테이블을 활용하여 월별 이탈고객 누적합산하기

시간이 경과하면서 회원이 잔존하는 비율을 계산하려면 서비스 이용 개월 수가 같은 고객 중 이탈 회원 수를 월별로 누적하면서 계산하는 것이 편리합니다. 피벗 테이블을 활용하여 월별로 이탈 회원수를 집계하고 누적하는 방식을 알아보겠습니다.

① [Sheet1] 시트에서 데이터가 임의의 셀을 선택한 후, 메뉴에서 [삽입]-[피벗테이블]을 선택합니다.

② [표 또는 범위의 피벗 테이블] 창에서 데이터 범위를 확인하고 [새 워크시트]를 선택한 후, [확인]을 클릭합니다.

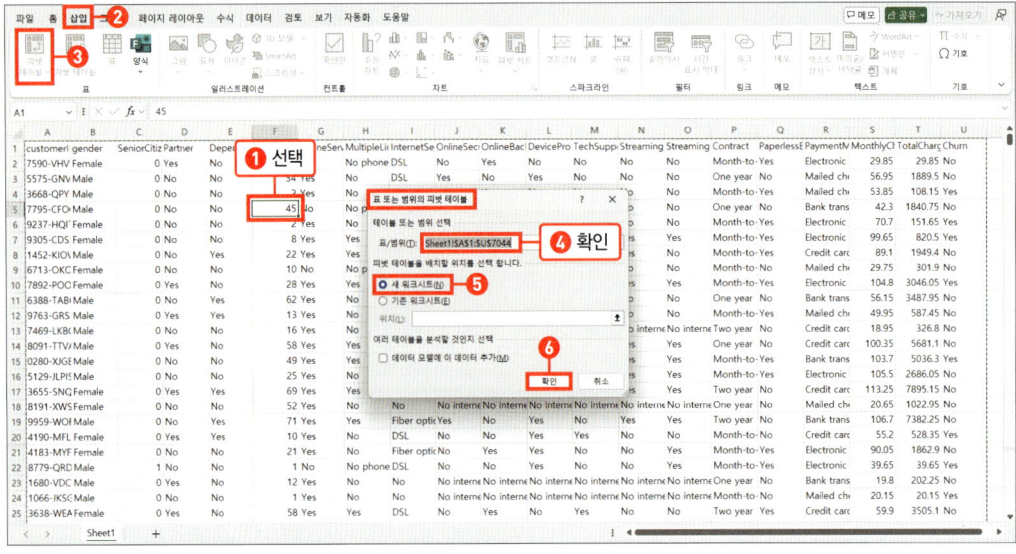

③ '피벗 테이블 필드'에서 [tenure]을 [행], [Churn]을 [열], [customerID]를 [값]으로 드래그합니다.

④ [값]의 [개수 : customerID]를 클릭한 다음 [값 필드 설정]을 클릭합니다.

⑤ [값 필드 설정] 창의 [값 표시 형식] 탭에서 '값 표시 형식'을 [누계]로 변경하고 '기준 필드'에서 [tenure]를 선택한 다음, [확인]을 클릭합니다.

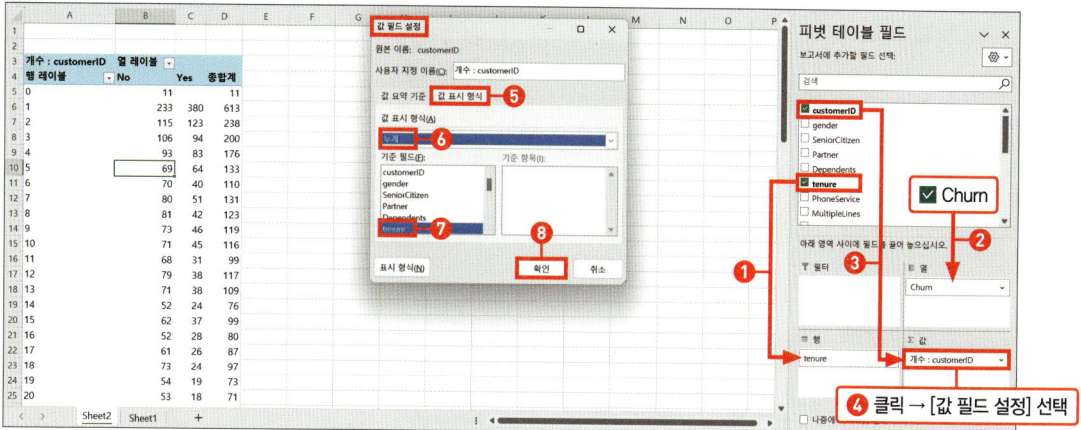

⑥ ⑤와 같이 '값 필드 설정'을 변경하면 매월 이탈하는 고객을 누적으로 합산하는 작업을 간단하게 할 수 있습니다. 이제 이 데이터로 잔존율을 계산하는 방법을 알아보겠습니다.

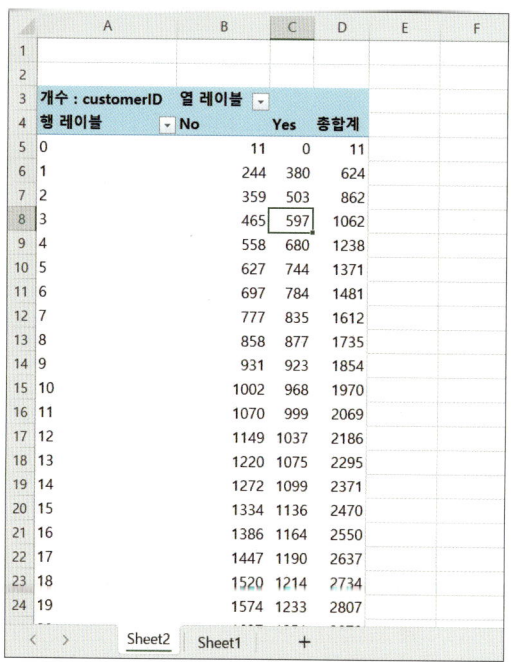

2장 그로스 해킹의 핵심, 이탈 고객 분석 —— 189

2 | 경과월별 누적 이탈고객으로 잔존율 계산하기

① 새 시트([Sheet3])를 추가합니다.

② 요약된 피벗 테이블이 있는 [Sheet2] 시트의 [A4:A77] 영역을 복사하여 [Sheet3] 시트의 [A1:A74] 영역에 값만 붙여 넣습니다. 이는 해당 영역이 이후에도 여러 번 복사 및 붙여넣기를 반복할 예정이므로, 시트가 지저분해지는 것을 방지하기 위함입니다.

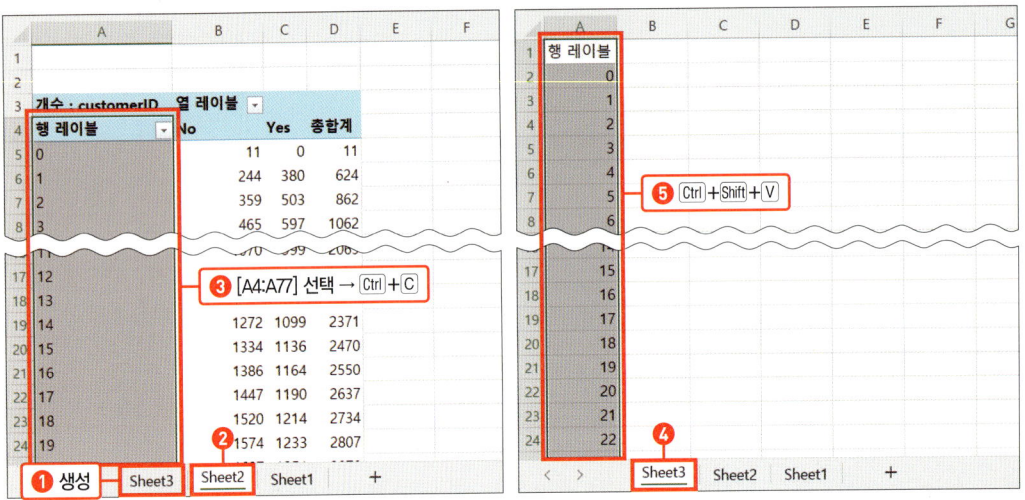

TIP M365버전에서 Ctrl + Shift + V 를 누르면 값만 붙여 넣을 수 있습니다. M365 이하 버전에서는 Ctrl + Alt + V 를 눌러 [붙여넣기] 창을 표시한 다음 [값]을 선택하여 값만 붙여 넣을 수 있습니다.

③ [Sheet2] 시트의 피벗 테이블에서 누적 이탈 고객수가 있는 [C4:C77] 영역을 복사하여 [Sheet3] 시트의 [B1:B74] 영역에 붙여 넣습니다.

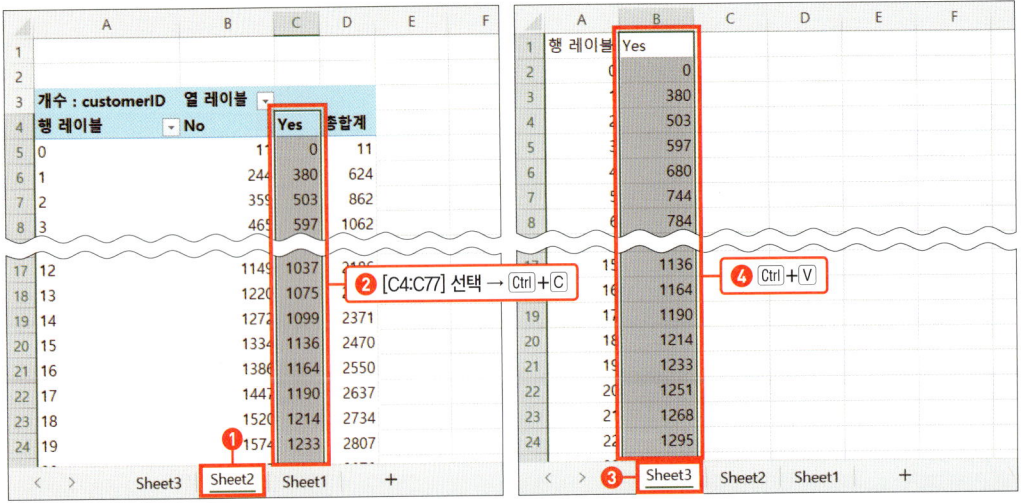

④ [Sheet3] 시트의 [C2] 셀에 다음의 수식을 입력한 다음 Enter 를 누릅니다.

> **[C2]** =1-B2/7043
> fx 이 수식은 이탈 고객 수[B2] 셀을 전체 고객 수(7043)로 나눈 값을 100%에서 빼서 잔존율을 계산하는 수식입니다.

TIP 잔존율을 계산하는 수식에 대한 자세한 설명은 190쪽을 참고하세요.

⑤ [C2] 셀의 채우기 핸들을 더블클릭하여 [C74] 셀까지 자동 채우기를 실행합니다.

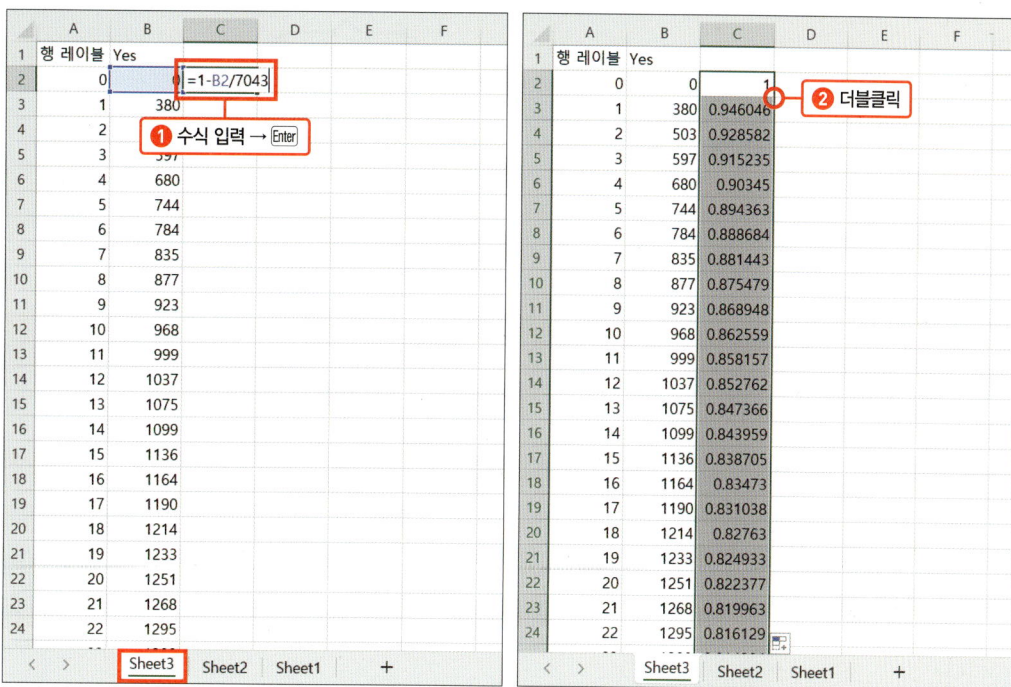

잔존율은 다음과 같은 순서로 계산됩니다.

구분	두 번째 계산	첫 번째 계산	계산결과
❶ 이탈고객의 비율(이탈률) 계산		380/7043	0.0539
❷ ❶에서 이탈률을 빼서 잔존율 계산	1-		0.9460

[C] 열에 수식을 채워 넣으면 가입 당월에 해당하는 [B2] 셀에서는 이탈고객이 없어, 고객 전체가 잔존함으로써 계산 결과가 1이 됩니다. 그리고 1개월이 경과한 [B3] 셀부터 고객이 이탈하기 시작하여 최종 72개월이 경과된 [B74] 셀에서는 0.7346(73.46%)가 됩니다.

3 | 계산식 차트로 생존 곡선 그리기

계단식 차트는 선형 차트의 일종으로, 앞서 계산한 잔존율을 시각화할 때 유용합니다. 일반적인 선형 차트는 잔존율을 사선으로 연결하는 반면, 계단식 차트는 꺾은선으로 연결해 각 값의 변화를 더 쉽게 확인할 수 있습니다.

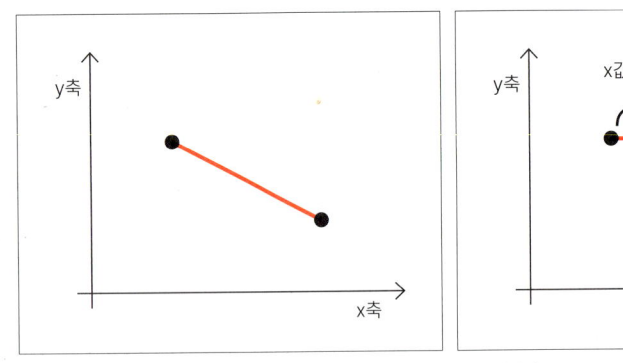
▲ 일반 선형 차트

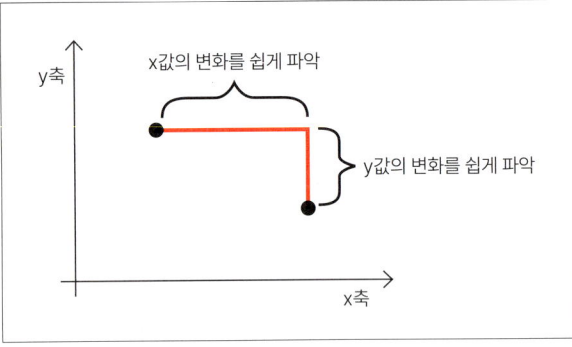
▲ 계단식 차트

특히 생존 곡선에서는 시간의 흐름에 따라 고객 수가 어떻게 달라지는지 파악하는 것이 중요하므로, 이런 변화를 명확히 보여주기 위해 계단식 차트가 자주 사용됩니다. 엑셀에서는 기본적으로 계단식 차트를 제공하지 않지만, 데이터를 특정한 방식으로 가공하면 시각화 도구에서 제공하는 것과 동일한 차트를 만들 수 있습니다.

가공 방식은 데이터를 두 개씩 중복되도록 붙여 넣은 후, X축에서는 첫 번째 값을 하나 지우고 Y축에서는 마지막 값을 하나 지우는 형태로 진행됩니다. 자세한 작업 방법은 실습을 통해 알아보겠습니다.

① [Sheet3] 시트의 [A], [C] 열을 복사하여 [E1] 셀에 값으로 붙여넣습니다.

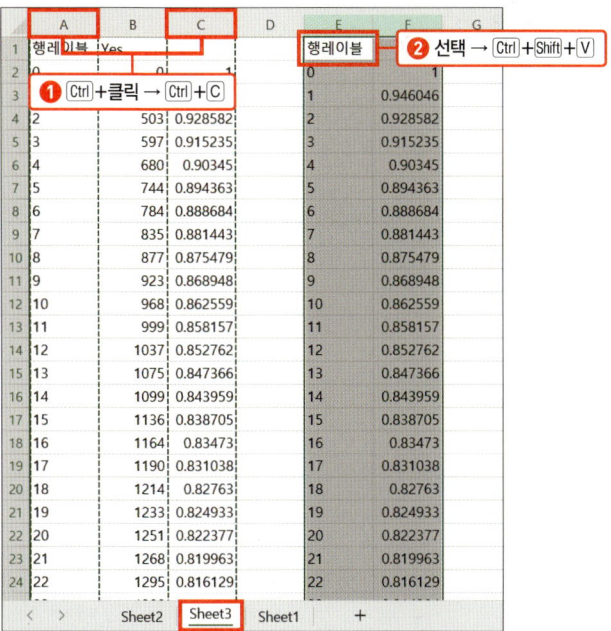

② [E2:F74] 영역을 복사하여 [E75] 셀에 붙여 넣습니다.

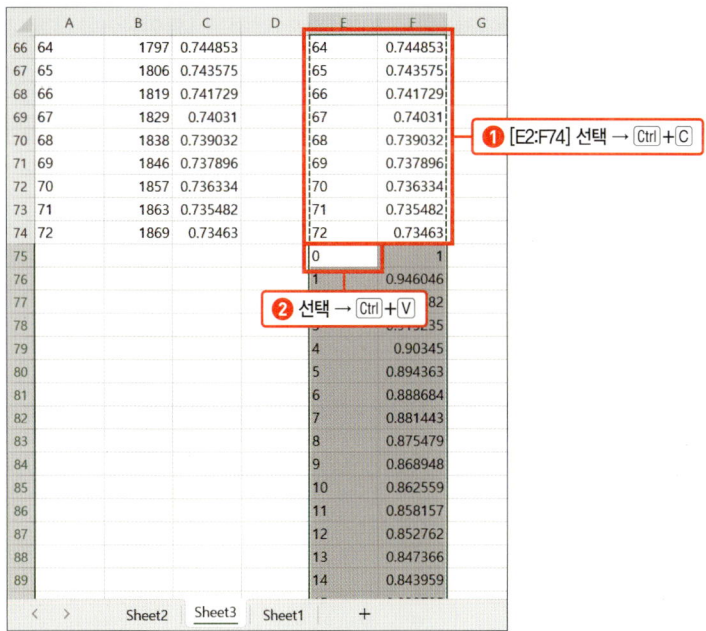

③ [E] 열 중 임의의 셀을 선택한 다음, 오름차순으로 정렬합니다. 앞의 과정에서 복사/붙여넣기 한 X, Y축의 데이터가 두 개씩 중복되어 있는 걸 볼 수 있습니다.

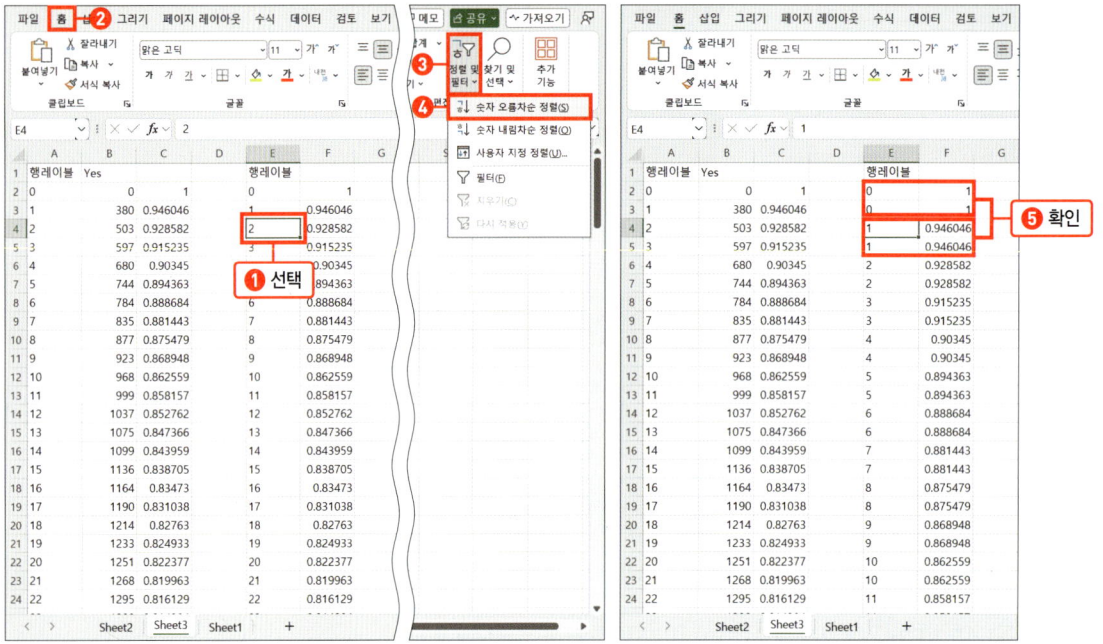

④ [E2] 셀을 선택하고 Ctrl+-를 눌러 [삭제] 창에서 [위로 밀기]를 선택하고 [확인]을 클릭합니다. 이렇게 하면 X축의 첫 번째 값 중 하나가 삭제되며 데이터가 한 칸씩 밀려 올라갑니다.

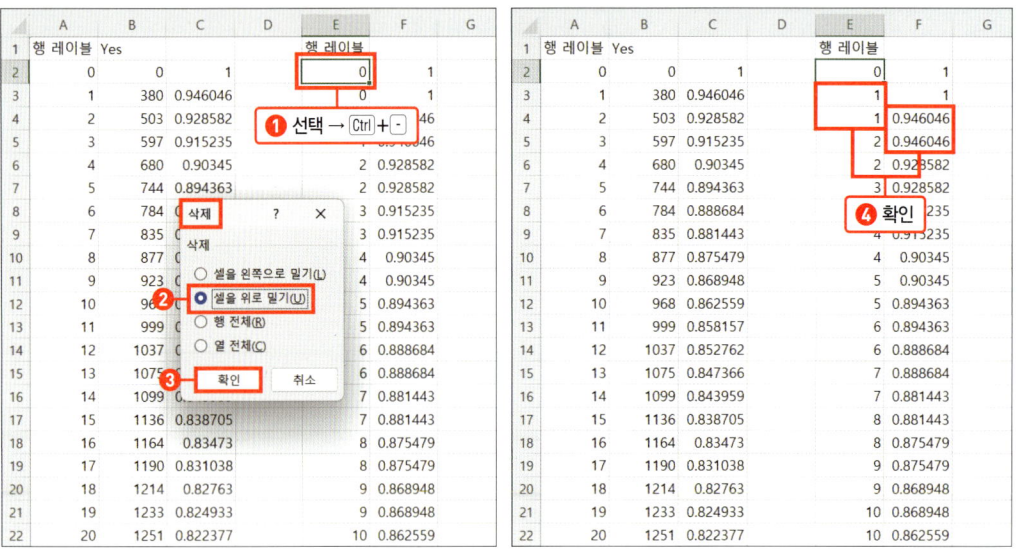

⑤ X축이 한 셀씩 위로 밀리며 쌍을 이루지 못한 Y축의 마지막 셀 값인 [F147] 셀을 삭제합니다.

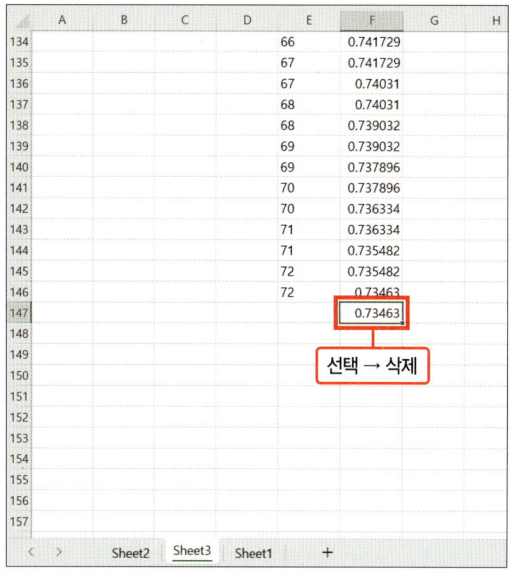

⑥ [E2:F146] 영역을 선택하고 메뉴에서 [삽입]-[분산형]-[직선이 있는 분산형]을 선택합니다.

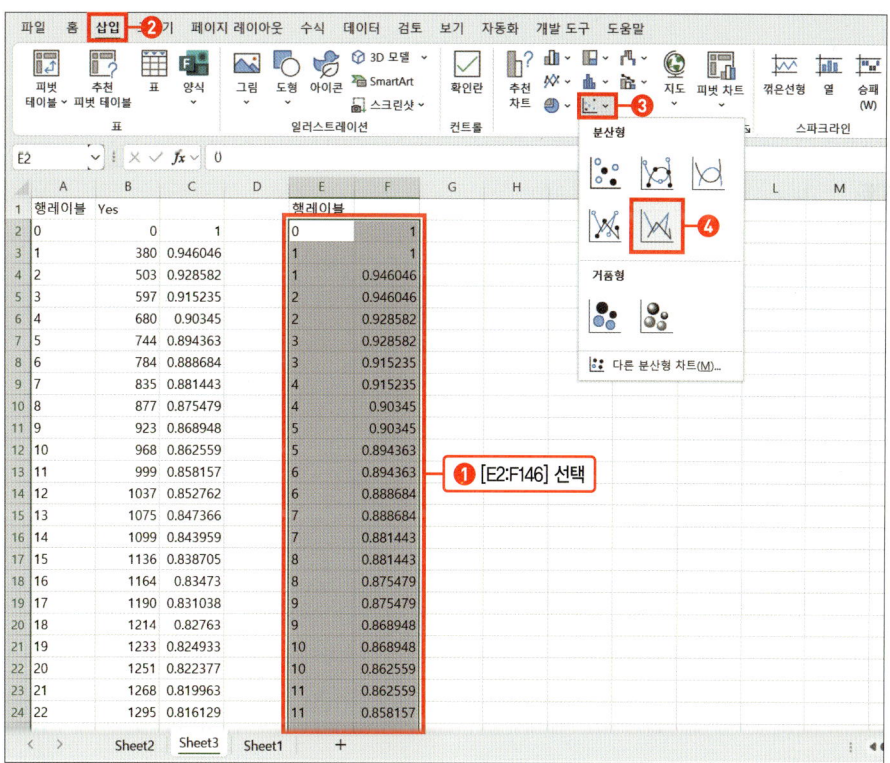

⑦ 삽입된 차트의 축을 마우스 오른쪽 버튼으로 클릭한 다음 **[축 서식]**을 선택하여 다음과 같이 변경하여 차트를 보기 좋게 가공합니다.

구분	경계		단위	
X축	최소값	0.7	기본	0.01
	최대값	1.0	보조	0.01
Y축	최소값	0.0	기본	1.0
	최대값	72.0	보조	1.0

⑧ 차트를 적당한 크기로 확대하여 완성합니다.

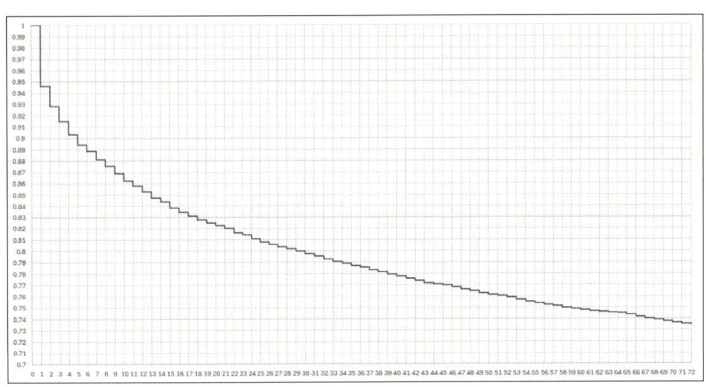

계단식 차트를 생성하는 방법

실습 과정이 다소 복잡하지만 계단식 차트의 데이터 구성 방법을 이해하면 데이터를 쉽게 정리할 수 있습니다. 계산식 차트를 생성하려면 차트로 생성한 데이터(경과월과 잔존율)를 한 열에 반복하여 붙여넣은 후, 경과월을 한 셀씩 밀어 내면 됩니다. 이러한 작업을 하는 이유는 일반적인 선 차트와 계단식 차트의 데이터 표기 방식에 차이가 있기 때문입니다.

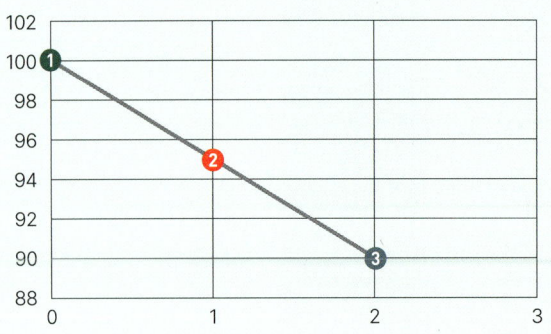

일반적인 선형 차트에서 y축의 데이터가 100에서 90까지 5씩 감소할 경우, 각 점은 단순히 해당 좌표에 표시됩니다. 반면, 계단식 차트에서 100에서 90까지 데이터를 표현하려면 x축이 1일 때 y축은 100과 95라는 값을 모두 가지고 있어야 합니다. x축이 2일 때도 마찬가지입니다.

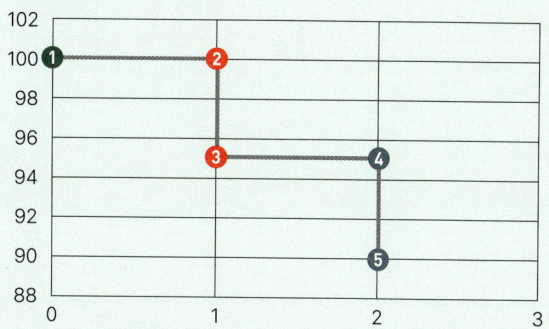

만약 업무를 하던 중 계단식 차트 그리는 방법이 기억나지 않는다면, 'x축이 같을 때 y축은 2개의 값을 가진다'라는 사실만 기억해 두면 됩니다. 이 원리만 알고 있다면, 같은 방법이 아니더라도 충분히 계단식 차트를 그려낼 수 있습니다.

전문가의 시선 ▶ 생존 곡선을 활용해 이탈 고객을 분석하는 방법

생존 곡선은 경과 월별 잔존율을 시각화한 단순한 차트입니다. 하지만 차트의 형태와 기울기를 분석하면 고객 이탈 패턴을 더욱 다각적으로 해석할 수 있습니다.

1 | 차트의 전체적인 형태

생존 곡선의 전체적인 형태를 관찰하는 것은 고객 이탈의 전반적인 패턴을 이해하는 데 중요합니다. **곡선의 기울기를 살펴보면 이탈 속도를 파악할 수 있으며, 특히 급격한 하락 구간이 있다면 그 시기에 이탈이 집중되고 있음을 알 수 있습니다.** 이러한 관찰을 통해 고객 생애 주기의 중요한 시점들을 식별할 수 있습니다.

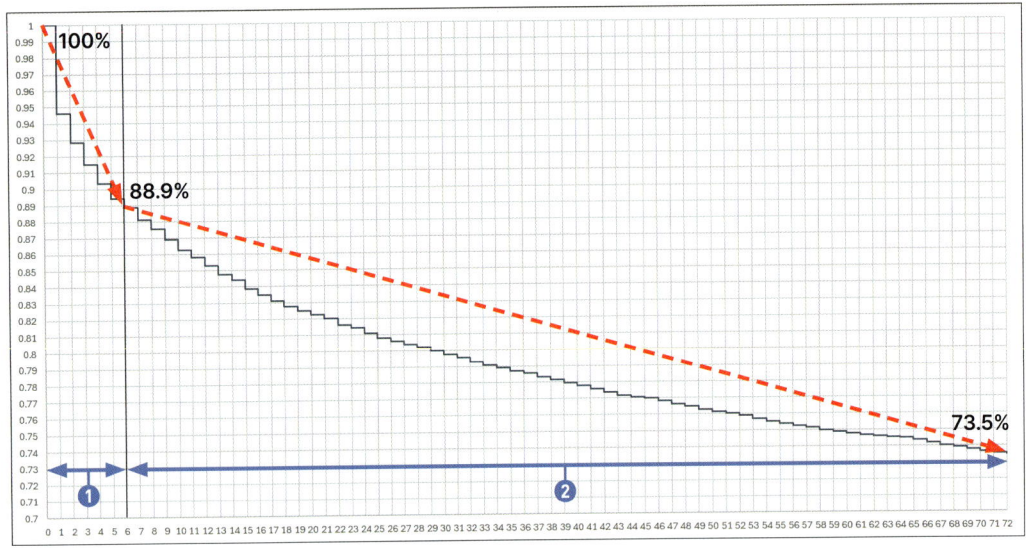

❶ 실습 결과에서는 초기 6개월 동안 가장 급격한 하락이 나타나며, 이후 점차 완만해지는 형태를 보입니다. 이는 서비스 가입 초기에 고객 이탈이 집중되고 있음을 시사합니다. 따라서 신규 고객을 대상으로 한 초기 6개월간의 집중적인 고객 관리 프로그램을 도입하는 것이 효과적일 수 있습니다. 예를 들어, 사용 첫 달에는 주 단위로 사용 팁을 제공하고, 3개월 차에는 만족도 조사와 함께 개선점을 수렴하는 등의 전략을 고려해볼 수 있습니다.

2 | 구간별 이탈률 비교

차트의 전체적인 형태가 파악되면, 구간별 이탈률을 비교하여 고객 생애 주기의 각 단계에서 이탈 위험을 평가할 수 있습니다. 곡선의 기울기를 구간별로 비교하여 이탈률의 변화를 분석하고, 특정 구간에서 이탈률이 높아지는지 확인합니다. 이를 통해 각 단계별로 적절한 고객 관리 전략을 수립할 수 있습니다.

❷ 차트의 0~12개월 구간에서 가장 급격한 이탈이 일어나고, 12~36개월 구간에서는 완만한 기울기로 이탈이 발생하며, 36개월 이후에는 이탈률이 더욱 감소하여 안정화되는 모습을 보입니다. 이러한 패턴은 다음과 같은 단계별 고객 관리 전략으로 연결될 수 있습니다:

- 0~12개월: 집중적인 고객 교육 및 지원 프로그램 운영

- 12~36개월: 장기 사용에 따른 혜택 제공 및 상위 서비스로의 업그레이드 유도

- 36개월 이후: VIP 고객 프로그램 운영 및 개인화된 서비스 제공

3 | 중앙 생존 시간

'중앙 생존 시간'은 잔존율이 50%가 되는 지점을 말합니다. 이는 고객의 평균적인 이탈 시점을 나타내며, 서비스의 전반적인 지속성을 평가하는 데 중요한 지표가 됩니다. 중앙 생존 시간이 길수록 고객들이 서비스를 오래 사용한다는 것을 의미하므로, 서비스의 가치와 경쟁력을 간접적으로 보여줄 수 있습니다.

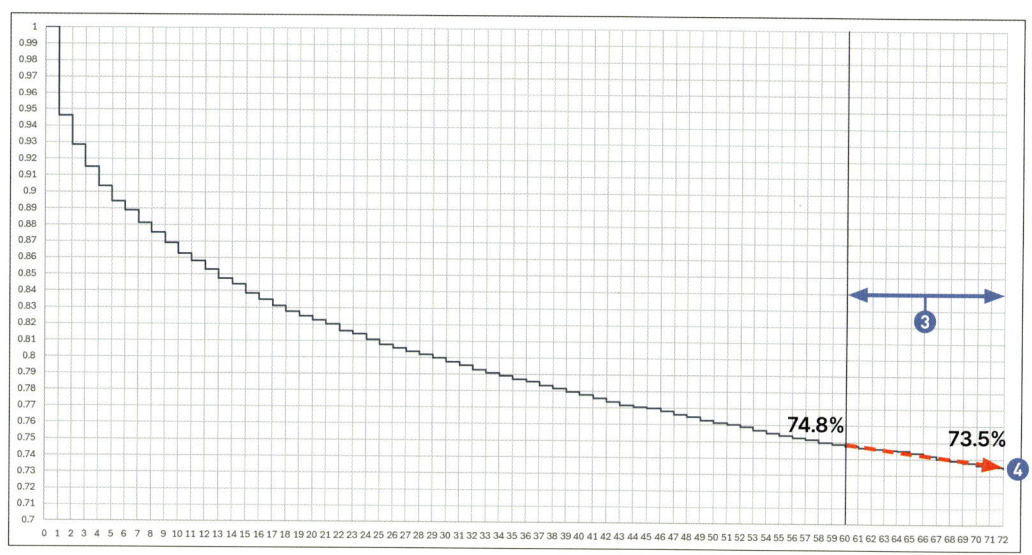

❸ 실습 예제의 경우 72개월(6년)로 꽤 긴 시간을 측정했음에도 불구하고 잔존율이 50% 이하로 떨어지지 않았습니다. 특히 마지막 1년간의 이탈률은 1.3%로, 같은 흐름을 유지할 경우 중앙 생존 시간까지는 19년이 추가로 경과된 24년차에 도달해야 합니다. 이는 일반적으로 상당히 긴 시간으로, 만약 업계 평균과 비교했을 때에도 충분히 길다면, 이 서비스를 오래 이용하는 고객이 많다는 강력한 증거가 될 수 있습니다.

4 | 장기 고객 비율 확인

장기 고객 비율은 서비스에 오랜 기간 머무르는 고객의 비율을 말합니다. 이는 서비스의 장기적인 경쟁력과 안정성을 평가하는 데 활용되며, 장기 고객은 일반적으로 충성고객으로 볼 수 있습니다.

❹ 차트의 끝부분을 살펴보면 72개월(6년) 시점에서 잔존율이 약 73.5%인 것을 확인할 수 있습니다. 일반적으로 이는 매우 높은 수준이며, 이미 중앙 생존 시간에서도 서비스의 지속성이 확인되었습니다. 다만, 장기 고객 비율은 중앙 생존 시간과 달리 서비스의 지속성만 평가하는 것이 아니라, 그 비율을 활용하여 다양한 전략을 시도해볼 수 있습니다. 예를 들어, 이 경우 서비스 가입 초기에

잔존율이 급격히 하락했지만 장기 고객은 높은 비율로 남아 있기 때문에, 신규 고객과의 차이점을 비교할 수 있을 뿐 아니라 서비스 전반의 품질을 높이는 직접적인 수단으로 활용할 수 있습니다. 다음과 같은 전략을 예시로 들 수 있습니다.

전략	설명	기대 효과
장기 고객 대상 정기적인 심층 인터뷰	서비스의 강점 파악 및 개선 필요 사항 식별	서비스 품질 향상 및 고객 만족도 증가
장기 고객 전용 커뮤니티 운영	고객 소속감 강화 및 지속적인 의견 수렴, 신규 기능/서비스 테스트 베드로 활용	고객 충성도 증가 및 서비스 혁신 촉진
장기 고객의 추천을 통한 신규 고객 유치 프로그램 도입	만족도 높은 장기 고객의 네트워크를 활용한 신규 고객 유치	신뢰도 높은 마케팅 채널 확보 및 고객 기반 확대

이와 같은 분석과 전략은 초기 이탈률을 낮추고 장기 고객 비율을 더욱 높일 수 있을 것입니다. 또한, '고객 생애 가치'를 극대화하는 데 도움이 될 것입니다. 장기 고객들의 니즈를 지속적으로 충족시키고, 그들의 경험을 서비스 개선에 반영함으로써 서비스의 전반적인 품질을 향상시킬 수 있습니다. 결과적으로 이는 신규 고객의 유지율도 높이는 선순환 효과를 가져올 수 있습니다.

> **TIP** 고객 생애 가치(Customer Lifetime Value)란 한 고객이 기업에 가져다줄 수 있는 예상 총 수익을 의미합니다. 고객 유지와 반복 구매로 인한 장기 수익성을 평가하는 지표로 마케팅 및 서비스 전략 수립에 사용됩니다.

전문가의 시선 — 속성별 생존 곡선 비교 분석 방법

고객은 다양한 속성과 행동 패턴을 가지고 있으며 이는 이탈 행동에도 영향을 줍니다. 그래서 고객의 속성에 따라 생존 곡선을 그린다면 더욱 세분화된 인사이트를 얻을 수 있습니다. 속성별로 이탈 행동에 대응하거나 제품과 서비스를 개선할 수도 있죠. 속성별로 생존고객을 만들면 다음과 같은 장점이 있습니다.

구분	활용 방법
세분화된 인사이트	전체 고객군에서 드러나지 않는 특정 고객 그룹의 이탈 패턴 발견
타겟팅된 전략 수립	속성별 이탈 패턴에 따른 맞춤형 전략 개발
제품/서비스 개선	특정 서비스나 제품 특성과 연관된 이탈 패턴 파악을 통한 개선 방향 도출
리소스 최적화	이탈 위험이 높은 특정 고객 그룹 식별을 통한 효과적인 리소스 배분

앞선 실습과 같은 방법을 활용하면 각 고객 속성별로 고객을 구분하여 생존 곡선을 만들 수 있습니다. 이중 계약유형(Contract), 인터넷서비스유형(InternetService), 지불방법(PaymentMethod) 세 가지 속성에서 눈에 띄는 차이가 관찰되었습니다. 여기서는 이 세 가지 속성의 생존 곡선을 통해 고객 관리 전략 수립에 활용될 수 있는 인사이트를 알아보겠습니다.

계약 유형(Contract)

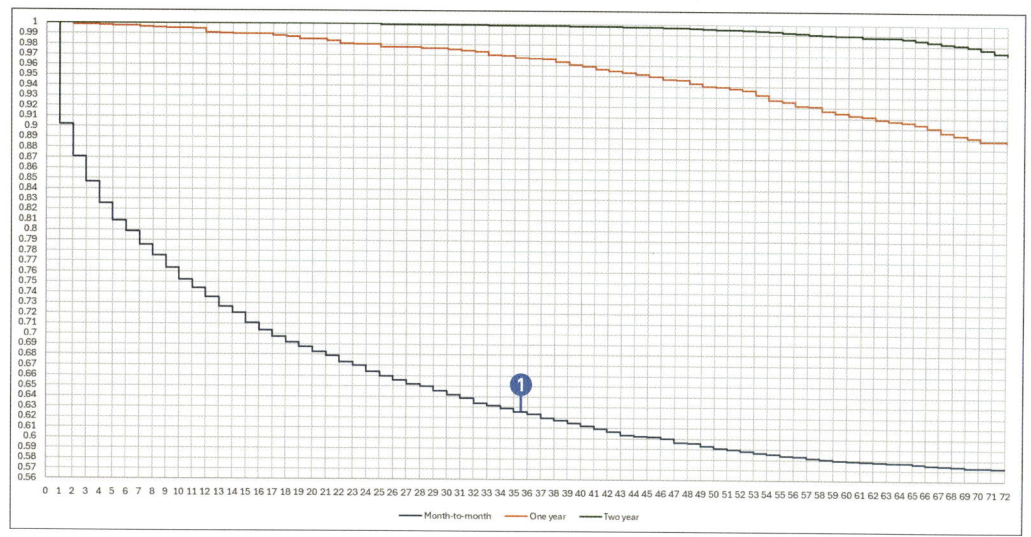

- Month-to-month: 월단위 갱신
- One year: 1년 약정
- Two year: 2년 약정

❶ 계약 유형(Contract)에서는 'Month-to-month' 계약을 가진 고객들이 'One year', 'Two year'에 비해 더 높은 이탈률을 보였습니다. 특히 초기에 급격한 이탈률이 관찰되었는데, 이는 여러 요인에 기인합니다. Month-to-month 계약은 고객에게 유연성을 제공하지만, 동시에 쉽게 이탈할 수 있는 환경을 만듭니다. 또한, 이 계약 유형은 종종 서비스를 시험적으로 사용하려는 고객들에 의해 선택되며, 초기 경험이 만족스럽지 않을 경우 빠르게 이탈하는 경향이 있습니다. 더불어, 초기 프로모션 기간이 종료되면서 요금이 인상되는 경우 이탈률이 증가할 수 있습니다.

이러한 분석 결과를 바탕으로, 초기 고객 경험 개선, 명확한 요금 안내, 장기 계약 전환 유도 등의 전략을 고려할 수 있습니다. 특히 서비스 사용 초기에 고객 만족도를 높이기 위한 집중적인 노력과 함께, Month-to-month 계약 고객에게 장기 계약으로의 전환을 유도하는 인센티브를 제공하는 것이 효과적일 수 있습니다. 이를 통해 Month-to-month 계약 고객의 초기 이탈률을 낮추고, 전반적인 고객 유지율을 향상시킬 수 있을 것입니다.

인터넷 서비스 유형(InternetService)

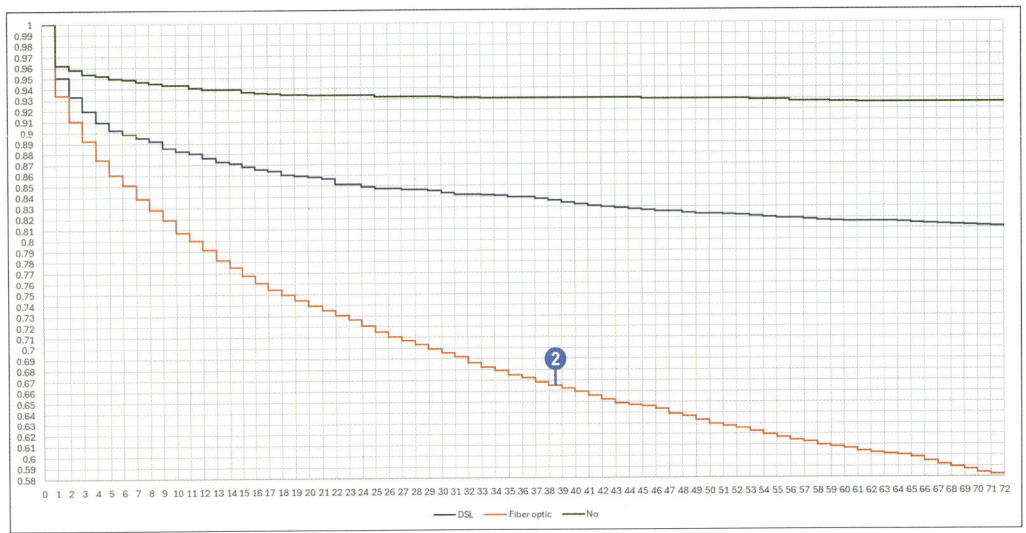

- Fiber optic: 광섬유

- DSL: 디지털 가입자 회선

- No: 인터넷 사용 안 함

❷ 'Fiber optic' 인터넷 서비스를 사용하는 고객들이 'DSL' 또는 'No internet service'를 사용하는 고객들보다 더 높은 이탈률을 나타냈습니다. Fiber optic 서비스를 사용하는 고객들이 서비스에 불만을 가질 가능성이 더 높거나, 비용적인 부담을 더 크게 느낄 수 있음을 의미할 수 있습니다. 이러한 인사이트를 바탕으로, Fiber optic 서비스 사용 고객에게 특별 혜택을 제공하여 이탈률을 낮출 수 있는 방안을 고려해볼 수 있습니다.

지불 방법(PaymentMethod)

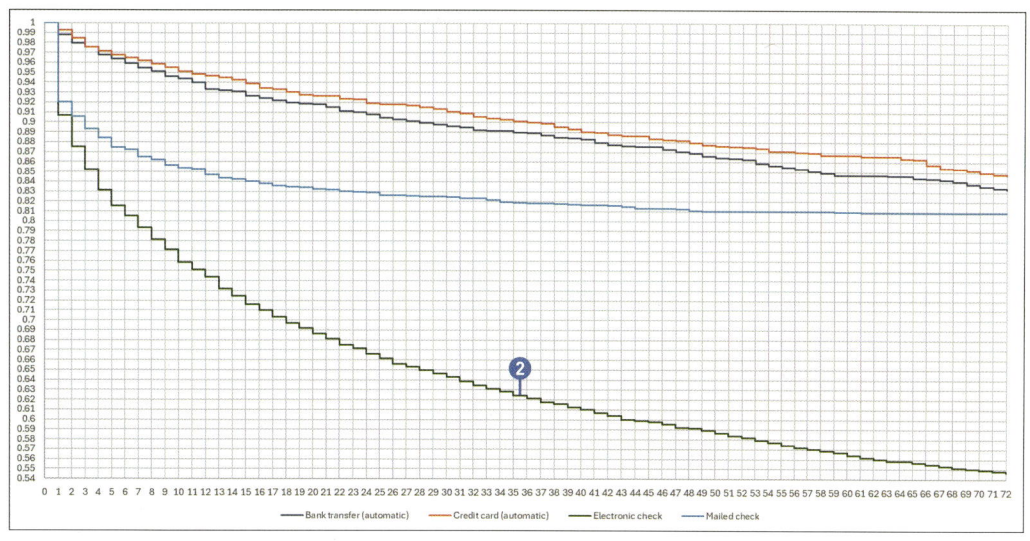

- Electronic check: 온라인 전자결제

- Mailed check: 우편 수표 발송

- Bank transfer(automatic): 은행자동이체

- Credit card (automatic): 카드자동이체

❸ 'Electronic check'을 사용하는 고객들이 다른 지불 방법보다 더 높은 이탈률을 보였습니다. 이는 Electronic check를 통해 결제하는 고객의 이탈률이 상대적으로 높다는 것을 의미하며, 결제 방식의 편의성이나 추가적인 수수료가 고객 이탈에 영향을 미칠 수 있다는 점을 시사합니다. 이러한 분석 결과를 토대로, Electronic check 결제 고객에게 보다 편리한 지불 방법을 추천하는 등의 전략을 고려해볼 수 있습니다.

이러한 속성별 분석 결과는 고객의 이탈 행동에 중요한 영향을 미치는 요인들을 식별하는 데 도움을 줍니다. 이를 바탕으로 더 세분화되고 효과적인 고객 유지 전략을 설계할 수 있습니다. 예를 들어, 계약 유형, 인터넷 서비스 유형, 결제 방법 등을 고려한 맞춤형 고객 관리 프로그램을 개발하여 전반적인 고객 이탈률을 낮출 수 있을 것입니다.

속성별 생존 곡선 만드는 방법

속성별 생존곡선은 200쪽의 실습 과정에서 만든 피벗 테이블의 [열]에 [속성]을 드래그한 후 데이터를 복사하여 잔존율을 계산하고 데이터를 가공하여 차트를 삽입하면 됩니다. 아래는 계약 유형(Contract)속성을 드래그 한 후 차트를 생성한 과정입니다. 주요 속성에 대한 생존 곡선은 '완성_CASE_02.xlsx'일에서 확인할 수 있습니다.

① 피벗 테이블 열 영역에 [Contract]를 드래그 한 후 [Yes] 열의 데이터를 복사합니다.

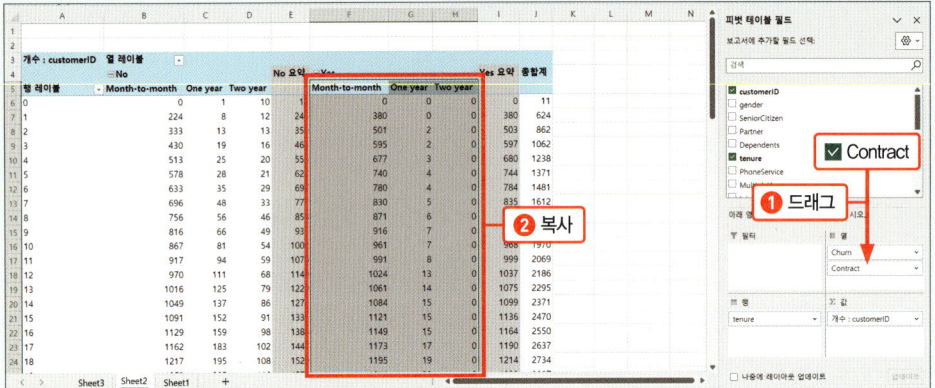

② 새로운 시트에 복사한 데이터를 붙여 넣은 후 항목별로 잔존율을 계산합니다.

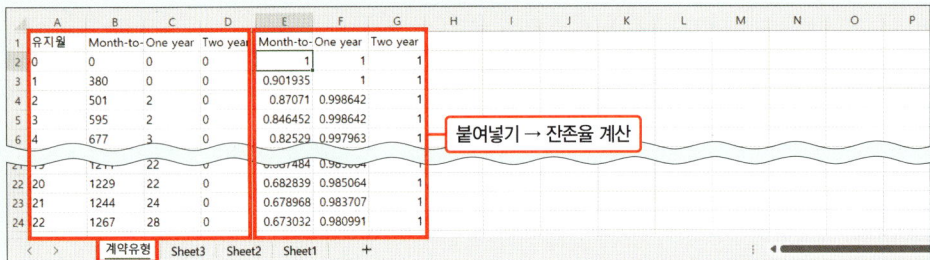

③ 잔존율을 계단형 차트에 맞게 가공한 후 직선이 있는 분산형 차트를 삽입하면 속성별 생존 곡선이 완성됩니다.

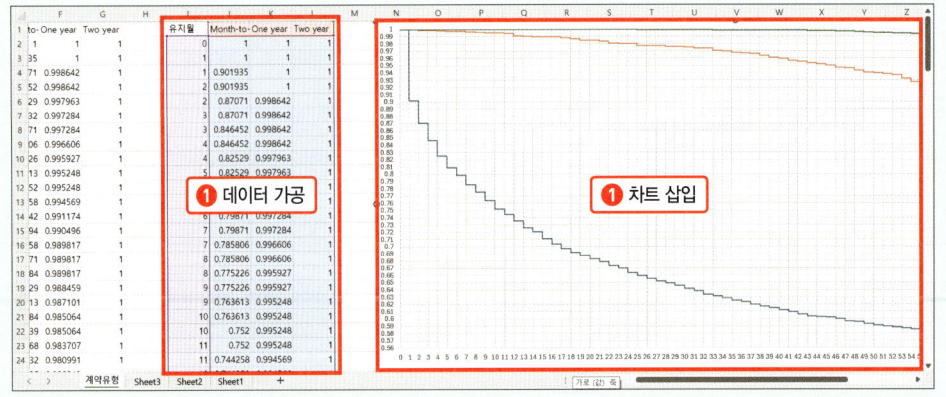

03 CASE 깔때기형 차트로 이탈 행동과 원인 분석하기

신규 고객 유치 과정에서 발생하는 이탈은 마치 구멍 난 바가지로 물통을 채우는 것과 같습니다. 퍼널 분석은 깔때기형 차트를 활용하여 고객의 구매 과정을 시각적으로 이해하고, 각 단계별 이탈을 파악하는 분석 방법입니다. 이를 통해 어떤 고객이 우리 서비스나 상품에 관심을 보이고, 구매하는지를 추적하는 데 유용하게 활용할 수 있습니다. 이번 CASE에서는 퍼널 분석의 개념을 살펴보고 깔때기형 차트를 만들어 분석하는 방법을 알아보겠습니다.

✓ 퍼널 분석과 그로스 해킹

'퍼널(Funnel) 분석'은 고객 여정을 단계별로 구분하여 각 단계에서 고객이 얼마나 전환되고 이탈하는지를 분석하는 방법입니다. 깔때기형 차트를 이용하면 최종 단계까지 전환 과정을 시각적으로 표현할 수 있으며, 단계별로 고객 수가 줄어드는 모습을 관찰하며 문제점이 있는 단계와 이탈 원인을 파악하는 데 도움이 됩니다.

최근 각광받고 있는 '그로스 해킹(Growth Hacking)'에서도 퍼널 분석은 핵심적인 역할을 합니다. 그로스 해킹은 데이터 기반 실험을 통해 제품의 성장을 가속화하는 방법론으로, 고객 여정에서 발생하는 문제를 파악하고 해결하여 전환율을 극대화하는 것을 목표로 합니다. 이 과정에서 퍼널 분석은 성장에 방해가 되는 프로세스와 마케팅 문제를 식별하는 중요한 도구입니다. 그로스 해킹의 '해킹'이라는 단어는 기술적인 기법을 강조하기 위해 사용되었으며, 데이터를 활용한 공학적 접근 방식을 통해 지속적인 성장을 이끌어내는 것이 특징입니다.

퍼널 분석에서 단계를 구분하는 데는 다양한 모델이 사용됩니다. 그중 널리 사용되는 것은 'AIDA' 모델과 'AARRR' 모델입니다. 모델의 이름은 퍼널 분석의 각 단계를 의미하는 알파벳 첫 글자를 따서 만들어졌으며 주요 특징과 용도는 다음과 같습니다.

구분	AIDA모델
단계 구성	Attention(주목) → Interest(관심) → Desire(욕구) → Action(행동)
용도	전통적인 마케팅 캠페인에서 고객이 인지부터 행동(구매, 가입 등)까지의 과정을 분석하는 데 사용됩니다. 단계별 전환율을 확인하여 캠페인의 어느 부분에서 문제가 발생하는지를 파악하는 데 적합합니다.

구분	AIDA모델
분석 목표	각 단계에서의 전환 및 이탈을 분석하여 고객이 전환에 도달하지 못하는 이유를 파악하고, 마케팅 전략을 개선하는 데 초점을 맞춥니다.
적용 사례	오프라인 판매, 전통적 광고 캠페인, 텔레마케팅 분석 등

구분	AARRR모델
단계 구성	Acquisition(획득) → Activation(활성화) → Retention(유지) → Revenue(수익화) → Referral(추천)
용도	주로 디지털 마케팅, 스타트업, 구독 서비스 등에서 사용되며, 고객의 유입에서부터 반복적인 참여와 추천까지 고객 생애 가치를 최적화하는 데 중점을 둡니다. 고객 획득부터 수익화, 그리고 추천을 통한 성장 전략을 세우는 데 유용합니다.
분석 목표	고객이 어떻게 제품이나 서비스에 유입되고 활성화되며, 장기적으로 유지되고 수익을 창출하는지, 그리고 다른 고객에게 추천하는 과정을 분석하여 비즈니스 성장을 도모합니다.
적용 사례	디지털 플랫폼, 앱 비즈니스, 구독 기반 서비스 등

실습 깔때기형 차트로 퍼널 분석하기   CASE_03

실습 예제는 'Kaggle'의 'eCommerce Events History in electronics store' 데이터로, 온라인 전자제품 쇼핑몰의 웹 로그를 정제한 데이터입니다. 웹 로그가 기록된 기간은 2019년 9월부터 2020년 2월까지 총 5개월로 제품 조회 및 장바구니에 추가한 기록과 구매(purchase)를 구분하고 있습니다. 데이터는 총 9개의 열로 구성되어 있으며 항목과 내용은 아래와 같습니다.

항목명	데이터 설명
event_time	이벤트 발생 시간(웹 로그가 기록된 시간)
event_type	상품 보기(view), 장바구니 추가(cart), 구매(purchase)
product_id	상품의 고유 식별자
category_id	카테고리의 고유 식별자
category_code	상품 카테고리 설명(빈 셀 포함)
brand	상품 브랜드명(빈 셀 포함)
price	상품 가격
user_id	사용자의 고유 식별자
user_session	사용자 세션 키. 사용자가 같은 브라우저를 사용하면 키 값이 유지됩니다. 브라우저를 새로 시작하거나 오랜 시간 동안 사용하지 않으면 키 값이 변경됩니다.

실습 예제는 AIDA 모델의 주목과 관심(Attention, Interest) 단계를 하나로 통합하여 상품 보기(view)로 구분하고, 욕구(Desire) 단계는 장바구니 추가(cart), 행동(Action) 단계는 구매(purchase)로 구분하여 총 3단계로 고객 전환율을 분석할 수 있습니다.

> **TIP** 실습 예제에는 관련 데이터가 없지만 최근 온라인 쇼핑몰에서는 상품 페이지의 체류 시간이나 스크롤 등의 행동을 기반으로 관심 단계를 세분화하기도 합니다.

1 | 깔때기형 차트로 퍼널 분석하기

① 데이터가 있는 임의의 셀을 선택한 후 메뉴의 **[삽입]-[피벗 테이블]**을 클릭합니다.

② **[표 또는 범위의 피벗 테이블]** 창에서 데이터 범위를 확인하고 **[새 워크시트]**를 선택한 다음 **[확인]**을 클릭합니다.

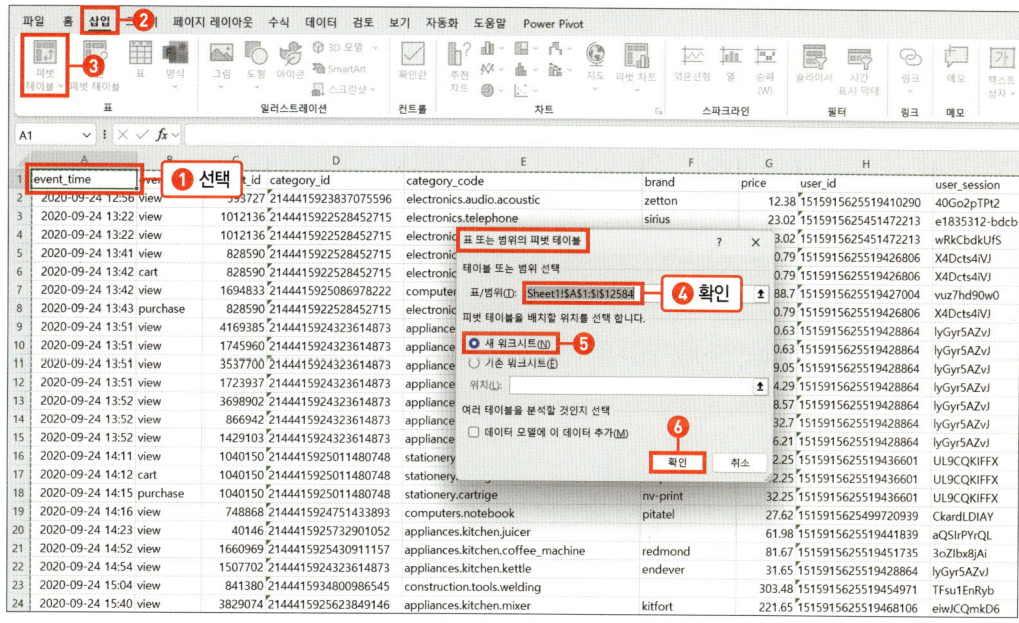

③ '피벗 테이블 필드'에서 [event_type]를 [행], [user_session]을 [값]으로 드래그합니다.

④ [값] 영역의 [개수]를 클릭하여 [값 필드 설정] 창을 표시합니다. [값 표시 형식] 탭의 '값 표시 형식'을 [[기준값]에 대한 비율]로 변경한 후, '기준 항목'에서 [view]를 선택하고 [확인]을 클릭합니다.

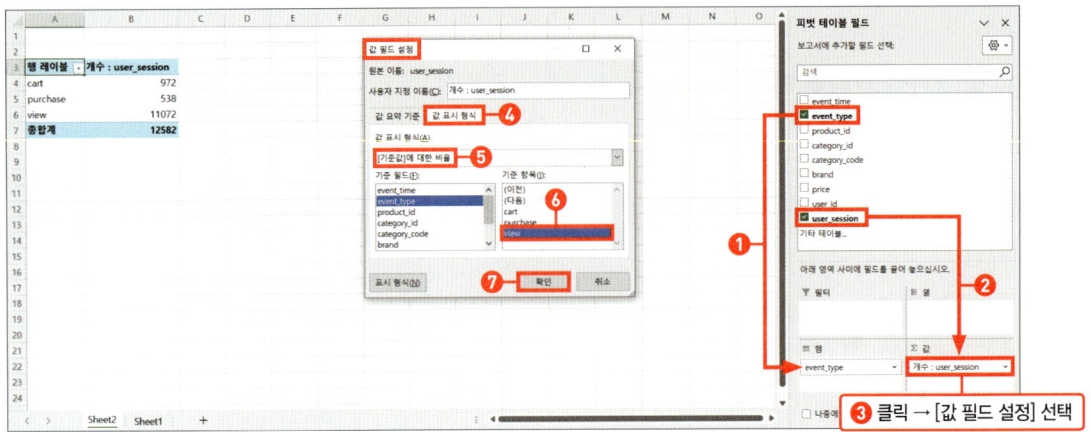

⑤ 요약된 피벗 테이블의 행 레이블에서 'view'가 있는 [A6] 셀을 마우스 오른쪽 버튼으로 클릭한 다음 [이동]-[처음으로 'view' 이동]을 선택합니다. 이렇게 하면 AIDA모델의 주목과 관심(Attention, Interest) → 욕구(Desire) → 행동(Action)의 순서대로 상품 보기(view), 장바구니 추가(cart), 구매(purchase)가 배치됩니다.

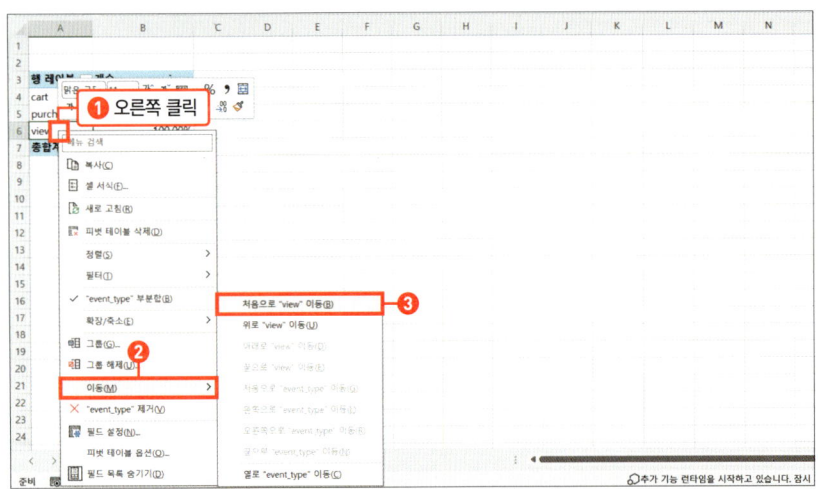

TIP 퍼널 분석은 보통 단계가 진행될수록 사용자수가 감소하므로 값이 있는 [B]열을 내림차순으로 정렬하면 같은 결과를 얻을 수 있습니다.

⑥ 요약된 피벗 테이블의 [A4:B6] 영역을 선택하여 복사한 다음, 새 시트([Sheet3])의 [A2] 셀에 붙여넣고 [B1] 셀에 적당한 머리글을 입력합니다. 여기서는 '전체'를 입력했습니다.

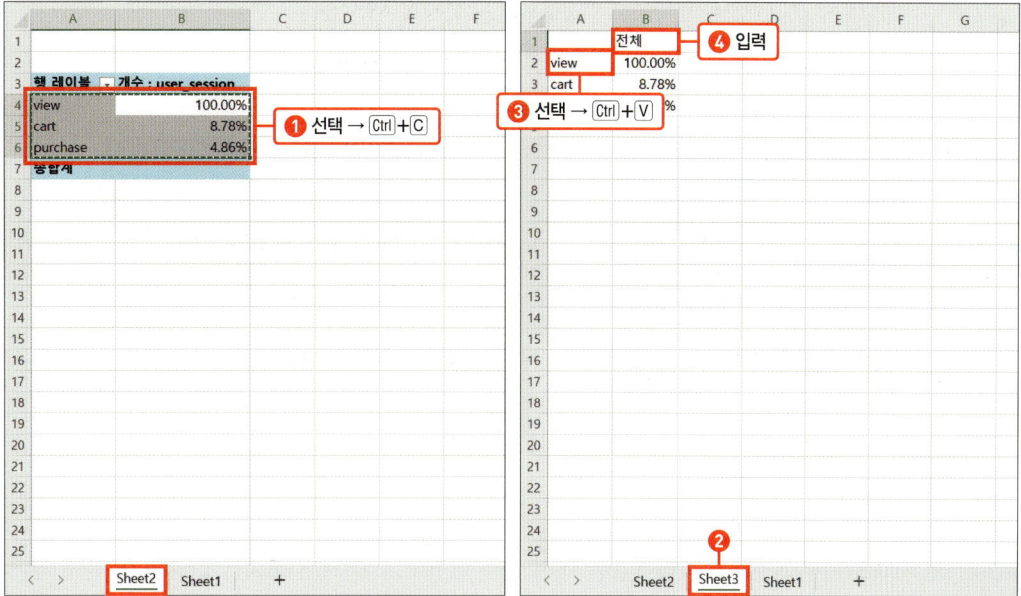

⑦ [Sheet3] 시트의 데이터 영역([A1:B4])이 선택된 상태에서 메뉴의 [삽입]-[차트 그룹]의 [📊]-[깔때기형]을 선택합니다.

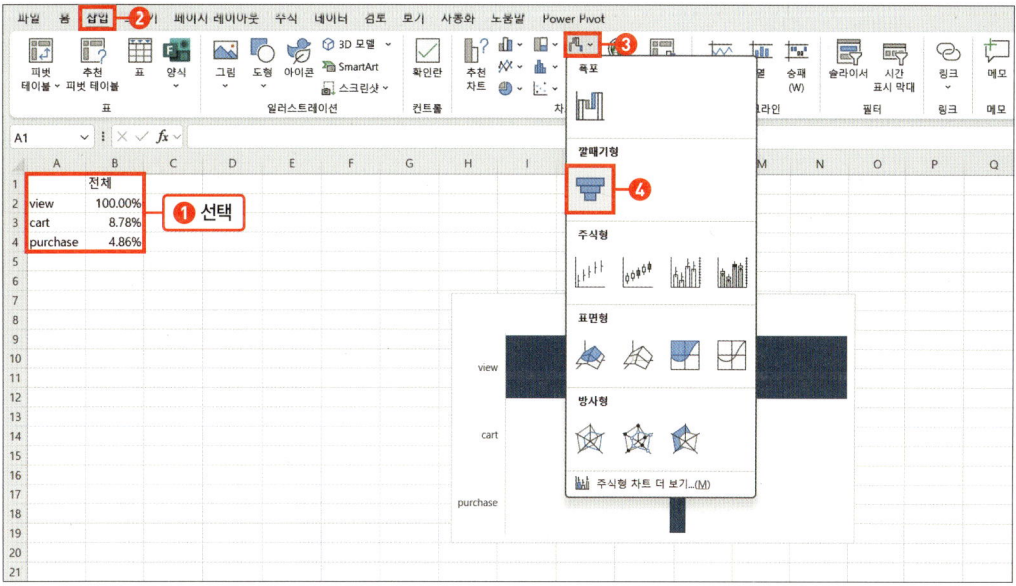

⑧ 삽입된 차트를 적당한 크기로 확대하고 차트 제목은 '구매 전환율'로 변경합니다.

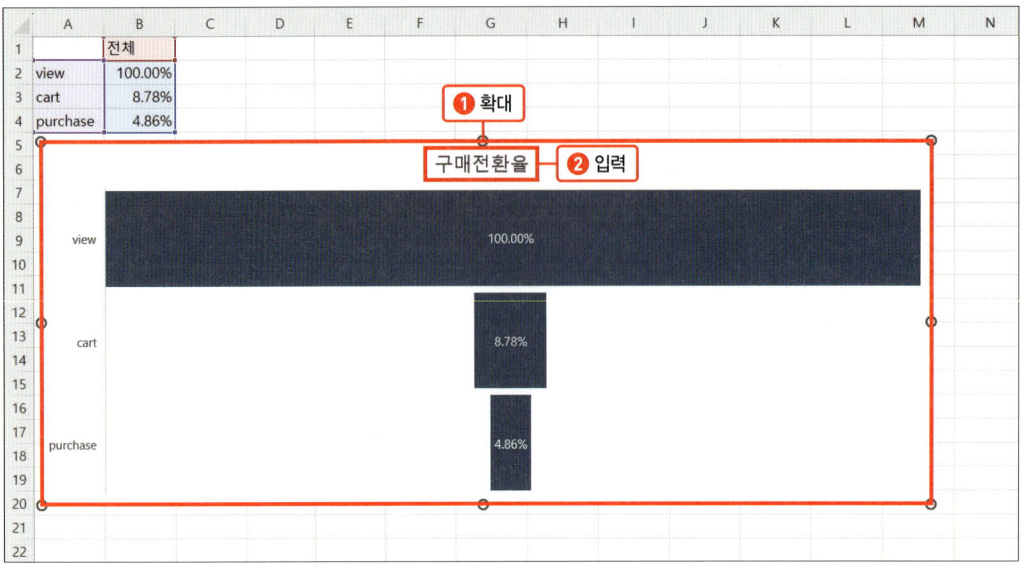

깔때기형 차트로 주목/관심 단계인 'view'에서 욕구 단계인 'car'로 8.78%가 전환되고, 욕구 단계에서 행동 단계인 'purchase'로 4.86% 전환되는 것을 직관적으로 확인할 수 있습니다.

2 | 월별 전환율 비교하기

① 피벗 테이블이 생성되어 있는 [Sheet2] 시트의 '피벗 테이블 필드'에서 [event_time]을 [열]로 드래그합니다.

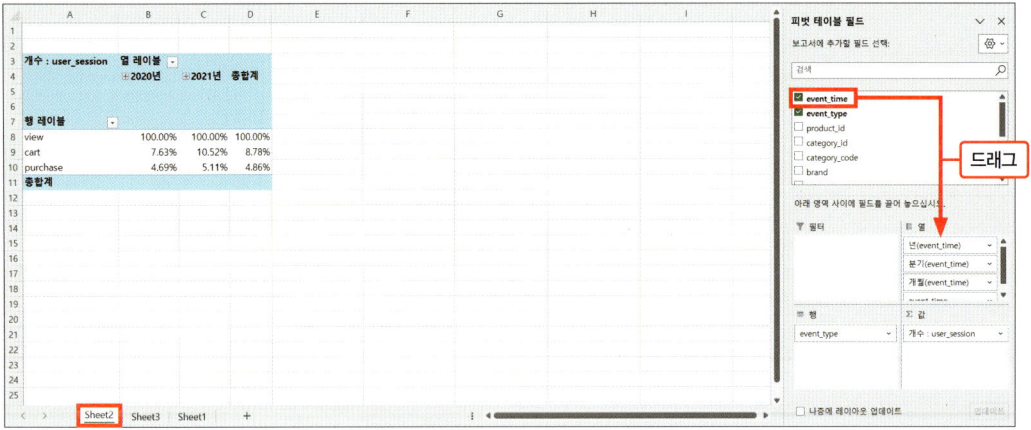

② 요약된 피벗 테이블이 선택된 상태에서 메뉴의 [피벗 테이블 분석]-[활성 필드]-[필드 확장]을 클릭합니다. [필드 확장]을 클릭할 때마다 피벗 테이블이 [년], [분기], [개월]순으로 확장됩니다. 여기서는 [필드 확장]을 두 번 클릭하여 [월]까지 확장했습니다.

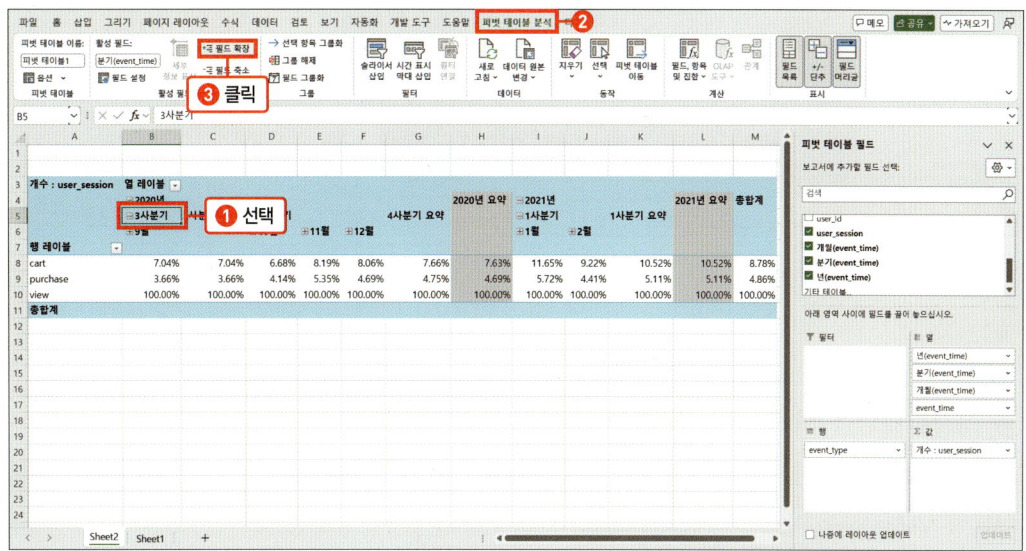

③ 메뉴에서 [디자인]-[레이아웃]-[부분합]을 클릭한 다음, [부분합 표시 안 함]을 선택합니다.

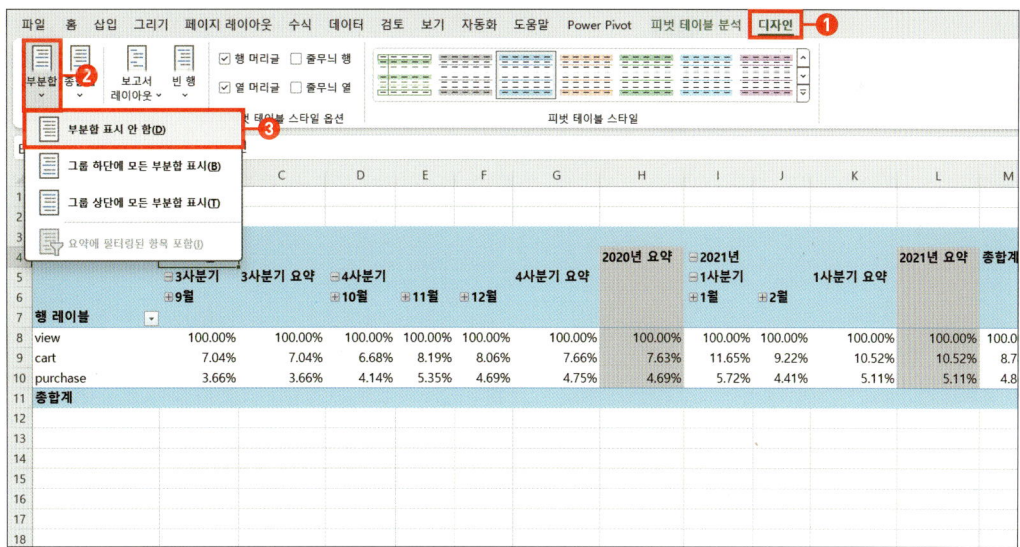

④ [B8:G10] 영역을 복사합니다.

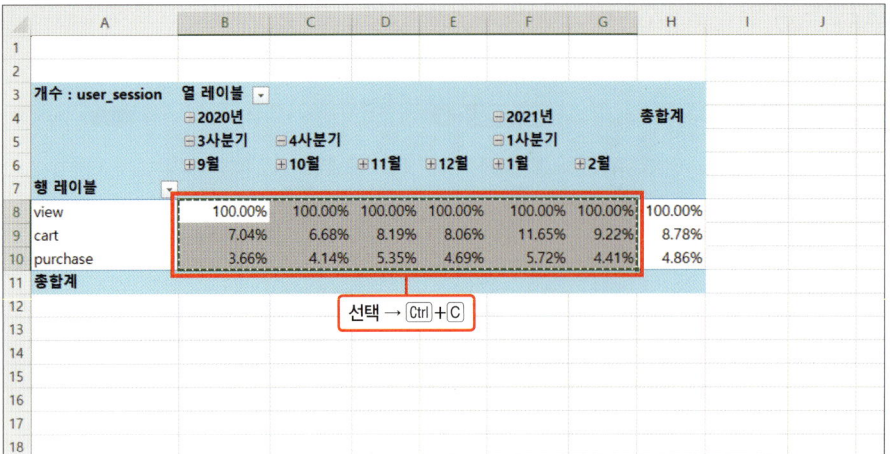

⑤ 복사한 영역을 [Sheet3] 시트의 [C1:H1] 영역에 붙여 넣습니다.

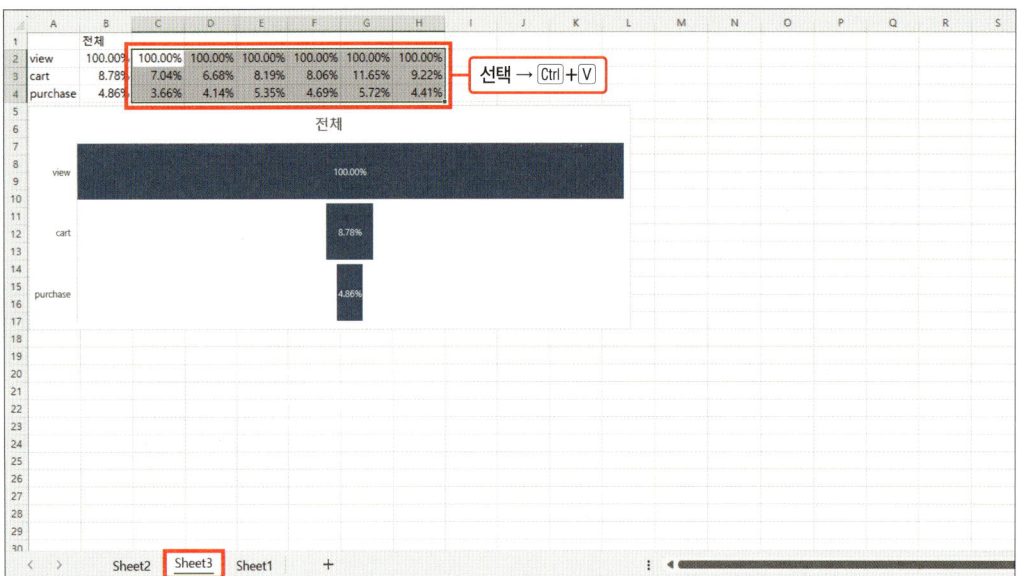

⑥ [C1:H1] 영역에 머리글을 입력합니다.

• [C1]: '9월', [D1]: '10월', [E1]: '11월', [F1]: '12월', [G1]: '1월', [H1]: '2월'

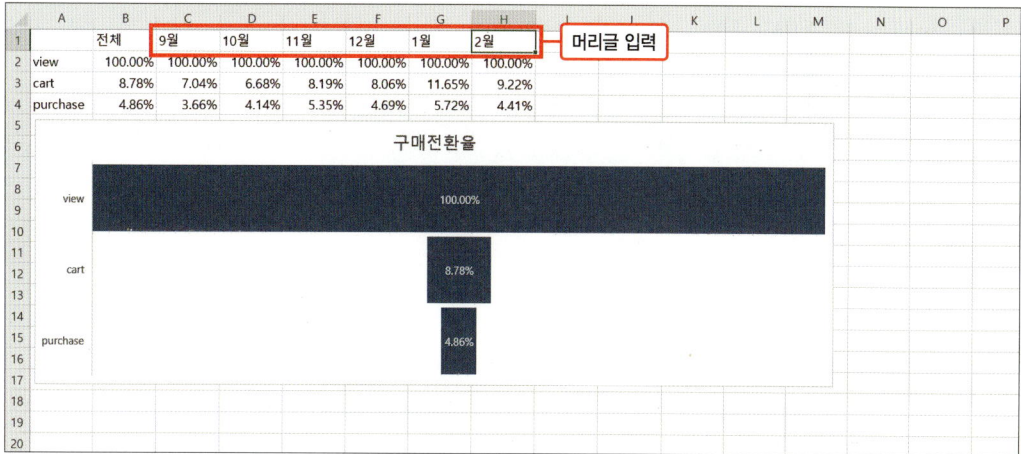

⑦ Ctrl 을 누른 상태에서 [A1:A4] 영역과 [E1:E4] 영역을 선택한 다음, 깔때기형 차트를 삽입합니다.

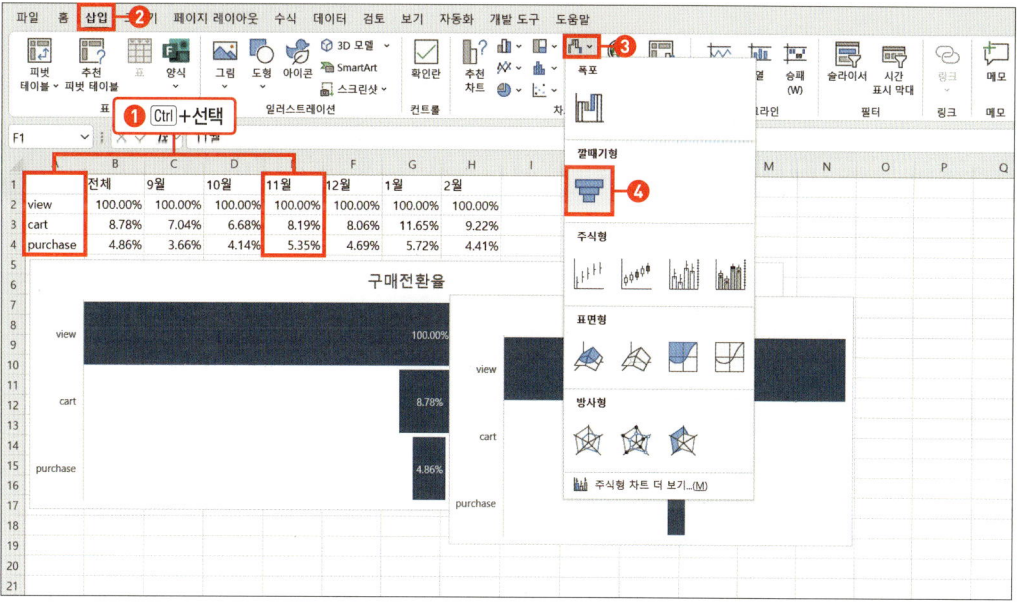

⑧ 깔때기형 차트의 크기와 위치를 적절하게 조정한 후, 차트 제목을 '11월'로 변경하여 차트를 완성합니다.

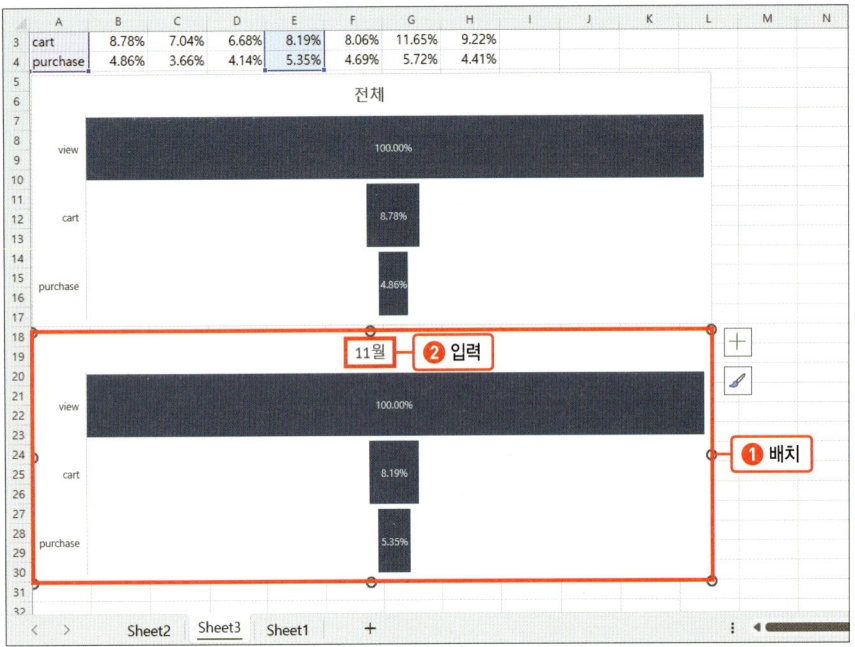

전문가의 시선 — 월별 깔때기형 차트를 활용한 이탈 원인 분석

214

두 개의 차트를 통해 11월의 행동 단계(purchase) 전환율이 전체보다 다소 높은 것을 볼 수 있습니다. 월별로 전환율을 비교해보면, 12월에서 1월로 넘어가는 시점에 전환율이 최대 17.37%p까지 감소하는 차이가 발행합니다.

구분	전체	9월	10월	11월	12월	1월	2월
주목단계(view)	100.00%	100.00%	100.00%	100.00%	100.00%	100.00%	100.00%
욕구단계(cart)	8.78%	7.04%	6.68%	8.19%	8.06%	11.65%	9.22%
행동단계(purchase)	4.86%	3.66%	4.14%	5.35%	4.69%	5.72%	4.41%
행동단계 전환율 (cart → purchase)	55.35%	52.00%	62.04%	65.24%	58.13%	49.09%	47.87%

위의 표에서 욕구단계 전환율을 살펴보면, 월별로 차이가 있음을 알 수 있습니다. 특히 1~2월의 욕구단계 전환율이 다른 월에 비해 상대적으로 높게 나타났습니다. 반면, 10~12월에는 행동 전환율이 높은 것으로 확인됩니다. 이를 종합해 보면, **1~2월에는 상품에 대한 관심과 욕구는 높지만, 실제 행동으로 이어지는 비율은 상대적으로 낮은 것으로 보입니다.**

이러한 현상의 원인을 파악하기 위해서는 추가적인 분석이 필요하겠지만, 연말과 신학기라는 시즌적 특성을 고려해 볼 수 있습니다. 연말에는 목적성 구매가 많이 이루어지는 반면, 신학기에는 상품에 대한 관심은 높지만 최종 구매 결정까지 이르는 비율은 상대적으로 낮을 것이라는 가설을 세울 수 있습니다.

이를 바탕으로 마케팅 전략을 수립한다면, 연말에는 구매 목적에 부합하는 상품 구성과 프로모션에 집중하고, 신학기에는 상품에 대한 관심을 구매로 연결할 수 있는 방안을 모색하는 것이 효과적일 것으로 판단됩니다. 예를 들어, 신학기에는 상품 정보 제공, 사은품 증정, 할인 혜택 등의 마케팅 활동을 통해 구매 결정을 유도할 수 있을 것입니다.

퍼널 분석에 익숙해지면 깔때기형 차트를 활용하지 않고도 표를 이용해 데이터를 정리하고 공유할 수 있습니다. 하지만 시각화를 통해 퍼널 분석을 수행하면 분석의 목적이 더욱 명확해지고, 자칫 놓칠 수 있는 중요한 인사이트를 짚어낼 수 있습니다.

3 | 상품의 전환단계별 특이사항 찾아보기

① 새 워크시트([Sheet4])에 새로운 피벗 테이블을 추가합니다.

② '피벗 테이블 필드'에서 [category_code]를 [행], [event_type]을 [열], [user_session]을 [값]으로 드래그합니다.

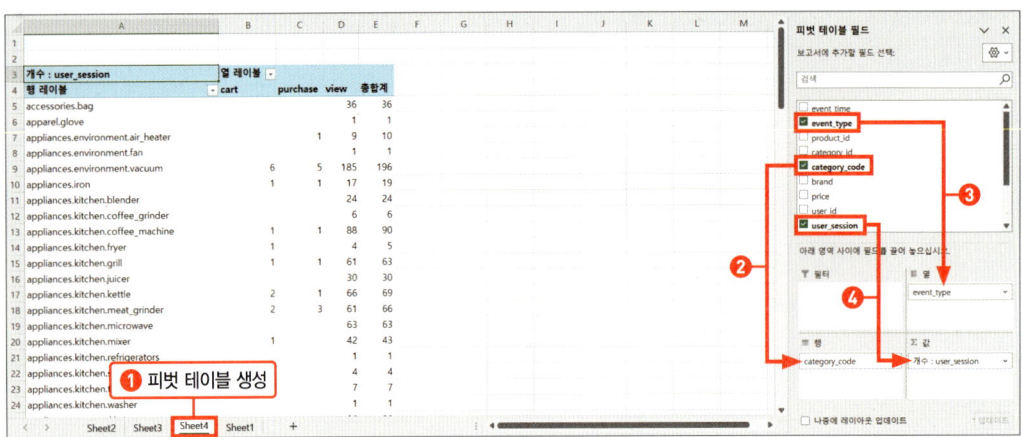

③ 열 레이블의 'view'([D4] 셀)를 마우스 오른쪽으로 클릭한 다음, [이동]-[처음으로 "view" 이동]을 선택합니다. 이렇게 하면 AIDA 모델의 순서대로 항목이 배치됩니다.

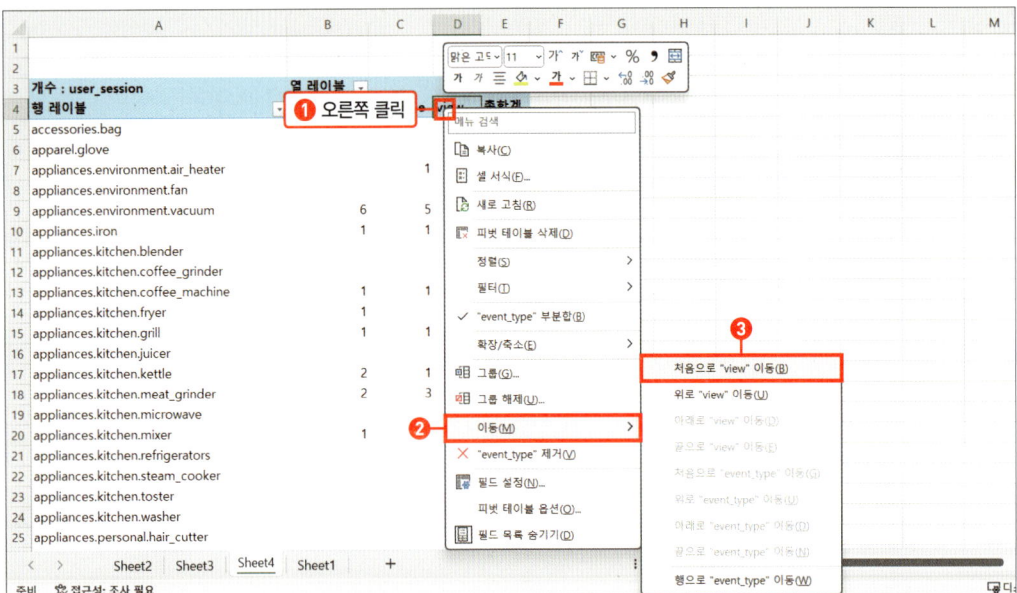

④ [Sheet4] 시트의 [A4:D107] 영역을 복사하여 새 시트([Sheet5])의 [A1] 셀에 붙여넣습니다.

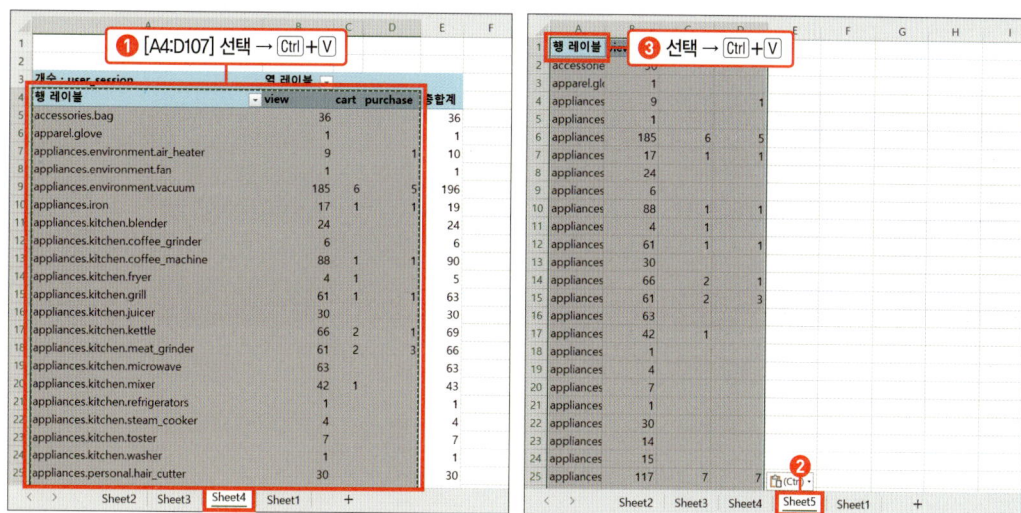

⑤ [Sheet5] 시트의 데이터 영역이 선택된 상태에서 [이동 옵션] 창을 표시한 다음, [빈 셀]을 선택하고 [확인]을 클릭합니다.

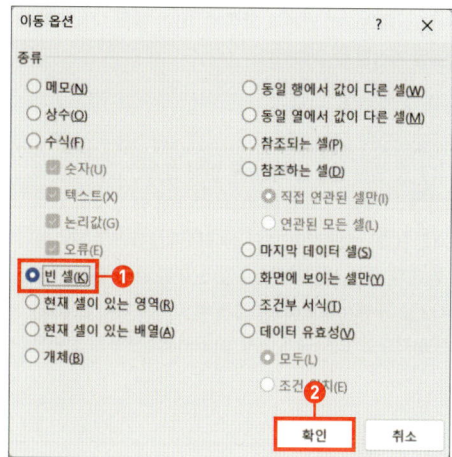

TIP Ctrl + G 나 F5 를 눌러 [이동] 창을 표시한 다음 [옵션]을 클릭하면 [이동 옵션] 창을 표시할 수 있습니다.

⑥ 빈 셀이 선택된 상태에서 '0'을 입력한 다음 Ctrl+Enter를 눌러 선택된 전체 빈 셀에 '0'을 채워 넣습니다.

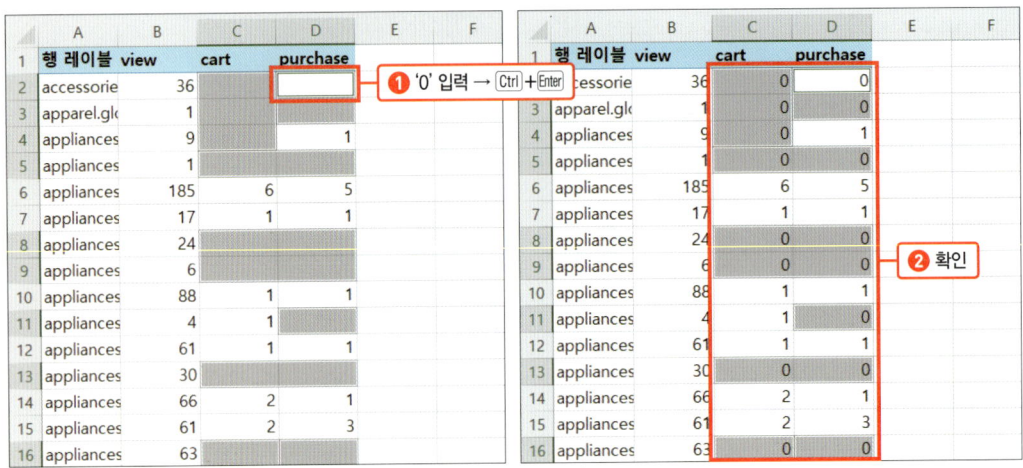

⑦ [E2] 셀과 [F2] 셀에 다음의 함수식을 입력하고 Enter를 누릅니다.

[E2] fx
=C2/B2
'cart(장바구니 추가)' 단계의 고객 수가 있는 [C2] 셀을 'view(상품 보기)' 단계의 고객 수 [B2] 셀로 나눕니다. 이렇게 하면 'view 단계'에서 'cart 단계'로 전환된 고객의 비율을 계산할 수 있습니다.

[F2] fx
=IF(C=0, 0, D2/C2)
IF 함수는 주어진 조건에 따라 원하는 값을 반환하는 함수입니다. 첫 번째 인수는 조건, 두 번째 인수는 참인 경우에 반환할 값, 세번 째 인수는 거짓인 경우 반환할 값으로 [C] 열의 값이 '0'일 경우 '0'을 반환하고 [C] 열의 값이 '0'이 아닌 경우 [D2] 셀을 [C2] 셀로 나눈 값을 반환합니다. 여기서는 [C2] 셀의 값이 '0'인 상태로 계산하면 '#DIV/0!' 오류가 발생합니다. 이 오류 메시지는 데이터를 해석하는 데 방해가 될 수 있으므로, 셀 값이 '0'일 경우 '0'을 반환하도록 IF 함수를 사용한 것입니다. 참인 경우의 반환 값 'D2/C2'는 '구매(purchase) 단계'의 고객 수가 있는 [D2] 셀을 'cart(장바구니 추가) 단계'의 고객 수 [C2] 셀로 나누는 수식으로 'cart단계'에서 'purchase단계'로 전환된 고객의 비율이 반환됩니다.

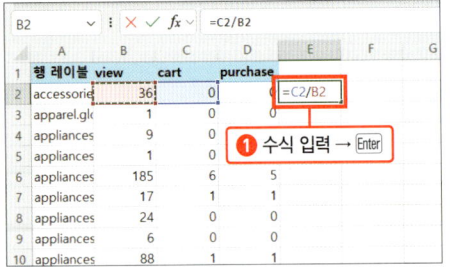
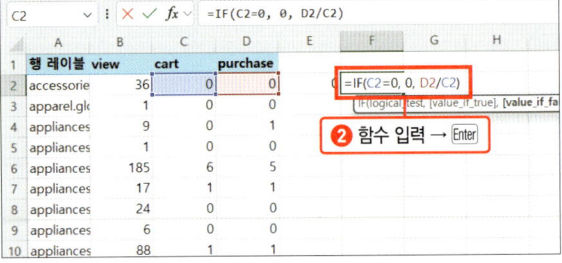

218

⑧ 함수식이 입력되어 있는 [E2:F2] 영역을 선택한 다음, 채우기 핸들을 더블클릭하여 다른 셀에 자동 채우기를 실행합니다.

⑨ [E2:F104] 영역을 선택하고 메뉴의 [홈]-[표시 형식]에서 [백분율]을 선택합니다.

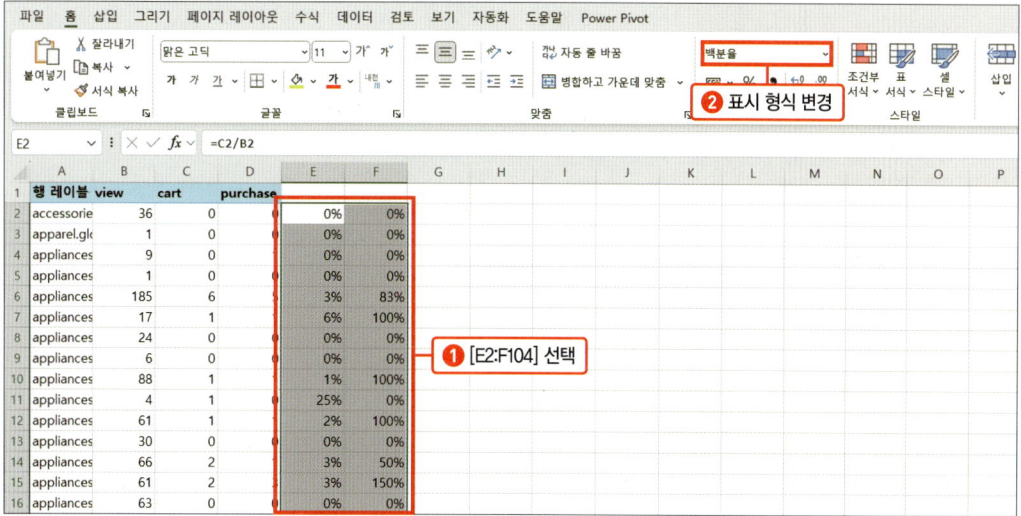

⑩ [E1] 셀과 [F1] 셀에 머리글을 입력하고 [홈]-[편집]-[정렬 및 필터]-[필터]를 선택합니다.

- [E1]: '욕구전환율', [F1]: '행동전환율'

⑪ [E] 열의 ▼를 클릭하여 [숫자 내림차순]으로 정렬합니다.

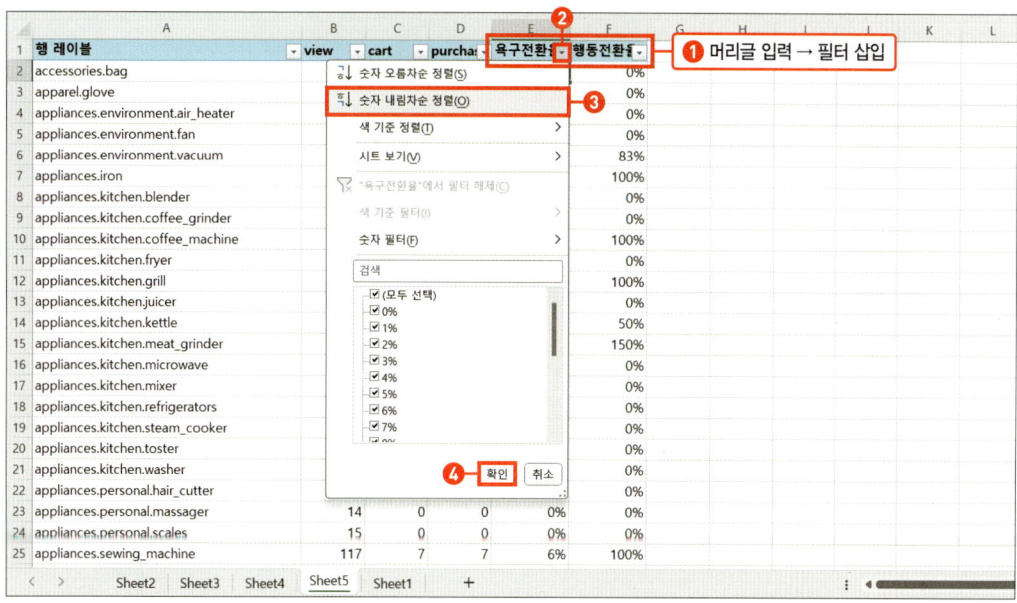

2장 그로스 해킹의 핵심, 이탈 고객 분석 —— 219

 **상품별 깔때기형 차트를 활용한 이탈 원인 분석**

[E] 열을 [숫자 내림차순 정렬]으로 정렬한 다음 [A7:F7] 영역을 확인해 보면 videocards의 욕구 전환율은 18%로 높지만, 행동전환율은 45%로 다른 상품에 비해 상대적으로 낮은 것을 볼 수 있습니다.

[F] 열을 [숫자 내림차순 정렬]으로 정렬한 다음 [A15:F15] 영역의 notebook을 보면 욕구전환율은 6%로 낮지만, 행동전환율은 89%로 다른 상품에 비해 상대적으로 높은 것을 볼 수 있습니다.

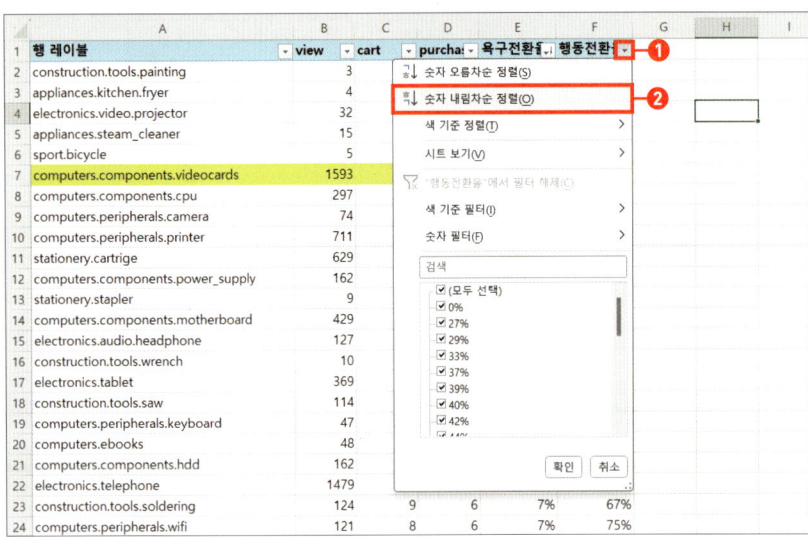

	A	B	C	D	E	F	G	H	I
1	행 레이블	view	cart	purchas	욕구전환	행동전환			
2	stationery.stapler	9	1	2	11%	200%			
3	appliances.kitchen.meat_grinder	61	2	3	3%	150%			
4	electronics.clocks	79	4	5	5%	125%			
5	appliances.steam_cleaner	15	3	3	20%	100%			
6	construction.tools.wrench	10	1	1	10%	100%			
7	appliances.sewing_machine	117	7	7	6%	100%			
8	construction.tools.welding	67	4	4	6%	100%			
9	appliances.iron	17	1	1	6%	100%			
10	auto.accessories.gps	27	1	1	4%	100%			
11	construction.tools.screw	44	1	1	2%	100%			
12	appliances.kitchen.grill	61	1	1	2%	100%			
13	auto.accessories.alarm	67	1	1	1%	100%			
14	appliances.kitchen.coffee_machine	88	1	1	1%	100%			
15	computers.notebook	461	27	24	6%	89%	─ 확인		
16	electronics.video.projector	32	7	6	22%	86%			
17	appliances.environment.vacuum	185	6	5	3%	83%			
18	computers.peripherals.camera	74	10	8	14%	80%			
19	stationery.cartrige	629	75	57	12%	76%			
20	computers.ebooks	48	4	3	8%	75%			

분석 결과를 세부 상품별로 살펴보면, 비디오카드는 주목도와 욕구단계 전환율은 높지만 행동 전환율이 낮은 반면, 노트북은 욕구단계 전환율은 낮지만 행동 전환율이 높은 것으로 나타났습니다. 이를 통해 비디오카드의 매출 증대를 위해서는 구매 결정력을 높이는 전략이 필요하고, 노트북의 경우에는 주목도를 높이는 것이 매출 증대에 효과적일 것으로 판단됩니다.

이러한 상품별 특성과 앞서 분석한 시즌별 특성을 연계하여 마케팅 전략을 수립한다면, 보다 효과적인 프로모션 활동이 가능할 것으로 예상됩니다. 예를 들어, 비디오카드의 경우 신학기에 맞춰 구매 결정을 유도하는 프로모션을 진행하고, 노트북은 연말 시즌에 주목도를 높일 수 있는 마케팅 활동에 집중하는 것도 하나의 방법이 될 수 있겠습니다. 다만, 이는 퍼널 분석을 통해 도출한 하나의 가설이므로 실제 마케팅 전략 수립 시에는 보다 면밀한 검토와 추가 분석이 필요합니다.

3장

DATA LITERACY

디지털 플랫폼의 성장 비법, 페르소나와 상품 추천

기업은 시장을 확대하기 위해 새로운 고객을 찾아다닙니다. 그리고 고객은 수많은 상품 중에서 자신이 원하는 것을 찾아 헤매죠. 디지털 플랫폼 기업들은 전 세계의 다양한 고객의 마음을 사로잡고 플랫폼에서 더 많은 시간을 보내도록 하기 위해 페르소나와 추천 알고리즘을 사용합니다. 이번 장에서는 디지털 플랫폼의 데이터 활용 방법에 대해 알아보겠습니다.

코사인 유사도로 페르소나 고객 찾기

상품개발팀은 고객의 마음을 사로잡아 시장을 장악할 경쟁력 있는 상품을 개발하고, 마케팅팀은 새로운 고객군을 찾기 위해 분주히 움직입니다. 한편 디자인팀은 고객의 마음을 움직일 디자인을 고민하지만 각 팀에서 각자 떠올리는 가상의 고객은 조금씩 다를 수밖에 없습니다. 페르소나 마케팅은 이러한 조직 내 고민을 하나로 모아, 기업이 공통의 고객을 타겟으로 설정하여 일관된 방향성을 가지고 상품, 서비스, 마케팅을 추진할 수 있도록 도와주는 기법입니다.

✓ 페르소나 마케팅이란

과거와 달리 오늘날의 시장은 점점 더 세분화되어 획일화된 마케팅으로는 다양한 니즈를 가진 고객들의 마음을 사로잡기 어려워졌습니다. 이러한 상황에서 '페르소나(Persona)' 마케팅은 기업이 타겟 고객을 보다 구체적으로 이해하고, 그들과 효과적으로 소통할 수 있는 방법으로 주목받고 있습니다.

페르소나란 기업이 상품이나 서비스를 기획할 때 가상으로 설정한 특정 고객 유형을 말합니다. 단순히 연령, 성별 등 인구통계학적 정보뿐만 아니라 라이프스타일, 가치관, 행동 패턴, 구매 습관 등 다양한 특성을 조합하여 실제 고객처럼 구체화한 것이죠. 한 기업이 여러 개의 페르소나를 설정할 수도 있습니다.

페르소나 마케팅의 첫 단계는 바로 이 페르소나를 구축하는 것입니다. 시장 조사, 고객 데이터 분석, 실제 고객 인터뷰 등을 통해 타겟 고객의 특성을 파악하고, 이를 바탕으로 구체적인 페르소나를 설정합니다. 이렇게 만들어진 페르소나는 실제 고객의 니즈와 행동 패턴을 반영하기 때문에, 기업 활동의 방향성을 설정하는 데 있어 훌륭한 나침반 역할을 합니다.

페르소나가 구축되면 이를 기준으로 상품 개발, 디자인, 마케팅 등 모든 활동을 일관성 있게 추진함으로써 기업은 목표 고객에게 보다 효과적으로 다가갈 수 있습니다. 상품개발팀은 페르소나의 니즈와 선호도를 고려하여 상품 컨셉트를 정립하고, 디자인팀은 페르소나의 미적 취향을 반영한 디자인을 제안합니다. 마케팅팀은 페르소나가 선호하는 채널과 메시지를 활용하여 타겟 고객과 효율적으로 소통하죠. 이렇게 조직 전체가 일관된 기준을 가지고 움직임으로써 시너지 효과를 낼 수 있습니다.

페르소나 마케팅의 효과는 이미 여러 기업의 성공 사례를 통해 입증되고 있습니다. 나이키는 '스포츠에 열정적인 청년층'을 타겟으로 한 마케팅으로 큰 성공을 거두었고, 스타벅스는 '커피를 사랑하는 도시인'이라는 페르소나를 기반으로 프리미엄 커피 브랜드로 자리잡았습니다. 이처럼 페르소나 마케팅은 기업이 고객 중심적 사고를 가지고, 보다 전략적이고 효과적인 마케팅을 추진할 수 있도록 도와주는 강력한 도구입니다.

✓ 코사인 유사도를 이용한 실제 고객 찾기

디지털 플랫폼이 발달하면서 페르소나의 개념도 함께 진화하고 있습니다. 예전에는 페르소나가 이상적인 가상 고객상을 설정하는 역할에 그쳤다면, 이제는 실제 고객 데이터를 바탕으로 구체적인 고객군을 찾아내는 도구로 활용되고 있습니다. 고객의 나이, 성별, 직업 등의 특성과 행동 양상을 분석하여 비슷한 성향을 가진 고객 집단을 식별하고, 그들이 원하는 상품 추천, 맞춤형 마케팅, 사용자 경험 디자인 등을 디지털 플랫폼에 곧바로 적용할 수 있게 되었습니다.

이 과정에서 고객 데이터 사이의 유사성을 비교하는 대표적인 방법으로 '코사인 유사도'가 자주 쓰입니다. 코사인 유사도는 데이터의 방향과 크기를 비교하는 기법으로, 항목이 많고 분포가 들쭉날쭉한 데이터를 다룰 때 특히 유용합니다. 예를 들어, 고객마다 커피, 녹차, 우유 등 각 품목에 대한 선호도가 제각각이고 그 정도 또한 천차만별일 때, 이를 숫자로 나타내어 고객 간 유사도를 계산할 수 있습니다.

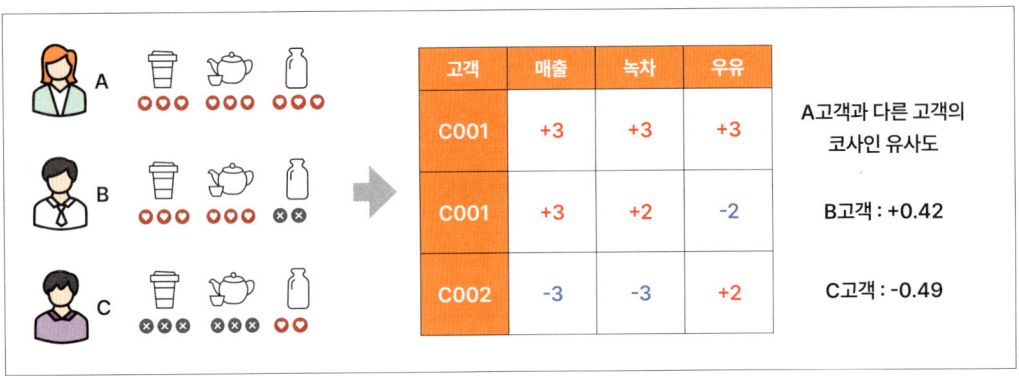

커피, 녹차, 우유라는 여러 항목에서 좋고 나쁨이라는 각기 다른 방향성, 그리고 선호도의 차이를 수치화하여 고객의 유사성을 비교하는 것이죠. 이 방법을 단계별로 적용하면 다음과 같습니다.

단계	내용	설명
1	페르소나 속성 정의	페르소나를 구성하는 주요 속성(연령, 성별, 관심사 등)을 정의합니다.
2	고객 데이터 수집	페르소나 속성과 동일한 속성으로 구성된 실제 고객 데이터를 수집합니다.
3	데이터 수치화	수집한 고객 데이터와 페르소나 데이터의 각 속성값을 수치로 변환합니다.
4	데이터 스케일링	수치화된 데이터의 크기를 조정하여 속성 간 스케일 차이를 없앱니다.
5	코사인 유사도 계산	스케일링된 데이터를 코사인 유사도 알고리즘에 적용하여 각 고객과 페르소나 간의 유사도를 계산합니다.
6	고객 분류	유사도가 높은 고객일수록 페르소나에 가까운 특성을 지닌 것으로 판단하고, 이를 기준으로 고객을 분류합니다.

이 과정이 복잡해 보일수도 있지만, 기업이 보유하고 있는 데이터를 활용한다면 간단하게 구현할 수 있습니다. 여기서는 164쪽의 평행 좌표 차트 실습에서 사용한 데이터로 페르소나 기반 고객 추출 방법에 대해 알아보겠습니다.

실습 페르소나 기반 고객 추출하기   CASE_01

실습 예제는 'Customer Personality Analysis' 데이터로 인구통계학적 속성을 비롯하여 불만, 주 이용채널, 제품별 구매금액, 캠페인 참여 등 다양한 속성의 데이터를 포함하고 있으며 이 항목들은 모두 페르소나 기반 고객 추출에 활용할 수 있습니다. 심지어 불만을 제기한 고객이라도 불만을 해소한 다음 충성 고객으로 전환되는 고객이라는 가상의 인물로 설정할 수도 있지만, 대개의 경우 범용성을 고려하여 인구통계학적 속성과 구매패턴을 페르소나를 설정합니다.

여기서는 전체 데이터에서 다음의 항목을 추출하여 페르소나를 정의하는 단계부터 알아보겠습니다. 각 항목별 내용은 다음과 같습니다.

머리글	설명	비고
ID	각 고객에 대한 고유 식별자	0~11191
MntWines	지난 2년간 와인에 지출한 금액	0~1493
MntFruits	지난 2년간 과일에 지출한 금액	0~199
MntMeatProducts	지난 2년간 육류 제품에 지출한 금액	0~1725
MntFishProducts	지난 2년간 생선 제품에 지출한 금액	0~259
MntSweetProducts	지난 2년간 과자류에 지출한 금액	0~262
MntGoldProds	지난 2년간 금 제품에 지출한 금액	0~321

머리글	설명	비고
Marital_Status	결혼 상태	"Single"(미혼), "Together"(기혼)
Income	연간 가구 소득	1730~162397 (일부 셀은 비어 있음)
Kidhome	가정 내 어린아이 수	0~2
Teenhome	가정 내 청소년 수	0~2

1 | 데이터 기반 페르소나 정의하기

실습 예제에서 사용할 수 있는 인구통계학적 속성은 '연간 가구 소득', '결혼 상태', '자녀 수', '청소년 수'로 총 네 가지입니다. 이 중 소득과 가구의 형태는 고객의 소비패턴을 결정하는데 중요한 요인이 되므로 여기서는 각 항목을 조합하여 '소득은 많지만 자녀는 없는 기혼자'라는 페르소나를 설정해 보겠습니다.

① [I2016] 셀에 다음의 함수를 입력하고 Enter를 누릅니다.

=PERCENTILE(I2:I2015,0.95)

PERCENTILE 함수는 지정된 영역에서 백분위수를 반환합니다. 여기서는 첫 번째 인수로 Income(연간 가구 소득)이 있는 [I2:I2015] 영역을 입력하고 두 번째 인수는 '0.95', 즉 95% 백분위수를 반환합니다.

② [I2016] 셀에 95%백분위수 고객의 Income(연간 가구 소득) '83987'이 반환됩니다. 여기서 95%백분위수는 상위 5%를 의미합니다.

③ 함수가 입력된 셀은 데이터 영역으로 인식하여 방해가 되므로 삭제합니다.

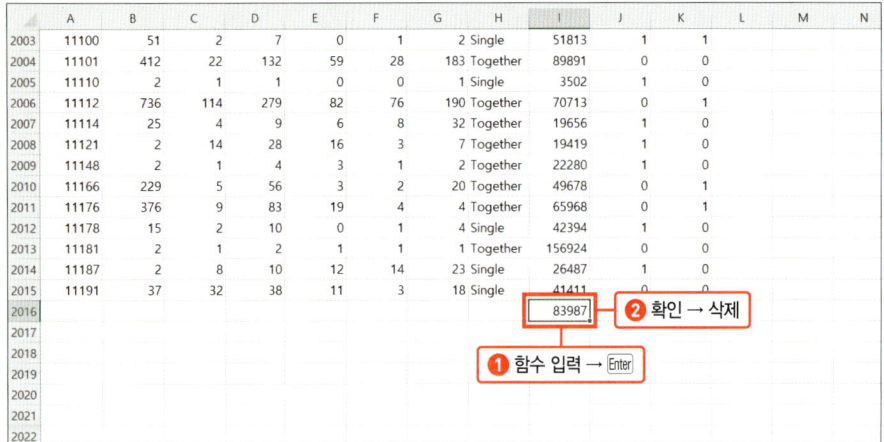

페르소나로 설정한 '소득은 많지만 자녀는 없는 기혼자'에서 소득이 많다는 설정은 '상위 5%'와 같은 구체적인 수치를 정한 후 Income(연간 가구 소득)에서 '83987'을 추출하여 수치화합니다. 그리고 자녀에 관한 항목 Kidhome(어린아이 수), Teenhome(청소년 수)는 '0'으로 설정하고, 기혼자에 해당하는 Marital_Status(결혼 상태)를 'Together'로 입력하면 다음과 같이 데이터에서 추출 가능한 페르소나가 완성됩니다.

항목	값
Income(연간 가구 소득)	83987
Kidhome(어린아이 수)	0
Teenhome(청소년 수)	0
Marital_Status(결혼상태)	Together

2 | 데이터 수치화

코사인 유사도는 수치적 계산이 필요하기 때문에 모든 데이터를 숫자 형식으로 변환해야 합니다. 특히 페르소나에 사용할 데이터 중 Marital_Status는 Single과 Together의 텍스트 형식으로 입력되어 있어 숫자 형식으로 변환해야 합니다. 텍스트 형식으로 구성된 데이터를 숫자 형식으로 변환할 때는 변환된 숫자가 수치적 특성, 예를 들어 증가와 감소 같은 방향성이나 크기를 갖지 못하도록 '0'과 '1'로만 구성하는 것이 가장 좋습니다. Marital_Status의 경우 Single과 Together라는 열로 나눈 후 원래의 값이 들어있는 부분에 1을 채워주면 됩니다. 이 작업은 피벗 테이블을 이용하면 간단히 처리할 수 있으니 아래 실습을 따라해 보세요.

① 데이터가 있는 임의의 셀을 선택한 다음, 메뉴에서 [삽입]- [표]- [피벗테이블]을 선택합니다.

② [표 또는 범위의 피벗 테이블] 창에서 데이터 영역을 확인하고 [새 워크시트]를 선택한 다음 [확인]을 클릭합니다.

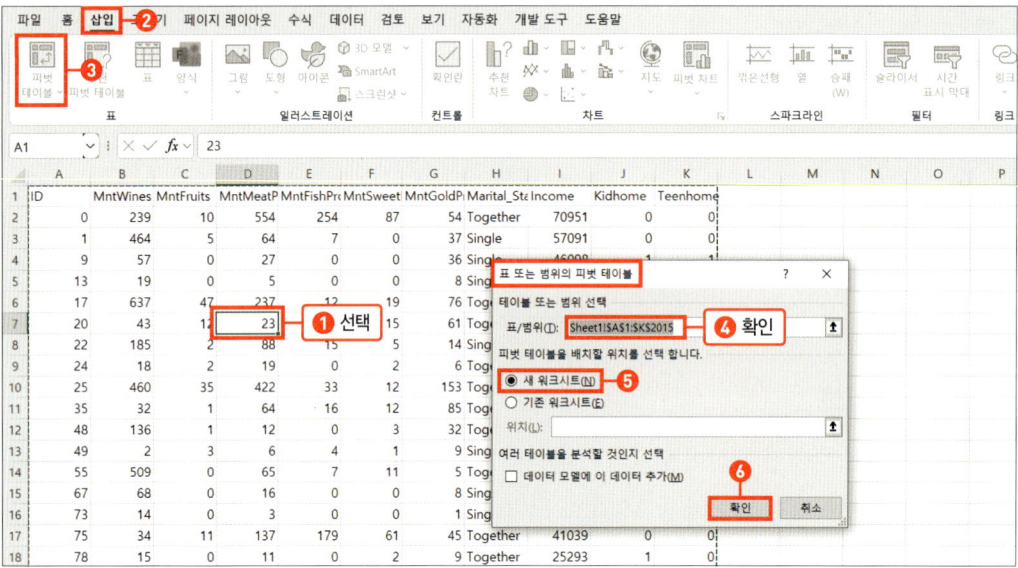

③ '피벗 테이블 필드'에서 [ID]를 [행], [Metrial_Status]을 [열], [ID]를 [값]으로 드래그 합니다.

④ [값]의 [합계:ID]의 '값 필드 설정'을 [개수:ID]로 변경합니다. 이렇게 하면 'Single' 또는 'Together'에서 값이 있는 셀에만 '1'이 채워집니다.

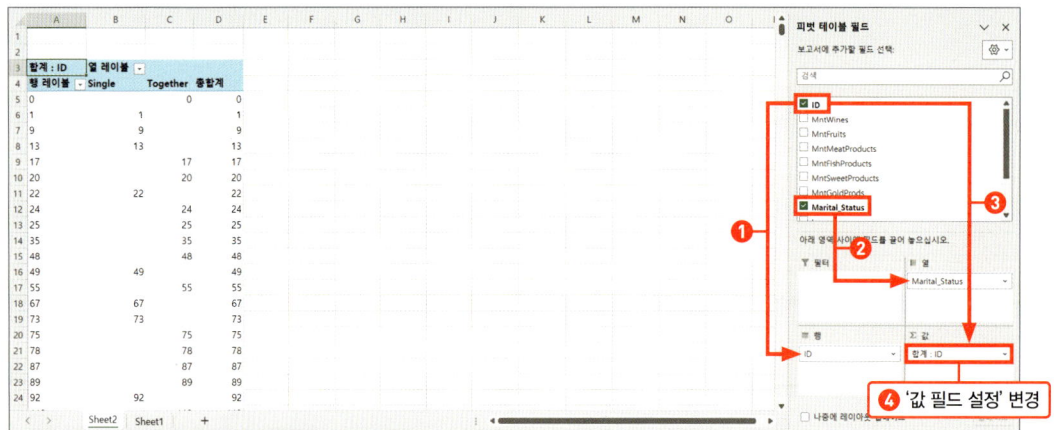

⑤ 요약된 피벗 테이블의 [B4:C2018] 영역을 복사하여 [Sheet1] 시트의 [L1] 셀에 붙여 넣습니다.

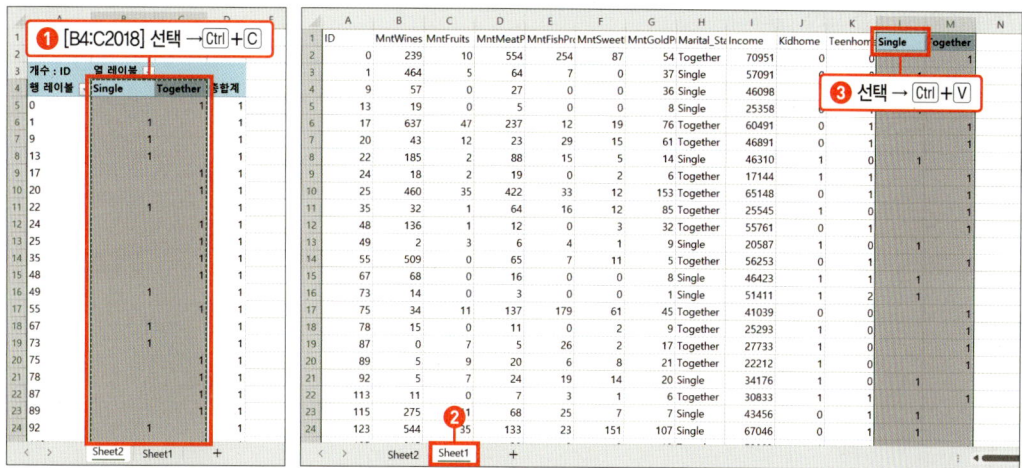

⑥ [Sheet1] 시트의 [L1:M2015] 영역이 선택된 상태에서 [이동 옵션] 창을 표시하고 [빈 셀]을 선택한 후 [확인]을 클릭합니다.

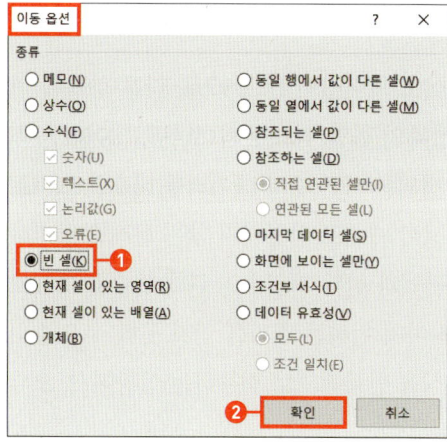

TIP Ctrl + G 나 F5 를 눌러 [이동] 창을 표시한 다음 [옵션]을 선택하면 [이동 옵션] 창을 표시할 수 있습니다.

⑦ 빈 셀이 선택된 상태에서 '0'을 입력한 후 [Ctrl]+[Enter]를 눌러 선택된 전체 빈 셀에 '0'을 채워 넣습니다. 이 작업으로 'Single' 또는 'Together'에서 값이 있는 셀은 '1', 값이 없는 셀은 '0'으로 채워져 수치로 표현되었습니다.

3 | 스케일링 하기

페르소나 설정 항목 중 [Income] 열은 최소값이 1730이고 최대값이 162397로, 다른 항목에 비해 범위가 큰 편입니다. 코사인 유사도를 계산할 때 각 항목의 범위가 크게 차이나면, 데이터를 스케일링해야 합니다. '스케일링(Scaling)'이란 서로 다른 범위를 가진 숫자 데이터를 비슷한 크기로 조정하는 작업입니다. 이는 값의 차이로 인해 항목별 특성이 제대로 반영되지 않는 문제를 방지하기 위해 사용됩니다. 예를 들어, 만 단위의 고객별 구매 금액과 한두 자릿수의 구매 건수를 그대로 계산에 사용한다면, 상대적으로 구매 건수의 영향력이 작아져 원하는 결과를 얻지 못할 수 있습니다. 스케일링은 코사인 유사도를 비롯한 여러 항목에 수식을 반복적으로 적용하는 상황에서, 오류를 방지하기 위해 사용됩니다.

엑셀에서는 STANDARDIZE 함수를 이용하여 '표준화' 방식이 적용된 스케일링 데이터를 구할 수 있습니다. 여기서 표준화란 데이터를 평균 '0', 표준편차 '1'로 변환하여, 분포의 특성을 유지하면서 비교할 수 있도록 만드는 방법입니다. 이때 표준화된 데이터의 최종 값은 일반적으로 '-3'에서 '3' 사이의 범위에 분포하여, 데이터의 상대적인 위치와 변동성을 쉽게 파악할 수 있습니다.

① [Q1] 셀과 [R1] 셀에 다음의 함수를 입력하고 Enter 를 누릅니다.

[Q1] fx
=AVERAGE(I2:I2015)
[I2:I2015] 영역의 평균을 반환합니다.

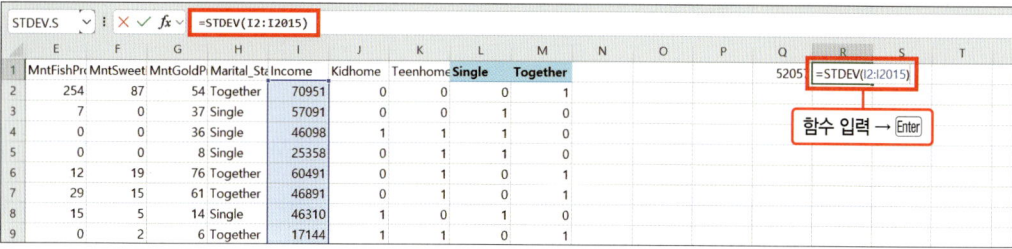

[R1] fx
=STDEV(I2:I2015)
[I2:I2015] 영역의 표준편차를 반환합니다.

② [N2] 셀에 다음의 함수를 입력하고 Enter 를 누릅니다.

[N2] fx
=STANDARDIZE(I2,$Q$1,$R$1)
STANDARDIZE 함수는 지정된 영역의 데이터를 평균과 표준편차를 이용하여 표준화하는 함수입니다. 첫 번째 인수는 Income이 있는 [I2] 셀을 입력하고 두 번째 인수는 ①에서 Income의 평균이 반환된 [Q1] 셀, 세 번째 인수는 ②에서 Income의 표준편차가 반환된 [R1] 셀을 입력합니다. 여기서 [Q1] 셀과 [R1] 셀은 절대 참조로 고정합니다.

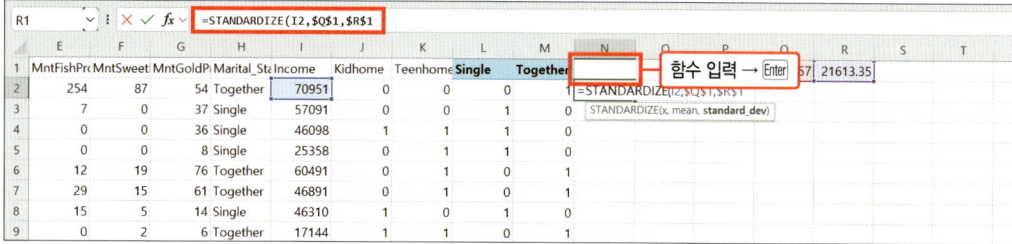

3장 디지털 플랫폼의 성장 비법, 페르소나와 상품 추천 — **231**

③ [N2] 셀의 채우기 핸들을 더블클릭하여 [N2015] 셀까지 자동 채우기를 실행합니다.

④ [N1]셀에 머리글 'Income_표준화'를 입력합니다.

	E	F	G	H	I	J	K	L	M	N	O	P
1	MntFishPr	MntSweet	MntGoldP	Marital_Sta	Income	Kidhome	Teenhome	Single	Together	Income_표준화		❷ 머리글 입력
2	254	87	54	Together	70951	0	0	0	1	0.874182083		
3	7	0	37	Single	57091	0	0	1	0	0.232	❶ 더블클릭	
4	0	0	36	Single	46098	1	1	1	0	-0.275		
5	0	0	8	Single	25358	0	1	1	0	-1.235301492		
6	12	19	76	Together	60491	0	1	0	1	0.390221866		
7	29	15	61	Together	46891	0	1	0	1	-0.239018952		

표준화는 평균을 중심으로 큰 값은 '양수', 작은 값은 '음수'로 변환됩니다. 개별 값은 분포적 특성을 유지하며 보통 '-3'에서 '3' 사이에 분포하고, 간혹 평균에서 멀리 떨어져 있는 값은 이 범위를 벗어날 수도 있습니다. Income의 경우 [I3] 셀의 '57091'은 평균 '52057'보다 큰 값으로 '0.233'의 양수로 표현되고 [I4] 셀의 '46098'은 평균보다 작아 '-0.276'의 음수로 표현되었습니다. [I299] 셀의 '162397'은 평균에서 가장 멀리 떨어져 있으며 '5.11'로 변환되었습니다.

4 | 페르소나의 데이터 입력하기

여기까지 텍스트 형식 데이터를 수치화하고 스케일링을 적용하여 '코사인 유사도'를 계산하기 위한 데이터 가공작업이 완료되었습니다. 이제부터는 페르소나와 각 데이터의 코사인 유사도를 계산하는 단계를 진행합니다. 단, 데이터가 가공된 만큼 앞서 설정한 페르소나도 가공된 데이터에 맞춰 변경해야 합니다.

[Sheet1] 시트의 여백에서 앞의 실습으로 설정한 페르소나를 가공된 방식에 맞춰 입력해 보겠습니다.

① [J1:N1] 영역의 머리글을 복사하여 [Q3:U3] 영역에 붙여 넣습니다.

② [Q4:T4] 영역에 다음의 값을 입력합니다.

• [Q4]: '0', [R4]: '0', [S4]: '0', [T4]: '1'

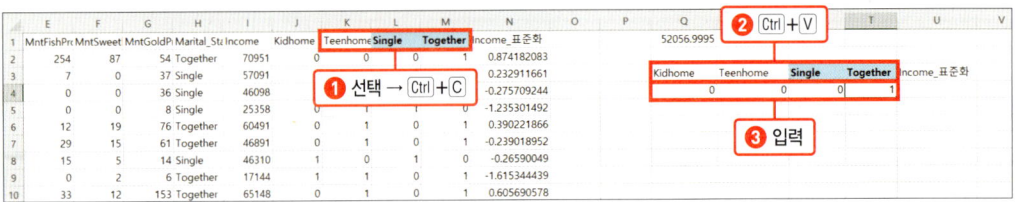

TIP [Q4] 셀과 [R4] 셀의 'Kidhome', 'Teenhome'은 자녀 수에 대한 항목으로 '0'을 입력하면 자녀가 없다는 것을 의미합니다. [S4] 셀과 [T4] 셀은 '0'(Single)과 '1'(Together)로 결혼 여부를 표시합니다.

③ [U4] 셀에 다음의 함수를 입력하고 Enter 를 누릅니다.

| [U4] fx | =STANDARDIZE(83987, Q1, R1)
STANDARDIZE 함수는 표준화 함수로 첫 번째 인수에 Income 데이터를 활용하여 '연 소득 상위 5%'를 추출했던 '83987'을 입력하고, 두 번째 인수는 Income의 평균이 반환된 [Q1] 셀, 세 번째 인수는 Income의 표준편차가 반환된 [R1] 셀을 입력합니다. |

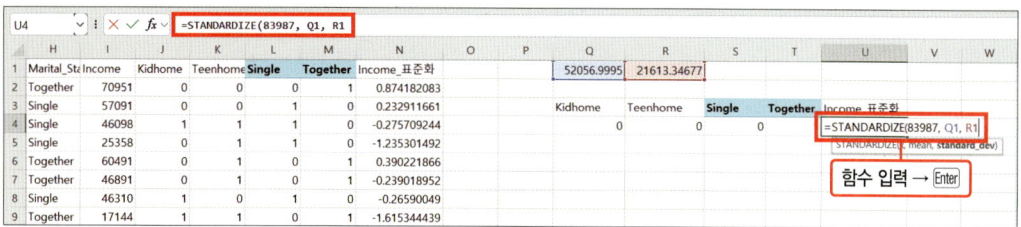

페르소나에 따른 'Income_표준화' 값은 '1.477'로 여태까지 수치화와 표준화를 거쳐 최종 설정된 페르소나는 다음과 같습니다. 이제 이 값으로 각 데이터와 코사인 유사도를 계산하는 방법을 알아보겠습니다.

Kidhome	Teenhome	Single	Together	Income_표준화
0	0	0	1	1.477327914

5 │ 코사인 유사도 계산하기

① [O2] 셀에 다음의 함수를 입력하고 Enter 를 누릅니다.

[O2] fx	=SUMPRODUCT(J2:N2, $Q$4:$U$4) / SQRT(SUMSQ(J2:N2) * SUMSQ($Q$4:$U$4)) 코사인 유사도를 계산하는 수식은 크게 분자와 분포 두개의 파트로 나눠지며, 총 세개의 함수를 사용합니다.
	분자		분모		
	SUMPRODUCT(J2:N2, $Q$4:$U$4)	/	SQRT(	SUMSQ(J2:N2) * SUMSQ($Q$4:$U$4)	)
	① 두 데이터를 곱한 후 합한 값	④ 나누기	③ 제곱근	② 각 데이터의 제곱합을 곱한 값	
	① 분자에 사용하는 SUMPRODUCT 함수는 두 데이터에서 같은 위치의 값을 곱한 후 결과값을 더하는 함수입니다. 예를 들어 [J2] 셀은 [Q4] 셀과 곱합니다. 여기서는 첫 번째 인수에 개별 데이터가 있는 [J2:N2] 영역을 입력하고 두 번째 인수는 페르소나 속성을 입력한 [Q4:U4] 영역을 입력합니다. 이 때 페르소나 속성이 있는 [Q4:U4] 영역은 절대 참조로 고정합니다. ② 분모는 각 데이터의 제곱합을 곱한 후 제곱근을 계산합니다. 여기서 SUMSQ 함수는 지정 영역의 값을 하나씩 제곱한 후 모두 더한 값을 계산합니다. 첫 번째 SUMSQ 함수에는 개별 데이터가 있는 [J2:N2] 영역을 입력하고 두 번째 SUMSQ 함수에는 페르소나 속성을 입력한 [Q4:U4] 영역을 입력합니다. 그리고 이 두개의 값을 곱합니다.

③ SQRT 함수는 수식 또는 단일 값을 입력하여 제곱근을 구하는 함수로 여기서는 인수로 [O2] 셀의 수식을 입력하여 결과값에 제곱근을 계산합니다.

④ 마지막으로 분자를 분모로 나누어 수식을 완성합니다.

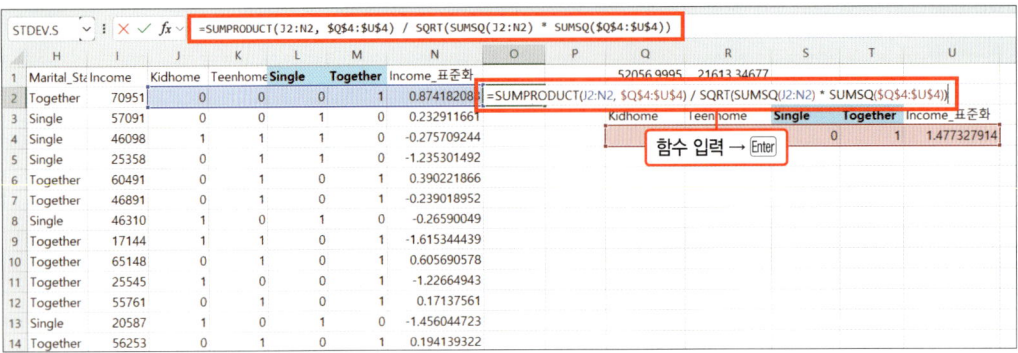

② [O2] 셀의 채우기 핸들을 더블클릭하여 [O2015] 셀까지 함수를 채워 넣습니다.

③ [O1]셀에 머리글로 '코사인유사도'를 입력합니다.

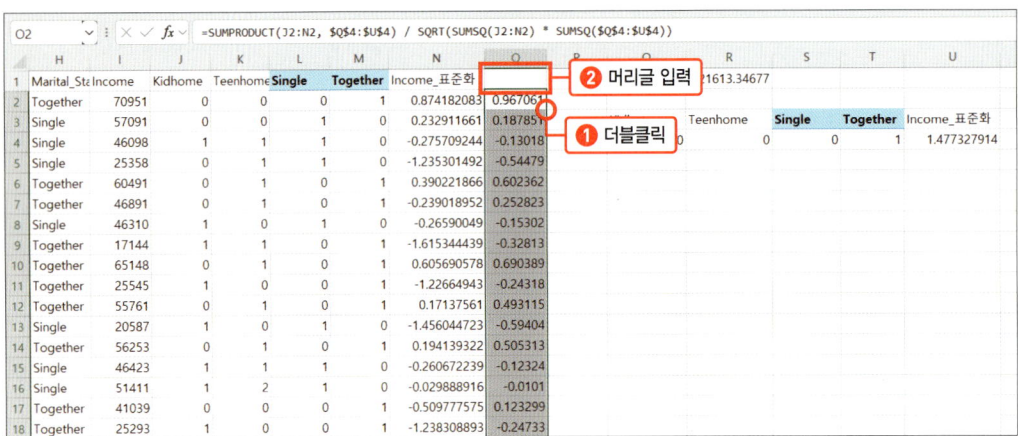

6 | 코사인 유사도를 기준으로 고객 분류하기

코사인 유사도는 '-1'에서 '1' 사이의 값을 반환하며, 데이터가 페르소나와 유사할수록 '1'에 가까운 값을 나타냅니다. 여기서는 코사인 유사도를 활용해 고객의 속성이 페르소나와 얼마나 일치하는지 확인한 뒤, 유사도를 구간별로 나누어 카테고리별 소비 금액을 비교해 보겠습니다.

① 코사인 유사도를 계산한 [Sheet1] 시트의 데이터 영역에서 임의의 셀을 선택하고 메뉴에서 [삽입]-[표]-[피벗테이블]을 선택합니다.

② [표 또는 범위의 피벗 테이블] 창에서 데이터 범위를 확인하고 [새 워크시트]를 선택한 다음 [확인]을 클릭합니다.

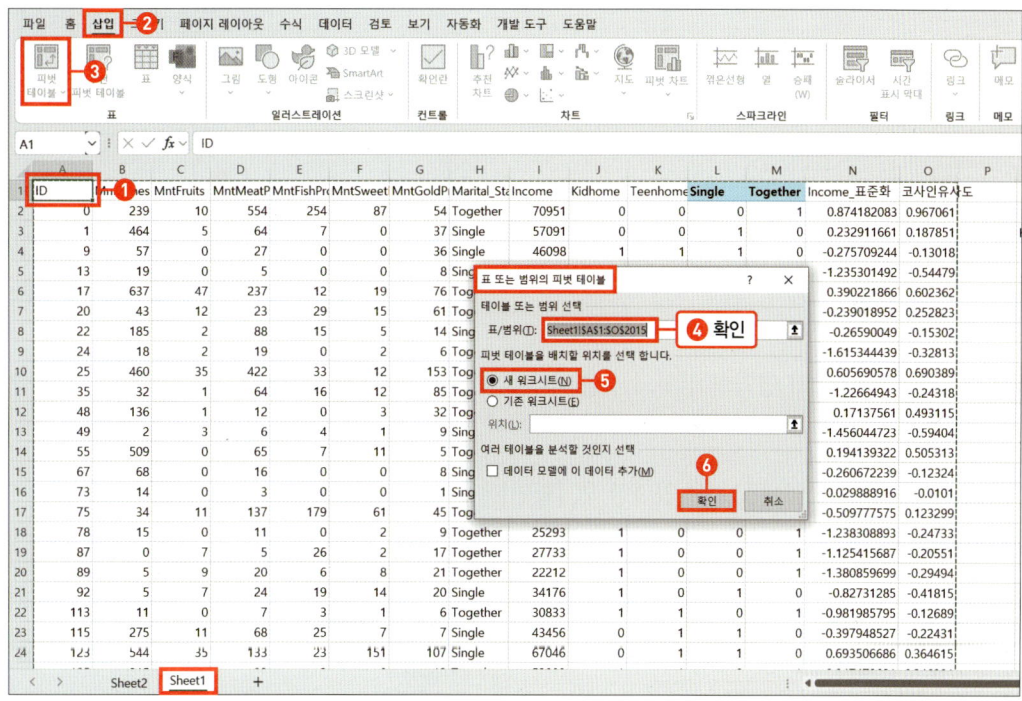

③ '피벗 테이블 필드'에서 [코사인유사도]를 [행], [ID]를 [값]으로 드래그 한 다음 [ID]의 '값 필드 설정'을 [개수]로 변경합니다.

④ '행 레이블' 데이터 영역의 임의의 셀을 마우스 오른쪽 버튼으로 클릭한 다음, [그룹]을 선택합니다.

⑤ [그룹화] 창의 단위에 '0.1'을 입력한 후, [확인]을 클릭합니다.

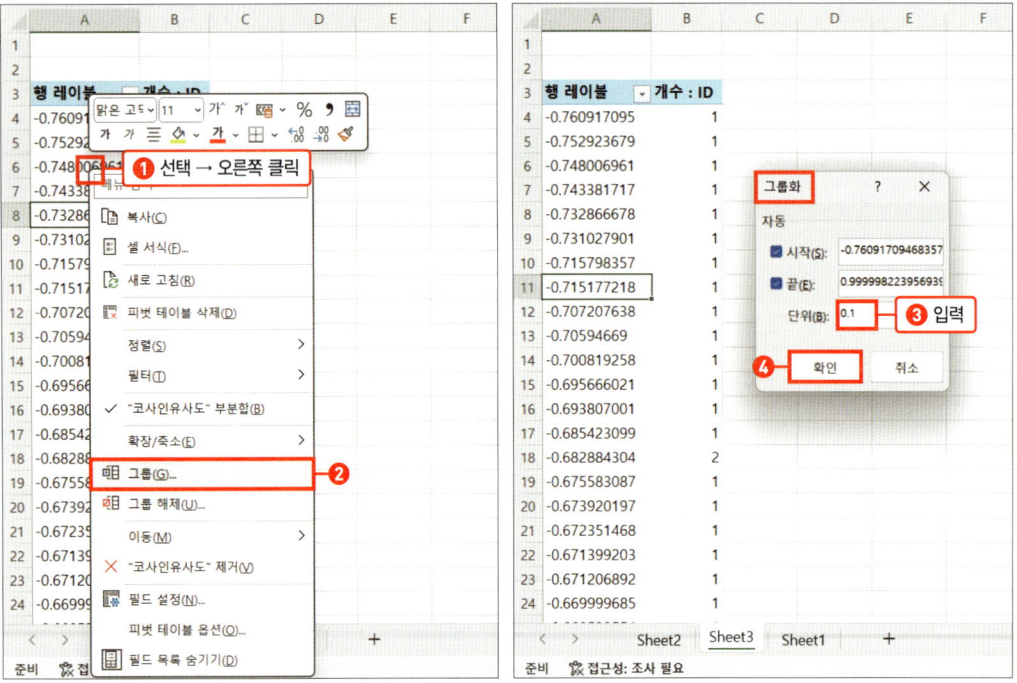

⑥ 피벗 테이블의 데이터가 최솟값 '-0.76'부터 '0.93'까지 '0.1'의 간격으로 18개 그룹이 요약됩니다. 이렇게 유사도가 비슷한 그룹을 묶으면 유사도에 따른 고객 속성을 쉽게 비교할 수 있습니다.

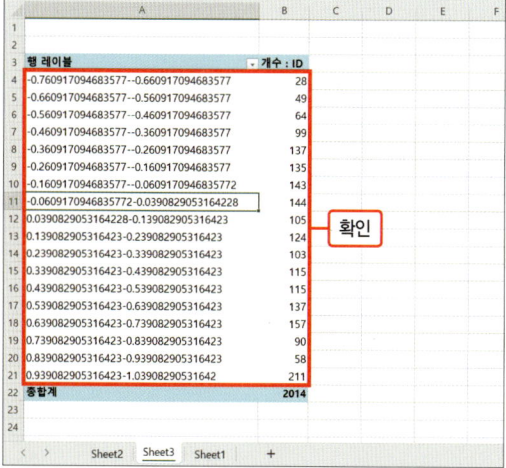

⑦ '피벗 테이블 필드'에서 [Kidhome], [Teenhome], [Single], [Together], [Income]을 [값]으로 드래그하고 [Income]의 '값 필드 설정'을 평균으로 변경합니다.

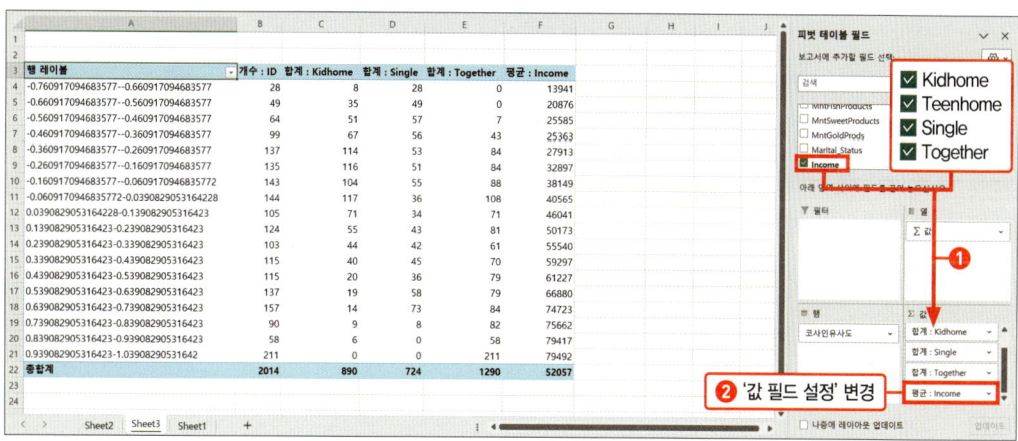

3장 디지털 플랫폼의 성장 비법, 페르소나와 상품 추천 — **237**

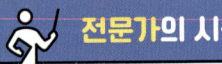
코사인 유사도별 고객 행동 살펴보기

행 레이블	개수 : ID	합계 : Kidhome	합계 : Single	합계 : Together	평균 : Income
-0.760917094683577--0.660917094683577	28	8	28	0	13941
-0.660917094683577--0.560917094683577	49	35	49	0	20876
-0.560917094683577--0.460917094683577	64	51	57	7	25585
-0.460917094683577--0.360917094683577	99	67	56	43	25363
-0.360917094683577--0.260917094683577	137	114	53	84	27913
-0.260917094683577--0.160917094683577	135	116	51	84	32897
-0.160917094683577--0.0609170946835772	143	104	55	88	38149
-0.0609170946835772-0.0390829053164228	144	117	36	108	40565
0.0390829053164228-0.139082905316423	105	71	34	71	46041
0.139082905316423-0.239082905316423	124	55	43	81	50173
0.239082905316423-0.339082905316423	103	44	42	61	55540
0.339082905316423-0.439082905316423	115	40	45	70	59297
0.439082905316423-0.539082905316423	115	20	36	79	61227
0.539082905316423-0.639082905316423	137	19	58	79	66880
0.639082905316423-0.739082905316423	157	14	73	84	74723
0.739082905316423-0.839082905316423	90	9	8	82	75662
0.839082905316423-0.939082905316423	58	6	0	58	79417
0.939082905316423-1.03908290531642	211	0	0	211	79492
총합계	2014	890	724	1290	52057

요약된 피벗 테이블에서 페르소나 설정 항목을 살펴보면, 코사인 유사도가 가장 높은 [A21] 열의 그룹은 모든 항목이 페르소나와 일치합니다. 반면 코사인 유사도가 낮을수록 페르소나와 대치되는 속성을 보여 고객이 잘 분류되었음을 알 수 있습니다. 예를 들어 코사인 유사도가 가장 낮은 그룹의 결혼 상태를 나타내는 [E4] 셀을 살펴보면, [합계 : Together]가 0으로 모두 Single인 것을 확인할 수 있습니다. 또한 Income(연간 가구 소득)의 경우 유사도가 작을수록 소득이 낮아져, 페르소나로 설정한 고소득 항목이 효과적으로 적용되었음을 보여줍니다.

이번에는 페르소나의 코사인 유사도에 따라 고객의 행동이 어떻게 달라지는지 카테고리별 소비금액을 살펴보겠습니다.

① '피벗 테이블 필드'의 [값]에 있는 항목을 모두 삭제한 후, [MntWines],[MntFruits], [MntMeatProducts], [MntFishProducts], [MntSweetProducts], [MntGoldProds]를 [값] 으로 드래그하고 '값 필드 설정'을 모두 [평균]으로 변경합니다.

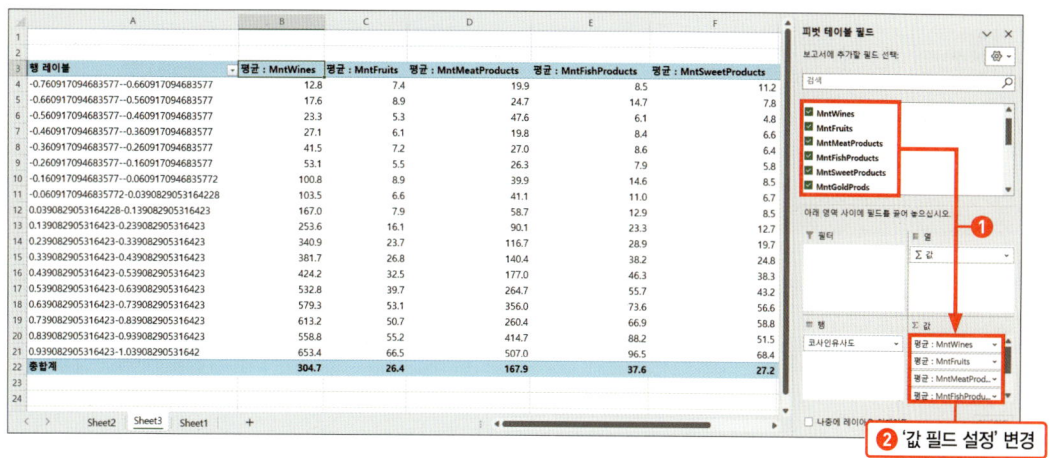

② '평균 : MntWines(와인 구매 금액)'이 있는 [B4:B21] 영역을 선택하고 메뉴에서 [홈]-[스타일]-[조건부 서식]-[색조]-[빨강-흰색-파랑 색조]를 차례대로 선택합니다.

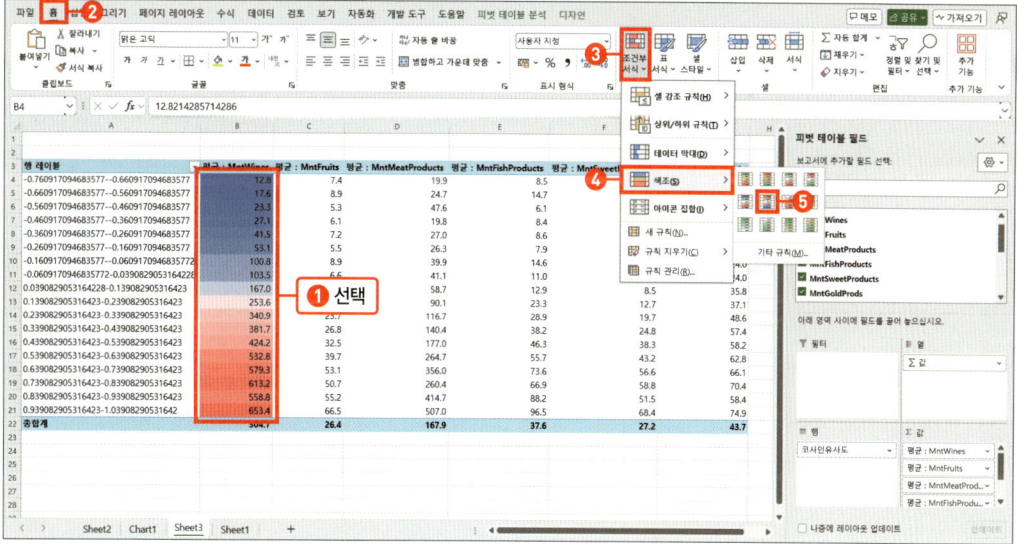

③ 나머지 열도 ②와 같은 방법으로 조건부 서식을 적용합니다.

TIP 조건부 서식은 선택한 셀의 범위 안에서만 서식이 적용되므로 각 항목의 값이 다를 경우 행이나 열 단위로 서식을 조건부 서식을 지정해야 합니다.

3장 디지털 플랫폼의 성장 비법, 페르소나와 상품 추천 — 239

전문가의 시선 — 페르소나 유사도를 통한 고객 속성 비교

행 레이블	평균 : MntWines	평균 : MntFruits	평균 : MntMeatProducts	평균 : MntFishProducts	평균 : MntSweetProducts	평균 : MntGoldProds
-0.760917094683577--0.660917094683577	12.8	7.4	19.9	8.5	11.2	24.5
-0.660917094683577--0.560917094683577	17.6	8.9	24.7	14.7	7.8	25.6
-0.560917094683577--0.460917094683577	23.3	5.3	47.6	6.1	4.8	18.4
-0.460917094683577--0.360917094683577	27.1	6.1	19.8	8.4	6.6	16.3
-0.360917094683577--0.260917094683577	41.5	7.2	27.0	8.6	6.4	18.3
-0.260917094683577--0.160917094683577	53.1	5.5	26.3	7.9	5.8	20.3
-0.160917094683577--0.0609170946835772	100.8	8.9	39.9	14.6	8.5	24.0
-0.0609170946835772-0.0390829053164228	103.5	6.6	41.1	11.0	6.7	24.0
0.0390829053164228-0.139082905316423	167.0	7.9	58.7	12.9	8.5	35.8
0.139082905316423-0.239082905316423	253.6	16.1	90.1	23.3	12.7	37.1
0.239082905316423-0.339082905316423	340.9	23.7	116.7	28.9	19.7	48.6
0.339082905316423-0.439082905316423	381.7	26.8	140.4	38.2	24.8	57.4
0.439082905316423-0.539082905316423	424.2	32.5	177.0	46.3	38.3	58.2
0.539082905316423-0.639082905316423	532.8	39.7	264.7	55.7	43.2	62.8
0.639082905316423-0.739082905316423	579.3	53.1	356.0	73.6	56.6	66.1
0.739082905316423-0.839082905316423	613.2	50.7	260.4	66.9	58.8	70.4
0.839082905316423-0.939082905316423	558.8	55.2	414.7	88.2	51.5	58.4
0.939082905316423-1.03908290531642	653.4	66.5	507.0	96.5	68.4	74.9
총합계	304.7	26.4	167.9	37.6	27.2	43.7

앞서 코사인 유사도에 따른 페르소나 설정 항목을 확인했을 때, 유사도가 높아질수록 연간 가구 소득(Income)이 증가하는 현상을 확인할 수 있었습니다. 이번 분석에서는 코사인 유사도가 높을수록 품목별 소비 금액도 전반적으로 증가하는 경향을 보입니다. 이는 페르소나에 따른 코사인 유사도를 추출하면, **고객이 페르소나와 일치할수록 속성 뿐만 아니라 행동도 유사해지는 현상을 보여줍니다.**

이러한 현상은 여러 분야의 페르소나에서 관찰할 수 있습니다. 예를 들어 환경 보호에 관심이 많은 고객을 페르소나로 설정하면, 유사도가 높은 고객일수록 친환경 제품을 선호하고, 재사용 가능한 상품을 구매하며, 관련 캠페인에 적극 참여하는 행동을 보입니다. 또한 디지털 기기에 익숙한 밀레니얼 세대를 페르소나로 설정하면, 유사도가 높은 고객일수록 신기술에 관심이 많고, 최신 스마트폰이나 웨어러블 디바이스를 적극적으로 구매하며, 소셜 미디어를 활발하게 이용하는 행동을 보입니다.

실습 결과는 속성과 행동이 연관성을 보여 페르소나에 설정된 연 소득 상위 5%가 강하게 반영된 것으로 보입니다. 자녀 유무나 기혼 여부보다 연 소득 상위 5%가 행동을 결정하는 차별화 요인이 된 것입니다. 이처럼 고객에 대한 이해가 상세할수록 페르소나 기반의 고객 추출 완성도는 높아지게 됩니다.

> TIP 소득에 따라 품목별 구매 행동이 달라지는 현상은 같은 데이터를 분석한 173쪽에서도 확인할 수 있습니다.

상관계수로 추천 상품 찾기

디지털 기술의 발전과 팬데믹을 거치면서 영화와 배달은 물론, 교육과 의료 서비스까지 생활 곳곳에 온라인 플랫폼이 깊숙이 스며들었습니다. 데이터가 많을수록 유리한 플랫폼의 특성으로 인해 기업은 데이터 확보에 열을 올리는 한편, 보유 데이터의 가치를 높이기 위한 개인화 서비스에도 심혈을 기울이고 있습니다. 그러나 데이터 기반 개인화에는 치명적인 약점이 존재합니다. 이번 CASE에서는 이런 약점을 보완할 수 있는 상품 기반 추천을 실습해 보겠습니다.

✓ 상품 기반 추천과 활용 방법

데이터 기반 개인화 서비스는 아직 고객의 데이터를 축적하지 않은 상태에서는 원활한 서비스 제공이 어렵습니다. 예를 들어, 온라인 쇼핑몰에 새로 가입한 고객이 아직 상품을 구매하지 않았다면, 그 고객의 취향과 선호도를 파악할 수 없어 좋아할 만한 상품을 추천하기 어렵죠. 추천 시스템과 개인화 서비스에서는 이러한 상황을 '콜드 스타트(Cold Start)'라고 합니다. 이는 마치 자동차에 시동을 건 직후에는 제대로 동작하지 않는 것처럼, 콜드 스타트 상태에서는 미리 준비된 알고리즘과 서비스가 제대로 작동하지 않아 플랫폼의 장점을 충분히 보여주기 어렵습니다.

이럴 때, 상품 기반 추천은 서비스 품질을 높이는 데 매우 유용합니다. 고객의 데이터가 아닌 상품의 데이터를 기준으로 추천하기 때문에 데이터가 부족한 고객에게도 상품을 추천할 수 있으며, 비회원 서비스나 로그인을 하지 않은 상황에서도 최적화된 추천 서비스를 제공할 수 있습니다.

다음 그림은 유사도 기반 추천 방식 중 하나인 '협업 필터링(Collaborative Filtering)'을 통해 고객 기반 추천과 상품 기반 추천 방식을 비교한 것입니다. 협업 필터링은 다수의 사용자 데이터를 수집·분석하여 유사한 상품 또는 사용자를 찾아내고, 이를 기반으로 추천 대상을 선정합니다. 사용자들이 협력하여 정보를 필터링하고 이를 통해 개인화된 추천을 제공한다는 점에서, '협력'을 의미하는 영어 단어 'Collaboration'과 '여과' 또는 '걸러내기'를 의미하는 'Filtering'에서 용어가 유래하였습니다.

▲ 협업 필터링의 고객 기반 및 상품 기반 추천 방식 비교

협업 필터링에서는 고객을 기반으로 상품을 추천할 때, 고객별 구매 이력을 기준으로 유사한 고객을 찾은 후 해당 고객이 아직 구매하지 않은 상품을 추천합니다. 간단한 데이터와 시스템만으로도 고객의 취향과 선호도에 맞춘 개인화 서비스를 제공할 수 있습니다.

상품 기반 추천은 이와 비슷하지만, 추천의 기준을 고객에서 상품으로 바꾸어 고객이 현재 관심을 가진 상품과 유사한 상품을 추천합니다. 즉, 고객이 아직 구체적인 취향을 드러내지 않았더라도 상품을 검색하거나 조회하는 행동을 기반으로 관련 상품을 제안함으로써 맞춤 서비스를 제공합니다. 또한, 이를 통해 고객의 행동 데이터를 축적하여 점점 더 정확한 추천을 가능하게 합니다.

협업 필터링은 데이터가 많을수록 성능이 좋아지는 특징이 있으며, 데이터를 구성하는 방식에 따라 상품 추천뿐만 아니라 광고, 검색어 등 다양한 콘텐츠 기반 서비스에 활용될 수 있습니다. 또한, 오프라인 매장에서도 상품 진열과 동선 설계 등 다양한 영역에 응용할 수 있습니다.

✓ 상품 기반 추천을 위한 유사도 측정표

상품 기반 추천을 위해서는 특정 상품에 대한 고객의 행동을 비교할 수 있는 표를 만들어 합니다. 여기서 행동이란 구매, 조회, 평점, 동시 구매, 반복 구매 등 다양한 정보를 수집한 후 목적에 따라 적절하게 선택하면 됩니다. 예를 들어, 온라인 쇼핑몰에서 묶음 배송을 위해 추가 구매를 유도하려고 한다면, 구매 직전에 장바구니에 담긴 제품으로 데이터를 구성하면 상황에 맞는 상품을 추천할 수 있습니다.

유사도 측정표는 다음 그림과 같이 상품과 고객을 행과 열에 배치하고, 값 영역에 행동을 대입하는 방식으로 구성됩니다.

▲ 유사도 측정표 구성 방식

이렇게 구성한 표에서는 각 행에 배치된 상품별로 열에 기록된 고객 행동 데이터를 비교함으로써 상품 간 유사성을 파악할 수 있습니다. 즉, 특정 상품에 대해 고객 행동 패턴이 유사한 다른 상품을 찾을 수 있는 것입니다. 일반적으로 협업 필터링에서 유사도를 계산할 때는 '코사인 유사도'를 활용하는 경우가 많습니다. 다만, 코사인 유사도는 221쪽의 페르소나 고객 추출과 같이 복잡한 형태의 데이터에 유용한 대신 수식이 상대적으로 복잡하다는 단점이 있습니다. 유사도 측정표처럼 데이터 형태가 단순한 경우에는 코사인 유사도를 상관계수로 대체하여 손쉽게 유사도를 평가할 수 있습니다.

> **TIP** CORREL 함수에 대한 자세한 내용은 126쪽을 참고하세요.

상관계수는 127쪽의 분산형 차트에서 확인했듯이 X축이 증가할 때 Y축도 같이 증가하며 값이 커지는 특징을 가지고 있습니다. 이는 코사인 유사도와 같은 현상으로 고객 행동을 예시로 든다면, 커피 구매 고객이 우유도 같이 구매하거나 믹스커피에 높은 평점을 준 고객이 캔 커피에도 높은 평점을 주는 등 유사한 행동을 보였을 때 수치의 방향성이 같아 값이 커지게 되는 것입니다. 여기서 주의할 점은 상관계수와 코사인 유사도는 빈 셀도 같은 값으로 간주하므로 빈 셀이 많으면 유사도가 커질 수 있습니다. 이는 우리가 원하는 결과와 다르므로, 데이터를 만들 때는 빈 셀이 과도하게 포함되지 않도록 유의해야 합니다.

실습 상관계수로 추천 상품 찾기   CASE_02

실습 예제는 'Kaggle'의 'Cellphones Recommendations'로 이 데이터는 2022년 미국에서 가장 인기 있는 휴대전화 33종에 대한 평가 데이터입니다. 데이터는 상품 정보, 고객 정보, 평가점수 (10점)으로 구성되어 있으며, 각 평가자에게는 10개의 휴대전화를 무작위로 제공하고 상품 구매 가능성을 점수로 평가하도록 요청한 것입니다. 데이터별 총 3개의 시트로 구성되어 있으며 시트별 항목은 다음과 같습니다.

[상품 시트]

항목	설명	값의 형태
cellphone_id	휴대폰의 고유 ID	0~32, 총 33종
brand	휴대폰 브랜드	Apple, Samsung, Google 등
model	휴대폰 모델명	iPhone 13, Galaxy Z Flip 3, Xperia Pro 등
operating system	운영체제	iOS, Android
internal memory	내장 메모리 용량 (GB)	숫자
RAM	RAM 용량 (GB)	숫자
performance	성능 점수	숫자
main camera	메인 카메라 화소 (MP)	숫자
selfie camera	전면 카메라 화소 (MP)	숫자
battery size	배터리 용량 (mAh)	숫자
screen size	화면 크기 (인치)	숫자
weight	무게 (g)	숫자
price	가격 (USD)	숫자
release date	출시일 (DD/MM/YYYY)	날짜

[고객 시트]

항목	설명	값의 형태
user_id	사용자의 고유 ID	일련번호
age	사용자의 나이	21~61
gender	사용자의 성별	문자열 (Male, Female, 또는 -Select Gender-)
occupation	사용자의 직업	Data analyst, IT, Finance 등

[평가 시트]

항목	설명	값의 형태
user_id	사용자의 고유 ID	일련번호
cellphone_id	휴대폰의 고유 ID	0~32, 총 33종
rating	사용자 점수	1~10, 최소 1점에서 최대 10점까지 부여

1 | 평가 데이터로 유사도 측정 표 만들기

① [**평가**] 시트의 데이터 범위에서 임의의 셀을 선택한 후, 메뉴에서 [**삽입**]-[**피벗 테이블**]을 선택합니다.

② [**표 또는 범위의 피벗 테이블**] 창에서 데이터 범위를 확인한 다음 [**새 워크시트**]를 선택하고 [**확인**]을 클릭합니다.

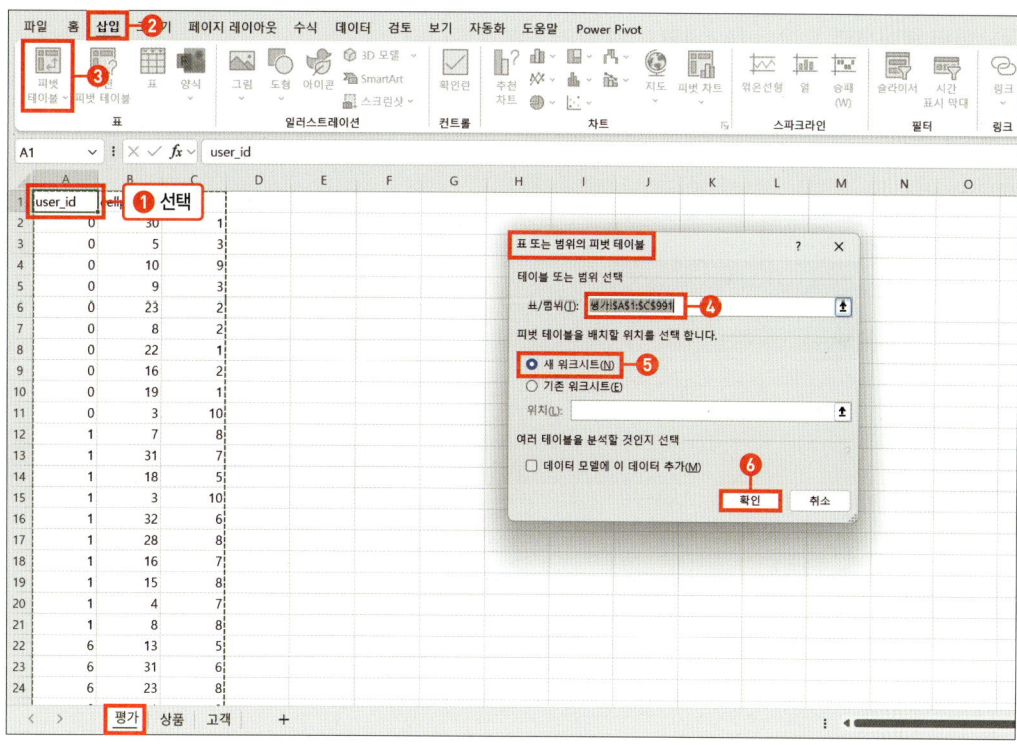

③ '피벗 테이블 필드'에서 [user_id]를 [행], [cellphone_id]를 [열], [rating]을 [값]으로 드래그합니다.

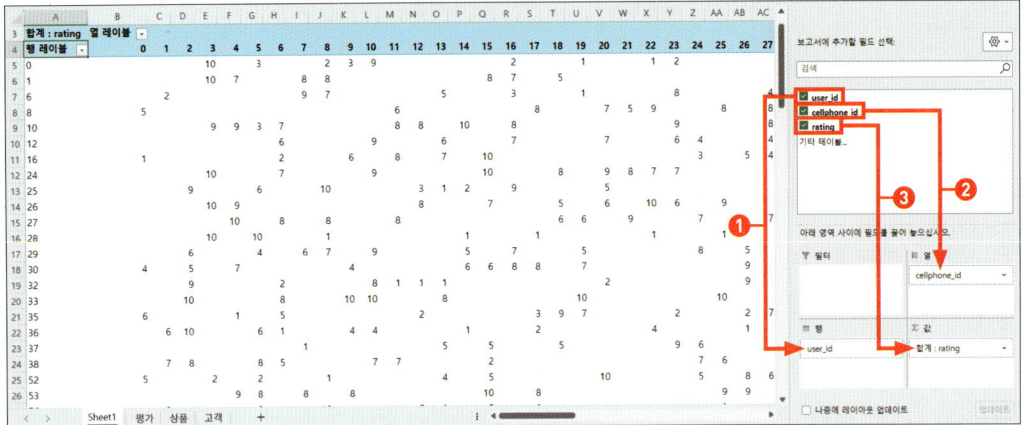

④ 피벗 테이블로 요약된 [A4:AH103] 영역을 복사합니다.

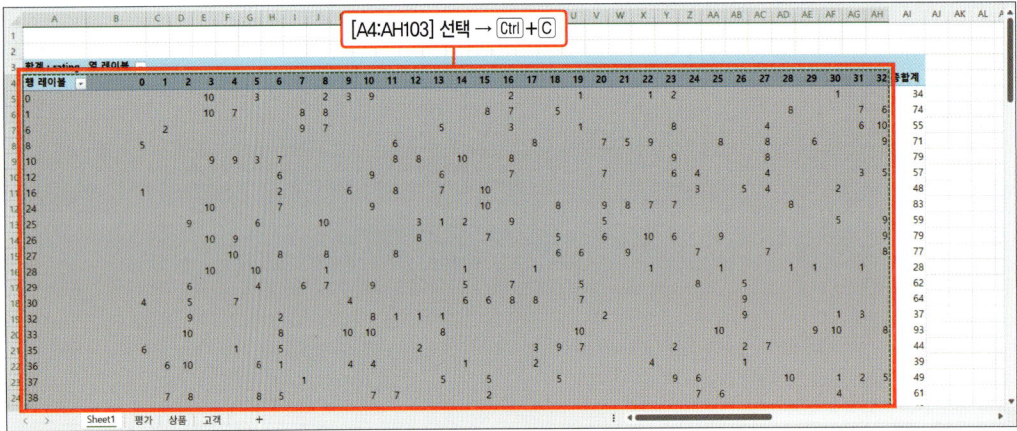

⑤ 새 시트([Sheet2])의 [A1] 셀에 복사한 값을 붙여넣기합니다.

⑥ 붙여넣기한 데이터 영역이 활성화된 상태에서 [이동 옵션] 창을 표시하고 [빈 셀]을 선택한 다음 [확인]을 클릭합니다.

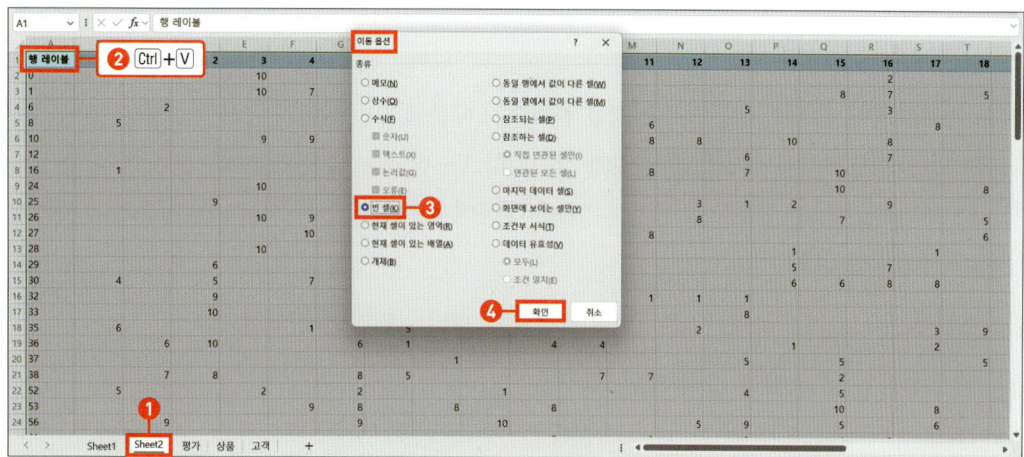

⑦ 빈 셀이 선택된 상태에서 '0'을 입력하고 Ctrl+Enter를 눌러 전체 빈 셀에 '0'을 채워 넣습니다. 상관계수는 빈 셀을 계산할 수 없으므로 데이터가 없는 셀은 임의의 값을 채워야 합니다. 여기서는 평가를 하지 않았다는 의미로 '0'을 채웠으나 상황에 따라 고객 또는 상품의 평균 점수를 채우면 더 정확한 결과를 얻을 수 있습니다.

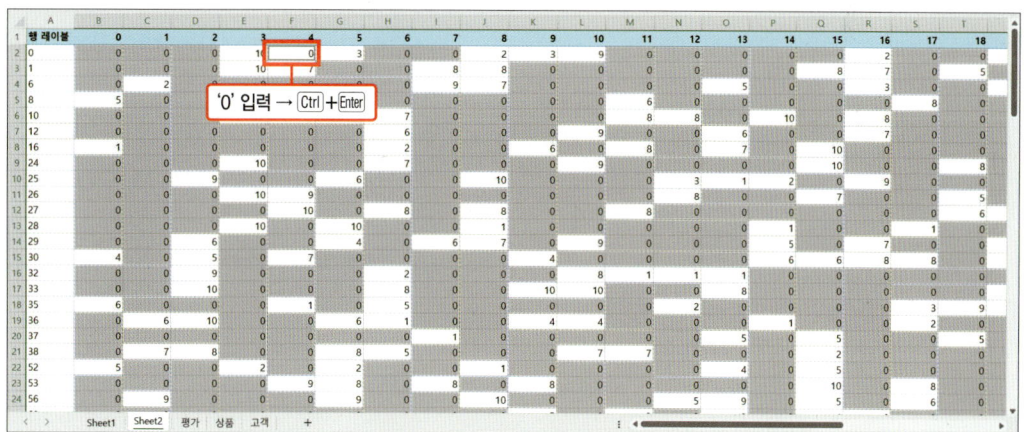

평가 데이터를 활용한 유사도 측정표가 완성되었습니다. 행 방향으로는 [user_id]로 '고객'을 배치하고, 열 방향에는 [cellphone_id]로 '상품'이 배치되었습니다. 이에 따라서 행과 열이 교차하는 지점에는 고객이 상품을 평가한 값인 [rating]이 표시됩니다. 예를 들어 [2] 행은 [0]번 고객이

0에서 32번까지의 상품을 평가한 데이터로 평가점수가 있는 3, 5, 8, 9, 10 등은 1~10점이 매겨져 있으나 나머지는 0으로 채워졌습니다. 이제 유사도 측정표를 활용하여 [cellphone_id]가 0인 상품, 즉 [B] 열을 기준으로 상관계수를 이용해 유사도를 측정해 보겠습니다.

2 | 상관계수 계산하기

실습 예제의 경우, 고객의 행동으로 평점을 입력했기 때문에, 0번 상품과 유사한 상품을 찾는 것은 고객이 동일하게 평가한 상품을 찾는 것과 같습니다. 단, 빈 셀이 많은 경우에는 의도한 대로 상품을 추천하기 어려울 수 있으므로 여기서는 0번 상품에서 평점이 있는 데이터만 이용하여 상관계수를 측정해야 합니다.

① [Sheet2] 시트의 메뉴에서 [홈]-[편집]-[정렬 및 필터]-[필터]를 선택합니다.

② [B1] 셀의 ▼을 클릭 후 값이 '0'인 데이터만 필터링합니다.

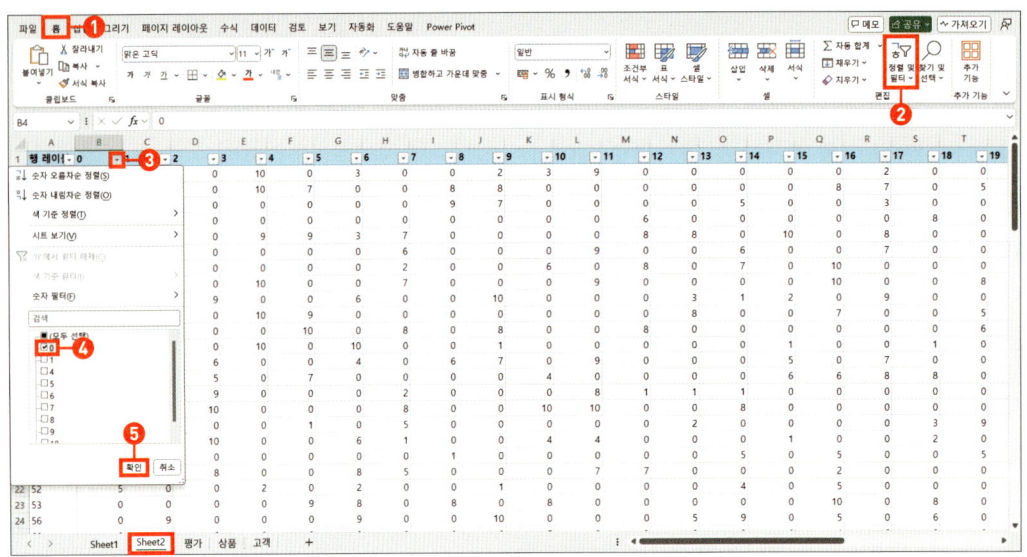

TIP 데이터를 필터링하는 자세한 내용은 60쪽을 참고하세요.

③ 필터링 된 전체 행을 선택한 다음 Ctrl + - 를 눌러 전부 삭제합니다.

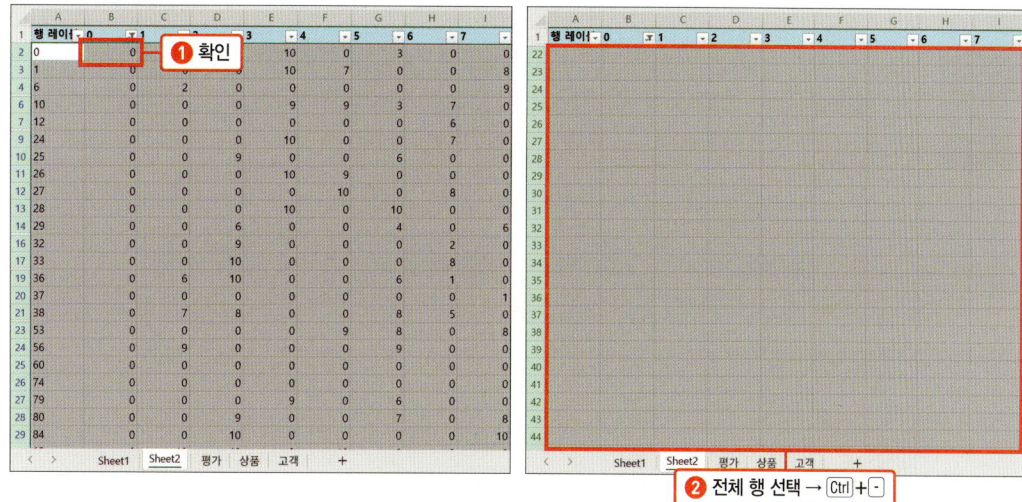

④ [B1] 셀의 ▼을 클릭한 다음 ['0'에서 필터 해제]를 선택하여 필터를 해제합니다.

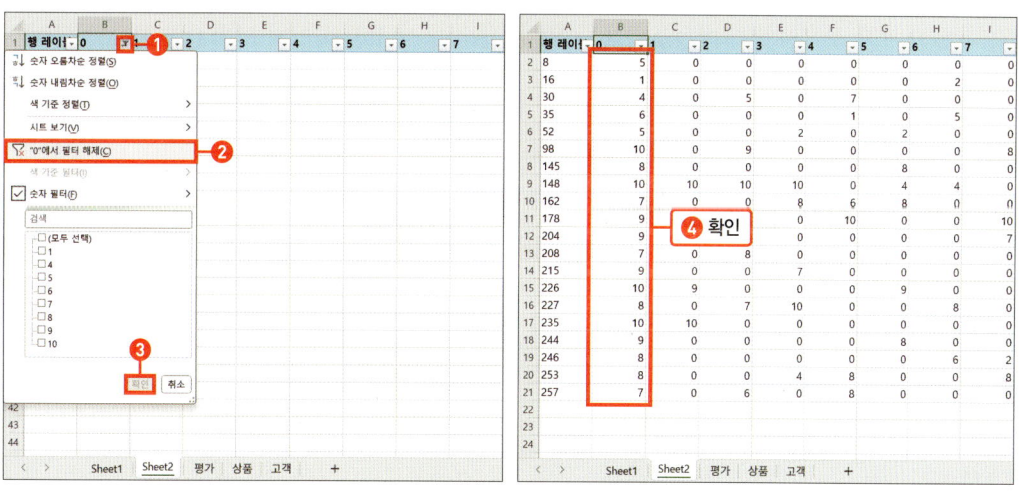

[C22] 셀에 다음의 함수를 입력하고 Enter를 누릅니다.

[C22] fx
=CORREL($B$2:$B$21,C2:C21)
CORREL 함수는 두 데이터의 상관계수를 추출하는 함수입니다. 여기서는 첫 번째 인수에 0번 상품의 평가 점수가 있는 [B2:B21] 영역을 입력하고 두 번째 인수에는 1번 상품의 평가 점수가 있는 [C2:C21] 영역을 입력합니다. 단, 수식을 입력할 때 [B2:B21] 영역은 F4를 눌러 절대 참조로 고정해야 합니다.

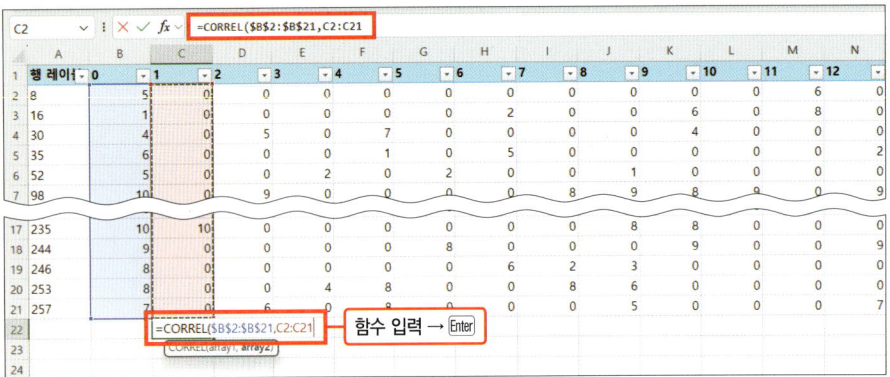

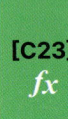 **[C22]** 셀을 복사한 후, **[D22:AH22]** 영역에 붙여 넣습니다. 이렇게 하면 0번 상품과 나머지 1~32번 상품의 상관계수가 추출됩니다.

⑦ **[C23]** 셀에 다음의 함수를 입력하고 Enter를 누릅니다.

[C23] fx
=RANK(C22,$C$22:$AH$22)
RANK 함수는 주어진 범위 안에서 숫자 데이터의 순위를 반환하는 함수입니다. 첫 번째 인수는 순위를 계산할 값, 두 번째 인수는 순위를 구할 값이 있는 데이터 범위, 세 번째 인수는 정렬 순서로 '0'을 입력하면 내림차순으로 순위를 반환하고 '1'을 입력하면 오름차순으로 순위를 반환합니다. 여기서는 ⑥에서 계산한 상관계수를 순위로 반환합니다.

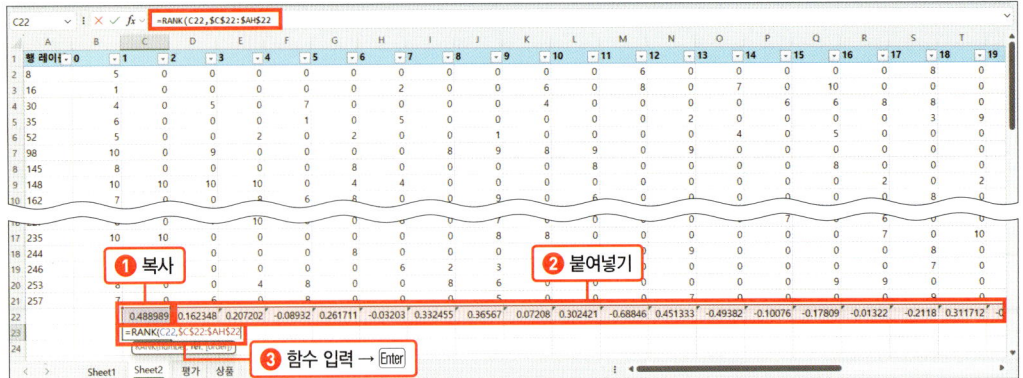

⑧ [C23] 셀을 복사하여 [D23:AH23] 영역에 붙여 넣습니다.

⑨ [B2:B21] 영역이 선택된 상태에서 메뉴의 [홈]-[조건부 서식]-[색조]-[빨강-흰색-파랑 색조]를 선택하여 조건부 서식을 적용합니다.

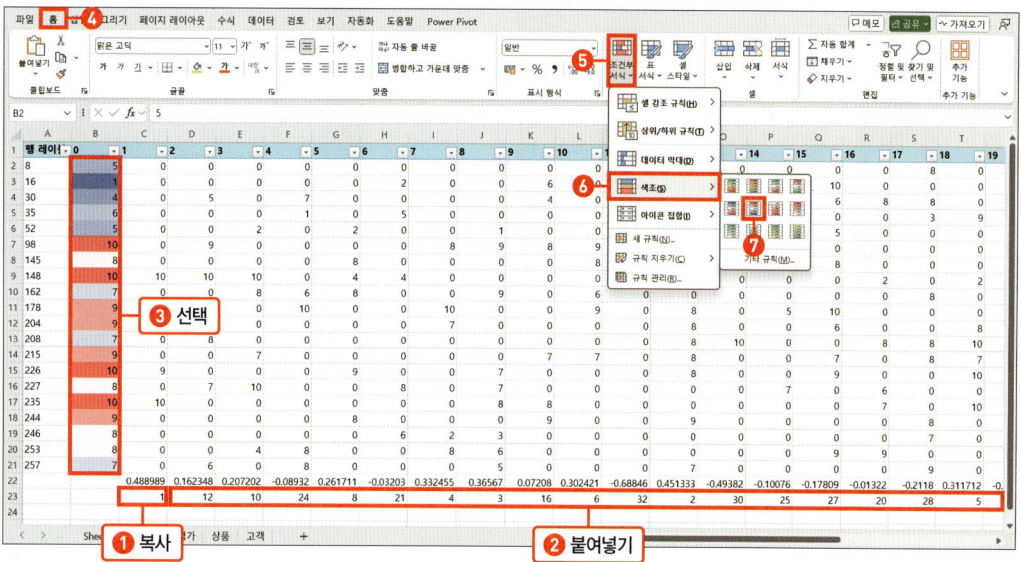

⑩ RANK 함수의 반환 값이 '1~3'위에 해당하는 [C], [J], [N] 열에도 ⑨와 같은 방법으로 조건부 서식을 적용합니다.

TIP [C], [J], [N] 열에 조건부 서식을 적용할 때에는 각 열 별로 조건부 서식을 적용해야 합니다.

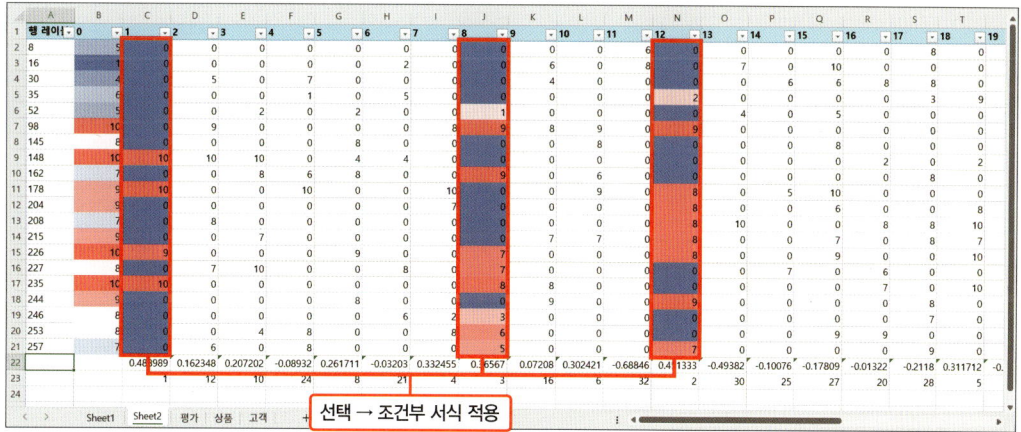

3장 디지털 플랫폼의 성장 비법, 페르소나와 상품 추천 —— 251

전문가의 시선 — 상품 기반 추천 활용 방법

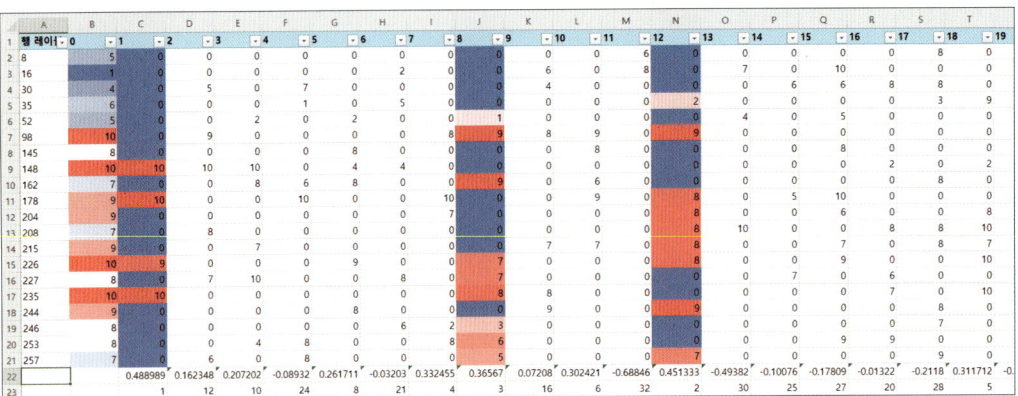

추천 대상이 된 0번 상품을 보면 [B7:B18] 영역에 있는 고객이 높은 점수를 부여했습니다. [C] 열을 보면 해당 고객이 1번 상품에도 높은 점수를 부여했죠. 8번과 12번 상품에서도 비슷한 패턴이 확인됩니다. 결국 0번 상품을 체험한 20명의 고객들은 1, 8, 12번 상품에도 비슷한 행동(평가)을 보였고 이로 인해 상관계수가 높게 나온 것입니다. 다행히 1~3위 상품은 모두 비교적 높은 점수에서 유사한 패턴을 보임에 따라 추천상품으로 사용할 수 있습니다.

참고로 [상품] 시트로 이동하여 해당 상품이 있는 2, 3, 10, 13번 행을 확인해보면, 대상 상품은 iPhone SE(2022)이며, 추천상품은 iPhone 13 Mini, Galaxy A32, Galaxy S22 Plus로 확인됩니다.

cellphone_	brand	model	operating	internal me	RAM	performan	main came	selfie cam	battery siz	screen size	weight	price	release date
0	Apple	iPhone SE (2022)	iOS	128	4	7.23	12	7	2018	4.7	144	429	18/03/2022
1	Apple	iPhone 13 Mini	iOS	128	4	7.72	12	12	2438	5.4	141	699	24/09/2021
2	Apple	iPhone 13	iOS	128	4	7.75	12	12	3240	6.1	174	699	24/09/2021
3	Apple	iPhone 13 Pro	iOS	256	6	7.94	12	12	3065	6.1	204	999	24/09/2021
4	Apple	iPhone 13 Pro Max	iOS	256	6	8.01	12	12	4352	6.7	240	1199	24/09/2021
5	Apple	iPhone XR	iOS	64	3	4.22	12	7	2942	6.1	194	236	26/10/2018
6	Asus	Zenfone 8	Android	128	8	6.76	64	12	4000	5.9	169	599	12/05/2021
7	Samsung	Galaxy A13	Android	32	3	1.36	50	8	5000	6.6	196	154	23/03/2022
8	Samsung	Galaxy A32	Android	64	4	2.2	48	13	5000	6.5	205	199	22/01/2021
9	Samsung	Galaxy A53	Android	128	6	3.79	64	32	5000	6.5	189	312	24/03/2022
10	Samsung	Galaxy S22	Android	128	8	8.81	50	10	3700	6.1	167	528	25/02/2022
11	Samsung	Galaxy S22 Plus	Android	128	8	7.22	50	10	4500	6.6	195	899	25/02/2022
12	Samsung	Galaxy S22 Ultra	Android	128	8	9.68	108	40	5000	6.8	228	840	25/02/2022
13	Samsung	Galaxy Z Flip 3	Android	128	8	5.96	12	10	3300	6.7	183	899	11/08/2021
14	Samsung	Galaxy Z Fold 3	Android	256	12	6.35	12	4	4400	7.6	271	1799	11/08/2021
15	Google	Pixel 6	Android	128	8	6.76	50	8	4614	6.4	207	499	28/10/2021
16	Google	Pixel 6a	Android	128	6	6.88	12	8	4410	6.1	178	449	21/07/2021
17	Google	Pixel 6 Pro	Android	128	12	7.19	50	11	5003	6.7	210	699	28/10/2021
18	OnePlus	Nord N20	Android	128	6	3.8	64	16	4500	6.4	173	299	28/04/2022
19	OnePlus	Nord 2T	Android	128	8	6.04	50	32	4500	6.4	190	379	21/05/2022
20	OnePlus	10 Pro	Android	128	8	8.86	48	32	5000	6.7	201	780	11/01/2022
21	OnePlus	10T	Android	128	8	11	50	16	4800	6.7	204	649	06/08/2022

이번에는 상관계수가 가장 낮은 상품을 살펴보겠습니다. [Sheet2] 시트에서 [M2:M21] 영역에 조건부 서식을 비교해보면 0번 상품과 전혀 다른 패턴이 확인됩니다. 하지만 자세히 들여다보면 [2], [3] 행을 제외하고 0점으로 매겨져 있어 사실상 0번 상품을 체험한 고객이 11번 상품에 대해서는 접해볼 기회가 없었던 것을 알 수 있습니다.

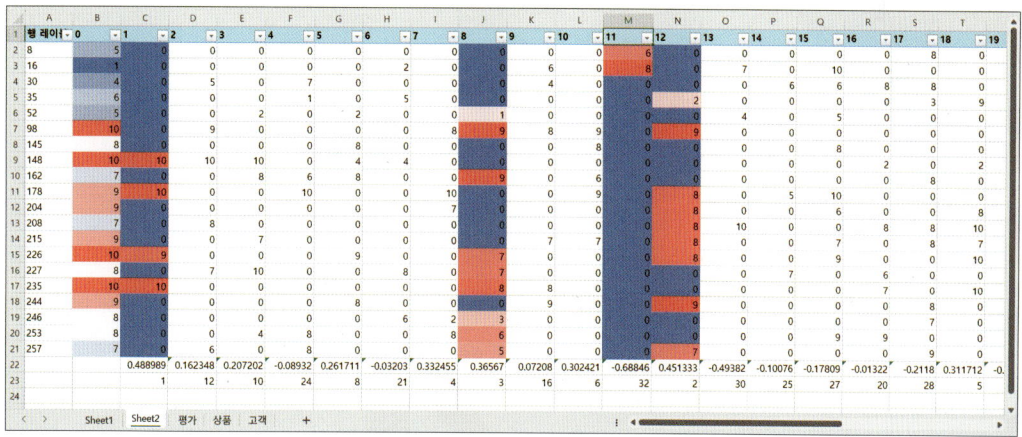

이는 앞서 강조한 것처럼 빈 셀이 많아 유사도 측정에 한계가 발생한 것으로 실습 데이터 뿐만 아니라 대부분의 기업에서 필연적으로 발생하는 현상입니다. **아무리 시장 점유율과 고객을 많이 확보하고 있는 기업이라고 해도 신제품은 고객의 평가와 구매기록, 선호도 등을 알 수 없죠. 240쪽에서 사용했던 페르소나 기반 고객 찾기는 여기에 대한 해법이 될 수 있습니다.** 신제품 또는 전략 상품의 선호도가 높을 것으로 예상되는 고객의 페르소나를 설정하고 해당 고객에게 상품을 추천하여 상품 기반 추천을 보완하는 것입니다. 물론 데이터가 충분히 확보된다면, 여기서 실습한 방법을 응용하여 고객 기반 추천을 시도해 보는 것도 좋습니다.

4

넷째 마당

엑셀로 완성하는 고급 인사이트 도출

1장 주식으로 알아보는 추세와 상관관계

2장 이상 징후를 탐지하고 모니터링하는 방법

3장 군집 분석을 활용한 고급 인사이트 분석

주식으로 알아보는 추세와 상관관계

기업은 일별, 월별, 연별로 동일한 항목의 데이터를 반복적으로 수집하고 기록합니다. 담당자에겐 고된 작업이지만, 이렇게 수집된 데이터는 제품의 생산 여부를 결정하거나 전략을 수립하는 등 중요한 의사 결정에 활용됩니다. 이번 장에서는 시계열 분석이 발달한 주식 분야의 데이터와 기법을 알아보고 실무에서 어떻게 활용할 수 있는지 살펴보겠습니다.

스파크라인으로 한 눈에 추세 분석 하기

스파크라인은 셀 안에 표시되는 작은 차트로 데이터의 특징을 빠르게 파악하는데 활용됩니다. 특히 주식 시세처럼 범위가 다른 시계열 데이터에서 꺾은선형 스파크라인은 추세 분석에 유용하게 사용할 수 있습니다. 이번 CASE에서는 엑셀 데이터 가져오기 기능을 이용하여 국내 주식 시세 데이터를 가져온 후 스파크라인으로 한눈에 추세를 파악하는 방법을 알아보겠습니다.

실습 | 국내 주식 시세 데이터 가져오기

'공공데이터포털'에서는 '금융위원회'의 주식 시세 데이터를 '오픈 API'로 제공하고 있습니다. 'API'는 'Application Programming Interface'의 약자로, 소프트웨어나 시스템 간 상호작용을 가능케 하는 도구와 규약의 집합을 말합니다. API는 한 프로그램이 다른 프로그램의 기능이나 데이터에 접근할 수 있도록 연결하는 역할을 하면서 다양한 소프트웨어가 통신할 수 있는 기능을 제공합니다. 주식 시세정보 API는 공공데이터법에 따라 대한민국 국민이라면 누구나 공공데이터포털에서 신청할 수 있으며, 신청 즉시 자동으로 승인됩니다.

1 | 주식시세정보 API 신청하기

① 공공데이터포털(https://www.data.go.kr/)에 접속한 후 [로그인]을 클릭합니다.

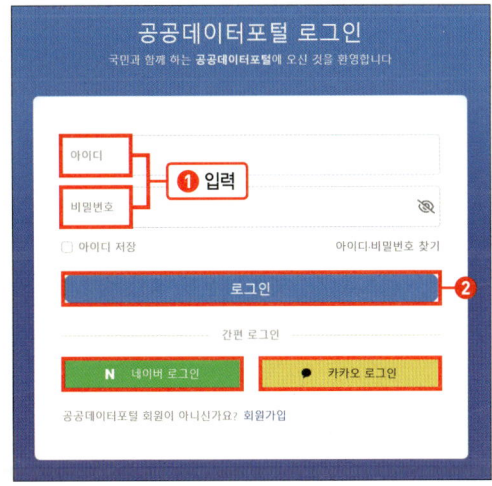

TIP 회원가입이 필요하므로 간편 로그인을 사용하거나 [회원가입]을 클릭하여 회원에 가입한 후 로그인합니다.

② 검색창에 '금융위원회 주식시세정보'를 검색합니다.

③ 검색 결과 중 [오픈 API] 탭의 [금융위원회_주식시세정보]에 있는 [활용신청]을 클릭합니다.

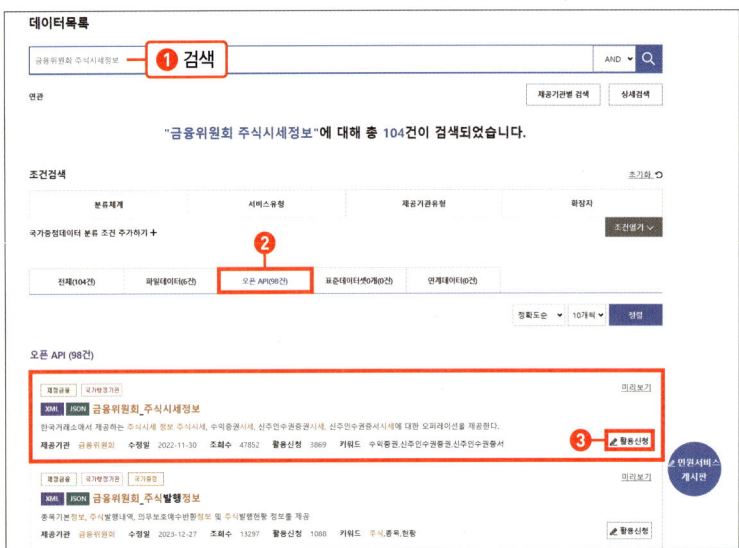

⑤ 오픈 API 상세 페이지의 '활용목적 선택'에서 '활용목적'을 입력하고, 화면 아래 '라이선스 표시'에 동의한 후, [활용신청]을 클릭합니다.

⑥ '활용신청'이 완료되면 즉시 승인되며 [마이페이지]-[데이터 활용]-[Open API]-[활용신청현황]에서 승인된 API를 확인할 수 있습니다.

API 신청이 완료되면 개인별로 API를 호출할 수 있는 인증키가 발급되며, 이 인증키를 이용하면 원하는 종목의 날짜별 시세 데이터를 호출하는 URL을 만든 후 엑셀로 데이터를 가져올 수 있습니다. 여기서는 인증키를 이용하여 주식시세 정보를 호출하는 방법을 알아보겠습니다.

2 | 데이터 호출 URL 만들기

① 공공데이터포털의 [마이페이지]-[데이터 활용]-[Open API]-[활용신청 현황]에서 승인된 [금융위원회_주식시세정보]를 선택합니다.

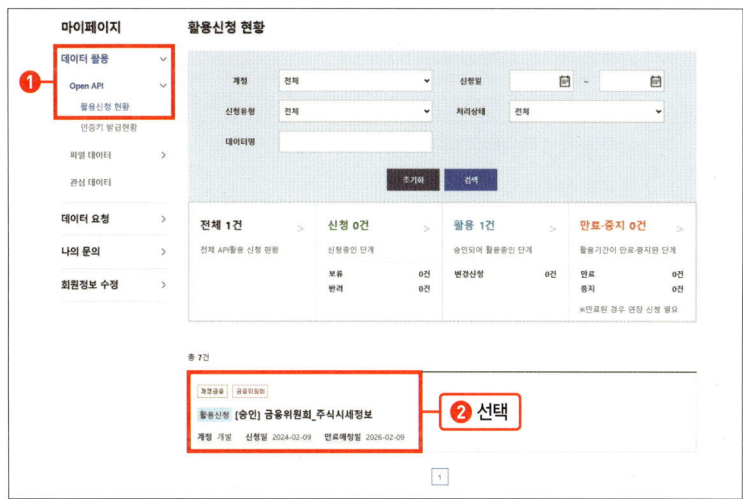

② '서비스정보'에서 '일반 인증키(Encoding)'에 표시된 인증키를 복사합니다. 작업 환경에 따라 적용되는 인증키가 다를 수 있습니다. '일반 인증키(Encoding)'로 데이터를 불러오지 못한다면, '일반 인증키(Decoding)'을 사용해 보세요.

③ '활용신청 상세기능정보'의 첫 번째 항목인 '주식시세'의 [확인]을 클릭합니다.

④ '요청변수'에서는 주식시세 정보 중 가져올 데이터를 선택할 수 있습니다. [serviceKey]에 ②에서 복사한 인증키를 붙여 넣고 가져올 데이터 항목을 입력합니다. 요청변수의 [serviceKey]에 인증키를 붙여 넣고 다음과 같이 입력 후 [미리보기]를 클릭합니다.

항목명	샘플데이터	입력 방법
numOfRows	100	한 페이지에 출력되는 행으로 전체 데이터를 한번에 가져오기 위해 가져올 기간을 초과하는 값을 입력합니다.
beginBasDt	20240601	가져올 시세 데이터의 시작 날짜를 년월일(8자리)로 입력합니다.
endBasDt	20240831	가져올 시세 데이터의 마지막 날짜를 년월일(8자리)로 입력합니다.
itmsNm	삼성전자	종목명 전체를 입력합니다.

TIP 더 자세한 요청 변수 설정 방법은 '서비스정보'에서 내려받을 수 있는 '오픈API 활용자가이드_금융위원회_주식시세정보.docx'를 참고하세요.

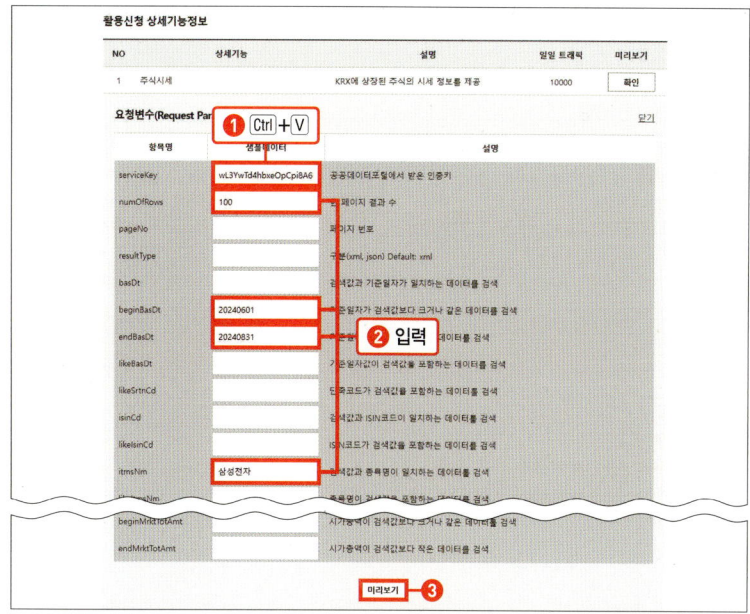

⑤ 새 창에 XML 형태의 시세 데이터가 표시됩니다. 새 창의 주소 표시줄에 표시되는 URL을 복사합니다.

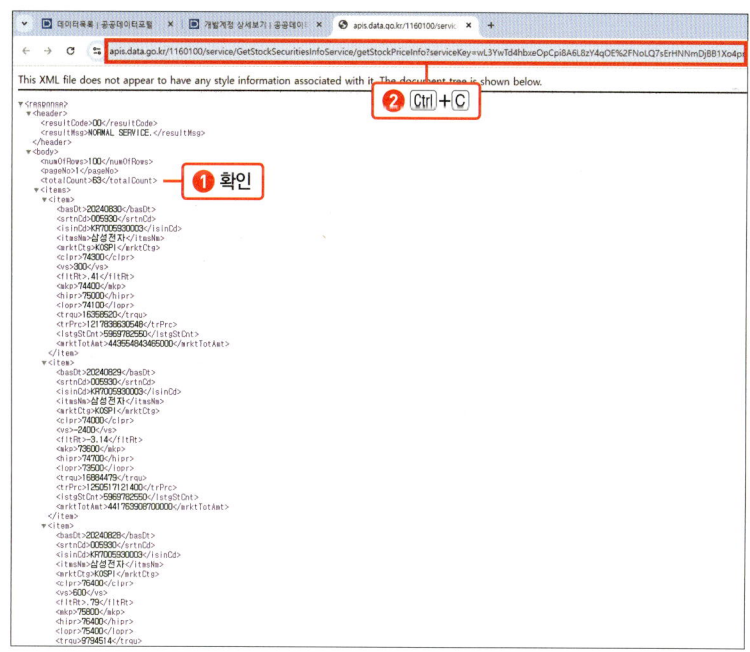

1장 주식으로 알아보는 추세와 상관관계 — **261**

3 | 엑셀에서 데이터 가져오기

① 엑셀을 실행하고 메뉴에서 [데이터]-[데이터 가져오기]-[기타 원본에서]-[웹]을 선택합니다.

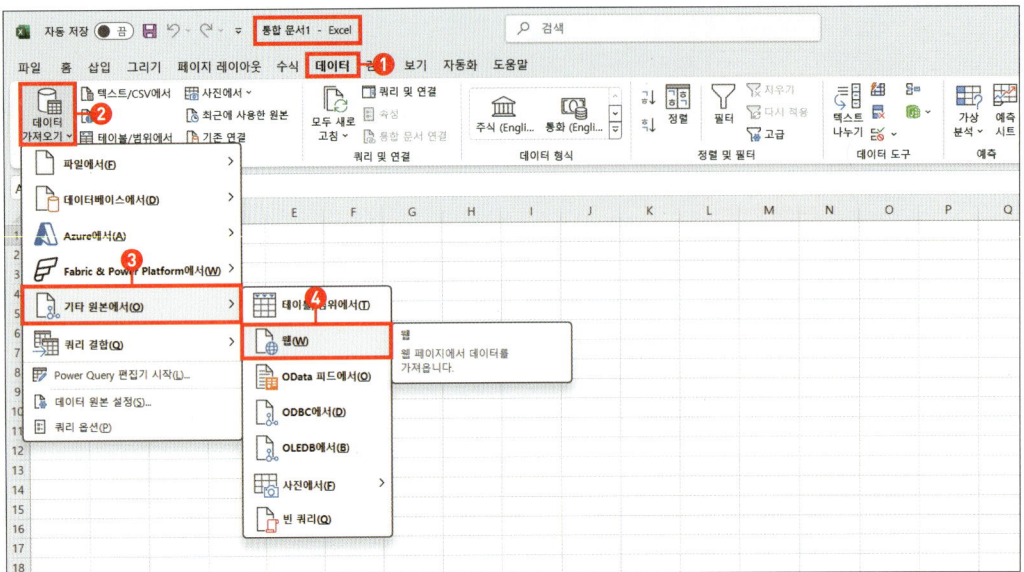

② [웹에서] 창이 표시되면 앞의 실습에서 복사한 URL을 붙여 넣고 [확인]을 클릭합니다.

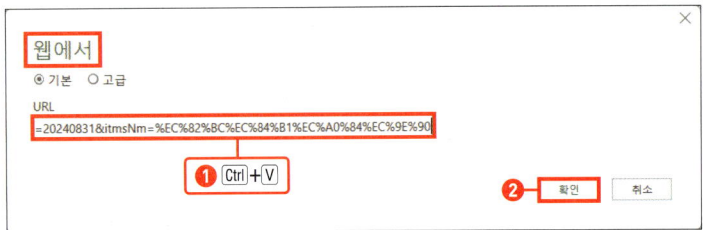

③ [웹 콘텐츠 액세스] 창이 표시되면 [익명] 탭에서 [연결]을 클릭합니다.

> TIP [웹 콘텐츠 액세스] 창은 처음 방문하는 웹사이트에 한해서만 표시됩니다. 참고로 해당 옵션은 웹 콘텐츠를 액세스하는 데 사용자 이름 및 암호를 입력하는 등의 옵션을 사용할 수 있습니다.

④ [탐색 창]이 표시되면 '표시 옵션'의 항목 중 [body]를 선택하고 [데이터 변환]을 클릭합니다.

⑤ 'Power Query 편집기'가 실행되고 가져올 데이터를 선택할 수 있습니다. 편집기에 표시되는 열 이름 중 [items] 열의 [Table]을 선택합니다.

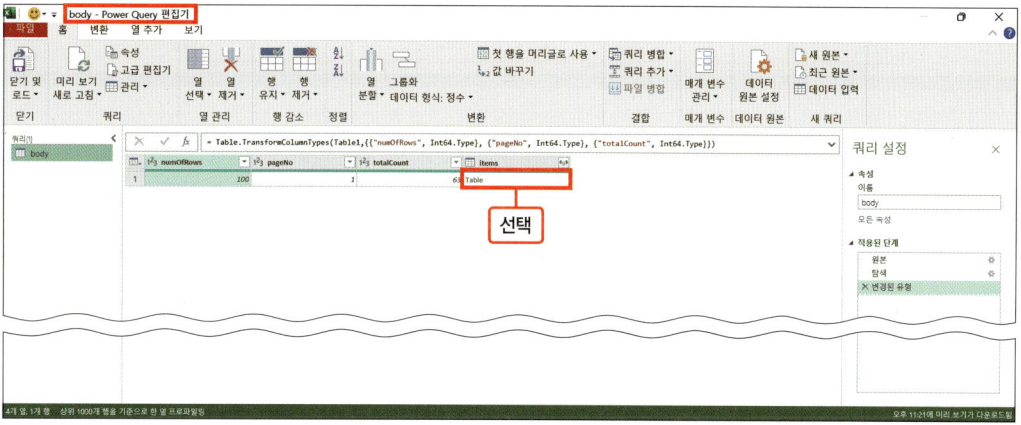

⑥ 편집기에 [item] 열이 표시되면 [Table]을 클릭합니다.

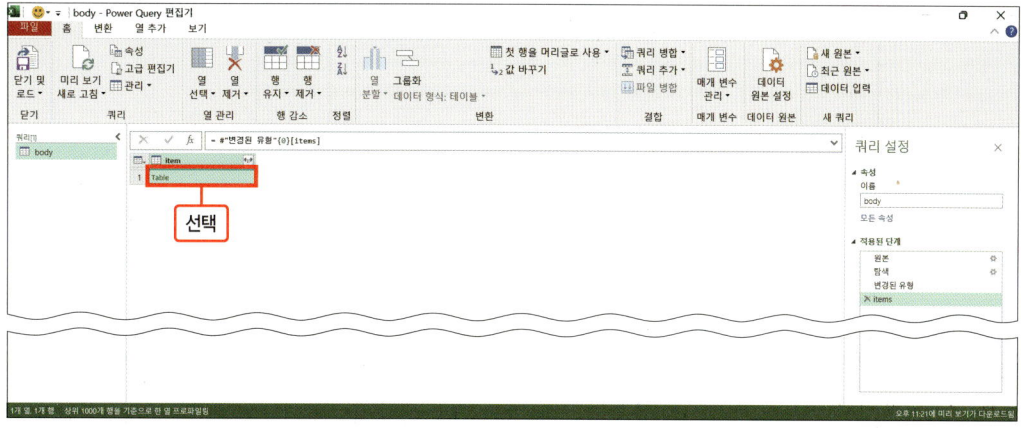

1장 주식으로 알아보는 추세와 상관관계 ― **263**

⑦ 날짜별 시세 데이터를 확인하고 메뉴에서 [닫기 및 로드]를 클릭합니다.

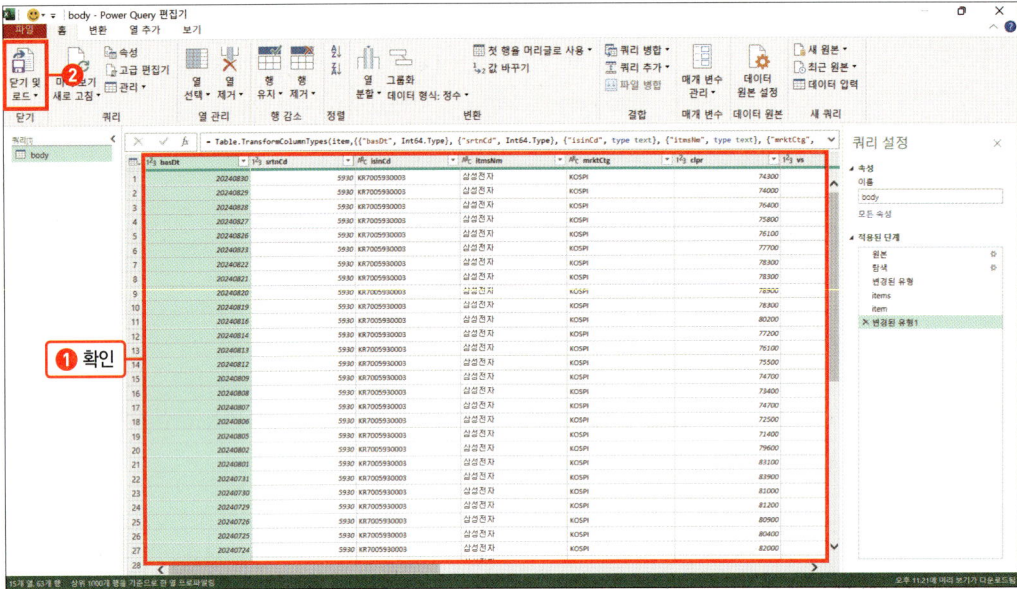

⑧ [body] 시트에 표 형태의 시세정보가 표시되고 [새로 고침]을 클릭할 때마다 데이터가 업데이트됩니다.

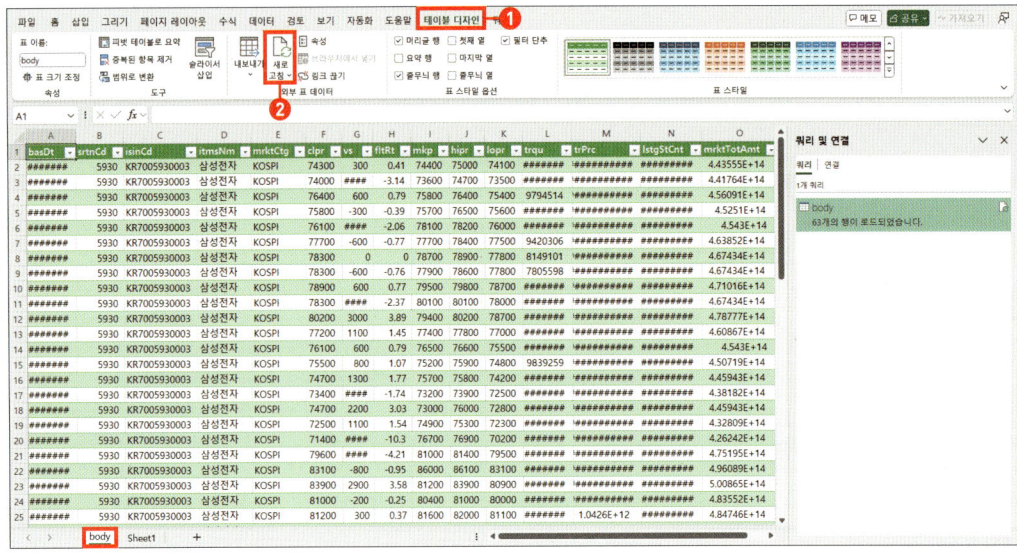

시트에 표시되는 각 열의 데이터는 다음과 같습니다.

머리글	항목명	내용
basDt	기준일자	거래를 기록한 기준일자
srtnCd	단축코드	종목 코드보다 짧으면서 유일성이 보장되는 코드(6자리)
isinCd	ISIN코드	국제 채권 식별 번호. 유가증권(채권)의 국제 인증 고유번호
itmsNm	종목명	종목의 명칭
mrktCtg	시장구분	주식의 시장 구분(KOSPI/KOSDAQ/KONEX)
clpr	종가	정규 시장의 매매 시간 종료시까지 형성되는 최종 가격
vs	대비	전일 대비 등락
fltRt	등락률	전일 대비 등락에 따른 비율
mkp	시가	정규 시장의 매매 시간, 개시 후 형성되는 최초 가격
hipr	고가	하루 가격의 최고치
lopr	저가	하루 가격의 최저치
trqu	거래량	체결 수량의 누적 합계
trPrc	거래대금	거래 건별 체결 가격 * 체결 수량의 누적 합계
lstgStCnt	상장주식수	종목의 상장 주식 수
mrktTotAmt	시가총액	종가 * 상장 주식 수

실습 여러 종목 시세 데이터 한 번에 가져오기 CASE_01_01

공공데이터포털에서 복사한 API 호출 URL은 다음과 같이 공통적인 규칙을 가지고 있어 매번 [미리보기]를 통해 가져오지 않아도 요청 변수명과 값을 알고 있으면 사용자가 URL을 직접 수정할 수 있습니다. 아래의 API 호출 URL은 삼성전자 주식 시세 데이터를 호출했던 URL로 종목명을 나타내는 'itmsNn=' 이후에 다른 종목을 입력하면 해당 종목의 시세 데이터를 가져올 수 있습니다.

https://apis.data.go.kr/1160100/service/GetStockSecuritiesInfoService/getStockPriceInfo?serviceKey=(사용자 인증키)&numOfRows=100&beginBasDt=20240601&endBasDt=20240831&itmsNm=%EC%82%BC%EC%84%B1%EC%A0%84%EC%9E%90

http://홈페이지주소/API명	?	요청변수명1=값1	&	요청변수명2=값2
'http://' 뒤에 사용할 API의 홈페이지주소와 이름을 적습니다.	첫번째 요청변수 앞에는 ?를 붙입니다.	요청 변수명과 값을 등호(=)로 입력합니다.	두번째 요청 변수부터 &를 붙입니다.	추가로 사용할 요청 변수와 값을 이어서 입력합니다.

엑셀의 Power Query에서는 '매개변수'와 '사용자 함수'를 이용하면 URL의 특정 부분을 자동으로 변경하며 원하는 데이터를 가져올 수 있습니다. 이번 실습에서는 이 기능을 활용하여 시가총액을 기준으로 상위 30개 종목의 시세 데이터를 한 번에 가져오는 방법을 알아보겠습니다.

1 | Power Query 편집기에서 매개변수와 사용자 함수 만들기

① 메뉴에서 [쿼리]-[편집]을 클릭합니다.

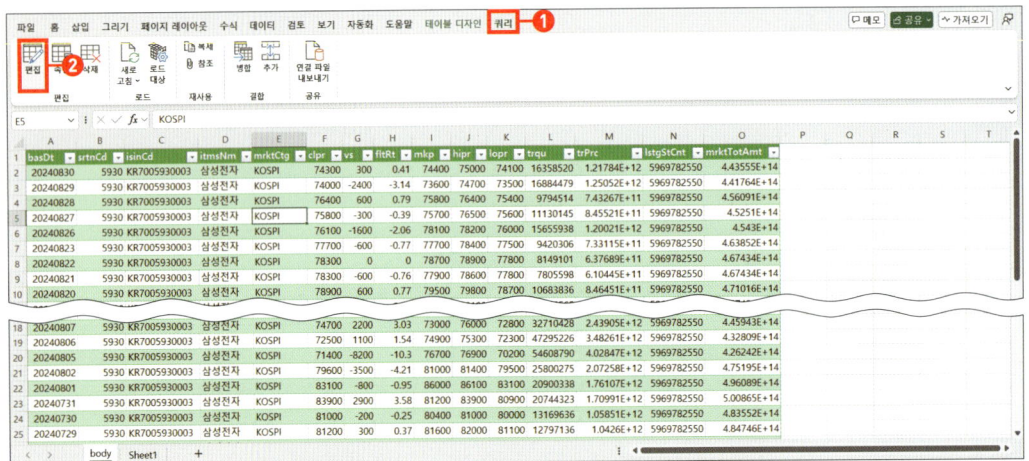

② [Power Query 편집기] 창의 메뉴에서 [홈]-[매개 변수]-[매개 변수 관리]-[새 매개 변수]를 선택합니다.

③ **[매개 변수 관리]** 창에서 **[이름]**에 '종목명', **[현재 값]**에 '삼성전자'를 입력하고 **[확인]**을 클릭합니다.

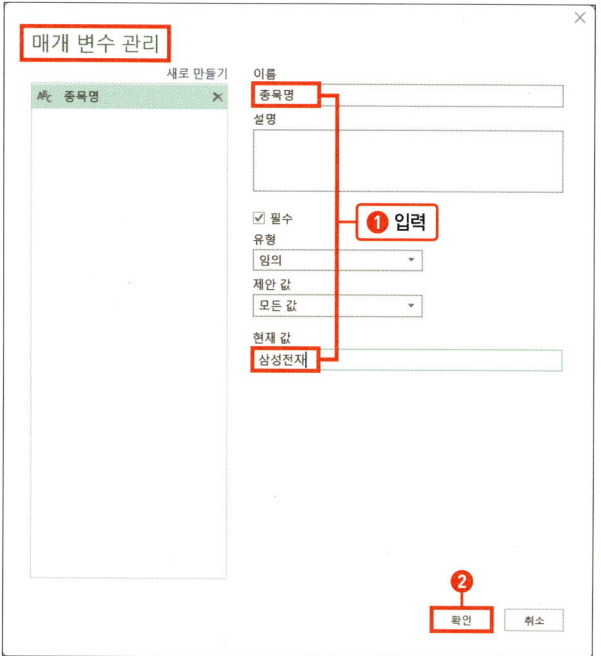

④ 메뉴에서 **[홈]**-**[데이터 원본 설정]**을 클릭하면 **[데이터 원본 설정]** 창이 표시됩니다.

⑤ **[데이터 원본 설정]** 창의 **[원본 변경]**을 클릭합니다.

⑥ [XML] 창에서 [고급]을 선택하고 [URL 파트]의 첫 번째 입력란에 입력되어 있는 URL 중 'itmesNm=' 뒤의 URL을 삭제합니다.

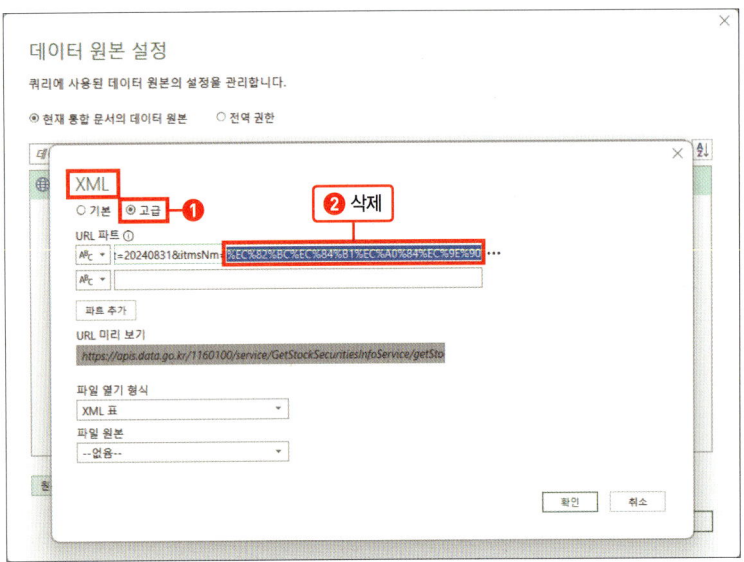

⑦ [URL 파트]의 두 번째 입력란에 있는 📄를 클릭하고 [매개변수]를 선택합니다.

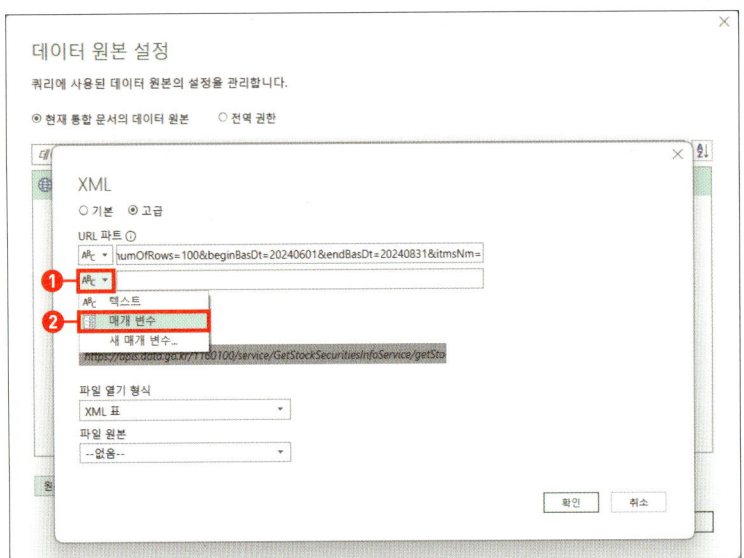

TIP 두 번째 입력 상자가 표시되지 않는다면 [파트 추가]를 클릭하면 됩니다.

⑧ [매개변수] 항목 중 [종목명]을 선택한 후 [확인]을 클릭합니다.

⑨ [데이터 원본 설정] 창의 [닫기]을 눌러 창을 닫습니다.

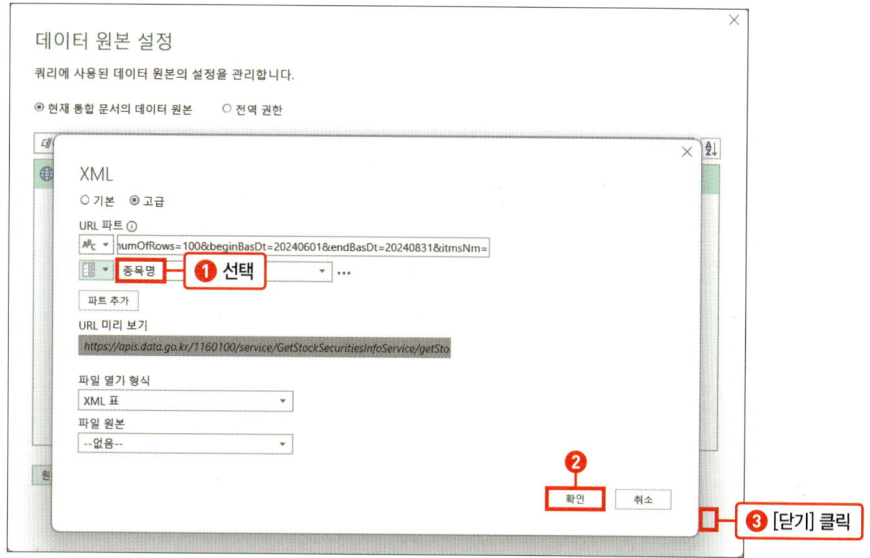

⑩ [Power Query 편집기] 창의 '쿼리' 항목에서 [body]를 마우스 오른쪽 버튼으로 클릭한 후, [함수 만들기]를 선택합니다.

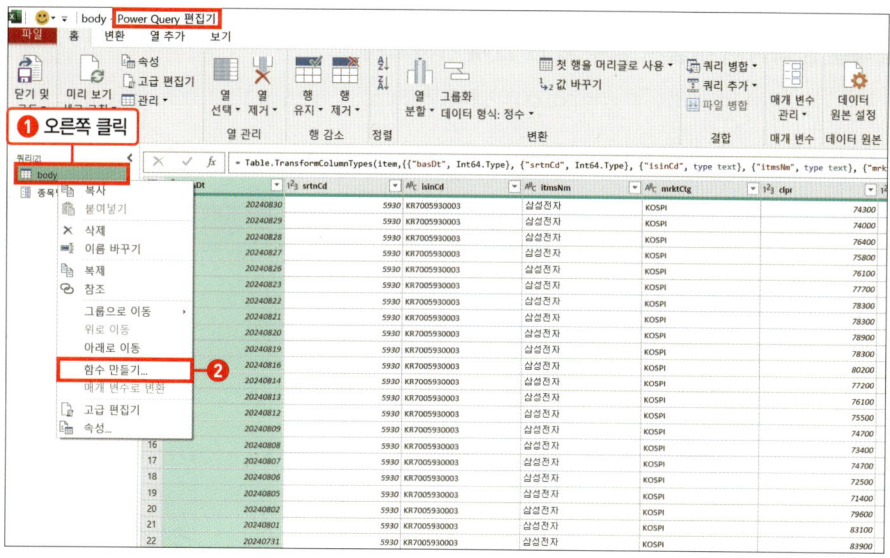

1장 주식으로 알아보는 추세와 상관관계 —— **269**

⑪ [함수 만들기] 창의 '함수 이름'에 '한번에가져오기'를 입력하고 [확인]을 클릭합니다.

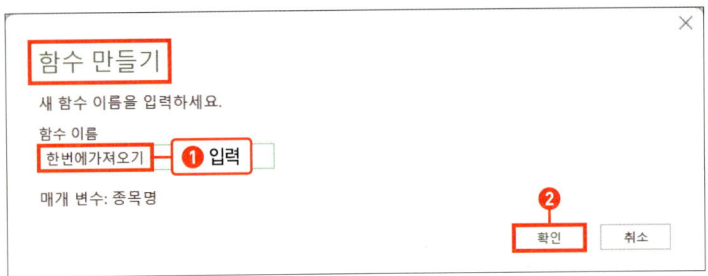

⑫ '매개 변수 입력'의 '종목명(옵션)'에 원하는 종목명을 입력한 다음 [호출]을 클릭하면 자동으로 API를 호출할 수 있는 함수가 만들어졌습니다.

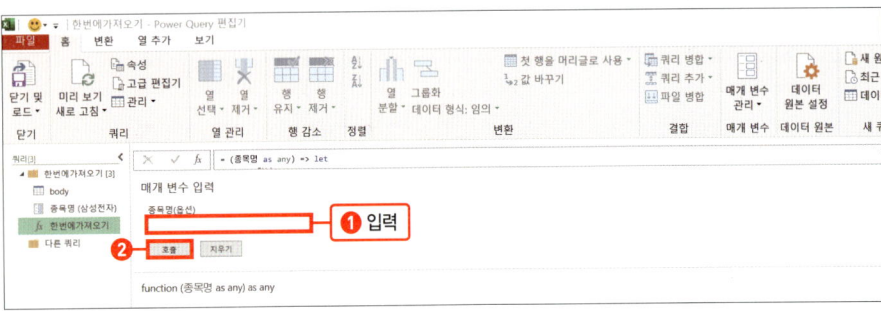

2 | 원하는 종목을 등록하여 사용자 함수로 한 번에 가져오기

2024년 8월 기준 시가총액 상위 30개 종목(우선주 제외)은 다음과 같습니다. 여기의 종목명을 목록으로 만든 후 앞의 실습으로 만든 사용자 함수를 이용해 한 번에 가져오는 방법을 알아보겠습니다.

종목 코드	종목명	종목 코드	종목명	종목 코드	종목명
005930	삼성전자	035420	NAVER	003670	포스코퓨처엠
000660	SK하이닉스	028260	삼성물산	035720	카카오
373220	LG에너지솔루션	006400	삼성SDI	247540	에코프로비엠
207940	삼성바이오로직스	051910	LG화학	000810	삼성화재
005380	현대차	012330	현대모비스	066570	LG전자
068270	셀트리온	032830	삼성생명	259960	크래프톤
000270	기아	086790	하나금융지주	012450	한화에어로스페이스
105560	KB금융	138040	메리츠금융지주	033780	KT&G
055550	신한지주	329180	HD현대중공업	015760	한국전력
005490	POSCO홀딩스	196170	알테오젠	009540	HD한국조선해양

① [Power Query편집기] 창의 메뉴에서 [데이터 입력]을 선택합니다.

② [테이블 만들기] 창의 [1] 행에 종목명을 입력하고 Enter를 누르면 행이 추가되어 원하는 종목명을 입력할 수 있습니다.

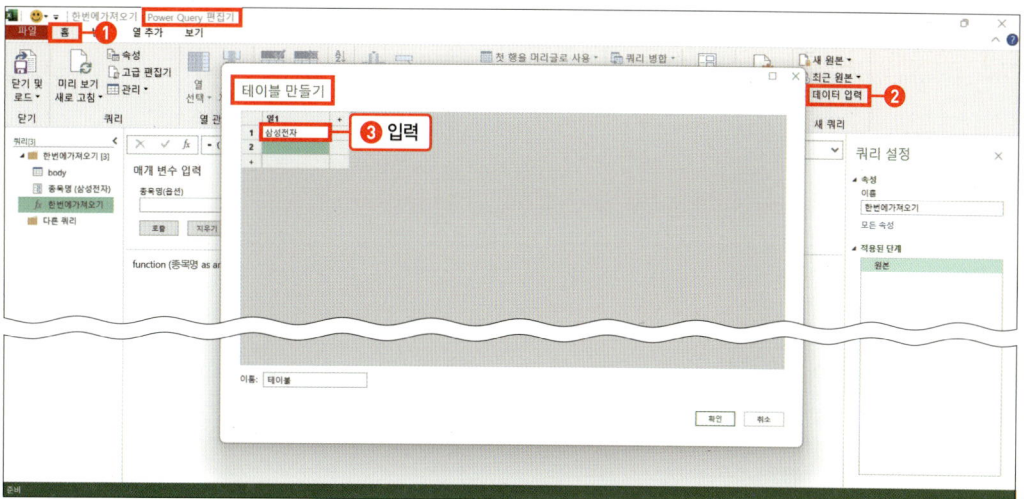

③ 앞의 표를 참고하여 엑셀로 가져올 종목을 차례대로 입력하고 [확인]을 클릭하면 [테이블]이 생성됩니다.

TIP 원하는 항목명을 메모장 등에 입력한 다음 복사한 다음, [테이블 만들기] 창에 붙여넣기하여 종목명을 입력할 수 있습니다.

④ 메뉴에서 [열 추가]-[일반]-[사용자 지정 함수 호출]을 선택합니다.

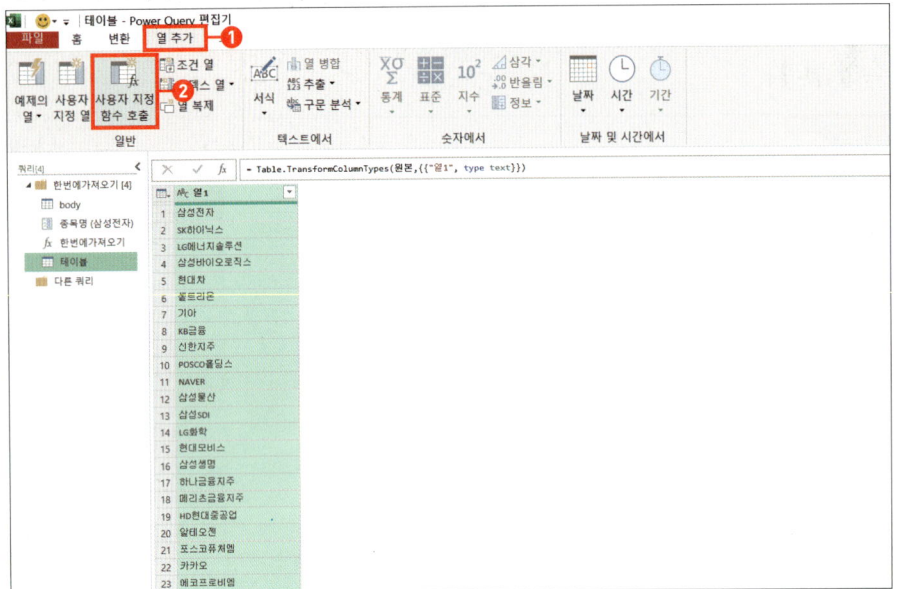

⑤ [사용자 지정 함수 호출] 창에서 '함수 쿼리'의 목록을 펼쳐 앞의 실습에서 만든 [한번에가져오기]를 선택하고 [확인]을 클릭합니다.

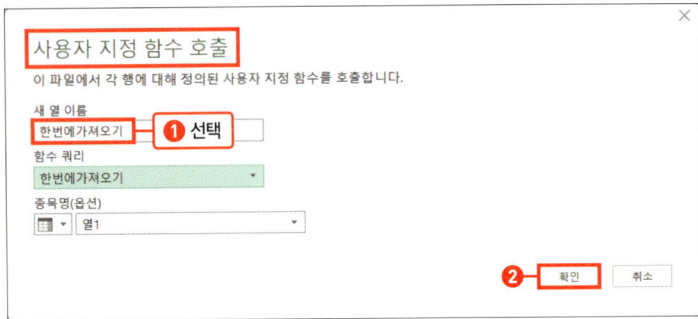

⑥ 추가된 [한번에가져오기] 열의 ⇄을 클릭한 후, [원래 열 이름을 접두사로 사용]의 체크를 해제하고 [확인]을 클릭합니다.

⑦ 메뉴에서 [홈]-[닫기 및 로드]를 선택합니다.

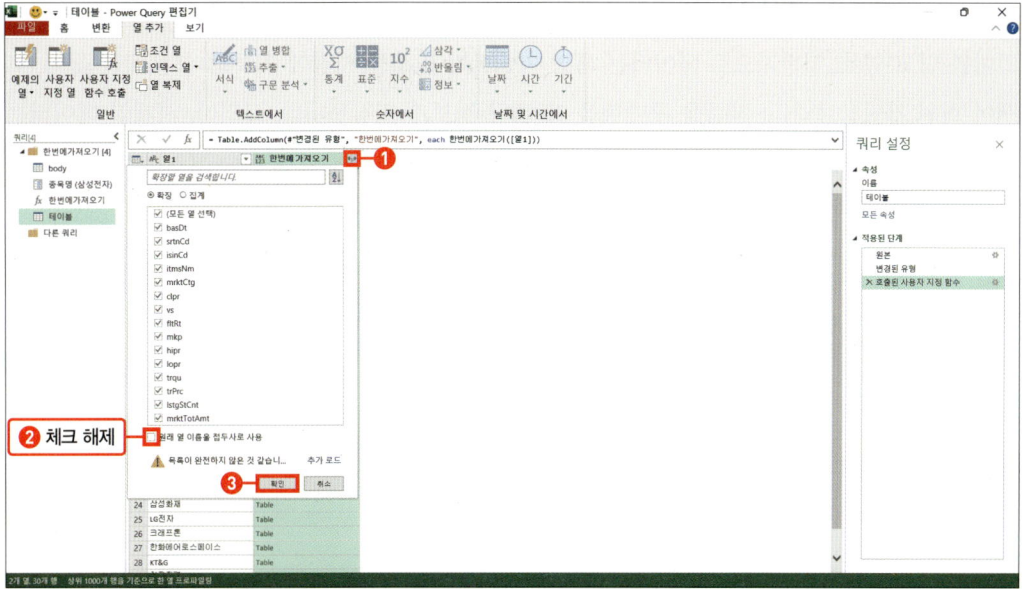

⑧ [테이블] 시트에 데이터가 자동으로 로드됩니다.

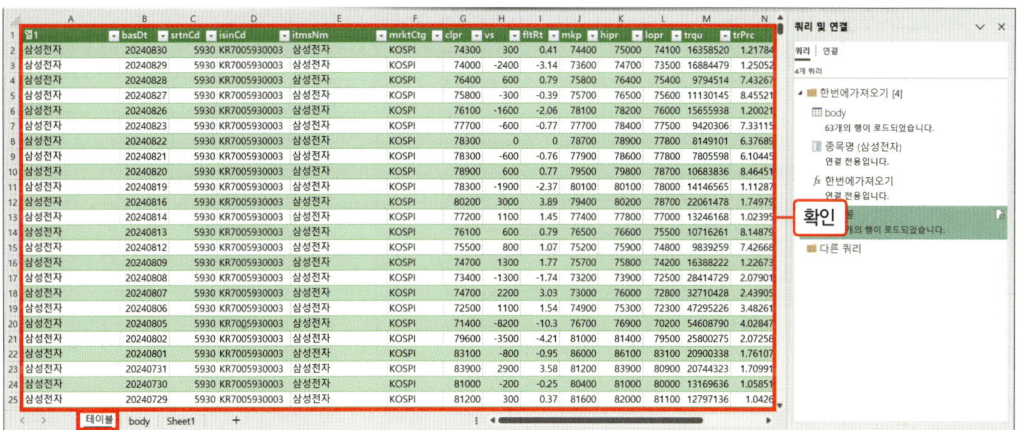

실습 스파크라인으로 종목별 추세 한 눈에 보기   CASE_01_02

날짜나 시간의 흐름에 따라 순차적으로 기록된 데이터를 '시계열 데이터'라고 합니다. '시계열(時系列)'이라는 단어 자체가 '시간의 흐름에 따라 연관된 데이터를 일정한 순서로 나열한 것'이라는 의미를 담고 있죠. 일반적으로 데이터는 특정 이벤트가 발생한 시점에 기록됩니다. 예를 들어, 고객이 회원 가입을 하거나 제품을 구매했을 때 해당 정보가 저장됩니다. 그러나, 시계열 데이터는 정해진 시간 간격마다 일정한 규칙에 따라 데이터를 기록합니다.

시계열 데이터는 시간의 흐름에 따라 연속적으로 데이터를 기록하므로 데이터의 변화 양상과 추세를 파악하는 데 유용하게 활용됩니다. 주식 시세 데이터는 대표적인 시계열 데이터로, 정해진 시간마다 거래 내역을 기록하여 가격과 거래량의 변동 추이를 파악할 수 있습니다. 시계열 데이터는 주로 선형 차트로 추세를 확인하지만, 주식 시세 데이터의 경우 종목별 시세 범위가 달라 한 차트에 모두 표시하면 추세를 파악하기 어렵습니다. 또한, 각 종목마다 차트를 따로 그리려면 같은 작업을 여러 번 반복해야 하는 번거로움이 있습니다.

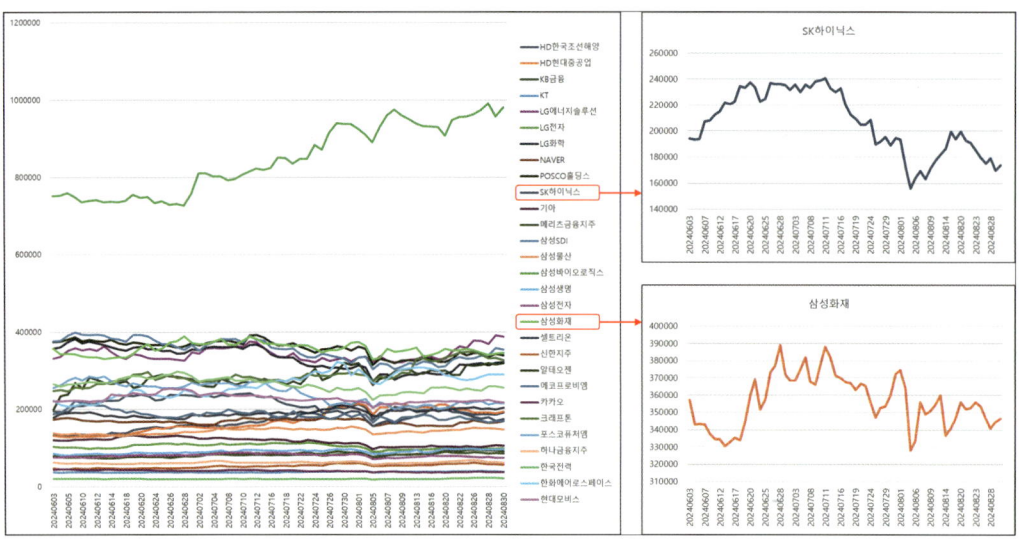

'스파크라인'은 셀 안에 그려지는 작은 차트로 '선', '열', '승패'의 세 종류가 있으며, 이중 '선' 스파크라인을 이용하면 여러 셀에 걸친 주식의 시세 데이터를 하나의 셀 안에 간단한 선으로 표현할 수 있습니다. 또한, 행 또는 열 단위로 차트를 생성할 수 있어 종목이 많고 시세가 다양한 주식 추세를 분석할 때 유용하게 활용할 수 있습니다.

1 | 피벗 테이블로 종목별 시세 데이터 추출하기

① [테이블] 시트의 데이터 영역 중 임의의 셀을 선택하고 메뉴에서 [삽입]-[피벗 테이블]을 선택합니다.

② [표 또는 범위의 피벗 테이블] 창에서 '표/범위'에 '테이블'이 입력되어 있는 것을 확인하고 [새 워크시트]에 피벗 테이블을 생성합니다.

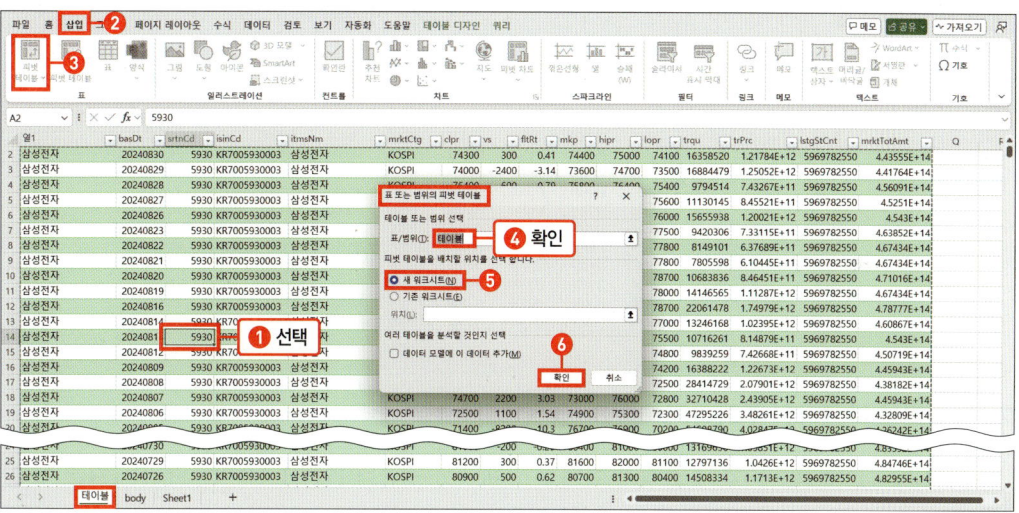

TIP 피벗 테이블은 표를 지정해서 데이터를 가져올 수 있습니다. 이처럼 표가 선택된 상태에서 피벗 테이블을 추가하면 표 이름이 자동으로 입력됩니다.

③ '피벗 테이블 필드'에서 [itmsNm](종목명)을 [행], [basDt](기준일자)를 [열], [clpr](종가)을 [값]으로 드래그합니다.

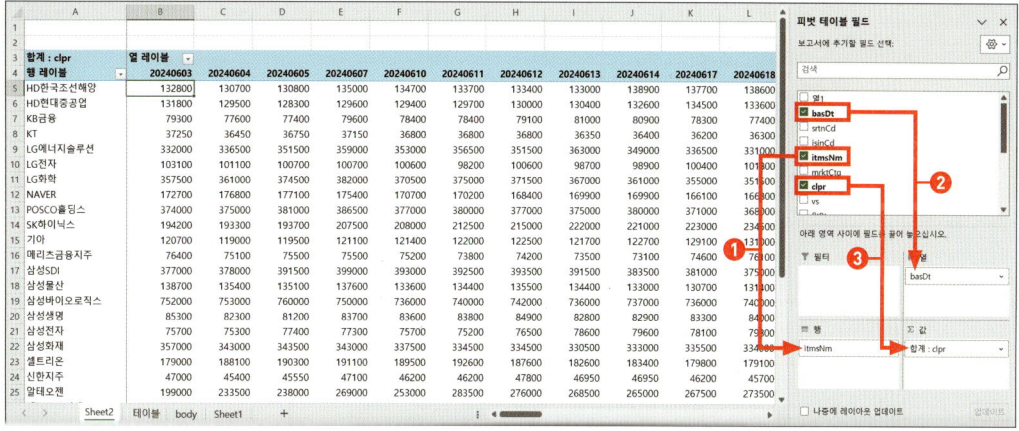

TIP [값]으로 드래그한 [clpr](종가)는 피벗 테이블의 행과 열에 하나씩만 집계되므로 요약 기준을 변경할 필요가 없습니다.

④ 요약된 피벗 테이블이 선택된 상태에서 메뉴에서 [디자인]-[레이아웃]-[총합계]-[행 및 열의 총합계 해제]를 선택합니다.

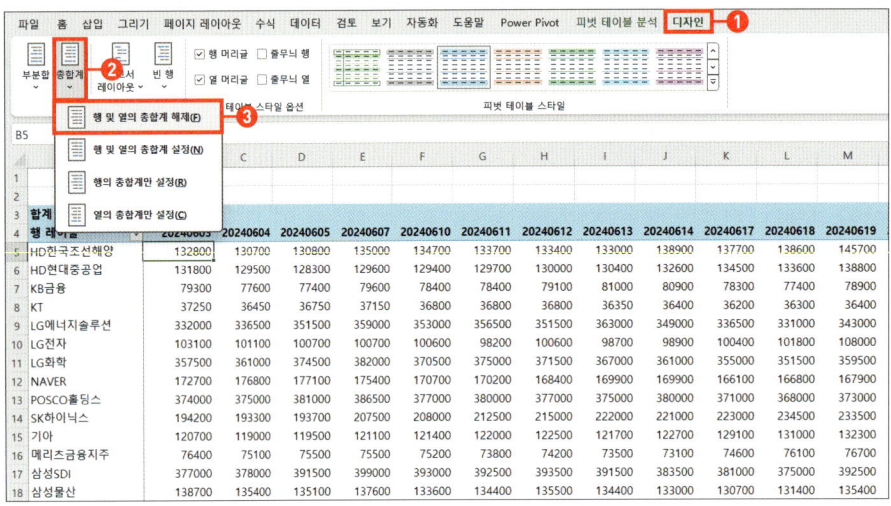

2 | 행별로 스파크라인 추가하기

① 피벗 테이블의 [B5:BL34] 영역이 선택된 상태에서 메뉴의 [삽입]-[스파크라인]-[꺾은 선형]을 선택합니다.

② [스파크라인 만들기] 창의 '위치 범위'에 있는 ⬆를 클릭하여 [BM5:BM34] 영역을 선택한 다음, [확인]을 클릭합니다.

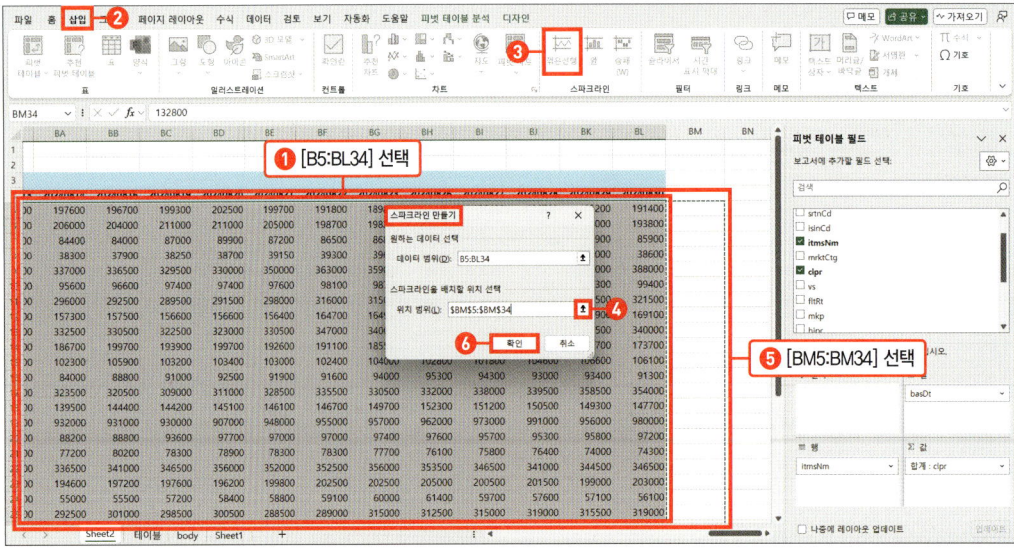

③ 스파크라인이 삽입된 영역([BM5:BM34])이 선택된 상태에서 메뉴의 [스파크라인]-[스타일]-[표식 색]-[높은 점]-[빨간색]을 선택합니다.

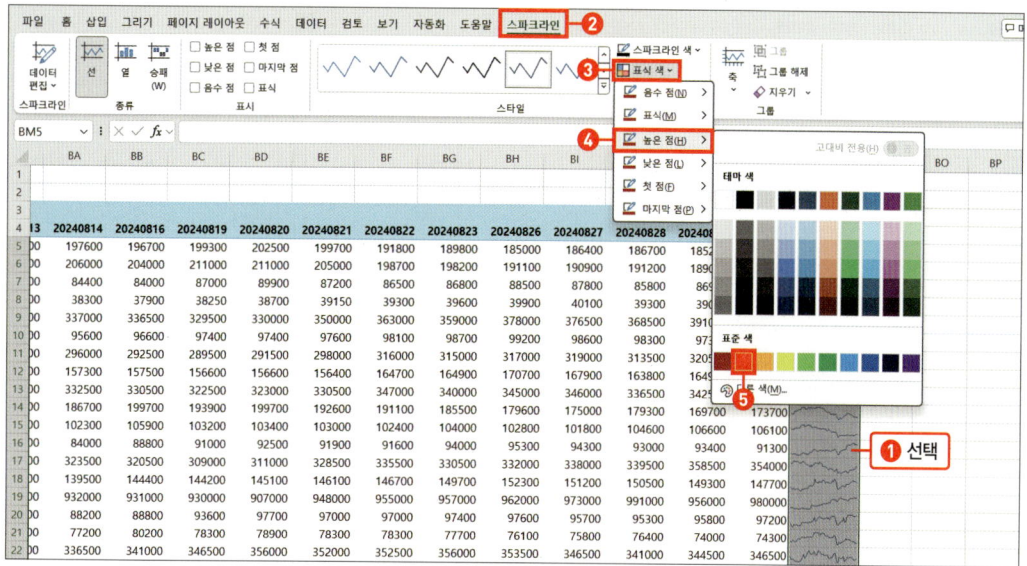

④ ③과 같은 방법으로 [낮은 점]을 [검정색]으로 설정합니다.

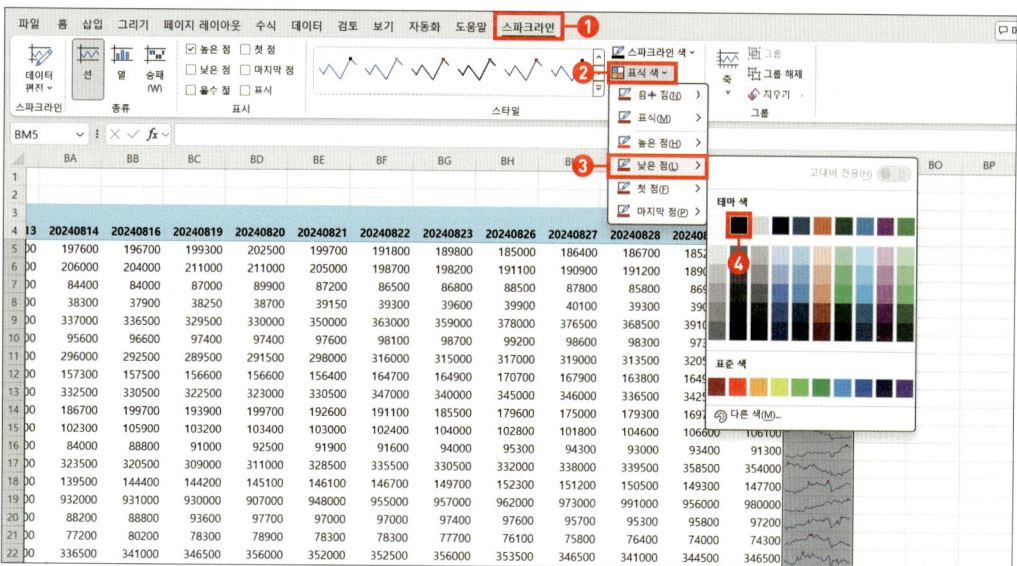

⑤ 메뉴에서 [보기]-[창]-[틀 고정]-[첫 열 고정]을 선택하여 종목명과 스파크라인을 한눈에 볼 수 있도록 조정합니다.

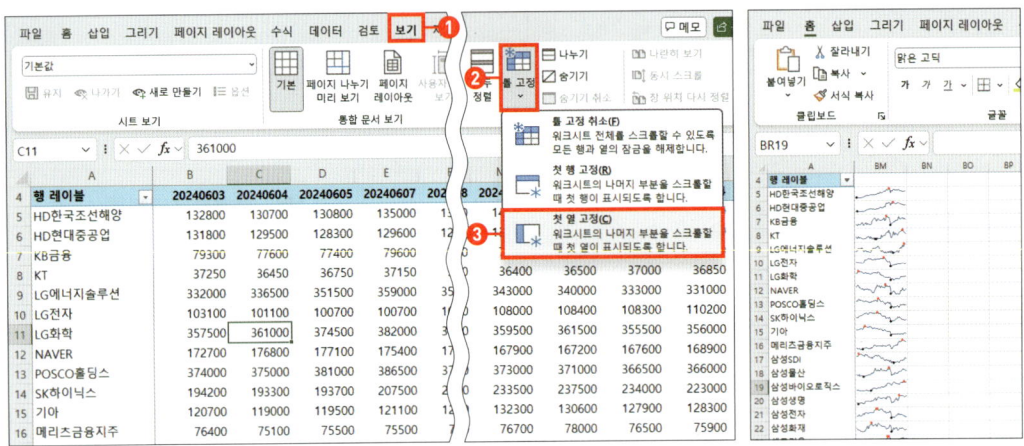

▲ 고정 전   ▲ 고정 후

전문가의 시선   시계열 데이터의 추세

앞의 실습에서 높은 점은 빨간색, 낮은 점은 검은색으로 표식을 설정하여 각 종목의 등락을 한눈에 확인할 수 있습니다. 스파크라인의 오른쪽에 검은 점이 표시된 하락 종목은 파란색으로, 오른쪽에 빨간 점이 표시된 상승 종목은 노란색으로, 그리고 빨간 점이 가운데에 있는 종목은 흰색으로 구분한 것입니다. 이처럼 여러 개의 스파크라인을 펼쳐보면, 각기 다른 범위를 가진 시계열 데이터의 추세를 한눈에 파악할 수 있습니다. 차트를 보면 주로 같은 시기, 금융관련 주식이 상승하고 배터리, 반도체, 자동차 등의 종목은 하락한 것을 알 수 있습니다.

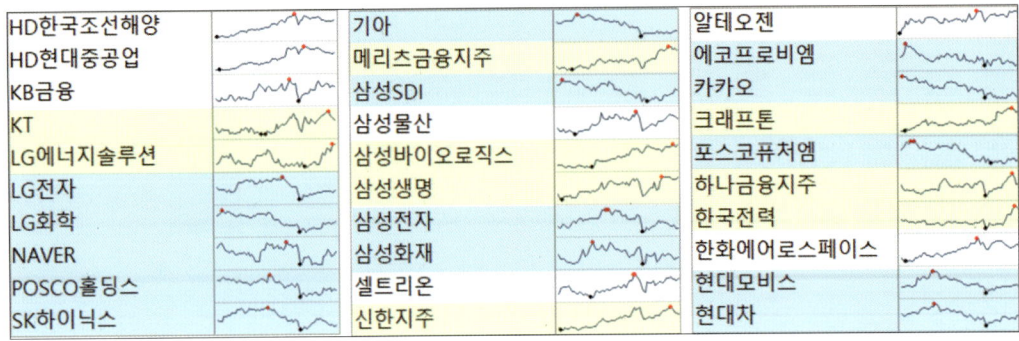

상관계수로 시장을 분석하고 대응하는 방법

고객 거래와 같은 정적인 데이터를 분석할 때처럼, 시계열 데이터를 분석할 때에도 상관계수와 평균을 이용합니다. 특히, 주식 시장에서는 금융 환경에 영향을 주는 요인과 중장기 추세를 분석하는데 이러한 통계적인 기법을 활용하죠. 또한 주식 시장에서 고도화된 시계열 데이터 분석 방법은 다른 업무 영역에서도 활용되고 있습니다. 이번 CASE에서는 주식 데이터를 활용하여 시계열 데이터의 상관관계와 평균을 분석하고 이를 응용하는 방법에 대해서 알아보겠습니다.

✔ 시계열 데이터의 상관관계 분석

일반적으로 상관관계는 키와 몸무게처럼 관찰하기 쉬운 범위 안에서 측정됩니다. 하지만, 금융 시장은 정치, 경제, 사회, 기술 등 다양하고 복잡한 요인이 상호작용하는 거대한 시스템이므로 단순한 방식으로는 상관관계를 측정하는 것은 매우 어렵습니다.

시계열 데이터는 시간에 따라 같은 사건을 공유하는 특징으로 인해 금융 시장에서 상관관계를 분석할 때 유용하게 활용할 수 있습니다. 예를 들어, 금리가 올라 달러의 가치가 상승하면, 같은 시기에 금 가격은 하락하는 경향이 있습니다. 이러한 관계를 전통적인 방식으로 분석하려면 금리 변동에 따른 시장 참여자들의 개별적인 대응과 그에 따른 파급효과를 모두 고려해야 합니다. 그러나 시계열 데이터를 활용하면 과거의 유사한 시점에서 나타난 금리, 달러 가치, 금 가격 간의 상관관계를 분석함으로써 각 자산 간의 상관성을 수치화 할 수 있습니다. 이를 통해 복잡한 시장의 상호작용을 보다 쉽게 이해하고 정량적으로 파악할 수 있게 됩니다.

이러한 특성은 시장 성장과 함께 급성장하는 종목을 발굴하여 수익률을 극대화하거나, 반대로 지수와 상관관계가 낮은 종목에 분산 투자하여 위험을 줄이는 투자 전략에 활용됩니다. 나아가 이러한 분석 기법은 마케팅, 운영, 물류 등 다양한 비즈니스 영역에서도 활용되어 각종 예측과 의사결정에도 활용됩니다.

실습 지수와 종목별 상관관계 분석하기   CASE_02_01

공공데이터포털에서 '금융위원회 지수시세정보'를 검색하면 한국거래소에서 제공하는 주가 지수의 시세 정보 오픈API를 신청할 수 있습니다. 이번 실습에서는 2024년 6~8월의 코스피 지수와 시가 총액 상위 30개 종목 중 코스피에 상장된 종목의 데이터를 활용하여 상관관계를 분석하는 방법에 대해 알아보겠습니다.

> TIP 공공데이터포털에서 API를 신청하는 자세한 방법은 257쪽, API를 활용하여 엑셀로 데이터를 가져오는 자세한 방법은 265쪽을 참고하세요.

1 | 코스피 지수와 종목간 상관계수 계산하기

① [C35] 셀에 다음의 함수를 입력하고 Enter 를 누릅니다.

[C35]
=CORREL($B$2:$B$64, C2:C64)

CORREL 함수는 데이터 집합 사이의 상관 계수를 반환하는 함수입니다. 여기서는 첫 번째 인수에 '코스피'가 있는 [B2:B64] 영역을 입력하고 두 번째 인수로 'HD한국조선해양'이 있는 [C2:C64] 영역을 입력했습니다. 이때 각 데이터 영역은 ','로 구분하고 [B2:B64] 영역은 절대 참조로 고정했습니다.

② [C35] 셀을 복사하여 [D65:AD65] 영역에 붙여 넣습니다.

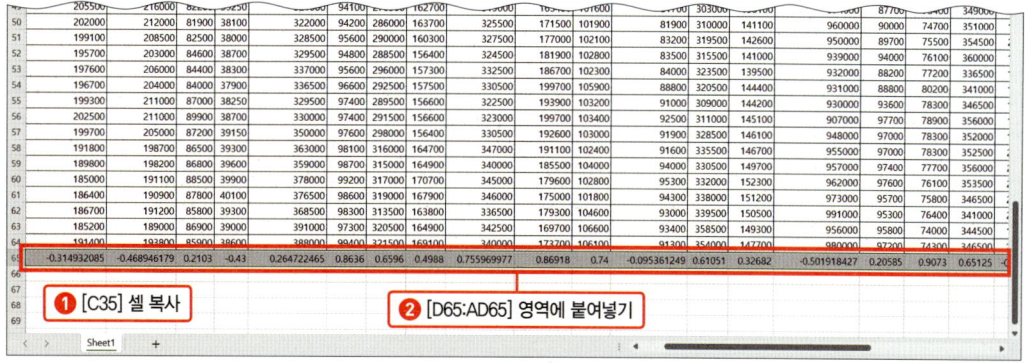

③ [C65:AD65] 영역을 선택하고 메뉴에서 [홈]-[스타일]-[조건부 서식]-[빨간-흰색-파랑 색조]를 선택합니다.

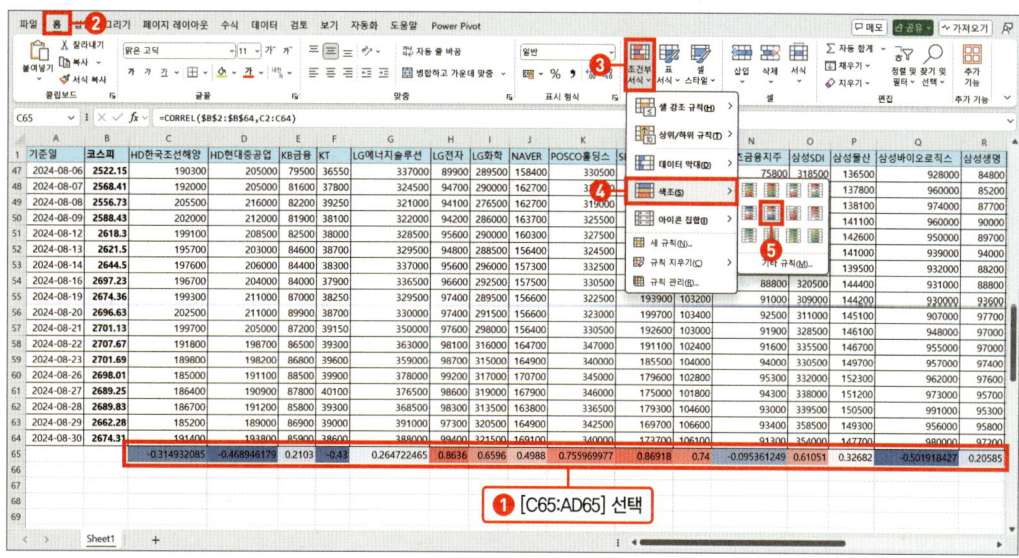

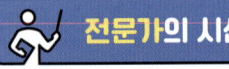

지수와 종목별 상관계수 분석

HD한국조선해양	-0.31	NAVER		0.50	삼성바이오로직스		-0.50	크래프톤	-0.22
HD현대중공업	-0.47	POSCO홀딩스		0.76	삼성생명		0.21	포스코퓨처엠	0.62
KB금융	0.21	SK하이닉스		0.87	삼성전자		0.91	하나금융지주	0.28
KT	-0.43	기아		0.74	삼성화재		0.65	한국전력	-0.02
LG에너지솔루션	0.26	메리츠금융지주		-0.10	셀트리온		-0.31	한화에어로스페이스	-0.27
LG전자	0.86	삼성SDI		0.61	신한지주		-0.20	현대모비스	0.73
LG화학	0.66	삼성물산		0.33	카카오		0.54	현대차	0.76

상관계수 계산 결과 삼성전자의 상관계수가 '0.91'로 코스피 지수와 높은 양의 상관관계가 나타났습니다. 그리고 SK하이닉스, LG전자, POSCO홀딩스 등이 뒤를 이어 반도체, 배터리 등의 종목이 높은 양의 상관관계를 보였습니다. 반면, 삼성바이오로직스는 상관계수가 '-0.5'로 코스피 지수와 가장 높은 음의 상관관계를 보였으며, HD현대중공업, KT 등이 높진 않지만 음의 상관관계를 보였습니다. 이러한 지표가 무엇을 의미하는 지 다음 실습을 통해 더 자세하게 확인해 보겠습니다.

2 | 코스피 지수-삼성전자 분산형 차트 그리기

① Ctrl을 누른 상태에서 [B1:B64] 영역과 [S1:S64] 영역을 선택하고 메뉴에서 [삽입]-[분산형 차트]를 선택합니다. 이렇게 하면 가로축에 '코스피 지수', 세로축에 '삼성전자 시세'를 배치하여, 이 둘의 상관관계가 왜 높게 나오는 지 시각화를 통해 자세하게 확인할 수 있습니다.

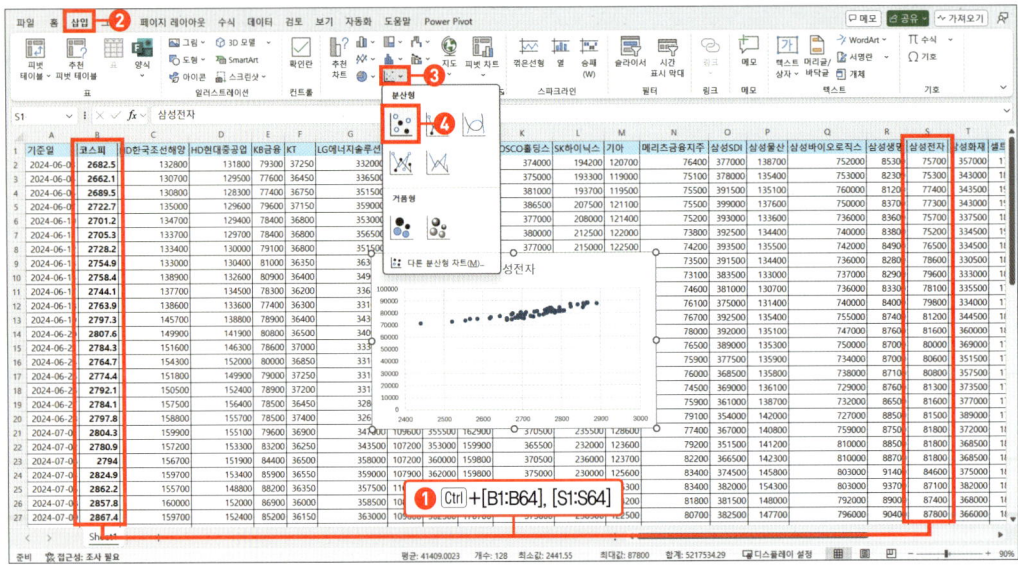

TIP 분산형 차트를 이용한 상관관계 분석에 대한 자세한 내용은 121쪽을 참고하세요.

② 삽입된 분산형 차트의 세로 축을 마우스 오른쪽 버튼으로 클릭한 다음 [축 서식]을 클릭합니다.

③ [축 옵션]에서 '경계'의 [최소값]을 '70000'으로 변경하여 차트의 형태가 잘 보이도록 수정합니다.

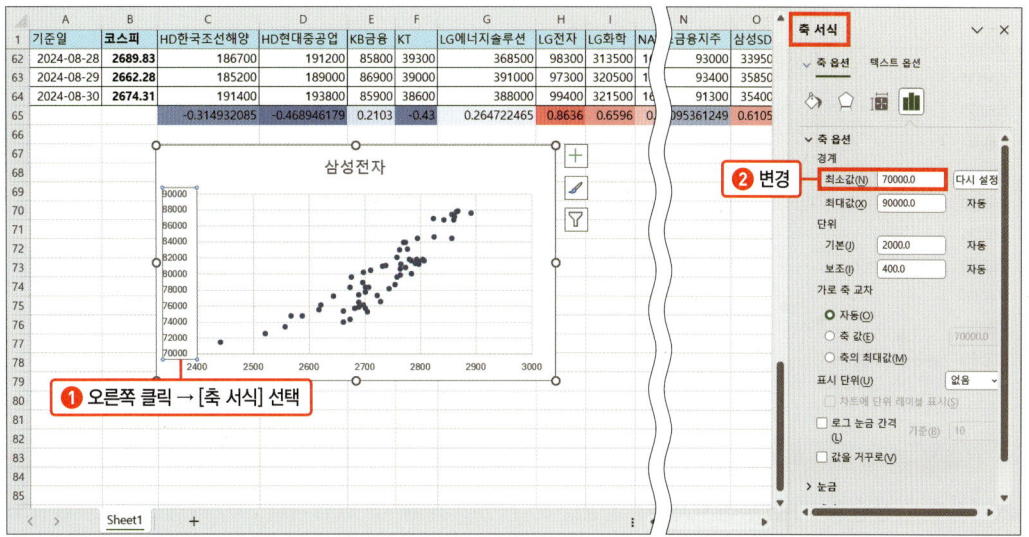

전문가의 시선 — 양의 상관관계를 가진 분산형 차트

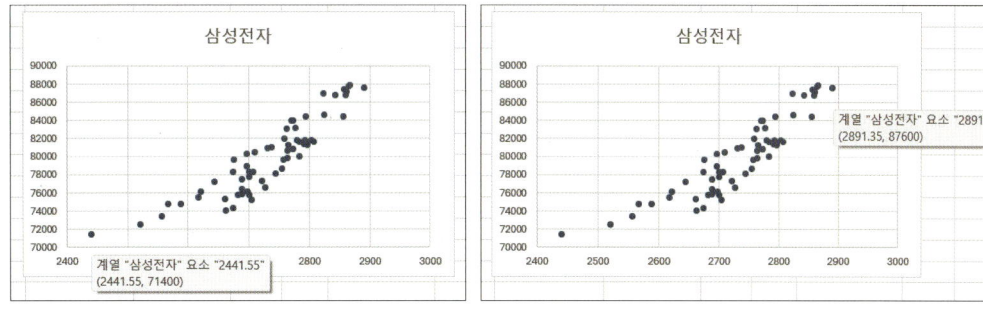

차트의 왼쪽 아래를 보면 코스피 지수가 가장 낮은 '2,441.55'일 때 삼성전자 주가는 '71,400'원이고, 오른쪽 위에서는 코스피 지수가 '2,891.35'로 상승했을 때 삼성전자 주가 역시 '87,600'원으로 올랐습니다. 이처럼 코스피 지수와 삼성전자 주가는 같은 날짜에 기록된 모든 점에서 같은 방향으로 움직였으며, 이로 인해 전체적으로 밀집된 형태가 만들어졌습니다. 일반적으로 한 축이 상승할 때 다른 축의 상승이 적어 점이 넓게 퍼지거나 한두 개의 점이라도 반대 방향으로 움직이면 상관계수는 낮게 나타납니다. 그러나 이 경우에는 모든 점이 같은 방향으로 움직이면서 밀집되어 있어 상관계수가 '0.91'로 매우 높게 나타났습니다.

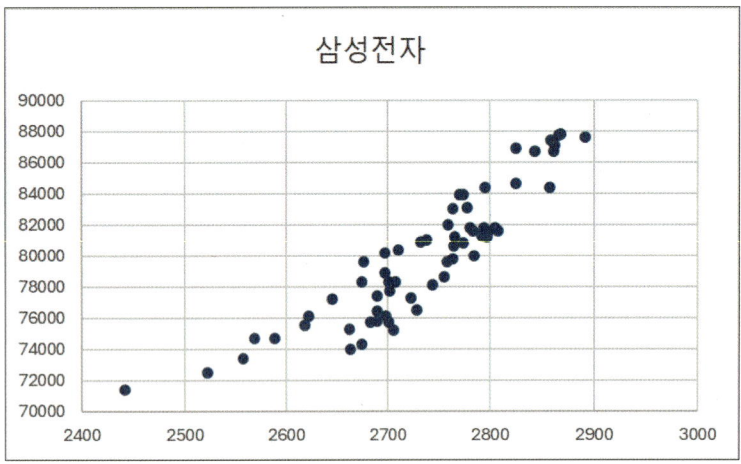

이 결과를 통해 코스피지수와 삼성전자가 구체적으로 어떻게 상호 작용하는지는 모르더라도, 코스피지수가 상승할 때 삼성전자도 함께 상승한다는 것을 알 수 있습니다. 즉, 복잡한 계산 없이도 동일한 날짜의 시세 데이터를 활용하여 종목 간의 상관관계를 확인할 수 있습니다.

이 방법은 주식 데이터뿐만 아니라 거의 모든 시계열 데이터에 적용되며, 기업에서도 이러한 방법으로 원하는 항목 간의 상관관계를 파악할 수 있습니다. 예를 들어, 소매업체는 지난 몇 년간의 판매 데이터와 날씨 정보를 비교하여 특정 제품의 판매량이 기온이나 강수량과 어떻게 상관관계가 있는지 분석할 수 있습니다. 이를 통해 계절이나 날씨 변화에 따른 재고 관리와 마케팅 전략을 최적화할 수 있습니다. 또한, 웹사이트의 방문자 수와 광고 캠페인 기간 데이터를 활용하여 마케팅 효과를 측정하고, 고객 행동 패턴을 파악하여 서비스를 개선할 수 있습니다.

3 | 코스피 지수-삼성바이오로직스 분산형 차트 그리기

① [Ctrl]을 상태에서 [B1:B64] 영역과 [Q1:Q64] 영역을 선택하고 메뉴에서 [삽입]-[분산형 차트]를 선택합니다.

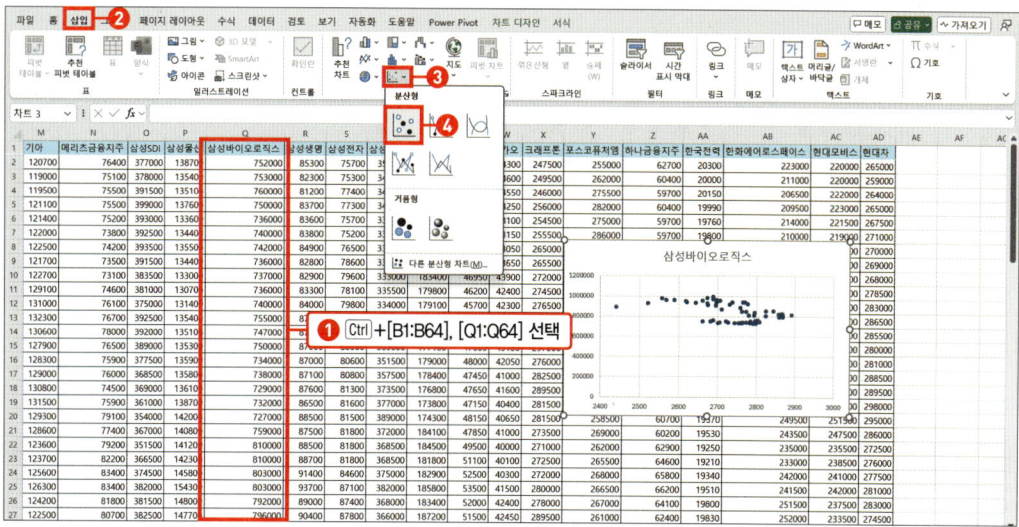

② 삽입된 차트의 세로축을 마우스 오른쪽 버튼으로 클릭한 다음 [축 서식]을 클릭합니다.

③ [축 옵션]의 '경계'에서 [최소값]을 '60000'으로 변경합니다.

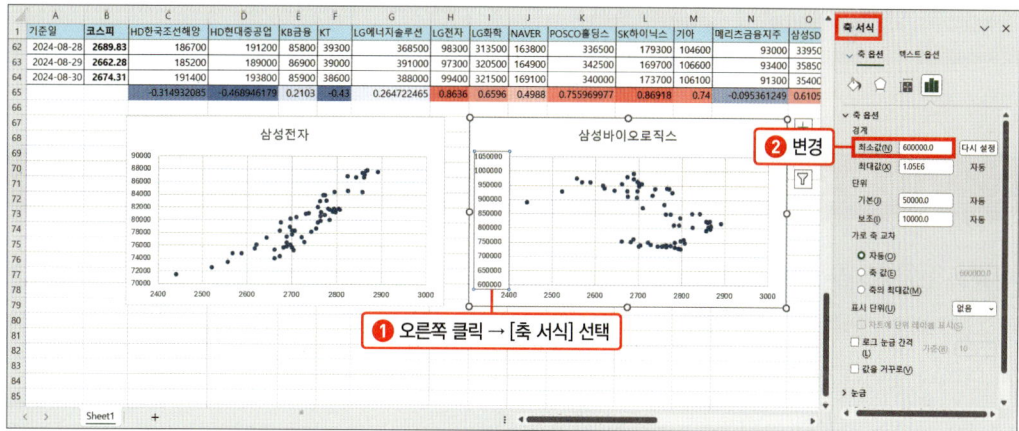

전문가의 시선 — 음의 상관관계를 가진 분산형 차트

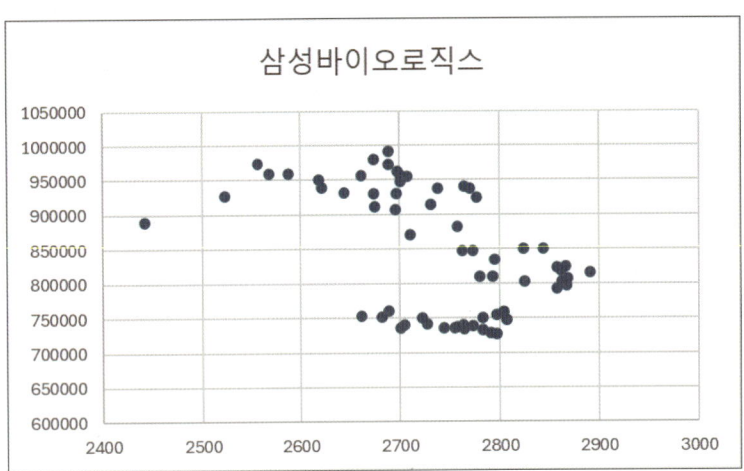

삼성바이오로직스는 삼성전자보다 데이터가 흩어져 있으며, 가로축의 코스피지수가 상승하면 작게나마 하락하는 형태입니다. 이는 코스피지수가 하락하면 오히려 주가는 상승한다는 것으로 시장의 영향력을 적게 받거나 반대의 움직임을 보이는 것으로 앞서 삼성전자의 분석결과를 포함하여 자산 운영 포트폴리오에 적용한다면, 시장이 상승하고 있을 때는 삼성전자 주식의 비중을 높여 수익을 극대화하고, 하락할 경우에는 삼성바이오로직스 주식의 비중을 높여 시장의 영향을 최소화하는 전략을 수립할 수 있습니다.

✔ 시계열 데이터의 평균과 표준편차

평균과 표준편차는 데이터의 특성을 이해하는 데 중요한 역할을 합니다. 평균은 데이터의 중심값을 나타내며, 데이터 전체의 일반적인 수준을 파악하는 데 활용되죠. 표준편차는 데이터가 평균에서 얼마나 벗어나 있는지를 측정하여 데이터의 변동성이나 분산 정도를 알려줍니다.

이러한 개념은 시간에 따라 변하지 않는 정적 데이터에서는 주로 여러 개체의 중심을 파악하는데 사용되지만, 시계열 데이터에서는 시간 변화에 따른 추세와 변동성을 파악하는데 사용합니다. 우선, 일정 기간 동안의 평균을 계산하면, 단기적인 변동을 평탄화하여 장기적인 추세를 파악할 수 있습니다. 데이터의 불규칙한 변동을 줄이고 전체적인 패턴을 더 명확하게 볼 수 있는 것이죠. 또한, 표준편차를 적용하면 시간에 따른 데이터의 변동성을 측정하여 추세의 안정성을 평가할 수 있습니다. 예를 들어, 주식 가격이나 환율 같은 금융 데이터에서 표준편차가 크다는 것은 가격 변동이 크고 위험도가 높다는 것을 의미합니다.

평균과 표준편차는 정적 데이터와 시계열 데이터 모두에서 데이터의 중심 경향과 변동성을 파악하는 데 필수적인 도구입니다. 다만, 시계열 데이터에서는 시간에 따른 변화를 고려하여 이동평균과 같은 방법을 적용함으로써 데이터의 추세와 변동 패턴을 더 잘 이해할 수 있으며 데이터 분석 및 의사 결정에 유용한 통찰력을 제공합니다.

실습 이동평균과 볼린저 밴드로 주식 매매하기   CASE_02_02

시계열 데이터는 일정한 간격으로 데이터가 지속적으로 생성됩니다. 이에 따라 평균과 표준편차도 데이터의 특성에 맞춰 일정한 간격으로 계산됩니다. 주식 시세 데이터에서는 주로 개장일을 기준으로 5일, 20일, 60일과 같이 주, 월, 분기 등의 간격으로 평균과 표준편차를 계산합니다.

예를 들어, 5일 간격의 평균을 2024년 6월 3일부터 계산하려면 6월 10일이 되어야 필요한 5일치의 데이터가 누적됩니다. 이후부터는 매일 데이터가 추가되면서 가장 오래된 데이터를 제외하고 최근 5일간의 데이터를 사용하여 평균을 계산하게 됩니다. 이렇게 일정 기간 동안의 데이터를 사용하여 연속적으로 평균을 계산하는 방법을 '이동평균'이라고 하며, 사용된 기간을 명시하여 'n일 이동평균'이라고 부릅니다.

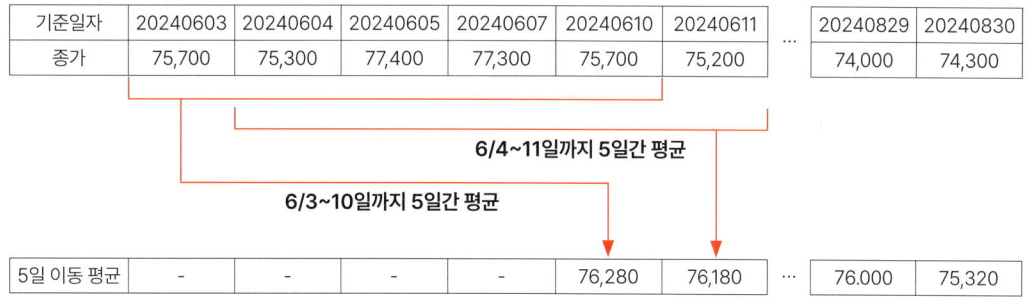

'볼린저 밴드'는 이동평균에 표준편차를 더하여 추세와 변동성을 파악할 수 있도록 도와주는 지표입니다. 평균과 표준편차를 이용하여 이해하기 쉽고 직관적이라는 장점이 있으며, 유연성이 높아 다양한 매매 전략에 활용되고 있습니다. 특히, 데이터를 선형 차트로 시각화하여 그 형태를 통해 주가적인 변화를 포착할 수 있는 장점도 있습니다.

여기서는 삼성전자 시세 데이터만 따로 복사한 후 이동평균과 볼린저 밴드를 그리는 방법을 실습해 보겠습니다.

1 | 20일 이동평균과 볼린저 밴드 계산하기

① [D21] 셀에 다음의 함수를 입력하고 Enter를 누릅니다.

[D21] =AVERAGE(C2:C21)
fx [D21] 셀에 [C2:C21] 영역의 평균을 반환합니다.

② [D21] 셀을 복사하여 [D22:D64] 영역에 붙여넣기하면 인수가 변경되므로 최근 20일 간의 평균이 자동으로 계산됩니다.

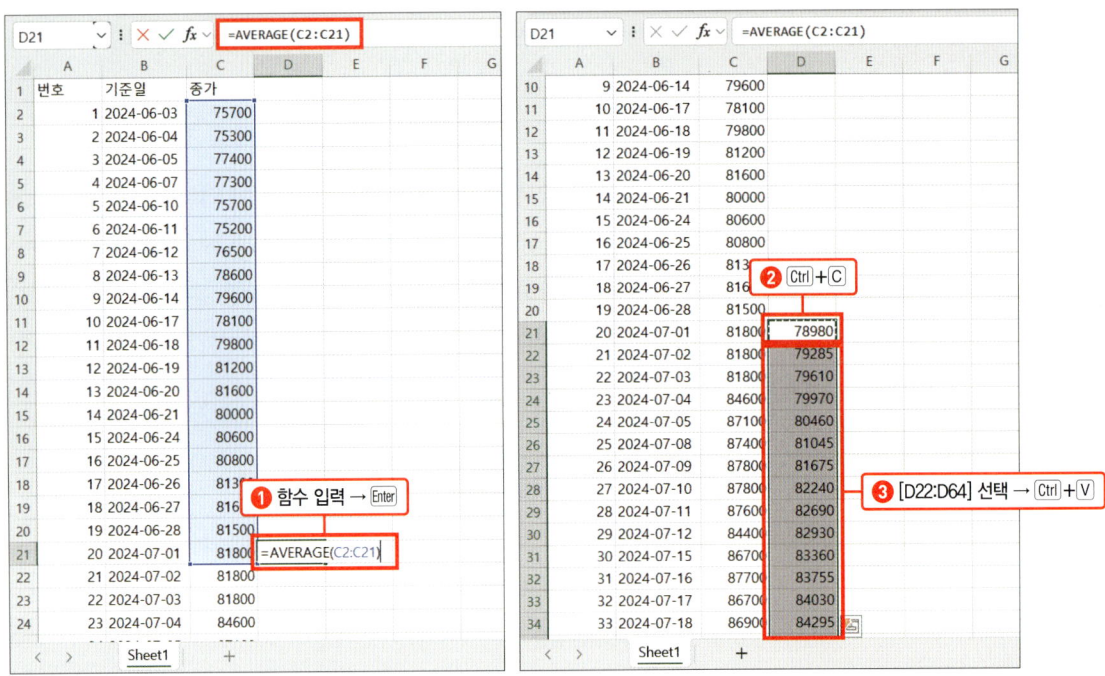

③ [E21] 셀에 다음의 함수를 입력하고 Enter를 누릅니다.

[E21] =STDEV.P(C2:C21)
fx [E21] 셀에 [C2:C21] 영역의 표준편차를 반환합니다.

④ [E21] 셀을 복사하여 [E22:E64] 영역에 붙여넣기합니다. ②에서 붙여넣기한 평균처럼 인수가 변경되므로 최근 20일 간의 표준편차가 자동으로 계산됩니다.

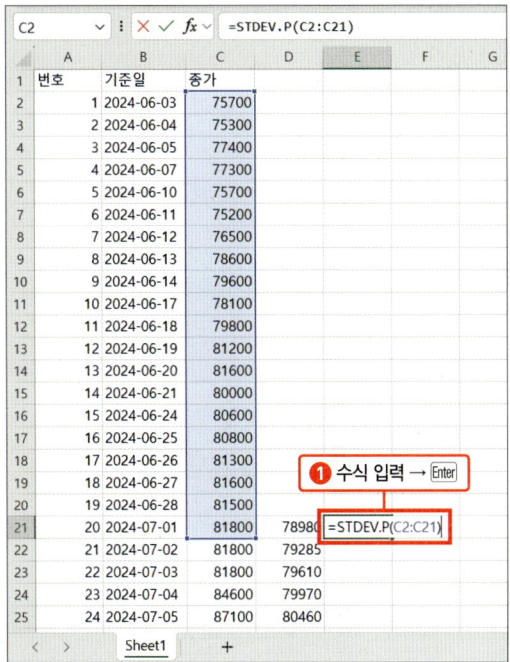
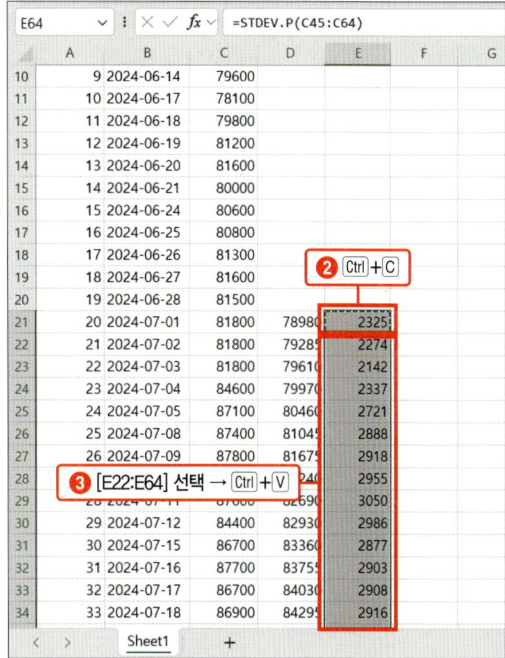

⑤ [F21] 셀과 [G21] 셀에 다음의 수식을 입력하고 Enter를 누릅니다.

> [F21]: =D21+E21*2
> 이 수식은 볼린저 밴드 상단을 계산하는 식으로 표준편차에 2를 곱한 후 이동평균을 더하여 계산합니다.
>
> [G21]: =D21+E21*2
> 이 수식은 볼린저 밴드 하단을 계산하는 식으로 표준편차에 2를 곱한 후 이동평균을 빼서 계산합니다.

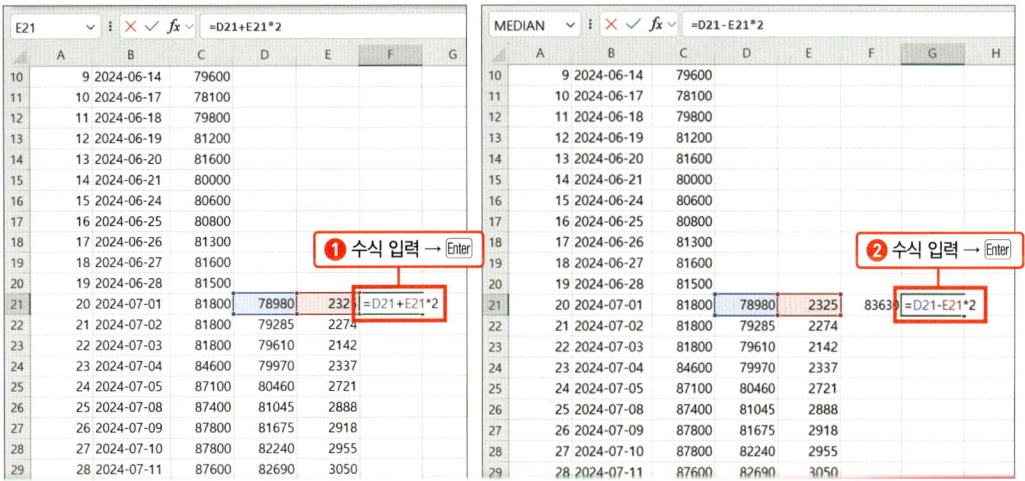

TIP 볼린저 밴드 상단은 이동평균선 위를, 하단은 이동평균선 아래를 의미합니다.

⑥ 볼린저 밴드 상단, 하단 값이 계산된 [F21:G21] 영역을 복사하여 [F22:G64] 영역에 붙여 넣습니다.

⑦ [D20:G20] 영역에 다음의 머리글을 입력합니다.

- [D20]: '20일이동평균', [E20]: '20일표준편차', [F20]: '볼린저밴드상단', [G20]: '볼린저밴드하단'

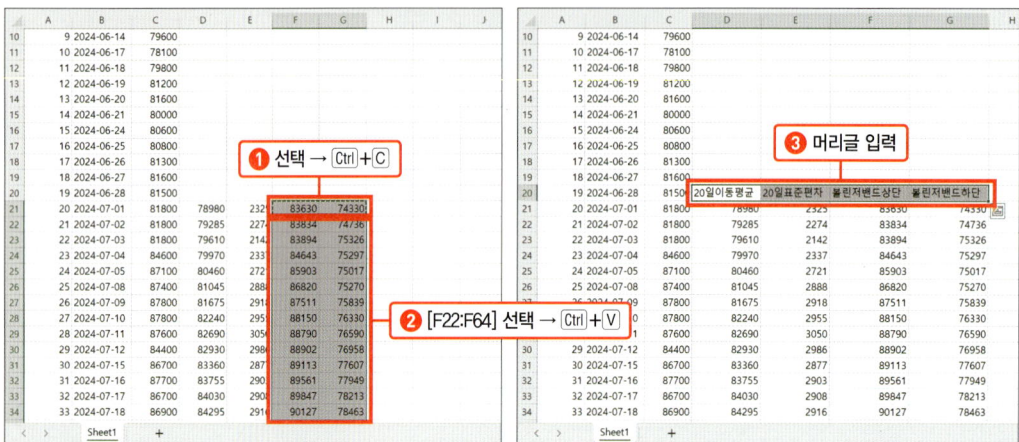

2 | 선형차트로 시각화하기

① [B21:G64] 영역을 선택한 후, 메뉴에서 [삽입]-[차트]-[2차원 꺾은 선형]을 차례대로 선택하여 선형 차트를 삽입합니다.

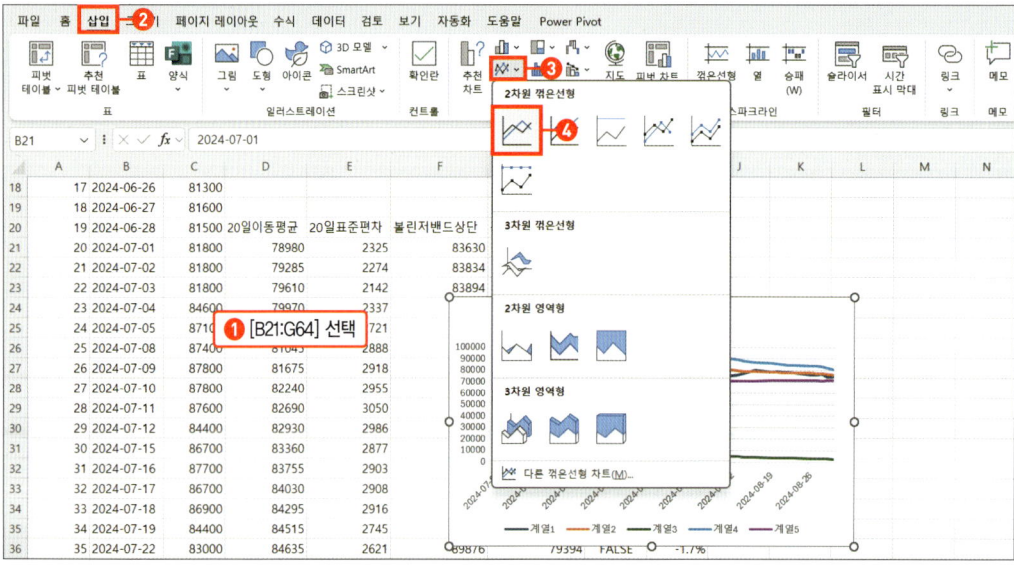

② 불필요한 [계열3](20일표준편차)와 제목과 범례를 삭제하여 차트를 보기 좋게 가공합니다.

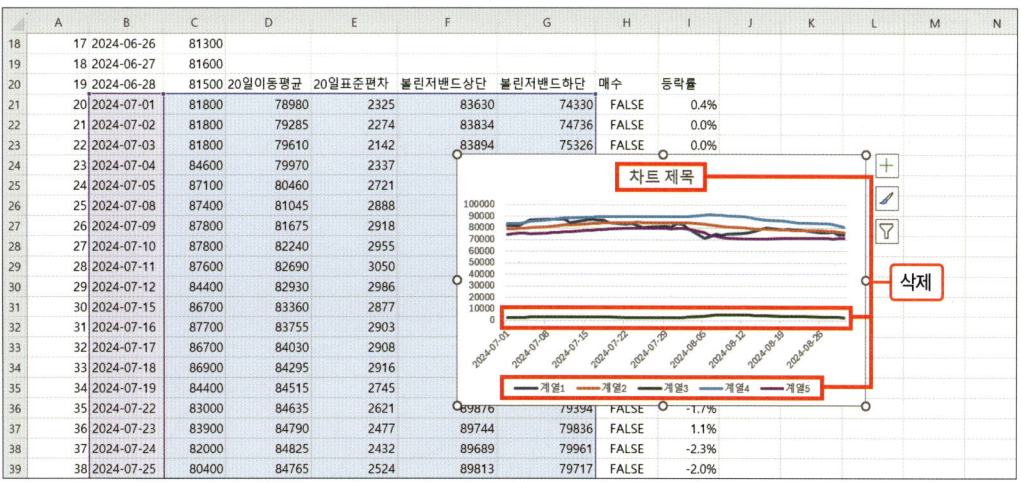

③ 차트의 세로축을 마우스 오른쪽 버튼으로 클릭한 다음 [축 서식]을 선택합니다.

④ [축 옵션]의 '경계'에서 [최솟값]을 '70000'으로 변경합니다.

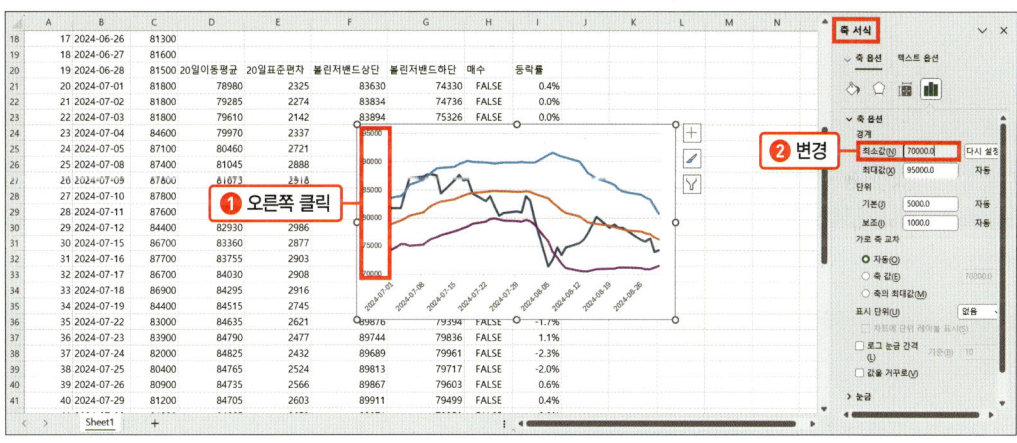

1장 주식으로 알아보는 추세와 상관관계 —— 291

전문가의 시선 — 볼린저 밴드 차트를 읽는 방법

실습으로 완성한 선형 차트는 ① 일별 주식 시세, ② 20일 이동평균, ③ 볼린저밴드 상단, ④ 볼린저밴드 하단 데이터로 구성되어 있습니다.

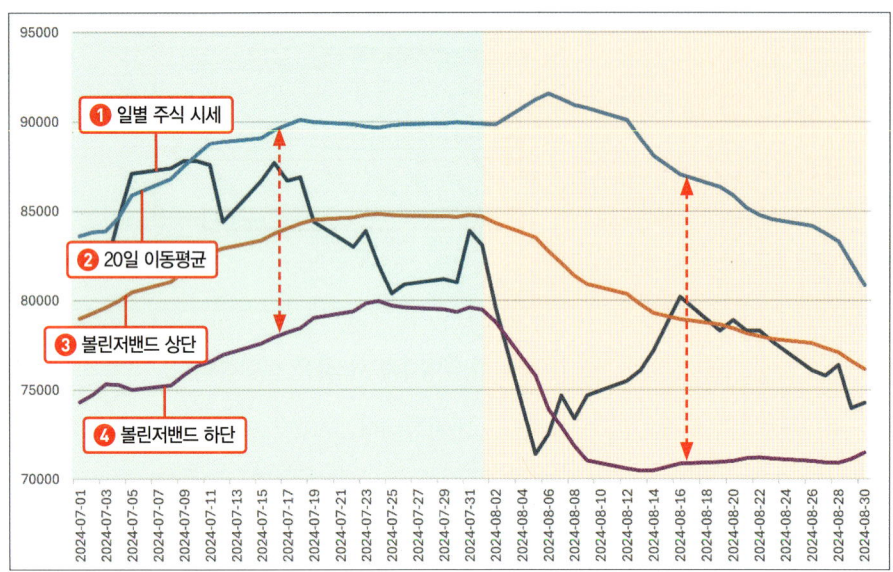

볼린저 밴드 차트를 보면, 왼쪽과 오른쪽 구간에서 밴드의 너비에 큰 차이가 있음을 알 수 있습니다. 왼쪽 구간에서는 볼린저 밴드의 상단과 하단 사이의 간격이 좁은 반면, 오른쪽 구간에서는 상단과 하단 사이의 간격이 훨씬 넓습니다.

이러한 차이는 볼린저 밴드가 표준편차를 사용하여 계산되기 때문에 발생합니다. 일별 시세의 변동폭이 클 경우, 표준편차도 커지게 되고, 이에 따라 볼린저 밴드의 상단과 하단 사이의 간격도 넓어집니다. 이렇게 볼린저 밴드를 활용하면 시세 데이터의 변동성을 한눈에 파악할 수 있습니다. **밴드의 너비가 좁을 때는 시장이 안정적이고 변동성이 낮은 상태이며, 밴드의 너비가 넓을 때는 시장의 변동성이 높은 상태임을 쉽게 알 수 있습니다.** 이러한 정보는 투자자들이 시장의 동향을 파악하고 적절한 투자 전략을 수립하는 데 도움이 됩니다.

3 | 볼린저 밴드를 활용한 주식 매매방법

주식의 시세는 시장에 참여하는 개인, 기간, 외국인 등의 매매에 의해 결정됩니다. 정치, 경제, 또는 다른 금융 상품의 영향을 받을 수 있지만, 궁극적으로는 매매에 참여하는 주체들의 행동에 따라 형성됩니다.

볼린저 밴드를 활용한 매매 전략은 시장 참여자들의 심리를 이용한 기법입니다. 이 전략은 주가가 일별 변동성을 나타내는 볼린저 밴드의 상한선과 하한선을 넘어설 때, 과도한 매수 또는 매도 심리가 발생한 것으로 해석하고 매매를 실행합니다. 구체적으로, 주가가 볼린저 밴드의 하한선 아래로 내려가면 '과매도' 상태로 판단하여 '매수'하고, 반대로 주가가 상한선을 넘어서면 '과매수' 상태로 보고 '매도'합니다.

이제 앞서 계산한 볼린저 밴드를 활용하여 주식을 매매하는 방법을 알아보겠습니다. 단, 차트에만 의존하여 거래하는 방식이므로 매도 시에는 기술적 매매에 주로 사용되는 '트레일링 스탑(Trailing Stop)' 방식을 적용해 보겠습니다. 트레일링 스탑은 매수가 또는 고점 대비 일정 비율로 가격이 하락하면 매도하는 거래 방법으로 실습에서는 '2%' 하락 시 매도합니다.

① [H20] 셀에 머리글을 입력합니다. 여기에서는 '매수'를 입력했습니다.

② [H21] 셀에 다음의 수식을 입력하고 Enter 를 누릅니다.

[H21]
=C21<G21
이 수식은 [C21] 셀에 있는 '가격'이 [G21] 셀의 볼린저 밴드 하단보다 작은지 확인하는 조건문입니다. 함수를 사용하지 않아도 사칙연산처럼 동작합니다.

③ [H21] 셀의 수식을 복사하여 [H21:H64] 영역에 붙여 넣으면, 셀의 값이 볼린저 밴드 하단보다 클 경우 'TRUE'(참), 작을 경우 'FALSE'(거짓)을 반환합니다.

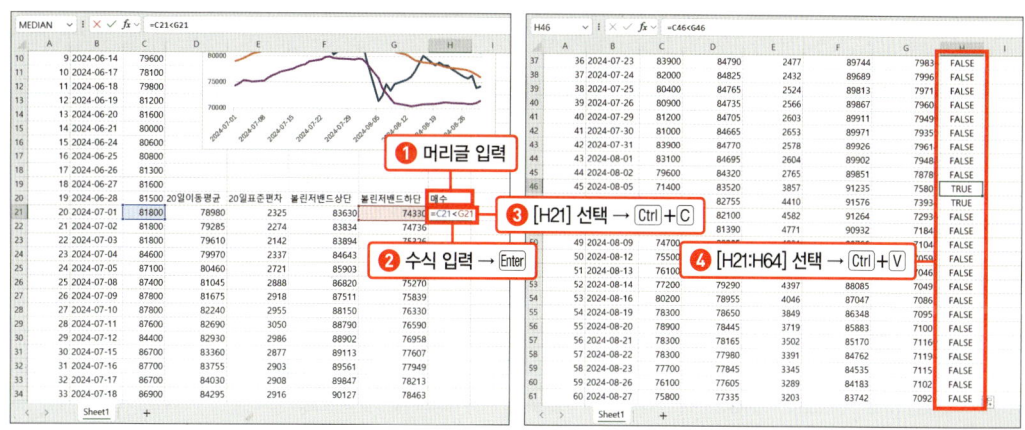

④ [I20] 셀에 머리글을 입력합니다. 여기서는 '등락률'을 입력했습니다.

⑤ [I21] 셀에 다음의 수식을 입력하고 Enter 를 누릅니다.

> [I21] =C21/C20-1
> 이 수식은 전일대비 당일 시세를 계산하여 매도 시점을 계산하기 위한 수식입니다.

⑥ [I21] 셀의 수식을 [I22:I64] 영역에 붙여 넣습니다.

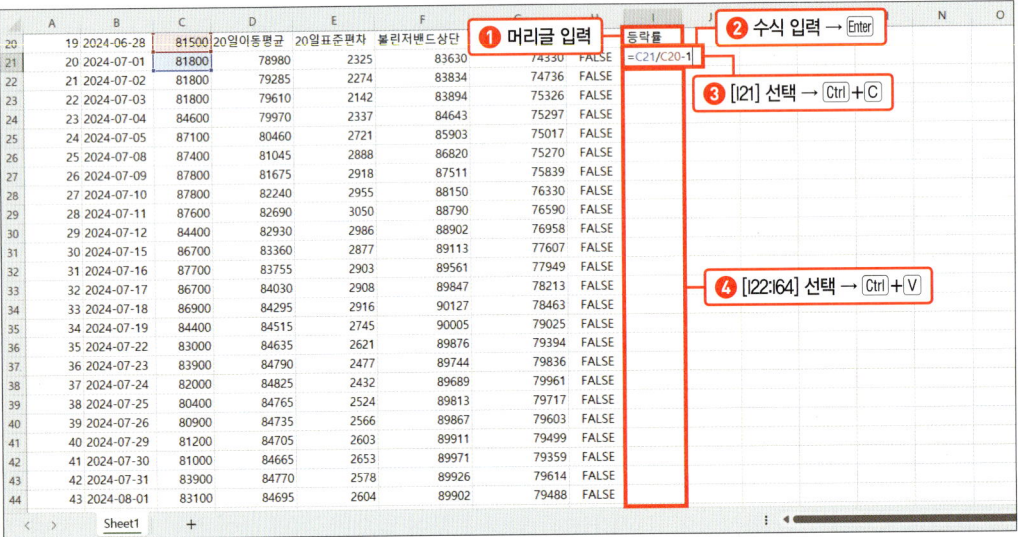

⑦ 앞의 과정에서 사용한 두 가지 수식을 통해서 주식을 매매할 경우 [H46] 셀에서 볼린저 밴드 하한선 미만으로 하락하여 '매수', [I55] 셀에서 전일대비 2% 이상 하락하여 '매도'를 할 것입니다. 다음 그림은 거래가 발생한 시점의 행을 노란색으로 표시한 것입니다.

⑧ [J55] 셀에 다음의 수식을 입력하고 Enter를 누릅니다.

> *fx* **=C55/C46-1**
> 이 수식은 매매가 발생한 시점의 수익률을 계산하는 수식입니다.

⑨ [J55] 셀에 수익율이 계산됩니다. 이는 볼린저 밴드 매매법을 활용할 경우 9.7%의 수익이 발생한 것을 의미합니다.

	A	B	C	D	E	F	G	H	I	J
43	42	2024-07-31	83900	84770	2578	89926	79614	FALSE	3.6%	
44	43	2024-08-01	83100	84695	2604	89902	79488	FALSE	-1.0%	
45	44	2024-08-02	79600	84320	2765	89851	78789	FALSE	-4.2%	
46	45	2024-08-05	71400	83520	3857	91235	75805	TRUE	-10.3%	
47	46	2024-08-06	72500	82755	4410	91576	73934	TRUE	1.5%	
48	47	2024-08-07	74700	82100	4582	91264	72936	FALSE	3.0%	
49	48	2024-08-08	73400	81390	4771	90932	71848	FALSE	-1.7%	
50	49	2024-08-09	74700	80905	4931	90766	71044	FALSE	1.8%	
51	50	2024-08-12	75500	80345	4876	90098	70592	FALSE	1.1%	
52	51	2024-08-13	76100	79765	4652	89068	70462	FALSE	0.8%	
53	52	2024-08-14	77200	79290	4397	88085	70495	FALSE	1.4%	
54	53	2024-08-16	80200	78955	4046	87047	70863	FALSE	3.9%	
55	54	2024-08-19	78300	78650	3849	86348	70952	FALSE	-2.4%	9.7%
56	55	2024-08-20	78900	78445	3719	85883	71007	FALSE	0.8%	
57	56	2024-08-21	78300	78165	3502	85170	71160	FALSE	-0.8%	
58	57	2024-08-22	78300	77980	3391	84762	71198	FALSE	0.0%	
59	58	2024-08-23	77700	77845	3345	84535	71155	FALSE	-0.8%	
60	59	2024-08-26	76100	77605	3289	84183	71027	FALSE	-2.1%	

수식 입력 → Enter

 **주식 가상 매매 결과 분석**

통계적 기법을 이용한 기술적 매매 전략을 검증하는 '백테스팅(Backtesting)'은 예시와 비슷한 방식으로 동작합니다. 백테스팅은 과거 데이터를 바탕으로 매매 전략의 성과를 시뮬레이션함으로써 전략의 수익성과 위험성을 평가하는 방법입니다. 이번 실습에서는 한 번의 테스트만 진행했지만, 이 방법을 응용하면 엑셀에서도 다양한 매매 전략을 테스트해 볼 수 있습니다. 다음 그림은 실습에서 사용한 볼린저 밴드와 트레일링 스탑을 활용한 매매 시점을 차트에서 표시한 것입니다.

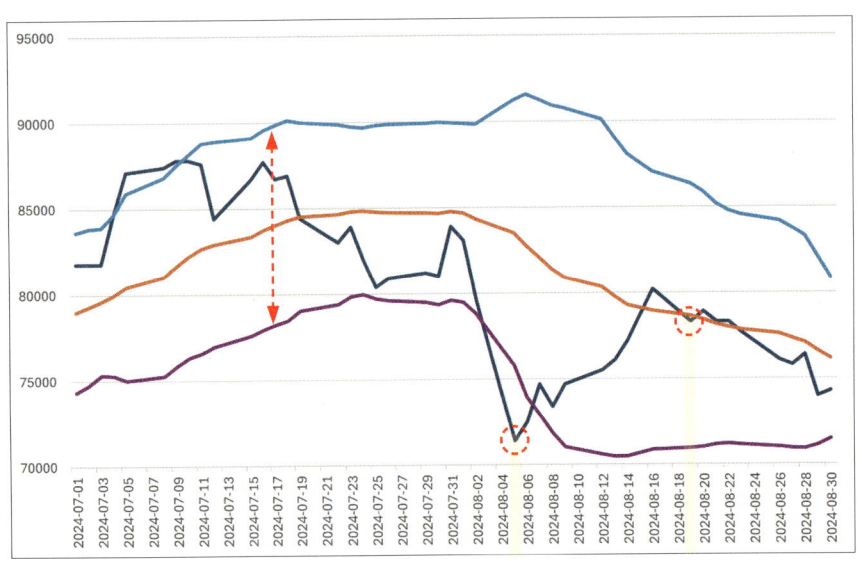

2024년 8월 5일, 급격한 하락으로 인해 시세가 볼린저 밴드 하단 아래로 떨어졌을 때 매수가 이루어졌습니다. 이후 주식을 보유하고 있다가 2024년 8월 19일, 전일 대비 2% 이상 하락하면서 주식을 매도하였습니다. 이 거래의 경우 시세는 하락 추세에 접어들었지만, 급격한 하락이 발생한 후 반발 심리에 의해 발생한 반등 구간에서 매매가 이루어져 수익으로 연결되었습니다. 단, 기술적 매매 전략의 경우 이처럼 중장기적인 전망보다는 일시적인 시장 심리나 가격 변동에 의해 거래가 이루어지는 경우가 많으므로 실제 매매에 활용할 경우 주의가 필요합니다.

==주가나 지표가 표준편차의 2배로 만들어진 볼린저 밴드의 상단이나 하단을 벗어나는 경우는 통계적으로 매우 드문 현상입니다. 일반적으로 주가는 볼린저 밴드의 상하단 사이에 위치할 확률이 약 '95.44%'이며, 볼린저 밴드의 하단 밴드 미만으로 떨어질 확률은 단 '2.28%'에 불과합니다.== 따라서 볼린저 밴드를 벗어나는 경우는 '이상치'로 간주될 수 있습니다.

> **TIP** 표준편차를 활용하여 이상치를 탐지하는 자세한 내용은 297쪽을 참고하세요.

기업에서는 볼린저 밴드의 이러한 특성을 활용하여 판매량을 모니터링하고, 재고와 시세 관리 등에 적용할 수 있습니다. 예를 들어, 일별 판매량 데이터에서 당일 판매량이 볼린저 밴드의 상단을 초과한다면, 기업은 다음과 같은 상황을 고려할 수 있습니다.

고려사항	대응방안 예시
수요 급증의 원인	• 일시적인 프로모션의 효과인지, 장기적인 트렌드 변화인지 파악 • 외부 요인(경쟁사 동향, 시장 상황 등)의 영향 분석
재고 및 공급망 관리	• 증가한 수요에 맞춰 재고 수준 조정 • 공급 업체와의 협력을 통한 원활한 물품 공급 확보
가격 전략의 적절성	• 수요와 공급의 균형을 고려한 가격 책정 • 가격 인상 또는 할인 정책의 필요성 검토
고객 서비스 대응 능력	• 증가한 주문량을 처리할 수 있는 인력과 시스템 확보 • 고객 문의 및 불만 사항에 대한 신속한 대응
중장기 판매 전망 분석	• 현재의 판매 증가세가 지속될 것인지에 대한 예측 • 장기적인 수요 예측을 바탕으로 한 생산 및 마케팅 전략 수립
잠재적 리스크 관리	• 판매량 급감 시 발생할 수 있는 재고 부담과 현금 흐름 문제 대비 • 외부 환경 변화에 따른 판매 변동성 헤지 방안 마련
마케팅 최적화	• 효과적인 마케팅 채널과 전략 선택 • 고객 데이터 분석을 통한 타겟 마케팅 강화

기업이 이러한 상황을 종합적으로 고려하여 대응 전략을 수립한다면, 비정상적인 판매량 증가로 인한 기회를 극대화하고 잠재된 리스크를 효과적으로 관리할 수 있을 것입니다. 다만, 볼린저 밴드는 단기적인 신호일 수 있으므로, 다양한 분석 도구와 시장 분석을 통한 장기적인 전략이 뒷받침되어야 합니다.

이상 징후를 탐지하고 모니터링하는 방법

자동화 기술이 발전하면서 생산라인, 창고, 물류센터 등 다양한 분야에서 센서를 활용한 데이터 수집이 이루어지고 있습니다. 또한 디지털 채널에서도 수많은 로그 데이터가 축적되고 있죠. 그러나 이렇게 자동화된 환경에 비해 이를 관리하는 방법은 여전히 수작업과 경험에 의존하는 경우가 많습니다. 특히 새로운 유형의 오류가 발생할 경우 사전에 탐지하지 못하고 문제가 커지는 경우도 적지 않습니다. 이번 장에서는 통계적 방식을 활용하여 이상 징후를 탐지하는 방법에 대해 알아보겠습니다.

상자 수염 차트로 이상치 찾기

삐딱하게 걸려 있는 액자나 책장에서 삐죽 솟아 나온 책처럼, 무언가 이상하다고 느끼는 이유는 무엇일까요? 개인의 경험과 특성에 따라 느끼는 이상치는 다를 수 있지만, 통계학에서는 중앙값 또는 평균에서 크게 벗어난 수치를 이상치로 정의하며 이론적인 근거를 토대로 한 다양한 이상치 추출 공식이 개발되었습니다. 그리고 엑셀에서는 상자 수염 차트를 이용해 이상치를 추출할 수 있습니다. 이번 CASE에서는 실무에서 간단하게 활용할 수 있는 이상치 추출 방법과 활용 사례에 대해 알아보겠습니다.

✓ 실무에서 만나는 이상치

이상치는 마치 모래밭에 숨겨진 바늘과 같습니다. 바늘이 묻힌 해변의 모래밭을 맨발로 걷는 것은 위험하죠. 해변의 크기나 활동 반경에 따라 바늘에 찔릴 확률은 다르겠지만, 바늘을 그대로 방치하면 결국 누군가는 상처를 입게 될 것입니다.

기업에서 발생하는 이상치는 제조, 마케팅, 영업, 재무 등 거의 모든 분야에서 나타납니다. 원인도 단순한 입력 실수부터 기기의 결함이나 오작동, 그리고 의외의 실제로 관측된 데이터까지 다양합니다. 그래서 대부분의 경우 부서별 담당자, 즉 해당 분야의 전문가에게 이상치를 걸러내도록 맡깁니다. 하지만 관리가 소홀해지는 순간 이상치가 발생하며 바늘에 찔리는 것과는 비교할 수 없는 결과를 초래할 수도 있습니다. 예를 들어, 생산 라인에서 무게 감지 센서의 오류로 발생한 이상치를 무시하면 중량 미달 또는 불순물이 포함된 상태로 제품이 판매되어 신뢰도 하락과 막대한 손실을 초래할 수 있습니다. 또한 재무 부서에서 데이터를 잘못 입력한다면 재정 상태를 오판하여 부적절한 투자나 재정 건전성에 대한 위험으로 이어질 수도 있습니다.

초기의 통계학자들은 자연 현상을 관찰하면서 다양한 데이터에서 비슷한 형태의 분포가 나타나는 것을 발견했습니다. 이 분포는 평균을 중심으로 높은 확률의 사건과 개체가 집중되어 있으며, 양옆으로 균등하게 퍼지면서 확률이 낮아집니다.

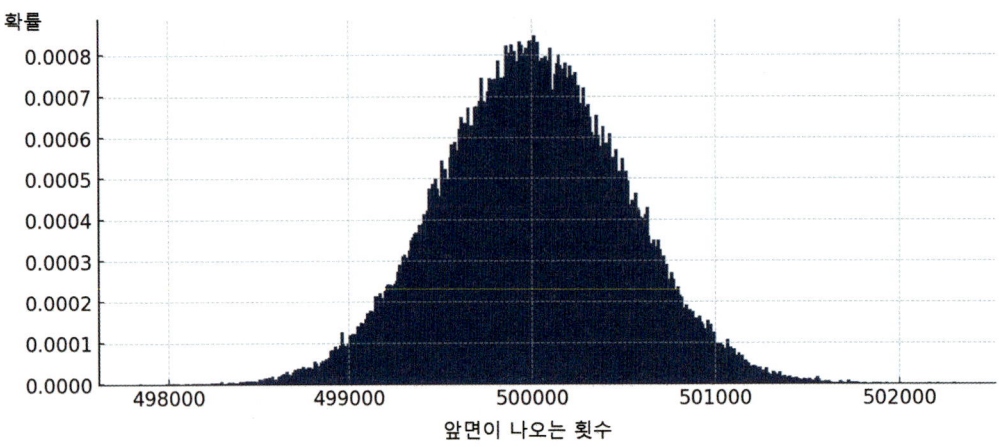

위의 차트는 동전을 100만 번 던졌을 때 앞면이 나온 횟수를 히스토그램 차트로 시각화한 것입니다. 중앙에 있는 막대는 앞면이 50만 번 나온 경우로, 가장 높은 확률을 보여주며 평균에 해당합니다. 그리고 양옆으로 갈수록 확률이 낮아지며 균등하게 퍼지는 모습을 보여줍니다. X축의 첫 번째 눈금은 동전을 100만 번 던져서 앞면이 49.8만 회 나온 경우의 확률로 거의 0에 가깝습니다. 이러한 형태의 분포를 '정규분포(normal distribution)'라고 부릅니다.

이후 다양한 이견과 반례가 확인되었지만, 많은 현상들이 정규분포에서 설명하듯이 평균을 중심으로 발생합니다. 그리고 사회 곳곳에서는 이러한 현상을 활용해 제품과 서비스를 설계하고 있습니다. 옷의 치수부터 교량 및 건물의 하중, 지하철 손잡이의 위치와 배차 간격까지, 평균을 중심으로 시설을 설계하고 서비스를 제공하고 있죠.

이상치란 이러한 현상으로 비춰봤을 때 평균과 멀리 떨어져 있고 정규분포에서는 가장자리에 위치한 값을 말합니다. 즉, 극히 낮은 확률로 발생하는 데이터를 말하며, 전문가들이 일일이 걸러내지 않아도 통계적인 근거를 기반으로 일정 수준 걸러낼 수 있습니다.

✓ 상자 수염 차트의 모양과 의미

상자 수염 차트는 통계치의 분포를 시각화한 차트입니다. 통계치를 도형으로 표현하기 때문에 간단한 막대로 구성된 히스토그램 차트에 비해 다소 복잡해 보일 수 있지만, 도형에 다양한 정보를 포함하고 있어 여러 데이터를 쉽게 비교하고 탐색할 수 있는 장점이 있습니다. 상자 수염 차트의 기본적인 구조는 다음과 같습니다.

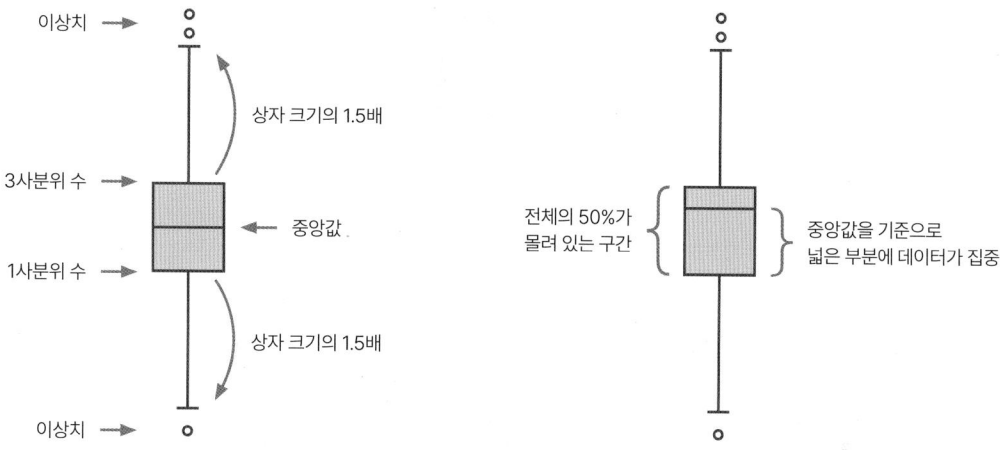

❶ 상자 수염 차트에서 상자는 1사분위수와 3사분위수를 연결한 후 가운데에 중앙값을 표시합니다. 중앙값과 사분위수는 순위에 기반하여 계산하기 때문에 데이터가 많을수록 상자의 폭은 넓어집니다. 또한 중앙값이 한쪽으로 치우쳐 있다면, 그 방향으로 데이터가 더 밀집해 있다는 것을 의미합니다. 왼쪽의 상자는 데이터가 가장 밀집되어 있는 영역으로 전체 데이터의 50%를 포함하고 있습니다.

❷ 상자의 양 끝에서 상자 길이의 1.5배만큼 연장한 지점에 수염을 표시합니다. 흔히 이 수염의 끝점을 최댓값과 최솟값으로 말하기도 하지만, 엄밀히 말하면 이상치를 제외한 것이므로 실제 데이터의 최댓값과 최솟값은 다를 수 있습니다.

❸ 수염 바깥쪽에 위치한 데이터는 점으로 표시합니다. 만약 해당 데이터가 정규분포를 따른다면, 수염 안쪽의 데이터는 전체의 99.3%에 해당하기 때문에 바깥에 있는 데이터는 이상치로 간주됩니다.

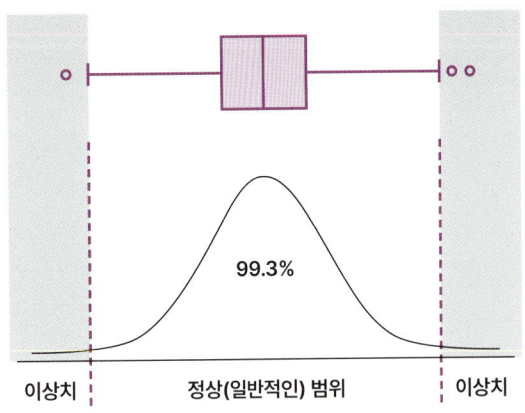

상자 수염 차트는 데이터의 분포를 함축적으로 표현하기 때문에, 하나의 차트에 여러 항목을 나열하여 데이터를 비교하는 데 유용합니다. 상자의 모양과 수염의 위치, 그리고 이상치를 한눈에 파악할 수 있어 항목 간 차이를 쉽게 비교할 수 있습니다. 그럼, 일상 생활에서 쉽게 접할 수 있는 데이터를 활용해 상자 수염 차트에 대해 더 자세히 알아보겠습니다.

실습 상자 수염 차트 그리기   CASE_01

실습 예제는 '공공데이터포털'에서 제공하는 '국민건강보험공단 건강검진정보'입니다. 이 데이터는 건강검진을 받은 사람들 중 100만 명을 무작위로 추출한 것으로 시도코드, 성별, 연령대 등의 기본정보와 신장, 체중, 혈압, 혈당, 총콜레스테롤, 혈색소 등의 검진내역으로 구성되어 있습니다. 실습 예제는 실습의 편의를 고려하여 빈 셀이 있는 행과 열은 제거하고 전체 데이터를 1만건으로 줄였습니다. 항목별 내용은 다음과 같습니다.

머리글	데이터 설명	데이터 가공 방법
기준년도	해당 정보의 기준년도를 제공함	
가입자일련번호	가입자에 부여한 일련번호	1 ~ 1,000,000
성별코드	정보 대상자의 성별	남, 여
연령대	5세 단위로 그룹화(범주화)	20~24세 등
시도	수진자 거주지의 시도	부산광역시 등
신장(5Cm단위)	검진자의 키(5CM 단위)	100~104CM → 100CM
체중(5Kg 단위)	검진자의 몸무게(5KG 단위)	25~29KG → 25KG
허리둘레	검진자의 허리둘레	82

머리글	데이터 설명	데이터 가공 방법
시력(좌)	수검자의 좌측 눈의 시력	0.1~2.5 사이의 값으로 표기하며 0.1 이하의 시력은 0.1, 실명은 9.9로 표기
시력(우)	수검자의 우측 눈의 시력	
청력(좌)	수검자의 좌측 귀의 청력	1(정상), 2(비정상)
청력(우)	수검자의 우측 귀의 청력	
수축기 혈압	검진자의 최고 혈압으로 심장이 수축해서 강한 힘으로 혈액을 동맥에 보낼 때의 혈관 내압	정상치 : 120mmHg 미만 고혈압 전 단계 : 120~139mmHg 고혈압 1단계 : 140~159mmHg 고혈압 2단계 : 160mmHg 이상
이완기 혈압	검진자의 최저 혈압으로 심장의 완기시의 혈압	정상치 : 80mmHg 미만 고혈압 전 단계 : 80~89mmHg 고혈압 1단계 : 90~99mmHg 고혈압 2단계 : 100mmHg 이상
식전혈당 (공복혈당)	검진자 식사 전 혈당(혈액 100ml당 함유 되어 있는 포도당의 농도) 수치	정상치 80~130mg/dL
총 콜레스테롤	혈청 중의 에스텔형, 비에스테형(유리)콜레스테롤의 합	정상치 150~250mg/dL
트리글리세라이드	단순지질 혹은 중성지질	정상치 30~135mg/dL
HDL콜레스테롤	HDL(고밀도 리포단백질)에 포함되는 콜레스테롤	정상치 30~65mg/dL
LDL콜레스테롤	LDL(저밀도 리포단백질)에 함유된 콜레스테롤	170mg/dL 이상일 경우 일반적으로 고LDL혈증으로 봄
혈색소	혈액이나 혈구 속에 존재하는 색소단백	예시) 15.3984375
요단백	소변에 단백질이 섞여 나오는 것	1(-), 2(±), 3(+1), 4(+2), 5(+3), 6(+4)로 표기
혈청크레아티닌	크레아티닌은 크레아틴의 탈수물	정상치 0.8~1.7mg/dL
혈청지오티AST	간 기능을 나타내는 혈액검사상의 수치	정상치 0~40IU/L
혈청지오티ALT	간 기능을 나타내는 혈액검사상의 수치	
감마지티피	간 기능을 나타내는 혈액검사상의 수치	정상치 남성 11~63IU/L, 여성 8~35IU/L
흡연상태	해당 수검자의 흡연 상태 여부	1(피우지 않는다), 2(이전에 피웠으나 끊었다), 3(현재도 피우고 있다)
음주여부	해당 수검자의 음주 상태 여부	0(마시지 않는다), 1(마신다)

1 | 성별 신장(키)에 대한 상자 수염 차트 그리기

① Ctrl 를 누른 상태에서 [C] 열과 [E] 열을 선택합니다.

② 메뉴에서 [삽입]-[차트]-[통계차트 삽입]-[상자 수염]을 선택합니다.

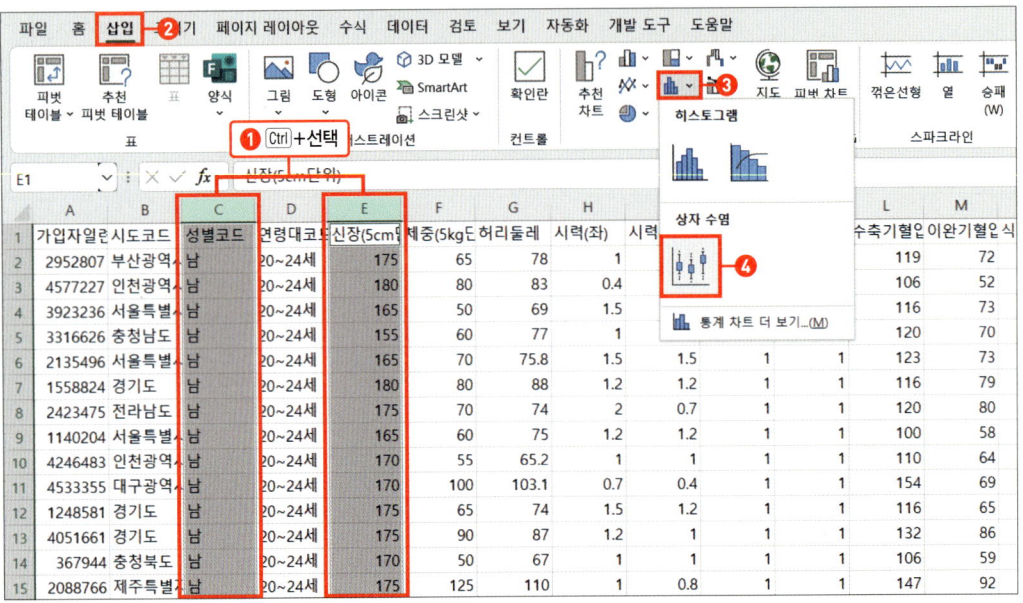

③ 삽입된 차트의 세로축을 마우스 오른쪽 버튼으로 클릭한 다음 [축 서식]을 선택합니다.

④ '축 서식'에서 [축 옵션]을 선택하고 '경계'의 [최소값]을 '120'으로 변경합니다.

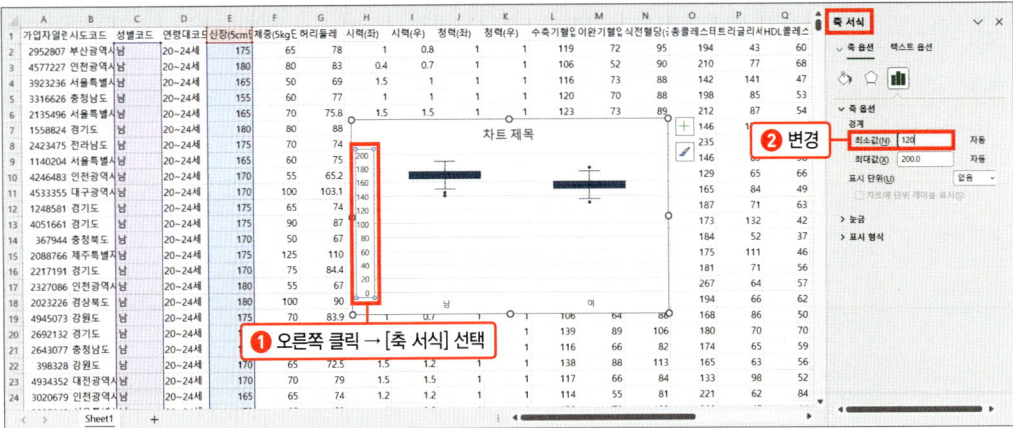

⑤ 차트 안의 상자를 선택한 후 '데이터 계열 서식'에서 [계열 옵션]-[채우기]-[단색 채우기]를 선택한 다음 [흰색]을 선택합니다.

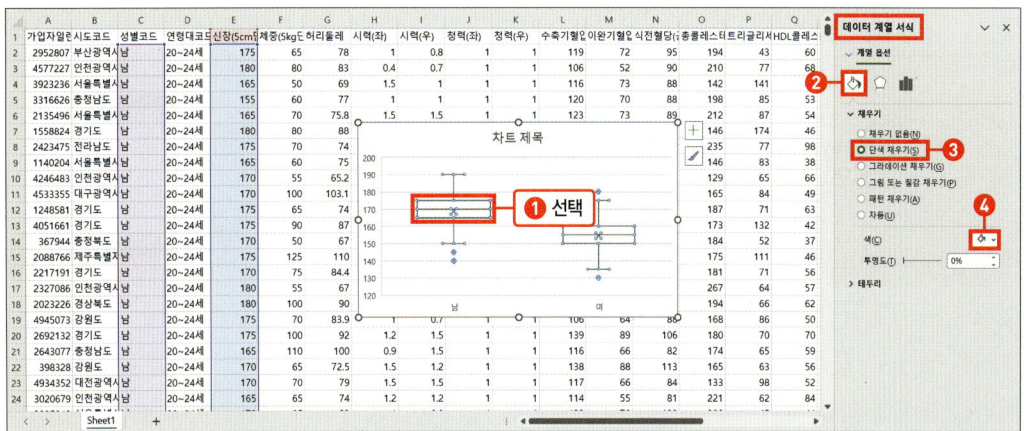

전문가의 시선 — 이상치 탐색과 상자 수염 차트 활용 방법

상자 수염 차트에서 상자 부분에 마우스 커서를 올려놓으면 분포와 이상치를 쉽게 확인할 수 있습니다. 먼저 남성 쪽 상자의 가운데 선에 마우스를 올리면 중앙값이 '170'인 것을 볼 수 있습니다. 또한 상자 안에 있는 'x'에 마우스를 올리면 평균값 '168.5764728'을 확인할 수 있습니다. 마지막으로 상자의 수염 아래에 있는 동그라미에 마우스를 올려보면 이상치가 '140'임을 확인할 수 있습니다. 같은 방식으로 여성 쪽 상자를 확인하면 중앙값은 '155cm', 평균은 '154.5cm', 이상치는 '130cm'으로 나타납니다.

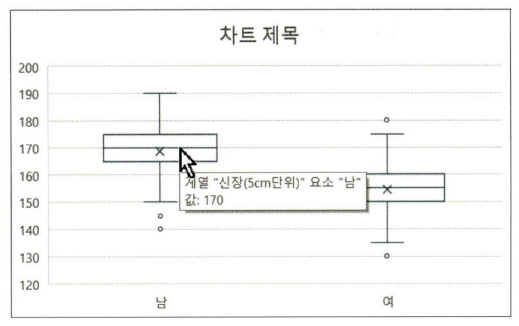
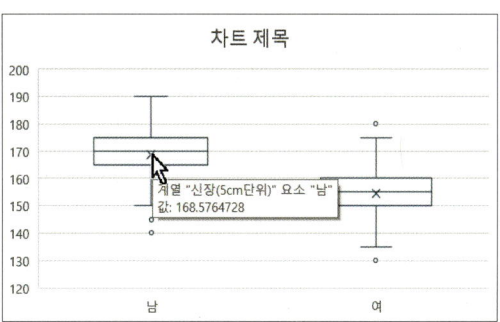

2장 이상 징후를 탐지하고 모니터링하는 방법

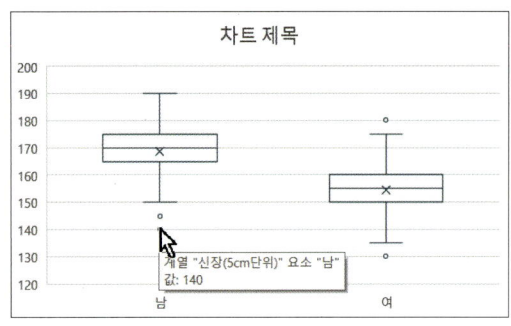

이처럼 상자 수염 차트는 값을 분류하고 통계치를 쉽게 비교할 수 있으며, 복잡한 수식 없이도 이상치를 빠르게 확인할 수 있습니다. 여기서는 데이터가 적은 이상치를 제거한다면 좀 더 일반적인 수치를 얻을 수 있을 것입니다. 이러한 활용 방식은 사회 곳곳에서 사용되는데, 예를 들어 신장 데이터를 활용해 의류 사이즈를 설계할 때 이상치를 제거하면 대다수의 사람들에게 맞는 사이즈를 찾을 수 있습니다.

이번에는 '수축기 혈압'과 '이완기 혈압' 데이터가 있는 [L:M] 열을 선택한 다음, 상자 수염 차트를 추가하여 데이터를 살펴보겠습니다.

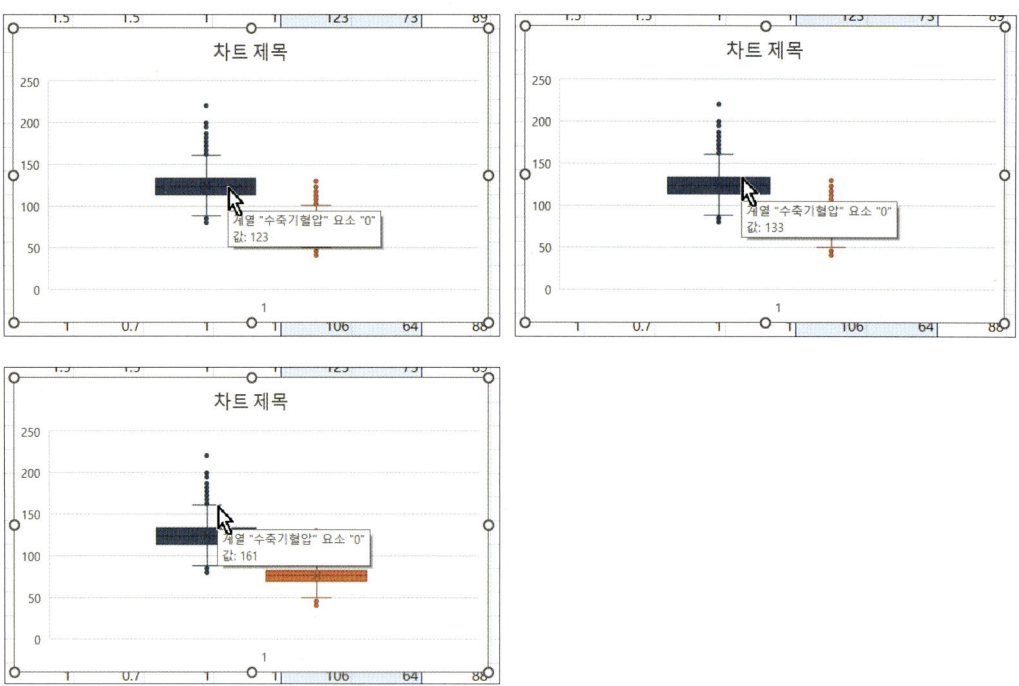

TIP 상자 수염 차트에서 여러 개의 열을 선택하여 차트를 생성하면 선택한 열의 수만큼 상자가 추가됩니다. 또한 성별 신장 차트처럼 차트에 분류 값을 추가하면 분류 값의 수만큼 상자가 추가됩니다.

수축기 혈압 상자의 가운데 선에 마우스를 올리면 중앙값이 '123'임을 확인할 수 있습니다. 상자의 위쪽 선에 마우스를 올리면 3분위수가 '133'으로 나타납니다. 위쪽 수염에 마우스를 올리면 최댓값(이상치 제외)이 '161'임을 확인할 수 있습니다. 이처럼 상자 수염 차트에서 확인된 수치를 혈압의 단계별 수치와 비교해 보면 다음과 같습니다.

혈압 단계	범위(수축기 혈압)	상자 수염 차트 값	측정 값(수축기 혈압)
정상치	120mmHg 미만	중앙값	123mmHg
고혈압 전 단계	120~139mmHg	3분위수	133mmHg
고혈압 1단계	140~159mmHg	-	-
고혈압 2단계	160mmHg 이상	이상치 제외 최댓값	161mmHg

상자 수염 차트를 활용해 추출한 값은 통계적 값으로, 의학적으로 확인된 수치와는 직접적인 관련이 없습니다. 그럼에도 불구하고 이렇게 비슷한 수치를 보이는 것은 의학적 기준 자체가 인구의 통계적 특성을 따르는 경향이 있기 때문입니다. **이러한 현상은 다양한 분야에서 나타나며, 다음은 다른 분야의 예시를 정리한 것입니다.**

분야	기준 설정 방식	통계적 특성과의 연관성
교육	시험 성적의 등급 구분 및 커트라인 설정	학생들의 성적 분포를 기반으로 기준 설정
경제학	소득 계층 분류 및 빈곤선 결정	인구 소득 통계를 바탕으로 계층 및 기준 설정
심리학	심리 검사 기준 점수 및 진단 기준 수립	대규모 인구 통계 데이터를 활용한 기준 설정
품질 관리	제품의 품질 기준 및 허용 오차 범위 설정	제품의 불량률과 편차의 통계적 분석 결과 반영

사회에 적용된 여러 기준이나 단계는 해당 집단의 통계적 특성을 반영하여 설정됩니다. 따라서 통계적 분석 결과와 유사한 형태를 보이는 것은 자연스러운 현상입니다. 앞서 언급했듯이, 정규분포는 통계적 현상을 설명하기 위한 가정일 뿐이며, 실제로 모든 자연현상을 완벽하게 관측하는 것은 불가능합니다. 또한 우리가 보유한 데이터는 전체 자연현상을 모두 포함하지 않습니다.

그러나 통계적으로 데이터를 많이 수집할수록 실제에 가까운 통계치를 얻을 수 있습니다. 따라서 상자 수염 차트를 활용하면 이상치로 의심되는 데이터를 충분히 검출할 수 있습니다. 이처럼 이상치로 분류된 값은 전체 데이터에 비해 특이한 값에 속하므로, 혈압처럼 기준 설정에 참고할 수 있으며, 남녀 신장의 사례처럼 분포를 확인한 후 이상치를 제거하는 방식으로 활용할 수 있습니다.

평균과 표준편차로 이상 징후 탐지하기

통계학에서 이상치는 드물게 발생하는 상황으로 정의되며, 통계적 방법을 통해 효과적으로 탐지할 수 있습니다. 이는 전문 지식이 없어도, 또는 반드시 수작업으로 처리하지 않아도 예기치 않은 상황을 대비할 수 있다는 것을 의미합니다. 이번 CASE에서는 통계적 방법을 활용하여 이상치를 탐지하는 수식을 만들고, 대용량 데이터를 모니터링하여 이상 징후를 포착하는 방법에 대해 살펴보겠습니다.

✓ 평균과 표준편차를 활용한 이상치 탐지

많은 자연 현상과 사회 현상은 정규분포를 따르는 경향이 있습니다. 정규분포에서는 각 사건이나 개체가 평균과 표준편차를 기준으로 일정한 확률로 발생하며, 다음과 같은 규칙성을 보입니다

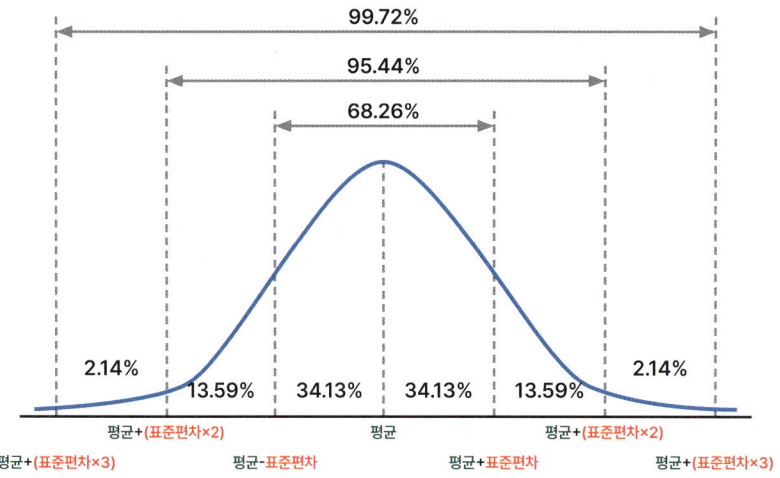

❶ 평균에서 표준편차를 더하거나 뺀 범위에 전체 데이터의 '68.26%'가 포함된다.

❷ 평균에서 표준편차의 2배를 더하거나 뺀 범위에 전체 데이터의 '95.44%'가 포함된다.

❸ 평균에서 표준편차의 3배를 더하거나 뺀 범위에 전체 데이터의 '99.72%'가 포함된다.

이러한 정규분포의 특성을 활용하면 개별 데이터가 전체 분포에서 어느 위치에 있는지 파악할 수 있습니다. 만약 특정 데이터가 정규분포의 바깥쪽에 위치한다면, 그 발생 확률이 낮기 때문에 이상치로 간주할 수 있습니다.

'표준화 점수(Z-Score)'는 이러한 정규분포의 특성을 쉽게 활용할 수 있도록 고안된 값입니다. 표준화 점수를 사용하면 개별 데이터가 평균에서 표준편차의 몇 배만큼 떨어져 있는지를 알 수 있습니다. 예를 들어, 표준화 점수가 '0'이면 해당 데이터는 정확히 평균에 위치하며, 표준화 점수가 '3'이면 평균에서 표준편차의 '3'배만큼 떨어져 있음을 의미합니다. 이는 해당 데이터가 전체의 상위 '99.72%'에 해당하는 위치에 있음을 나타냅니다.

일반적으로 표준화 점수가 '-3'보다 작거나 '3'보다 크면 이상치로 간주합니다. 이 방법은 계산량이 적어 실시간 또는 대용량 데이터에서 이상 징후를 빠르게 탐지하는 데 널리 사용됩니다.

실습 표준화 점수로 이상치 추출하기

실습 예제는 서울시가 '공공데이터포털'을 통해 제공하는 '하천수위 관측 데이터'입니다. 이 자료는 홍수, 태풍 등 기상현상에 따른 자연재해 예방을 위해 하천수위관측소에서 송신한 보정하지 않은 원시자료로 2020년 6월부터 8월까지의 우기에 시간별, 지점별 수위 관측 정보를 포함하고 있습니다. 측정기기 오작동, 운영 환경 등으로 인한 오차가 발생할 수 있으며, 시설 점검이나 내부 공사 등으로 인해 자료 수집이 부정확할 수 있다는 한계점도 있습니다. 이는 실제 기업에서 물류창고, 생산시설, 유통매장 등에서 수집한 데이터와 유사한 면을 가지고 있습니다.

이제 이 데이터에 표준화 점수를 추출하는 방법을 알아보겠습니다. 데이터는 21개의 열로 구성되어 있으며, 시간과 20개의 하천수위관측소에 대한 정보를 포함하고 있습니다. 또한 상당 부분 빈 셀이 포함되어 있습니다. 표준화 점수를 만들 땐 먼저 평균과 표준편차를 구한 후 특정 함수를 활용하여 추출합니다.

1 | 평균과 표준편차 계산하기

① [B1:U1] 영역을 복사하여 [V1:AO1] 영역에 붙여 넣습니다. 이 작업은 데이터가 방대하므로 수식 계산을 수월하게 하기 위한 것입니다.

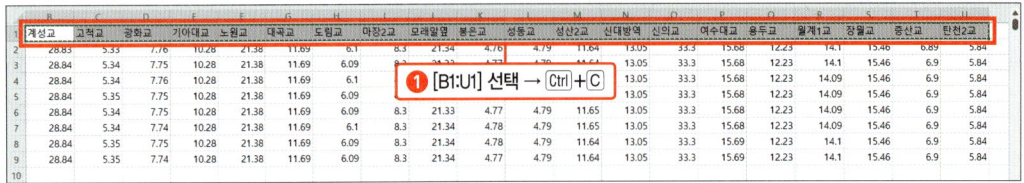

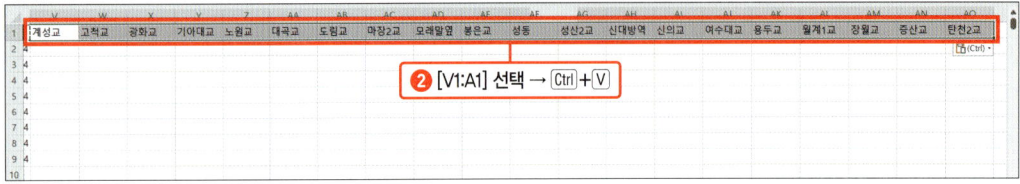

② [V2] 셀과 [V3] 셀에 다음의 함수를 입력하고 Enter 을 누릅니다.

> **[V2]: =AVERAGE(B2:B15874)**
> [B2:B15874] 영역의 평균을 반환합니다.
>
> **[V3]: =STDEV(B2:B15874)**
> [B2:B15874] 영역의 표준편차를 반환합니다.

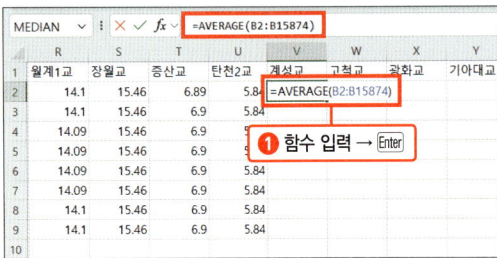
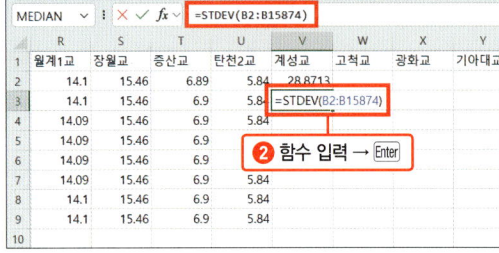

③ [V2:V3] 영역을 복사하여 [W2:AO3] 영역에 붙여 넣습니다.

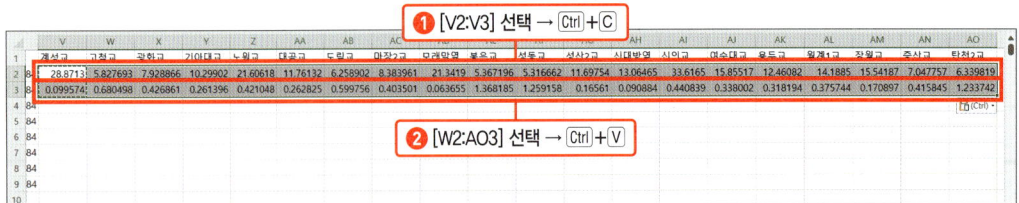

2 | 표준화 점수 만들기

이제 평균과 표준편차를 활용하여 표준화 점수를 계산해보겠습니다. 엑셀에서는 STANDARDIZE 함수를 사용하여 표준화 점수를 쉽게 계산할 수 있습니다. 사실 이 함수는 230쪽에서 데이터의 크기를 줄이는 스케일링 용도로 사용된 바 있습니다. 이는 데이터 분포에 따라 주로 '-3'에서 '+3' 사이의 값을 반환해 데이터 크기를 줄이면서도 분포 특성을 유지할 수 있기 때문입니다. 다만, 표준화 점수는 정규분포를 전제로 하므로 데이터가 지나치게 크거나 작으면 이 범위를 벗어날 수 있습니다. 여기서는 이 특성을 활용해 이상치를 검출합니다.

① 머리글이 있는 [B1:U1] 영역을 복사하여 [AP1:BI1] 영역에 붙여넣습니다.

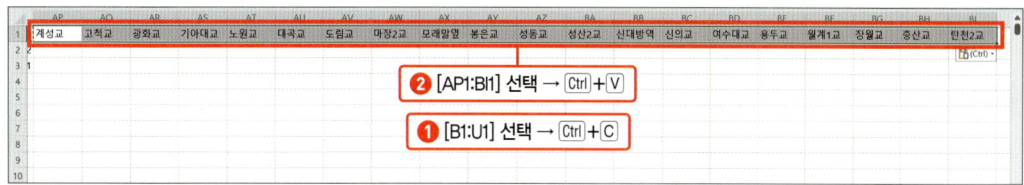

② [AP2] 셀에 다음의 함수를 입력하고 Enter 를 누릅니다.

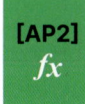

[AP2] =STANDARDIZE(B2,V$2,V$3)

STANDARDIZE 함수의 첫 번째 인수는 대상 값, 두 번째 인수는 미리 계산해둔 평균, 세 번째 인수는 표준편차입니다. 평균과 표준편차 값이 있는 [V2:V3] 영역은 혼합 참조로 고정했습니다.

③ [AP2] 셀의 채우기 핸들을 드래그하여 [AP15784] 영역까지 자동 채우기를 실행합니다.

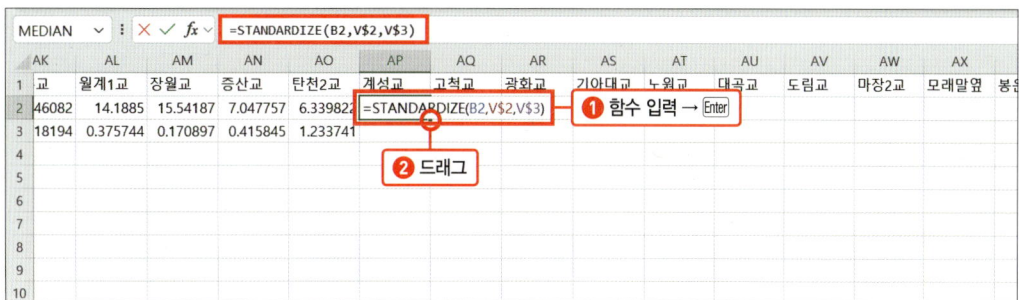

④ [AP10] 셀을 살펴보면 다른 셀과 다르게 '-289.847'이라는 비정상적으로 낮은 값이 출력된 것을 확인할 수 있습니다. 이는 [B10] 셀이 비어 있기 때문에 발생한 문제입니다. 이러한 오류를 방지하기 위해 수식을 수정하여 빈 셀인 경우 '0'을 반환해야 합니다. [AP2] 셀에 다음의 함수를 입력하고 Enter 를 누릅니다.

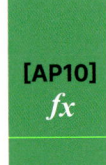

=IF(ISBLANK(B10), 0, STANDARDIZE(B10, V$2, V$3))

이 함수는 IF 함수의 첫 번째 인수는 조건식을 입력하고, 두 번째 인수는 해당 조건이 참일 경우의 값을, 세 번째 인수는 조건이 거짓일 경우의 값을 반환합니다. ISBLANK 함수는 입력한 셀이 비어 있으면 참(TRUE)을 반환하므로, [B10] 셀이 비어 있을 때는 '0'을 반환하고, 그렇지 않은 경우에는 기존의 STANDARDIZE 함수를 실행합니다.

⑤ [AP2] 셀의 채우기 핸들을 더블클릭하여 수정한 함수를 채워 넣습니다.

⑥ [AP10] 셀을 다시 확인해보면 값이 '0'으로 변경되어 있습니다.

⑦ [AP2:AP15784] 영역을 복사하여 [AQ2:BI15784] 영역에 붙여 넣습니다.

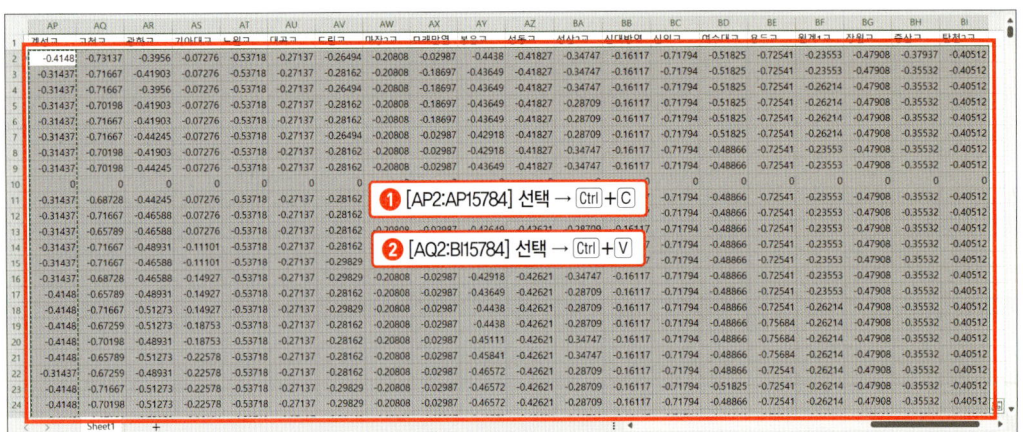

3 | 이상치 확인하기

하천 수위 데이터가 정규분포를 따른다면 표준화 점수가 '-3'보다 작거나 '+3'보다 큰 값을 이상치로 간주할 수 있지만, 여기서는 실제 데이터가 충분히 확보되어 있으므로, 전체 데이터를 검토한 후 적절한 기준을 설정하여 이상치를 결정할 수 있습니다. 우선 추출한 표준화 점수를 확인한 뒤, 적정 수준을 결정하겠습니다.

① '계성교'의 표준화 점수가 있는 [AP] 열을 클릭하여 열 전체를 선택한 후, 메뉴에서 [삽입]-[차트]-[2차원 세로 막대형]을 선택하여 차트를 삽입합니다.

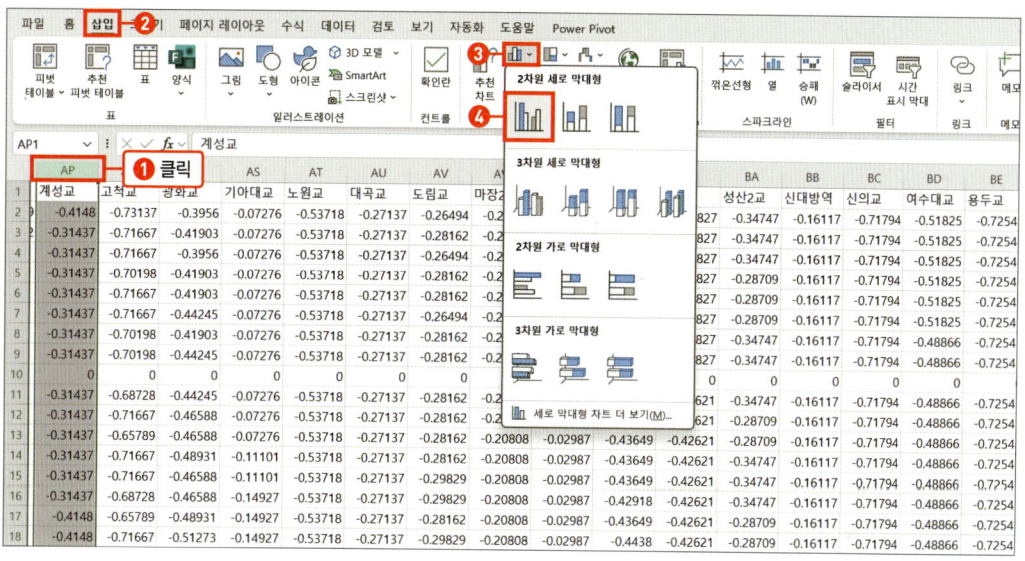

계성교([AP] 열)의 표준화 점수 차트를 살펴보면 대부분의 값이 '0'을 중심으로 모여 있고, 음수는 크지 않으며, 일부 막대가 일반적인 이상치에 해당하는 '3'보다 큰 값을 나타냅니다. 다른 관측소들도 비슷한 형태를 보이므로 이상치는 '3'보다 큰 값으로 결정하겠습니다. 이제 이 규칙을 이용하여 전체 관측소에서 이상치가 하나라도 발생하는지를 확인할 수 있는 수식을 만들어보겠습니다.

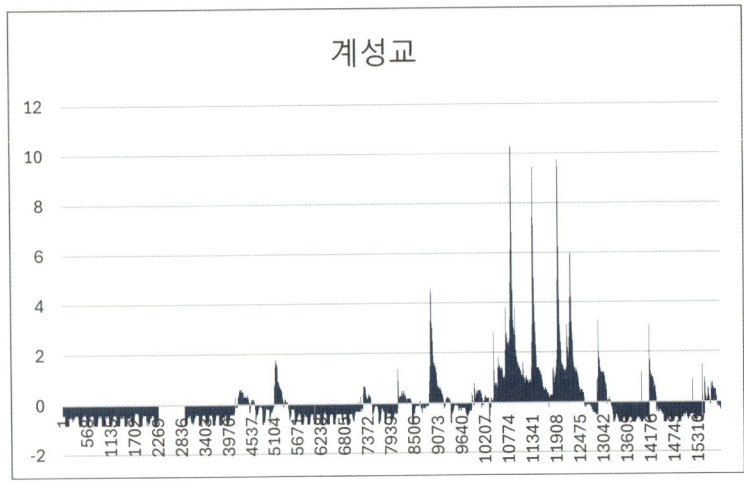

② [BJ1] 셀에 머리글로 '모니터링'을 입력하고 [BJ2] 셀에 다음의 수식을 입력한 다음, Enter 를 누릅니다.

[BJ2] `=COUNTIF(AP2:BI2, ">3")`

COUNTIF 함수는 지정된 범위에서 조건을 만족하는 셀의 개수를 반환하는 함수입니다. 첫 번째 인수는 관측소별 표준화 점수를 계산해 둔 [AP2:BI2] 영역을 입력하고 두 번째 인수는 이 범위에서 개수를 셀 조건을 입력합니다. 여기서 '>3'을 입력하여 '3'보다 큰 셀의 개수를 반환합니다.

314

③ [BJ2] 셀의 채우기 핸들을 더블클릭하여 자동 채우기를 실행합니다.

④ [BJ2:BJ15874] 영역을 선택 후, 메뉴에서 [홈]-[스타일]-[조건부 서식]-[셀 강조 규칙]-[보다 큼]을 선택합니다.

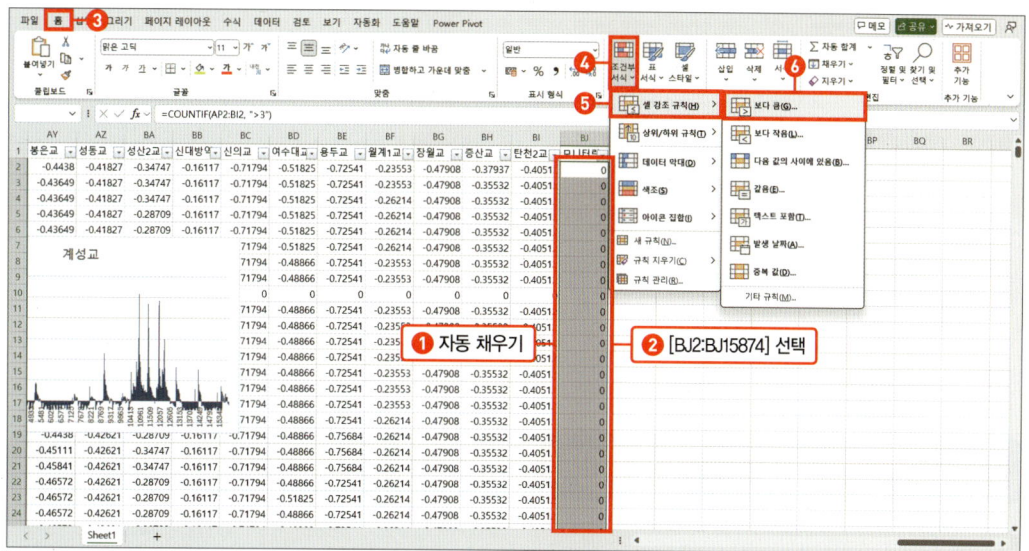

⑤ [보다 큼] 창에서 왼쪽 글 상자의 값을 '0'으로 변경하고 [확인]을 클릭합니다.

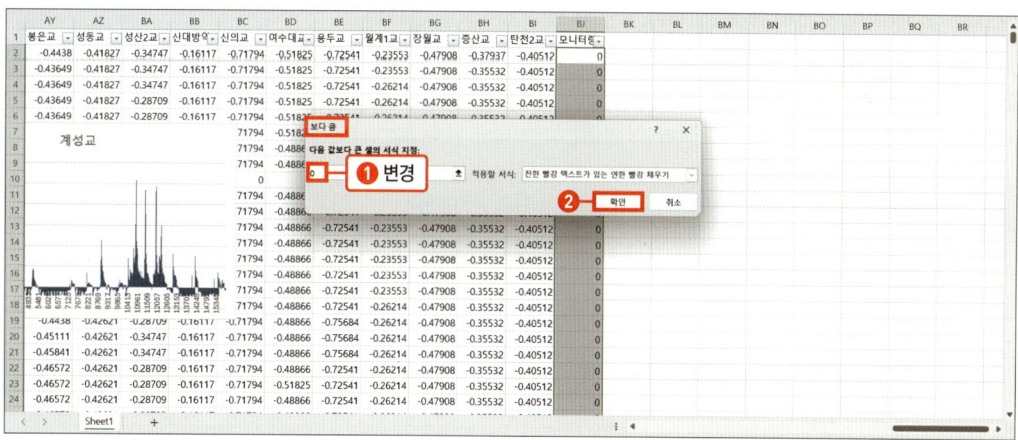

2장 이상 징후를 탐지하고 모니터링하는 방법 — 315

⑥ 스크롤를 아래로 내려 [BJ5122] 셀로 이동하면 이상치가 발생한 셀이 빨간색으로 표시됩니다.

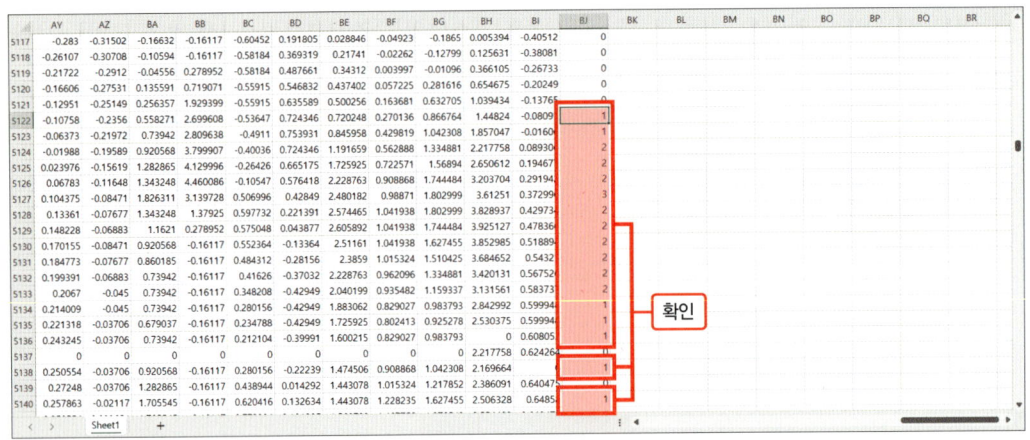

전문가의 시선   이상 징후 탐지와 사후 분석

==표준화 점수를 활용한 모니터링은 제조 공정, 서버 시스템, 보안 관제 등 로그 데이터를 생성하는 다양한 분야에서 유용하게 활용할 수 있습니다. 특히, 시스템의 정상 동작 범위를 벗어나는 이상 징후를 조기에 발견하여 문제를 선제적으로 대응할 수 있습니다.==

또한, 이 방식은 과거 데이터를 분석하는 데에도 활용될 수 있습니다. 먼저, 실습에서 추출했던 하천수위관측소별 평균과 표준편차를 다시 한번 확인해보겠습니다.

구분	계성교	고척교	광화교	기아대교	노원교	대곡교	도림교	마장2교	모래말옆	봉은교
평균	28.9	5.8	7.9	10.3	21.6	11.8	6.3	8.4	21.3	5.4
표준편차	0.1	0.7	0.4	0.3	0.4	0.3	0.6	0.4	0.1	1.4

구분	성동교	성산2교	신대방역	신의교	여수대교	용두교	월계1교	장월교	증산교	탄천2교
평균	5.3	11.7	13.1	33.6	15.9	12.5	14.2	15.5	7.0	6.3
표준편차	1.3	0.2	0.1	0.4	0.3	0.3	0.4	0.2	0.4	1.2

표를 살펴보면 평균이 '20'을 초과하는 관측소들은 대부분 표준편차가 낮게 나타나고, 평균 수위가 낮은 하천들은 표준편차가 높게 나타납니다. 이는 수위가 높은 하천은 변동이 적고, 수위가 낮은 하천은 변동이 큰 것으로 추정할 수 있습니다. 그러나 이러한 정보만으로는 하천의 개별적인 상

태를 정확히 파악하기 어렵습니다. 이때 표준화 점수를 활용하면 각 데이터의 분포와 이상치를 한눈에 파악할 수 있어 보다 효과적인 분석이 가능합니다.

다음은 관측소별로 표준화 점수가 '3'을 초과한 횟수를 합산한 [BJ] 열을 막대 차트로 표현한 것으로 이상치 합계가 '19'까지 올라간 지점을 볼 수 있습니다.

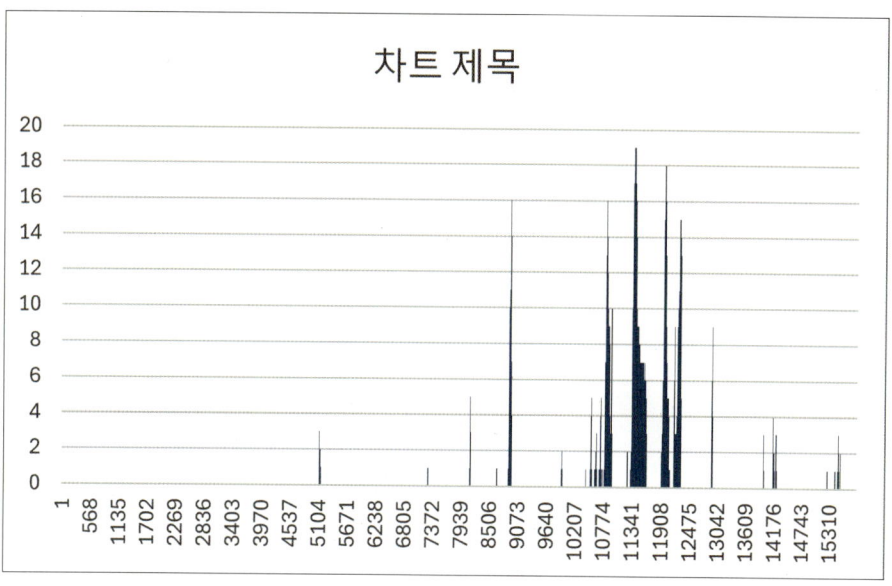

실습 파일에 필터를 추가한 후, [BJ]열의 값을 '19'로 필터링하면 다음과 같은 데이터를 확인할 수 있습니다.

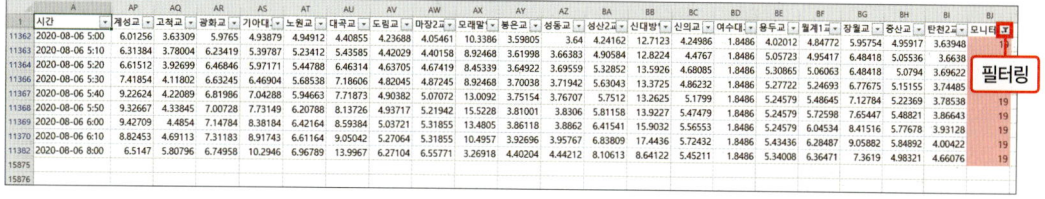

2020년 8월 6일, 오전 5시부터 약 1시간가량 10분 간격으로 19개 관측소에서 3을 초과하는 이상치가 기록되었습니다. 해당 시점의 기상 데이터를 확인해본 결과, 7월 중순부터 장마가 시작되어 대부분의 하천에서 수위가 높아진 상태였으며, 특히 당일에는 전국적으로 천둥, 번개를 동반한 폭우가 내려, 대부분의 관측소에서 이상 징후가 탐지된 것으로 보입니다.

이번에는 [BJ]열의 값을 '3'으로 필터링한 데이터를 살펴보겠습니다. 여기서는 데이터를 쉽게 확인할 수 있도록 표준화 점수가 있는 [AP2:BI15874] 영역에서 조건부 서식의 셀 강조 규칙을 활용해 '3'보다 큰 값을 빨간색으로 표시하였습니다.

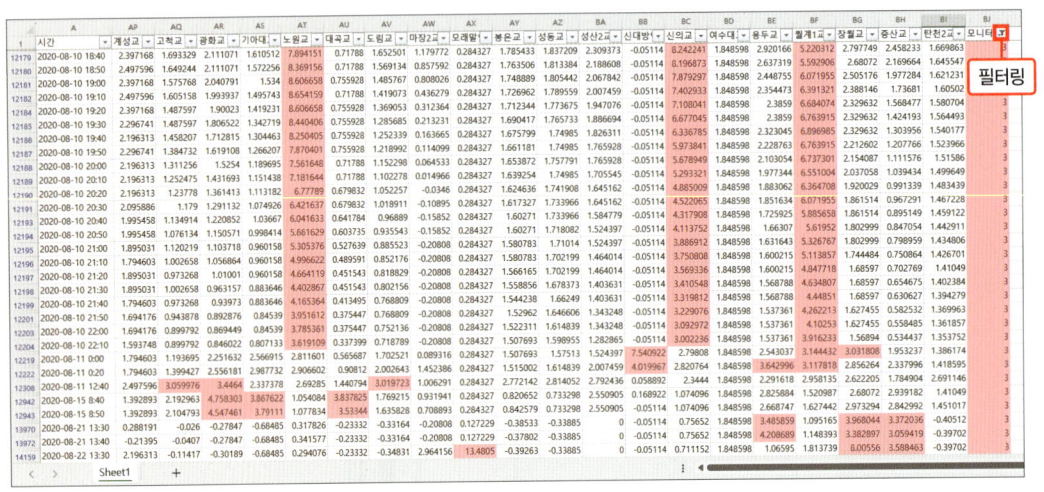

2020년 8월 10일 오후 6시 40분부터 10시 10분까지 노원교, 신의교, 월계1교에서 약 4시간 동안 하천 수위가 크게 상승했습니다. 지도를 살펴보면 이들 지점은 모두 중랑천에 위치한 관측소로, 해당 시점에 중랑천 인근에서 기상 변화나 수위 변동을 일으키는 요인이 있었을 것으로 추정됩니다.

==이 두 가지 사실을 종합하면, 8월 6일 오전 5시에 19개 관측소에서 이상치가 발생한 시점에는 서울 전역에 장마로 많은 비가 쏟아지고 있었으며, 시간이 지나 8월 10일에는 중랑천 등에서 국지적인 범람이 발생했음을 알 수 있습니다.== 실제로 2020년 8월, 서울 지역에서는 장마 기간 동안 지속된 폭우로 인해 심각한 홍수와 산사태 피해가 발생했습니다. 이 기간 동안 서울시는 24시간 비상 대응 체계를 가동하며 침수 취약 지역과 하천, 계곡 등을 중심으로 사전 점검을 강화했습니다. 그러나 8월 5일 동작구 일대에 시간당 136.5mm의 기록적인 폭우가 쏟아지면서 이수역, 신대방역, 사당역 등이 침수되고 가로수가 쓰러지는 등 피해가 속출했습니다.

군집 분석을 활용한 고급 인사이트 분석

군집 분석은 데이터 전문가들 사이에서 높은 활용도로 인기 있는 분석 방법 중 하나입니다. 인터넷에서 군집 분석 방법을 검색하다 보면 종종 유료 확장 프로그램 사용을 권유 받기도 하지만, 엑셀의 '해 찾기' 기능을 활용하면 유료 확장 프로그램보다 더 밀접하게 차트와 피벗 테이블에 연결된 결과를 얻을 수 있습니다. 이번 장에서는 군집 분석 방법과 더불어 인사이트 도출 방법까지 상세히 알아보겠습니다.

해 찾기로 군집 만들기

군집 분석은 다양한 업무에서 활용할 수 있는 고급 분석 기법입니다. 직관성이 높아 의견을 나누고 업무에 반영하기 쉬운 분석 방법이죠. 엑셀의 해 찾기 기능을 활용하면 복잡한 통계 프로그램을 사용하지 않고도 엑셀만으로 군집 분석을 수행할 수 있습니다. 엑셀을 사용하기 때문에 데이터를 가공하기 쉽고, 차트 작성 등 부가 기능도 편리하게 활용할 수 있습니다.

✓ 군집 분석의 활용방법

'군집(Clustering)'이란 '유사한 특징을 가진 개체들의 집합'을 의미합니다. 일상에서 군집과 분류는 비슷한 의미로 쓰이기도 하지만, 데이터 분석 또는 데이터 과학 분야에서는 차이가 있습니다. '분류(Classification)'는 '개체가 어떤 범주에 속하는지를 판단'하는 것을 의미하며, 군집은 아직 범주가 결정되지 않은 상태를 말합니다. 예를 들어, 유사한 패턴의 이메일을 그룹화하는 것은 군집에 해당하고, 각 이메일의 스팸 여부를 판별하는 것은 분류라고 할 수 있습니다.

군집 분석을 사용하면 기존에 사용하던 분류값을 사용하지 않고 오직 수치적인 특성만 가지고 유사한 데이터를 묶을 수 있습니다. 그래서 실무적인 관행이나 고정관념을 배제하고 각 개체나 사건의 수치적 특성으로만 그룹을 만들어 그동안 간과하고 있던 사실을 발견할 수 있습니다.

만약 비슷한 고객을 묶어 상품을 개발하거나 마케팅을 실행한다면, 일반적으로는 연령, 성별, 지역 등의 속성을 기준으로 고객을 분류합니다. 하지만 이러한 방식은 고객을 분류한 속성으로 인해 작업자의 선입견이 반영되어 지나치게 주관적이거나 편향된 결과로 이어질 수 있습니다. 반면, 군집 분석을 적용하면 일반적인 분류가 아닌 구매 이력, 방문 패턴, 상품 선호도 등과 같은 고객의 행동을 종합적으로 고려하여 고객을 구분할 수 있으며, 이를 통해 기존에는 파악하기 어려웠던 새로운 집단을 발견할 수 있습니다. 또한, 제품을 결함에 따라 묶어 생산 공정을 개선하거나, 거래 패턴을 분석하여 잠재적인 위험을 식별하는 등 다양한 목적으로 활용할 수 있죠. 이는 군집 분석이 사전에 정의된 기준이 아닌 수치적인 유사성으로 데이터를 묶어 반복적으로 기록된 개체와 사건을 구분할 수 있기 때문입니다.

✔ K-Mean 군집 분석의 동작 방식 알아보기

'K-Means'는 다양한 종류의 데이터에서 높은 성능을 발휘하여 실무에 활용하기 적합한 군집 분석 기법입니다. K-Means의 'K'는 '클러스터(Cluster)의 개수', 'Means'는 '평균'을 의미합니다. 이 기법은 사용자가 군집의 개수를 지정하여 목적에 맞게 조정할 수 있으며, 데이터의 평균을 이용해 군집을 생성하기 때문에 결과를 해석하고 공유하기 편리한 장점을 지니고 있습니다.

엑셀은 K-Means를 구현하고 활용하는 데 최적의 기능을 제공하며, 이어지는 실습에서도 이를 바탕으로 군집 분석을 수행할 예정입니다. K-Means의 동작 원리를 이해하는 것은 군집 분석을 적극적으로 활용하는 데 큰 도움이 되며, 특히 분산형 차트를 활용하고 그 과정을 더욱 명확하게 파악할 수 있습니다. 다음은 분산형 차트를 통해 살펴본 K-Means의 동작 방식 예시입니다.

❶ 원하는 군집의 개수만큼 임의의 값을 지정합니다. 이 값을 '중심점'이라고 합니다.

❷ 중심점과 각 데이터의 차이를 계산하여 중심점과 가까이 있는 데이터를 군집으로 할당합니다.

❸ 군집 내 데이터의 평균을 계산하여 평균이 있는 곳으로 중심점을 이동합니다.

❹ 이동한 중심점을 기준으로 가까이 있는 데이터를 군집으로 재 할당합니다. 중심점이 더 이상 변화하지 않을 때까지 ②, ③ 단계를 반복합니다.

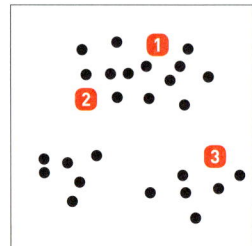 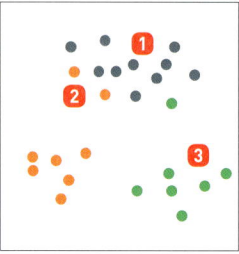 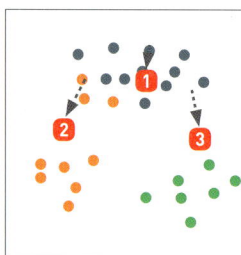 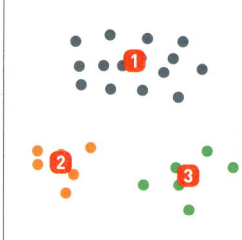

엑셀의 '해 찾기' 기능을 활용하면 K-Means에서 중심점을 찾는 작업을 수행할 수 있습니다. 해 찾기는 제한된 조건에서 목표를 달성하기 위한 최적 값을 찾아주는 프로그램으로 셀에 입력된 수식과 연동하여 동작합니다.

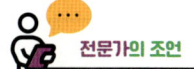 **해 찾기 기능 설치하기**

[해 찾기]는 메뉴의 [데이터] - [분석] 그룹에서 확인할 수 있습니다. 만약 메뉴에 [해 찾기]가 표시되지 않는다면 다음의 방법으로 추가하세요.

① 메뉴에서 [파일] - [옵션]을 선택합니다.

② [Excel 옵션] 창에서 [추가 기능]을 클릭한 다음 '관리'의 [Excel 추가 기능]을 선택하고 [이동]을 클릭합니다.

③ [추가 기능] 창에서 [해 찾기 추가 기능]을 체크 표시하고 [확인]을 클릭합니다.

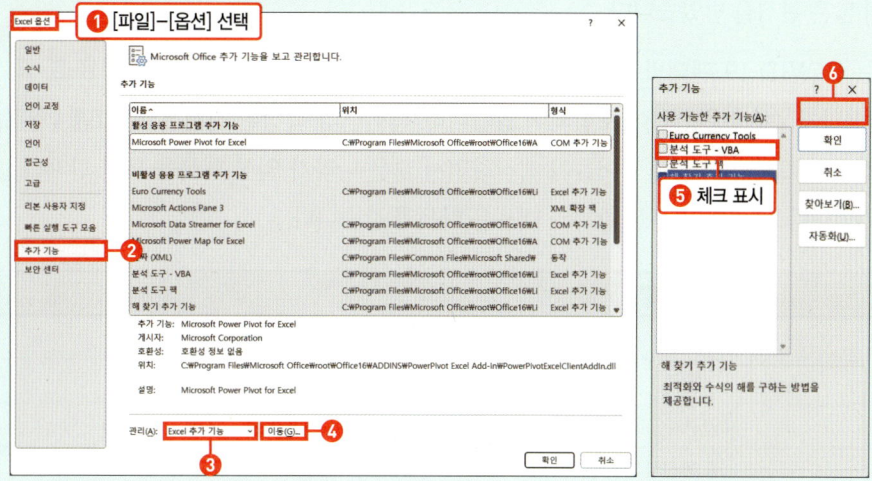

④ 메뉴의 [데이터] - [분석]에 [해 찾기]가 추가됩니다.

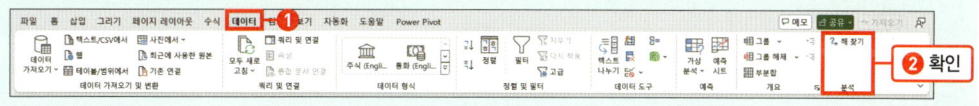

3장 군집 분석을 활용한 고급 인사이트 분석 —— 323

실습 해 찾기로 군집 만들기　　　　　　　　　　　🔗 CASE_01_01

실습 예제는 'Worldometer'의 'COVID-19 Coronavirus Pandemic' 데이터입니다. Worldometer는 전 세계의 다양한 통계 데이터를 실시간으로 제공하는 웹사이트로 인구 증가, 출생 및 사망, 경제, 환경, 에너지, 건강, 미디어 등 다양한 주제의 통계를 실시간으로 업데이트하여 보여줍니다. 특히 COVID-19 팬데믹 동안 코로나 확진자, 사망자, 회복자 수 등을 국가별로 세부적으로 제공하면서 많은 관심을 받았습니다.

이 데이터는 COVID-19 팬데믹 기간 동안 국가별 COVID-19 상황을 보여주는 자료로, 국가별 확진자 수, 사망자 수, 사망률 등이 포함되어 있습니다. 데이터가 측정된 시점은 2022년 4월로, 팬데믹이 본격적으로 진정 국면에 접어들기 시작하면서 많은 나라가 일상 회복을 위한 단계를 밟기 시작한 시기입니다. 데이터의 구성 항목과 내용은 다음과 같습니다.

항목	데이터 설명	비고
Country	국가명	225개국, 알파벳순 정렬
Continent	대륙명	Asia, Europe, Africa 등 6개 대륙
Population	인구 수	805 ~ 1,439,323,776명
Total Cases	총 확진자 수	1 ~ 81,839,052명
Total Deaths	총 사망자 수	0 ~ 1,008,222명
Tot Cases/1M pop	백만 명당 확진자 수	9 ~ 696,044명
Tot Deaths/1M pop	백만 명당 사망자 수	0 ~ 6,286명
Death percentage	사망 비율 (%)	0 ~ 18.15, 전체 인구 중 사망자 수의 비율

데이터의 구성을 살펴보면 국가, 대륙, 인구 수와 같은 기본 정보가 있으며, 확진자 수와 사망자 수로 팬데믹 현황을 보여줍니다. 여기에 인구 백만 명당 확진자 수와 사망자 수, 그리고 사망 비율이 추가로 계산되어 있습니다. 인구 백만 명당 확진자 수와 사망자 수는 각 나라의 수치를 인구 수로 나눈 후 100만을 곱한 값으로, 이는 인구 규모가 다른 나라들 사이의 COVID-19 영향을 비교할 수 있게 만들어진 값입니다.

일반적으로 이런 데이터를 분석할 때는 국가, 대륙, 인구 수 등 기본 정보를 기준으로 그룹을 분류하고, 확진자와 사망자 수의 통계를 비교해 각 그룹 간 차이를 살펴봅니다. 하지만, 군집 분석을 활용하면 확진자 수와 사망자 수 등의 결괏값으로 군집을 만들어 특성을 비교할 수 있습니다. 특정한 속성에 대한 선입견을 버리고 결과를 중심으로 패턴을 발견하는 데 유용하죠. 이번 실습에서는 국가별 비교를 위해 만들어진 백만 명당 확진자 수와 사망자 수를 활용하여 군집을 만들어 보겠습니다.

1 | 스케일링하기

군집 분석에 사용할 '백만 명당 확진자 수'와 '백만 명당 사망자 수' 열은 수치 범위가 다릅니다. 이로 인해 군집 분석에 필요한 계산을 하는 도중 범위가 작은 값이 지나치게 작아져 원하는 결과를 얻기 어려울 수 있습니다. 따라서, 두 데이터 크기를 맞추는 스케일링 작업이 필요합니다. 여기서는 STANDARDIZE 함수를 활용하여 평균과 표준편차를 기준으로 데이터의 분포적 특성을 유지하는 표준화 방식을 적용합니다.

> **TIP** 스케일링과 STADARDIZE 함수에 대한 자세한 설명은 230쪽을 참고하세요.

① STANDARDIZE 함수를 사용하려면 각 데이터의 평균과 표준편차가 필요합니다. [F227], [F228] 셀에 다음의 함수식을 입력하고 Enter를 누릅니다.

> *fx*
> **[F227]: =AVERAGE(F2:F226)**
> [F2:F226] 영역의 평균을 반환합니다.
>
> **[F228]: =STDEV(F2:F226)**
> [F2:F226] 영역의 표준편차를 반환합니다.

② [F227:F228] 영역을 복사하여 [G227:G228] 영역에 붙여넣습니다.

	A	B	C	D	E	F	G	H
215	Uruguay	3494806	Latin Ame	889513	7166	254524	2050	0.81
216	United Sta	3.34E+08	Northern	81839052	1008222	244734	3015	1.23
217	Uzbekistar	34318156	Asia	237853	1637	6931	48	0.69
218	Vanuatu	319701	Oceania	4107	2	12846	6	0.05
219	Vatican Cit	805	Europe	29	0	36025	0	0.00
220	Venezuela	28294895	Latin Ame	520843	5686	18408	201	1.09
221	Vietnam	98871712	Asia	9818328	42600	99304	431	0.43
222	Wallis and	10894	Oceania	454	7	41674	643	1.54
223	Laayoune	623031	Africa	10	1	16	2	10.00
224	Yemen	30975258	Asia	11806	2143	381	69	18.15
225	Zambia	19284482	Africa	317076	3967	16442	206	1.25
226	Zimbabwe	15241601	Africa	246525	5446	16174	357	2.21
227						136900	1097	
228						145060	1196	

- ① 함수 입력 → Enter
- ① [F227:F228] 선택 → Ctrl+C
- ③ [G227:G228] 선택 → Ctrl+V

③ 각 단계를 쉽게 구분하기 위해 다음과 같이 머리글을 입력합니다.

• [I1]: '번호', [I2]: '백만명당 확진자수 표준화', [I3]: '백만명당 사망자수 표준화'

④ '해 찾기'를 실행하려면 데이터의 행 번호가 필요합니다. [I2] 셀에 '1'을 입력한 후 Ctrl을 누른 상태에서 채우기 핸들을 [I226] 셀까지 드래그하여 행 번호를 채워 넣습니다.

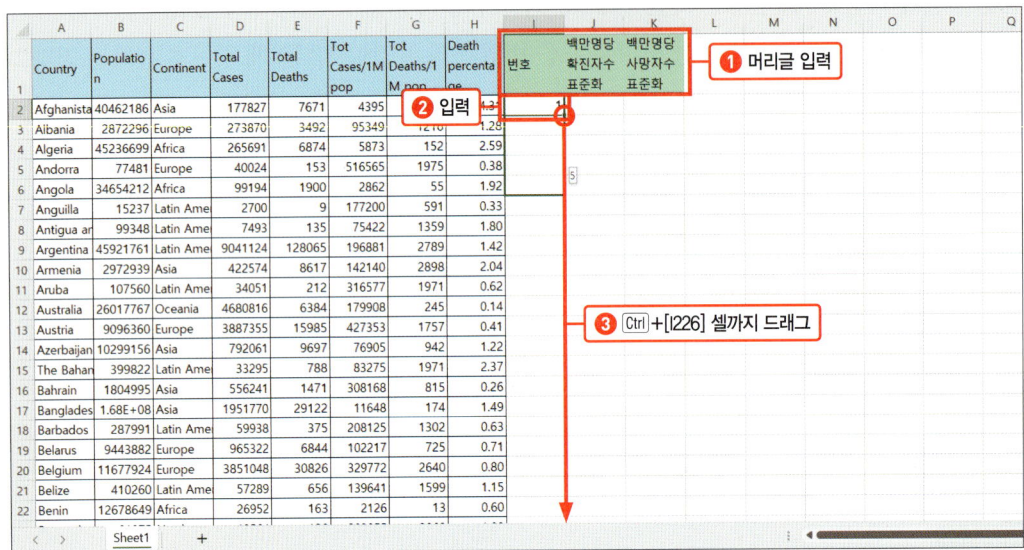

TIP 실습 이미지는 각 단계를 쉽게 구분하기 위해 셀 색을 변경하고 각 단계가 마무리된 셀에는 테두리를 표시하였습니다.

⑤ [J2] 셀에 다음의 함수를 입력하고 Enter를 누릅니다.

[J2] `=STANDARDIZE(F2,F$227,F$228)`

STANDARDIZE 함수는 데이터를 표준화하는 함수입니다. 여기서는 첫 번째 인수에 '백만 명당 확진자 수'가 있는 [F2] 셀, 두 번째 인수로 '평균'이 있는 [F227] 셀, 세 번째 인수는 '표준편차'가 있는 [F228] 셀을 입력했습니다. 이때 '평균'과 '표준편차'가 있는 [F227], [F228] 셀은 혼합 참조로 고정했습니다.

TIP 여기서는 결괏값의 가독성을 높이기 위해 메뉴에서 [홈] - [표시형식] - [자릿수 줄임]을 클릭하여 소수점 두자리까지 표시했습니다.

⑥ 데이터가 표준화된 [J2] 셀을 복사하여 [J2:K226] 영역에 붙여 넣습니다.

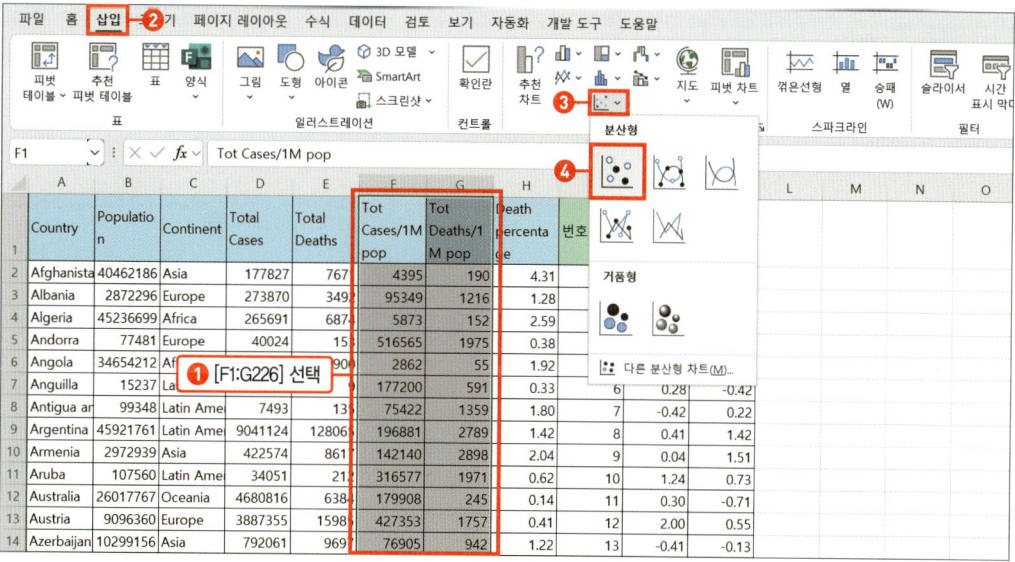

2 | 군집 개수 정하기

군집 분석은 유사한 개체 또는 사건을 묶어 군집으로 만듭니다. 그래서 군집의 개수를 정할 때는 데이터가 분산된 형태를 확인하여 초기값을 정한 뒤, 분석 결과를 확인하며 군집의 개수를 조정합니다. 초기 군집 개수를 정하기 위해 우선 '백만 명당 확진자 수'와 '백만 명당 사망자 수'의 분산형 차트를 살펴보겠습니다.

① [F1:G226] 영역을 선택하고 메뉴에서 [삽입]-[차트]에서 분산형 차트를 선택합니다.

② 가로 축 '백만 명당 확진자 수', 세로 축 '백만 명당 사망자 수'로 구성된 분산형 차트가 추가되었습니다.

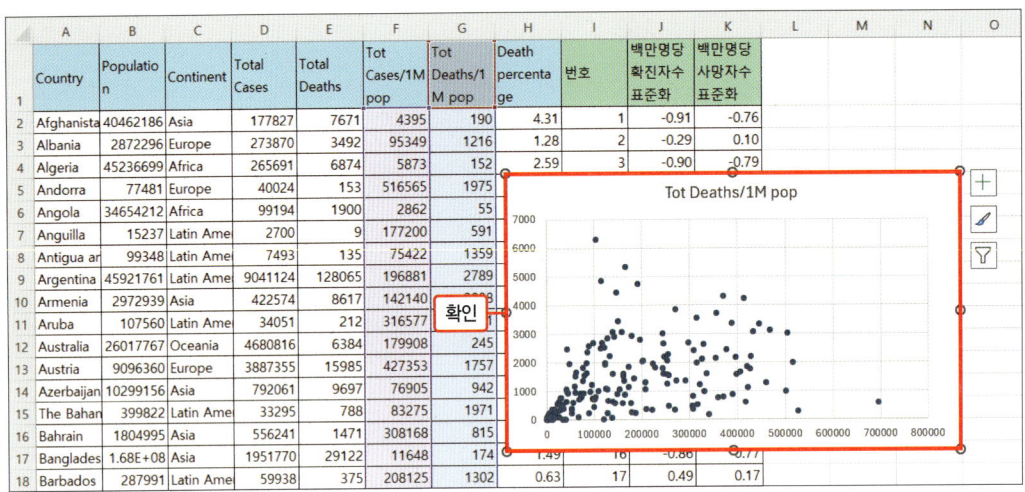

 전문가의 시선 — 분산형 차트를 활용하여 군집 개수 결정하기

==분산형 차트는 군집 분석에서 데이터의 밀집된 형태를 확인하고 군집의 개수를 결정하는 데 유용하게 활용됩니다.== 그러나 이 데이터는 왼쪽 아래를 제외하고 전체적으로 분산되어 있어, 사분면 분석으로 데이터를 나눈 후 네 개의 영역으로 나누어 살펴보겠습니다.

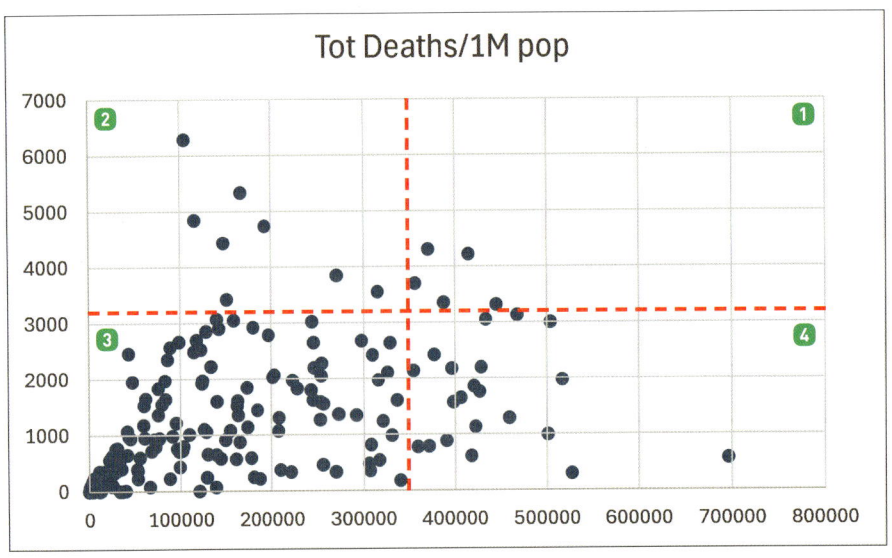

사분면 분석은 데이터를 단순히 네 개의 영역으로 나누어 시각적 비교를 용이하게 하는 기법으로, 군집 분석과는 달리 통계적 기준(평균, 중앙값, 중간 범위 등)을 바탕으로 데이터를 단순히 구분합니다. 이 데이터는 사망자와 확진자수가 유난히 높은 국가가 포함되어 있어, 극단값을 고려하여 데이터 중심을 반영하기 위해 중간 범위를 기준으로 사분면을 구분했습니다.

중간 범위는 최솟값과 최댓값의 합을 '2'로 나눈 값으로, 확진자와 사망자 데이터의 중심값을 간단히 나타낼 수 있습니다. 가로축의 중간 범위는 '348,027', 세로축의 중간 범위는 '3,143'으로 설정했습니다. 이를 바탕으로 각 사분면의 특성과 분포를 분석하면 다음과 같습니다.

구분	사분면 정의	분포적 특성
1사분면	확진자 수와 사망자 수가 모두 많은 국가	데이터가 적으며 사분면의 왼쪽 아래에 밀집되어 있어 2사분면 또는 4사분면과 수치적 특성이 유사합니다.
2사분면	확진자 수는 적지만 사망자 수가 많은 국가	데이터가 적고 넓게 분포되어 있습니다. 아래쪽 데이터는 3사분면과 수치적 특성이 유사합니다.
3사분면	확진자 수와 사망자 수가 모두 적은 국가	데이터가 많으며 0을 중심으로 모여 있지만, 전체적으로 3사분면 전체에 고르게 퍼져 있습니다.
4사분면	확진자 수는 많지만 사망자 수가 적은 국가	하나의 데이터를 제외하면 대부분 왼쪽에 밀집되어 있습니다. 3사분면의 일부 영역과 수치적 특성이 유사합니다.

사분면 분석에서는 데이터가 충분하다면, 각 사분면을 하나의 그룹으로 묶어 속성을 비교할 수 있습니다. 그러나 분석 결과 1사분면의 데이터는 지나치게 적고 3사분면의 데이터는 넓게 분산되어 있어, 그룹별 속성을 명확히 도출하기 어려울 수 있습니다. 또한 각 사분면의 경계에 위치한 데이터가 뚜렷하게 구분되지 않아 예상치 못한 결과를 초래할 수 있습니다.

물론 사분면의 구분 값을 다른 통계치로 변경할 수도 있지만, 이런 경우 유형별로 충분한 데이터를 확보하고 최적의 경계값을 찾기 위해 군집 분석을 수행하는 것이 효과적입니다. 여기서는 데이터가 적은 1사분면을 제외하면 3개의 군집이 적절해 보이므로, 초기 군집 개수는 3개로 설정하고 분석 결과에 따라 조정하는 것이 좋습니다.

초기 군집 개수는 이처럼 분산형 차트를 사분면으로 나누어 데이터 분포를 파악하거나, 밀집된 패턴을 관찰하여 결정할 수 있습니다. **그러나 군집 개수는 결과에 따라 유연하게 조정할 수 있으므로, 임의의 개수로 시작하여 점진적으로 수정하는 것도 효과적인 방법입니다.**

3 | 임의의 중심점 만들기

이제 군집 개수만큼 임의의 중심점을 만들 차례입니다. 중심점은 근처의 데이터로 군집을 만드는 역할을 하며, 데이터 중 임의의 데이터를 선택하면 됩니다.

① 중심점을 구분하기 쉽게 다음과 같이 내용을 채워 넣습니다. 여기서는 데이터에 붙여둔 번호에서 임의의 값을 선택하여 입력합니다.

- [H227]: '1번중심점', [H228]: '2번중심점', [H229]: '3번중심점'
- [I227]: '77', [I228]: '88', [I229]: '99'

	A	B	C	D	E	F	G	H	I	J	K	L
216	United Sta	3.34E+08	Northern A	81839052	1008222	244734	3015	1.23	215	0.74	1.60	
217	Uzbekistan	34318156	Asia	237853	1637	6931	48	0.69	216	-0.90	-0.88	
218	Vanuatu	310701	Oceania	4107	3	12846	6	0.05	217	-0.86	-0.91	
224	Yemen	30975258	Asia	11806	2143	381	69	18.15	223	-0.94	-0.86	
225	Zambia	19284482	Africa	317076	3967	16442	206	1.25	224	-0.83	-0.74	
226	Zimbabwe	15241601	Africa	246525	5446	16174	357	2.21	225	-0.83	-0.62	
227						136900	1097	1번중심점	77			
228						145060	1196	2번중심점	88			
229								3번중심점	99			
230												

② [J227] 셀에 다음의 함수를 입력한 후 Enter 를 누릅니다

[J227] *fx*
=VLOOKUP(I227,$I$2:$K$226,2,0)

임의의 중심점을 입력한 셀의 오른쪽에 중심점의 번호를 이용하여 데이터를 가져오기 위해 VLOOKUP 함수를 사용합니다. 이렇게 가져온 데이터는 중심점과 각 데이터의 차이를 계산하는데 활용됩니다. VLOOKUP 함수는 입력한 범위에서 값을 검색한 후 지정된 열의 데이터를 가져오는 함수로 첫 번째 인수에 임의로 중심점 번호가 있는 [I227] 셀을 입력했고 두 번째 인수로 표준화한 데이터가 있는 [I2:K226] 영역, 세 번째 인수는 '백만 명당 확진자 수' 데이터가 있는 열 번호 '2'를 입력했습니다. 네 번째 인수는 정확히 일치하는 값을 찾도록 옵션 '0'을 입력하였습니다. 이 때 표준화한 데이터의 범위는 절대 참조로 고정했습니다.

③ [J227] 셀의 함수를 복사하여 [J228: J229] 영역에 붙여 넣습니다.

	A	B	C	D	E	F	G	H	I	J	K	L
213	United Kin	68510300	Europe	21216874	165570	309689	2417	0.78	212	1.19	1.10	
214	Ukraine	43273831	Europe	4968881	107980	114824	2495	2.17	213	-0.15	1.17	
215	Uruguay	3494806	Latin Ame	889513	7166	254524	2050	0.81	214	0.81	0.80	
225	Zambia	19284482	Africa	317076	3967	16442	206	1.25	224	-0.83	-0.74	
226	Zimbabwe	15241601	Africa	246525	5446	16174	357	2.21	225	-0.83	-0.62	
227						136900	1097	1번중심점	77	0.83		
228						145060	1196	2번중심점	88	-0.93		
229								3번중심점	99	1.97		
230												
231												

⑤ [K227] 셀에 다음의 함수식을 입력한 후 Enter를 누릅니다.

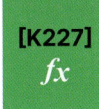
[K227]
=VLOOKUP(I227,$I$2:$K$226,3,0)
① 에서 입력한 VLOOKUP 함수에서 세 번째 인수만 '백만 명당 사망자 수' 데이터가 있는 열 번호 '3'로 수정합니다.

⑤ [K227] 셀의 함수를 [K228:K229] 영역에 붙여 넣습니다.

	A	B	C	D	E	F	G	H	I	J	K	L
216	United Sta	3.34E+08	Northern A	81839052	1008222	244734	3015	1.23	215	0.74	1.60	
217	Uzbekistar	34318156	Asia	237853	1637	6931	48	0.69	216	-0.90	-0.88	
218	Vanuatu	319701	Oceania	4107	2	12846	6	0.05	217	-0.86	-0.91	
219	Vatican Cit	805	Europe	29	0	36025	0	0.00	218	-0.70	-0.92	
220	Venezuela	28294895	Latin Ame	520843	5686	18408	201	1.09	219	-0.82	-0.75	
221	Vietnam	98871712	Asia	9818328	42600	99304	431	0.43	220	-0.26	-0.56	
222	Wallis and	10894	Oceania	454	7	41674	643	1.54	221	-0.66	-0.38	
223	Laayoune	623031	Africa	10	1	16	2	10.00	222	-0.94	-0.92	
224	Yemen	30975258	Asia	11806	2143	381	69	18.15	223	-0.94	-0.86	
225	Zambia	19284482	Africa	317076	3967	16442	206	1.25	224	0.83	❶ 함수 입력 → Enter	
226	Zimbabwe	15241601	Africa	246525	5446	16174	357	2.21	225	-0.83	-0.62	
227						136900	1097	1번중심점	77	0.83	0.38	❷ Ctrl+C
228						145060	1196	2번중심점	88	-0.93	-0.86	
229								3번중심점	99	1.97	0.03	❸ Ctrl+V
230												
231												
232												

4 | 각 데이터와 중심점의 차이 계산하기

K-Means는 중심점을 기준으로 데이터 간의 차이를 측정하여 차이가 적은 데이터들을 동일한 군집으로 묶습니다. 이번 단계에서는 각 데이터와 중심점 사이의 차이를 계산하는 수식을 만듭니다. 이 수식은 군집을 묶고 중심점을 구하는 데 활용됩니다.

① 중심점과 유사한 데이터를 찾기 위해서는 각 중심점과 모든 데이터의 차이를 계산해야 하므로 중심점의 개수만큼 열을 만들어 수식을 입력합니다. [L1], [M1], [N1] 셀에 머리글을 입력합니다.

- [L1]: '1번 중심점과의 차이', [M1]: '2번 중심점과의 차이', [N1]: '3번 중심점과의 차이'

② [L2] 셀에 다음의 함수를 입력하고 Enter 를 누릅니다.

[L2] fx

=SUMXMY2($J$227:$K$227,J2:K2)

SUMXMY2 함수는 X값과 Y값의 차이를 제곱한 후 제곱 값들의 합계를 반환하는 함수입니다. 여기서는 첫 번째 인수에 '1번 중심점'이 있는 [J227:K227] 영역을 입력하고 두 번째 인수로 [J2:K2] 영역을 입력했습니다. 이때 각 데이터 집합은 ','로 구분하고 '1번 중심점'이 있는 [J227:K227] 영역은 절대 참조로 고정했습니다.

SUMXMY2 함수는 데이터의 집합을 비교하거나 차이를 계산하는 데 사용됩니다. 같은 데이터일 경우에는 0을 반환하며, 데이터의 차이가 클수록 결과 값도 커집니다. 생소한 이름이지만, 계산 방식이 함수명에 그대로 드러나 'SUM(합계)', 'X(X값)', 'M(minus, 빼기)', 'Y(Y값)', '2(제곱)'으로 기억하면 떠올리기 쉽습니다.

③ [M2], [N2]셀에 다음의 함수식을 입력하여, 2번과 3번 중심점의 차이를 계산합니다.

fx

[M2] =SUMXMY2($J$228:$K$228,J2:K2)
첫 번째 인수를 2번 중심점의 데이터가 있는 [J228:K228] 영역로 변경하고 절대 참조로 고정합니다.

[N2] =SUMXMY2($J$229:$K$229,J2:K2)
첫 번째 인수를 3번 중심점의 데이터가 있는 [J229:K229] 영역으로 변경하고 절대 참조로 고정합니다.

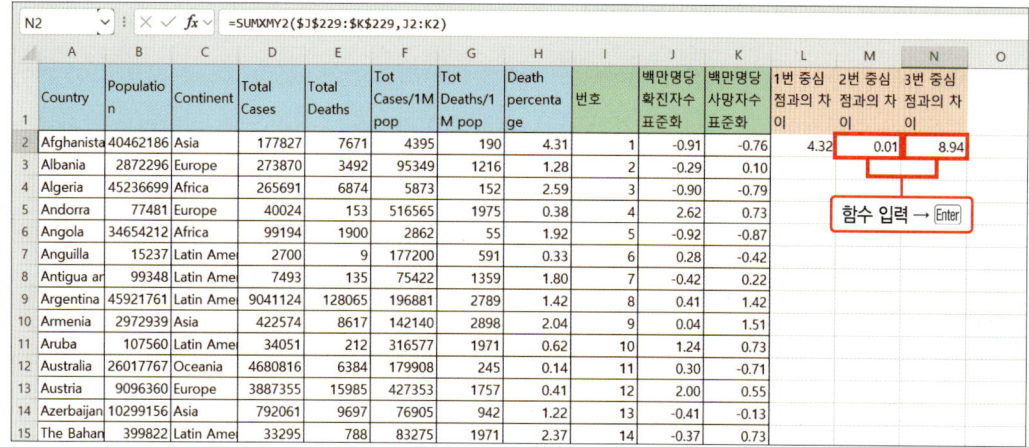

④ [L2:N2] 영역의 함수식을 복사하여 [L3:N226] 영역에 붙여넣습니다.

3장 군집 분석을 활용한 고급 인사이트 분석 —— 333

5 | 각 데이터별 가장 가까운 중심점 찾기

[L], [M], [N] 열에 1~3번 중심점과 데이터의 차이를 계산해 두었기 때문에 이 중 작은 값이 데이터에서 가까운 중심점이 됩니다. 먼저 가장 작은 값을 찾고 가까운 중심점을 찾는 방법을 알아보겠습니다.

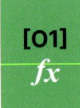 [O1] 셀에 머리글로 '최소값'을 입력하고 [O2] 셀에 다음의 함수를 입력하고 Enter 를 누릅니다.

> **[O1]** =MIN(L2:N2)
> MIN 함수는 지정한 범위에서 가장 작은 값을 반환하는 함수입니다. 여기서는 중심점과 차이를 계산해둔 [L2:N2] 영역에서 가장 작은 값, '0.01'을 반환합니다.

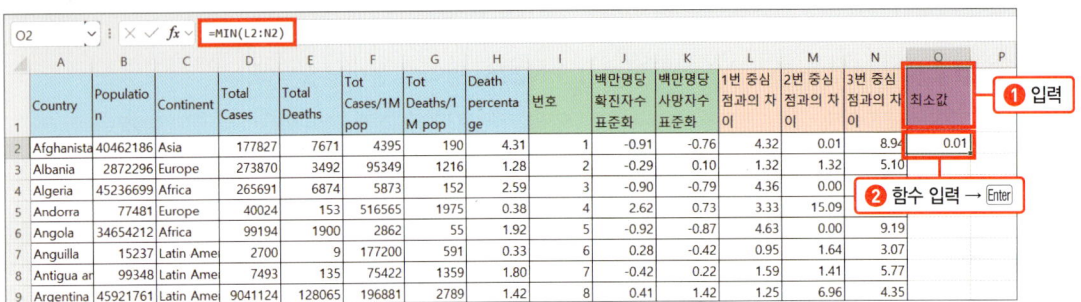

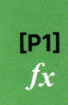 [P1] 셀에 머리글로 '가장 가까운 중심점'을 입력하고 [P2] 셀에 다음의 함수를 입력하고 Enter 를 누릅니다.

> **[P1]** =MATCH(O2,L2:N2,0)
> MATCH 함수는 지정한 범위에서 찾는 값이 몇 번째 순서에 있는 지를 반환하는 함수입니다. 여기서는 첫 번째 인수에 '최소값'이 있는 [O2] 셀을 입력하고, 두 번째 인수는 '중심점과의 차이'가 있는 [L2:N2] 영역을 입력했습니다. 세 번째 인수는 일치 유형을 선택하는 옵션으로 정확히 일치하는 값을 찾기 위해 '0'을 입력합니다.

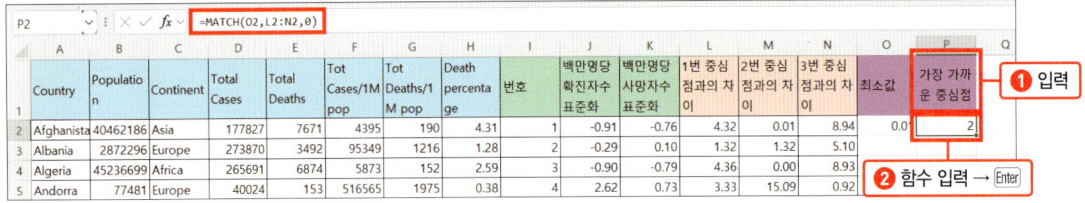

TIP MATCH 함수에서 범위를 입력할 때는 하나의 행 또는 열만 입력할 수 있습니다.

③ [O2:P2] 영역의 함식을 복사하여 [O3:P226] 영역에 붙여넣습니다.

	A	B	C	D	E	F	G	H	I	J	K	L	M	N	O	P
1	Country	Population	Continent	Total Cases	Total Deaths	Tot Cases/1M pop	Tot Deaths/1M pop	Death percentage	번호	백만명당 확진자수 표준화	백만명당 사망자수 표준화	1번 중심점과의 차	2번 중심점과의 차	3번 중심점과의 차	최솟값	가장 가까운 중심점
2	Afghanistan	40462186	Asia	177827	7671	4395	190	4.31	1						0.01	2
3	Albania	2872622	Europe	273870	3492	95349	1216	1.28	2	-0.29	0.10	1.32	1.32	5.10	1.32	1
4	Algeria	45236699	Africa	265691	6874	5873	152	2.59	3	-0.90	-0.79	4.36	0.00	8.9	0.00	2
5	Andorra	77481	Europe	40024	153	516565	1975	0.38	4	2.62	0.73	3.33	15.09	0.9	0.92	3
6	Angola	34654212	Africa	99194	1900	2862	55	1.92	5	-0.92	-0.87	4.63	0.00	9.1	0.00	2
7	Anguilla	15237	Latin Ame	2700	9	177200	591	0.33	6	0.28	-0.42	0.95	1.64	3.0	0.95	1
8	Antigua an	99348	Latin Ame	7493	135	75422	1359	1.80	7	-0.42	0.22	1.59	1.41	5.7	1.41	2
9	Argentina	45921761	Latin Ame	9041124	128065	196881	2789	1.42	8	0.41	1.42	1.25	6.96	4.3	1.25	1
10	Armenia	2972939	Asia	422574	8617	142140	2898	2.04	9	0.04	1.51	1.90	6.51	5.9	1.90	1
11	Aruba	107560	Latin Ame	34051	212	316577	1971	0.62	10	1.24	0.73	0.29	7.21	1.0	0.29	1
12	Australia	26017767	Oceania	4680816	6384	179908	245	0.14	11					8.3	1.47	1
13	Austria	9096360	Europe	3887355	15985	427353	1757	0.41	12					0.2	0.28	3
14	Azerbaijan	10299156	Asia	792061	9697	76905	942	1.22	13	-0.41	-0.13	1.80	0.79	5.7	0.79	2
15	The Baham	399822	Latin Ame	33295	788	83275	1971	2.37	14	-0.37	0.73	1.56	2.83	5.9	1.56	1
16	Bahrain	1804995	Asia	556241	1471	308168	815	0.26	15	1.18	-0.24	0.50	4.82	0.6	0.50	1
17	Banglades	1.68E+08	Asia	1951770	29122	11648	174	1.49	16	-0.86	-0.77	4.18	0.01	8.6	0.01	2
18	Barbados	287991	Latin Ame	59938	375	208125	1302	0.63	17	0.49	0.17	0.16	3.07	2.2	0.16	1
19	Belarus	9443882	Europe	965322	6844	102217	725	0.71	18	-0.24	-0.31	1.61	0.77	5.0	0.77	2
20	Belgium	11677924	Europe	3851048	30826	329772	2640	0.80	19	1.33	1.29	1.08	9.70	2.0	1.08	1
21	Belize	410260	Latin Ame	57289	656	139641	1599	1.15	20	0.02	0.42	0.66	2.52	3.9	0.66	1
22	Benin	12678649	Africa	26952	163	2126	13	0.60	21	-0.93	-0.91	4.74	0.00	9.2	0.00	2

❶ [O2:P2] 선택 → Ctrl + C
❷ [O3:P226] 선택 → Ctrl + V

함수 실행 결과, 각 중심점과의 차이가 있는 [L2:N2] 영역에서 최솟값 '0.01'을 찾아 '2'를 반환합니다. [L], [M], [N]열은 1~3번 중심점과의 차이를 나타내므로, 이는 해당 데이터가 2번 중심점과 가장 가깝다는 것을 의미합니다. 따라서 해당 데이터는 2번 군집에 속하게 됩니다. 하지만 이 결과는 임의의 중심점을 기준으로 한 것이므로, '해 찾기' 기능을 사용하여 최적의 중심점을 찾아야 최종 군집을 확인할 수 있습니다.

6 | 해 찾기로 최적화된 중심점 찾기

해 찾기는 '목표'를 달성하기 위한 최적의 값인 '해'를 '제한 조건' 안에서 찾는 기능입니다. 이를 실습 중인 예시를 기준으로 각 항목을 정의하고 이를 해 찾기에 맞게 셀을 포함해서 설정하면 다음과 같습니다. 실습은 이를 토대로 이어갑니다.

구분	항목별 정의	셀을 포함한 설정 값
① 목표	각 데이터와 중심점의 차이를 최소화	중심점과 데이터의 차이를 계산해둔 [O2:O226] 영역의 평균을 최솟값으로 설정
② 해	각 중심점을 최적 값으로 변경	1~3번 중심점이 있는 [I227:I229] 영역으로 설정
③ 제한 조건	주어진 데이터에서 중심점 선택	중심점이 있는 [I227:I229] 영역을 데이터에 붙여둔 번호(1~225)안에서 선택

[O227] 셀에 다음의 함수를 입력하고 Enter를 누릅니다. 여기서는 목표를 입력하기 위해 중심점과 데이터의 차이를 계산해둔 [O2:O226] 영역의 평균을 계산합니다.

[O227] fx	**=AVERAGE(O2:O226)** [O2:O226] 영역의 평균을 반환합니다. 여기서는 '0.87'이 반환되었습니다. 이는 현재 입력한 '임의의 중심점'을 기준으로 가장 가까운 데이터의 차이를 평균으로 계산한 결과입니다.

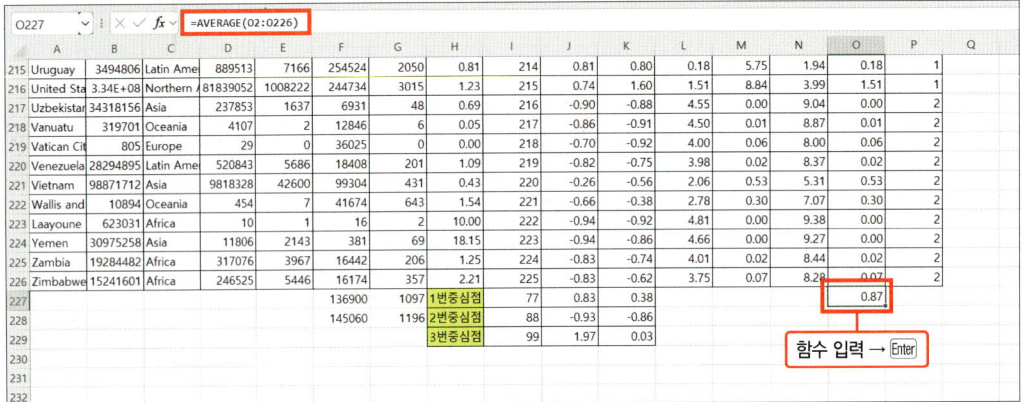

 [O227] 셀이 선택된 상태에서 메뉴의 [데이터]-[분석]-[해 찾기]를 클릭합니다. [해 찾기 매개변수] 창의 화면은 다음과 같이 네 개의 영역으로 나뉘어 있습니다. 각 영역에 대한 설명은 실습을 이어가면서 설명하겠습니다.

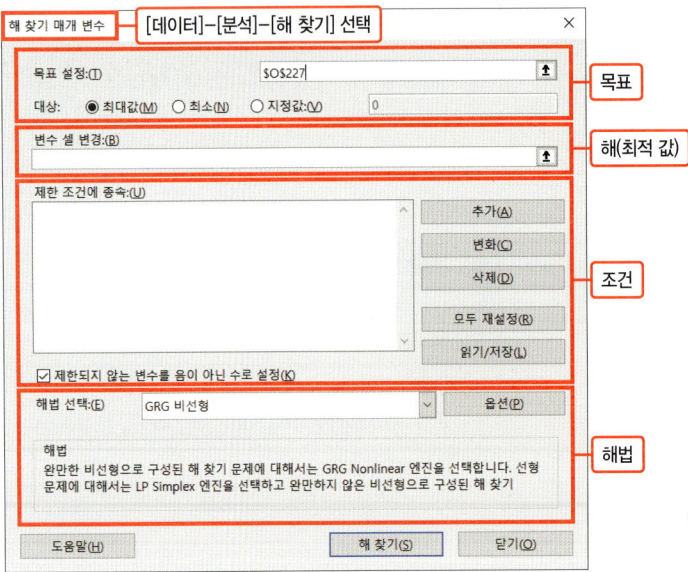

③ [목표] 영역의 '목표 설정'에 [O227] 셀이 입력되어 있는지 확인하고 '대상'을 [최소]로 변경합니다. 이렇게 입력하면 '해 찾기'의 목표는 [O227] 셀의 값이 최소가 되는 해(최적 값)을 찾습니다.

④ [해(최적 값)] 영역에서 '변수 셀 변경'에 중심점의 번호가 있는 [$I$227:$I$229] 영역을 입력합니다. 오른쪽 끝의 ⬆ 아이콘을 클릭한 후 셀을 직접 선택해도 됩니다. '해 찾기'가 실행되면 엑셀은 이 값을 수정하여 해(최적 값)으로 변경합니다.

⑤ [조건] 영역에서 [추가]를 클릭하면 [제한 조건 추가] 창이 표시됩니다.

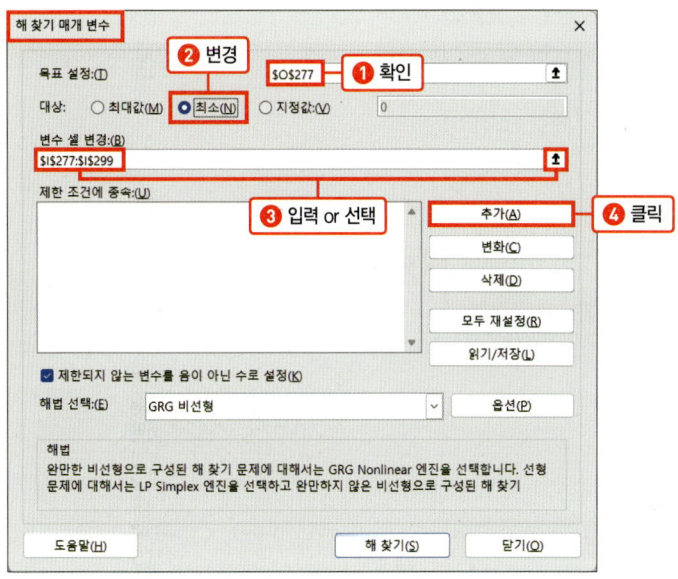

⑥ [**제한 조건 추가**] 창은 '셀 참조', '부호', '제한 조건'으로 구성되어 있으며, 주어진 조건 내에서 해(최적 값)를 찾을 수 있도록 설정할 수 있습니다. 여기서는 해로 선택한 중심점 영역 [$I$227:$I$229] 영역이 1~225 사이의 정수가 되도록 각 항목을 다음과 같이 입력하고 [**추가**]를 클릭합니다. 셀 참조는 ⬆ 아이콘을 클릭하여 직접 데이터 영역을 선택할 수 있습니다.

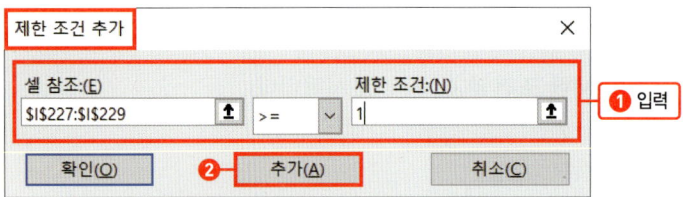

- '셀 참조': [$I$227:$I$229], '부호': >=, '제한 조건': 1

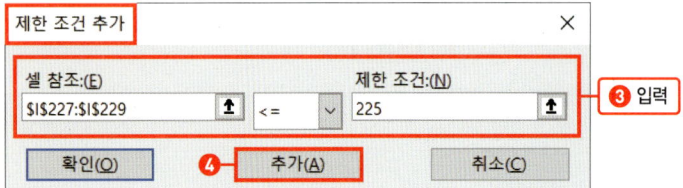

- '셀 참조': [$I$227:$I$229], '부호': <=, '제한 조건': 225

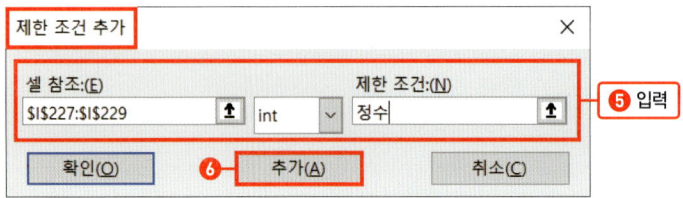

- '셀 참조': [$I$227:$I$229], '부호': [int] '제한 조건': [정수]

TIP int는 정수를 의미하며, '부호'에서 [int]를 선택하면 제한 조건에 [정수]가 자동으로 표시됩니다.

⑦ 제한 조건 추가를 완료하면 [해 찾기 매개 변수] 창의 '제한 조건에 종속'에서 입력한 조건이 표시됩니다. 제한 조건 목록 아래의 [제한되지 않는 변수를 음이 아닌 수로 설정]은 기본값(체크 표시)을 그대로 유지합니다. 단, 여기서는 이미 제한 조건에 1보다 큰 값을 추가했으므로 체크를 해제해도 문제가 없습니다.

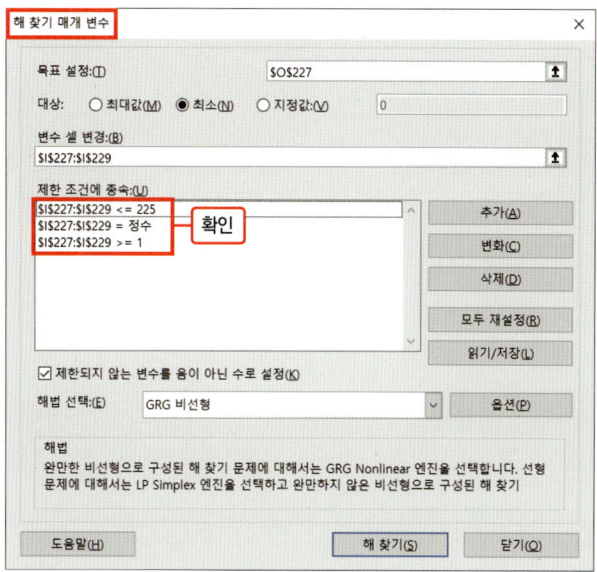

⑧ [해법] 영역에서 '해법 선택'을 [Evolutionary]로 변경하고 [옵션]을 클릭합니다.

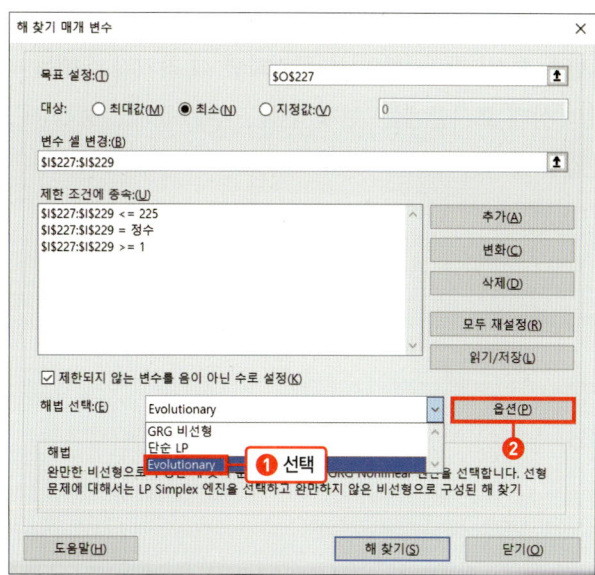

TIP '해 찾기 해법'에 대한 자세한 내용은 342쪽의 전문가의 조언을 참고하세요.

3장 군집 분석을 활용한 고급 인사이트 분석 —— 339

⑨ [옵션] 창에서는 선택한 해법의 세부 설정을 조정할 수 있습니다. [Evolutionary] 탭에서 '개선을 포함하지 않는 최대 시간'을 '10'으로 변경한 후, [변수의 필수 경계]의 체크 표시를 해제하고 [확인]을 클릭합니다. 이 값은 해 찾기가 실행되는 최대 시간을 초 단위로 지정하며, 여기서는 데이터 양이 많지 않으므로 10초로 설정했습니다. 해 찾기에 소요되는 시간은 데이터의 행과 열 개수, 그리고 최적 해의 수에 따라 달라지며, 컴퓨터 성능이 좋을 경우 설정된 시간보다 빨리 종료될 수도 있습니다.

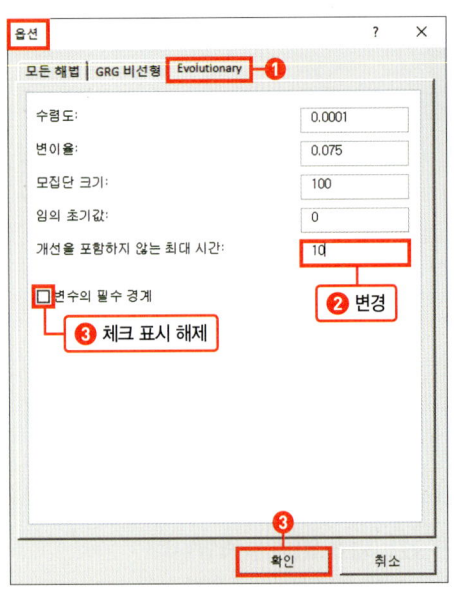

⑩ 모든 설정을 완료하고 [해 찾기 매개 변수 설정] 창의 [확인]을 클릭하면 해 찾기가 실행됩니다. 해 찾기가 실행되는 동안에는 엑셀 창의 상태 표시줄에는 '현재 수식', '부분 문제', '중간 해', '목표 셀'에 대한 값이 계속 바뀌면서 최적 값을 찾아갑니다.

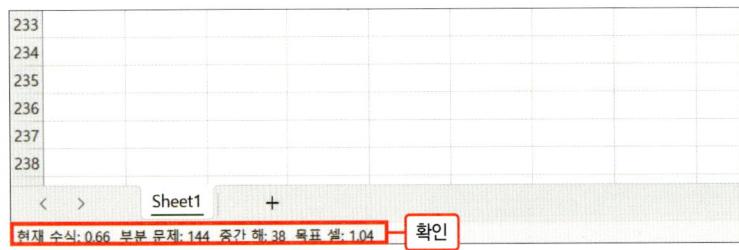

⑪ 해 찾기가 완료되면 [해 찾기 결과] 창이 표시됩니다. 이 창에서는 해 찾기 결과를 확인할 수 있으며, 결과가 만족스럽지 않을 경우 [원래 값 복원]을 선택하거나 [해 찾기 매개 변수 대화 상자로 돌아가기]를 클릭하여 해법 등의 설정을 수정한 뒤 다시 실행할 수 있습니다. 여기서는 [해 찾기 해 보존]이 선택된 상태에서 [확인]을 클릭합니다.

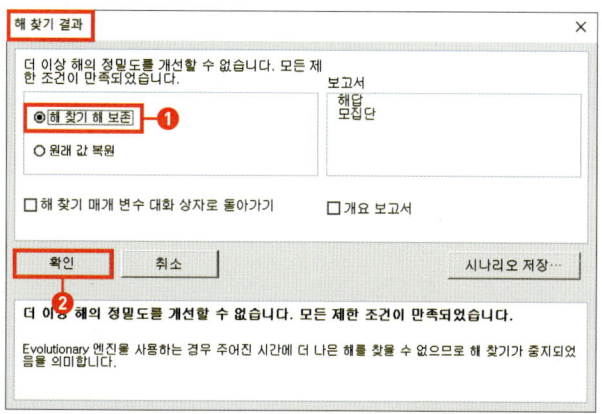

⑫ 임의의 중심점을 입력한 [I227:I229] 영역의 숫자가 변경된 것을 확인할 수 있습니다. [O227] 셀의 전체 데이터와 중심점의 차이 평균 값 역시 '0.59'로 기존 값 '0.87'보다 작아졌습니다.

	A	B	C	D	E	F	G	H	I	J	K	L	M	N	O	P	Q
215	Uruguay	3494806	Latin Ame	889513	7166	254524	2050	0.81	214	0.81	0.80	4.19	0.46	0.80	0.46	2	
216	United Sta	3.34E+08	Northern	81839052	1008222	244734	3015	1.23	215	0.74	1.60	6.87	1.78	0.21	0.21	3	
217	Uzbekistar	34318156	Asia	237853	1637	6931	48	0.69	216	-0.90	-0.88	0.12	6.89	7.21	0.12	1	
221	Vietnam	96011112	Asia	3618328	12000	99504	431	0.43	220	-0.26	-0.36	0.02	3.66	4.66	0.20	1	
222	Wallis and	10894	Oceania	454	7	41674	643	1.54	221	-0.66	-0.38	0.04	4.80	4.55	0.04	1	
223	Laayoune	623031	Africa	10	1	16	2	10.00	222	-0.94	-0.92	0.17	7.21	7.51	0.17	1	
224	Yemen	30975258	Asia	11806	2143	381	69	18.15	223	-0.94	-0.86	0.13	7.05	7.23	0.13	1	
225	Zambia	19284482	Africa	317076	3967	16442	206	1.25	224	-0.83	-0.74	0.04	6.26	6.44	0.04	1	
226	Zimbabwe	15241601	Africa	246525	5446	16174	357	2.21	225	-0.83	-0.62	0.02	5.99	5.88	0.02	1	
227						136900	1097	1번중심점	137	-0.70	-0.58				0.59		
228						145060	1196	2번중심점	118	1.38	0.43						
229								3번중심점	42	0.29	1.53						
230																	

TIP 해 찾기 알고리즘의 특성상, 결과가 실습 내용과 다르게 나타날 수 있습니다.

해 찾기를 실행하면 '변수 셀 변경'에서 선택한 셀이 해(최적 값)으로 변경됩니다. 그리고 앞서 임의의 중심점을 기준으로 가져온 데이터와 중심점과의 차이, 그리고 이에 따른 중심점과 가장 가까운 중심점 번호 등이 일괄적으로 변경됩니다. 이에 따라 가장 가까운 중심점을 기준으로 데이터를 묶는 '군집 분석'이 완료되었습니다.

다음 CASE에서는 군집 분석 결과를 확인하는 방법과 군집을 이용해 인사이트를 도출하는 방법을 알아보겠습니다.

 **해 찾기 해법의 종류**

해 찾기는 크게 세 가지 해법([Evolutionary], [GRG 비선형], [단순 LP])을 제공하며, 각 해법은 특정 유형의 문제에 적합합니다. 아래는 각 해법의 특징과 사용 예시입니다.

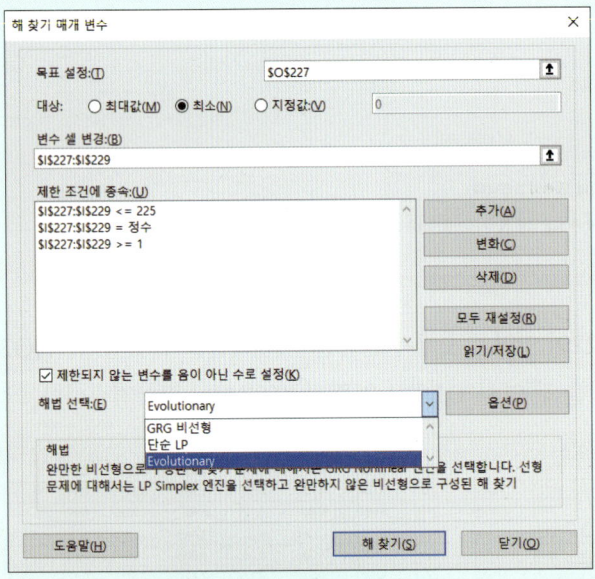

해법 유형	설명	사용 예시
GRG 비선형	최적 값이 '곡선' 모양으로 변하는 문제를 해결하는 방법	고객 수요가 곡선으로 증가할 때 수요를 맞추기 위해 최적의 제품 가격 설정
단순 LP	최적 값이 '직선' 모양으로 표현될 수 있는 문제를 해결하는 방법	각 제품의 생산 비용과 자원의 양이 일정하게 변할 때 생산 비용 최소화
Evolutionary	여러 가지 조합을 시도하여 가장 좋은 결과를 찾아내는 방식, 시간이 다소 소요되지만 다양한 상황에 활용 가능	고객 데이터와 같이 다양한 형태의 데이터로 군집을 생성하거나 경계 값을 찾을 때 활용

일반적으로는 [Evolutionary] 해법이 가장 높은 성능을 발휘하지만, 처리 시간이 길기 때문에 [GRG 비선형]이나 [단순 LP] 해법을 선택하는 것이 더욱 효율적일 수 있습니다.

군집에서 인사이트 발굴하기

군집 분석은 유사한 개체나 사건을 군집으로 만들어 새로운 패턴을 발견하거나 데이터를 이해하는 데 유용하게 활용할 수 있습니다. 또한, 평상 시에 잘 사용하지 않는 조합을 통해 의외의 발견을 이끌어낼 수 있죠. 데이터를 기반으로 고정관념이나 선입견에서 벗어나 기존에 간과하던 사실을 알게 되는 것입니다. 이번 CASE에서는 군집 분석 결과에서 인사이트를 발굴하는 방법에 대해 알아보겠습니다.

✓ 패턴의 발견과 활용

실무에서 인사이트 발굴을 목적으로 분석을 시작했다면, 무작정 데이터를 입력하여 분석하기보다는 특정한 속성으로 군집을 생성하고 군집에 속한 고객이 어떤 행동을 하는지 관찰하는 방식으로 진행하는 것이 좋습니다.

예를 들어 옷가게에서 갑작스럽게 바지 매출이 증가한 원인을 찾고자 군집 분석을 시작한다면, 바지 매출만으로 군집을 생성한 후 군집에 속한 고객들의 행동을 관찰함으로써 그 이유를 찾아낼 수 있습니다. 단순히 종류와 수량만으로 고객을 구분하여 레깅스를 10벌 이상 구매한 그룹을 발견하고, 이 그룹의 연관 상품을 살펴보았더니 상당수의 고객이 운동용품을 함께 구매했다면, 해당 제품을 운동 용도로 구매했을 것이라고 추정할 수 있을 것입니다.

기본 분류 방식을 버리고 선입견을 배제하는 것은 쉽지 않습니다. 또한, 선입견 없이 데이터를 분석해 새로운 패턴을 발결하려면 발상의 전환이 필요합니다. 이 점에서 군집 분석은 활용 방법에 따라 발상을 전환하고 새로운 패턴을 찾는 데 매우 유용합니다.

예를 들어 베이킹소다를 제빵의 용도로만 생각하고 데이터를 분석한다면, 데이터를 수집하는 과정부터 가공하고 분석 방법을 결정하는 단계까지 모두 제빵이라는 상식 안에서만 분석했을 테지만 기존의 속성이 아닌 고객의 행동을 기준으로 유형을 구분하거나 행동 패턴을 분석했다면, 청소용품에 관심이 많거나 연관 상품을 구매하는 행동을 찾아내어 청소용으로 활용될 수 있다는 것을 발견할 수 있겠죠. 이처럼 군집 분석은 자체적으론 새로운 방식으로 분류하는 것에 불과하지만, 사용하는 방법에 따라 활용도가 달라집니다.

실습 군집 분석 결과 해석하기 　　　　　　　　　🔗 CASE_02

군집 분석 결과를 해석하는 핵심 요령은 '군집을 만드는 데 사용한 데이터'와 '사용하지 않은 데이터'를 구분하여 군집 자체의 특성과 해당 특성을 가진 군집이 어떠한 연관 속성이나 행동을 가지고 있는지 분석하는 것입니다. 앞서 군집을 생성했을 때 사용한 백만 명당 확진자 수 및 사망자수와 나머지 데이터를 구분하여 해석 방법을 알아보겠습니다.

1 | 분산형 차트 그려보기

군집 분석을 실행한 후에는 군집이 적절하게 형성되었는지 확인하는 것이 가장 중요합니다. 이를 위해 처음 데이터의 형태를 살펴볼 때 사용했던 분산형 차트를 활용하는 것이 좋습니다. 다만, 군집별로 색상을 구분하려면 데이터를 가공한 후 군집별로 추가해야 합니다. 자세한 방법은 이어지는 실습을 통해 알아보겠습니다.

① 메뉴의 [홈]-[편집]-[정렬 및 필터]-[필터]를 차례대로 선택하여 필터를 삽입한 후, [P1] 셀의 ▼를 클릭하여 '1'만 필터링하여 1번 군집에 해당하는 데이터만 선택합니다.

② 새로운 시트([Sheet2])를 추가한 후, [F:G] 열의 데이터를 복사하여 [A:B] 열에 붙여넣습니다. 그런 다음 [Sheet1]으로 돌아가 [P1] 셀에서 '2'를 필터링하고, 해당 결과를 [Sheet2]의 [D:E] 열에 붙여넣습니다. 마찬가지로 '3'을 필터링한 데이터를 [Sheet2]의 [G:H] 열에 붙여넣습니다.

③ [Sheet2]에 군집별로 열을 나누어 데이터를 구분하였습니다. 이제 이 데이터를 활용하여 분산형 차트를 그려보겠습니다.

3장 군집 분석을 활용한 고급 인사이트 분석 — 345

④ [Sheet2]의 [A:B] 열이 선택된 상태에서 메뉴의 [삽입]-[차트]-[분산형]을 선택하여 분산형 차트를 삽입합니다.

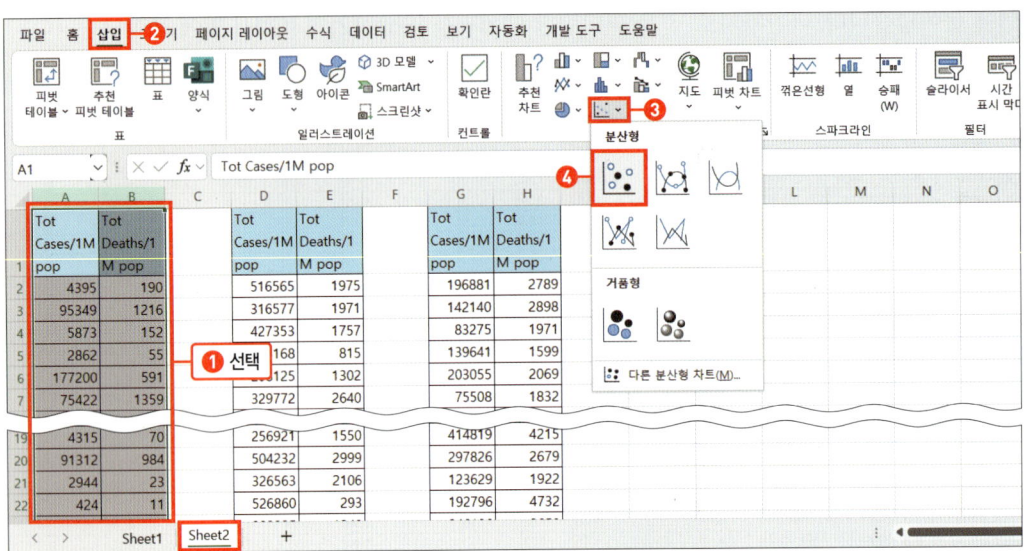

⑤ 1번 군집의 데이터로 분산형 차트를 만들었습니다. 군집별로 색상을 구분하려면 이 차트에 2번과 3번 군집의 데이터를 추가해야 합니다. 분산형 차트를 선택한 후 메뉴의 [차트 디자인]-[데이터 선택]을 선택합니다.

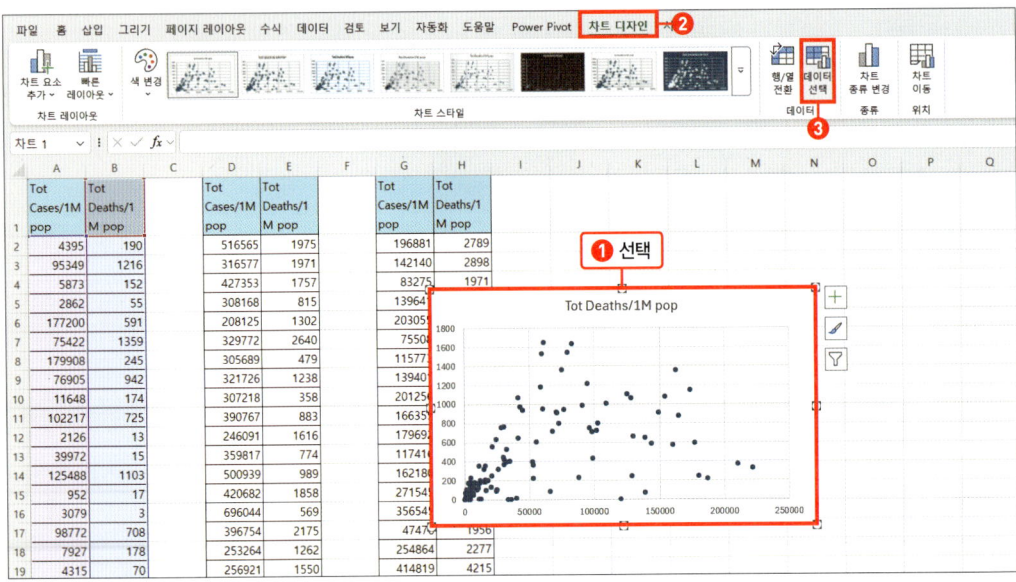

⑥ [데이터 원본 선택] 창에서 [추가]를 클릭합니다.

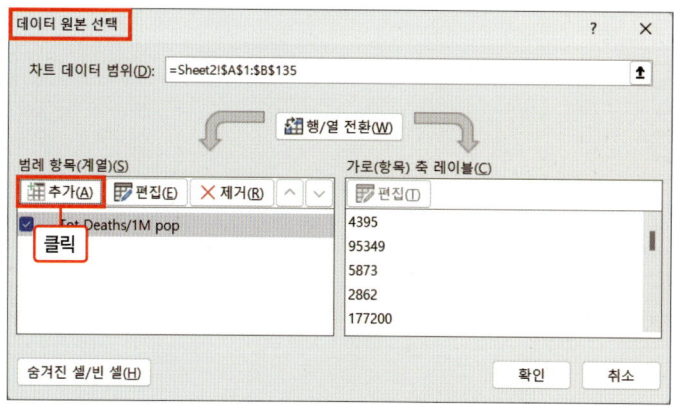

⑦ [계열 편집] 창의 ⬆를 클릭하여 2번 군집이 있는 [D:E]열을 선택하고 [확인]을 누릅니다.

• 계열 X값: [D2:D50], 계열 Y값: [E2:E50]

⑧ 3번 군집이 있는 [G:H]열도 추가한 후 [계열 편집] 창에서 [확인]을 클릭합니다.

• 계열 X값: [G2:G43], 계열 Y값: [H2:H43]

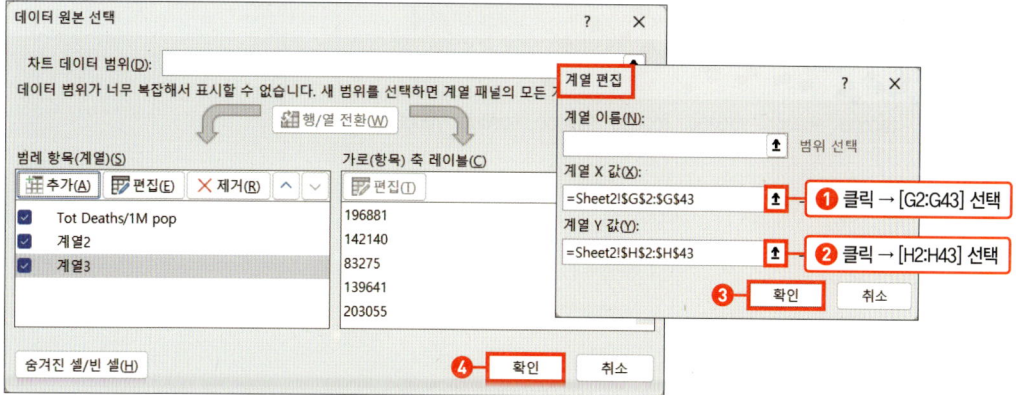

3장 군집 분석을 활용한 고급 인사이트 분석 — **347**

9 각 군집별로 색상이 구분된 분산형 차트가 완성되었습니다.

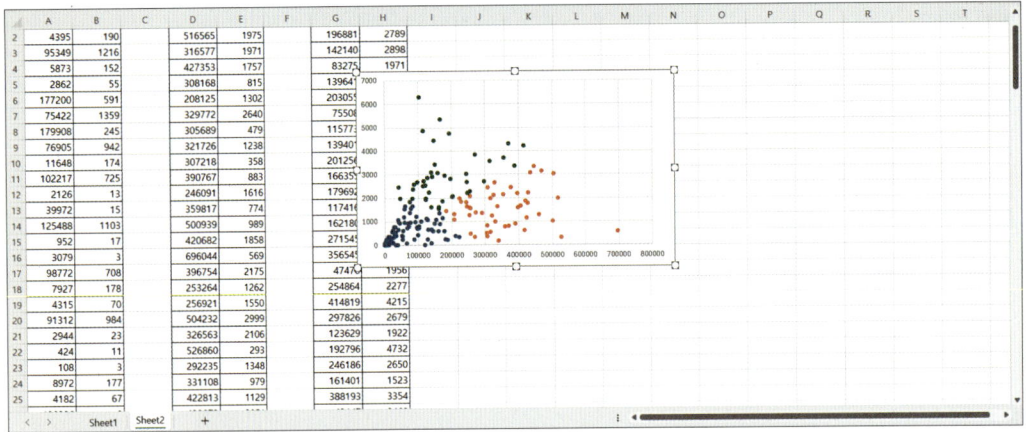

차트를 살펴보면, 왼쪽 아래에서 데이터가 밀집된 영역이 군집을 형성했습니다. 오른쪽으로는 '백만 명당 확진자 수'가 낮은 군집이 만들어지고, 위로는 '백만 명당 사망자 수'가 높은 군집이 생성되었습니다. 또한, 각 군집별로 적절한 수의 국가가 포함되어 있어 유형이나 패턴을 관찰하기에 유용할 것으로 보이므로 이대로 분석을 진행해보겠습니다.

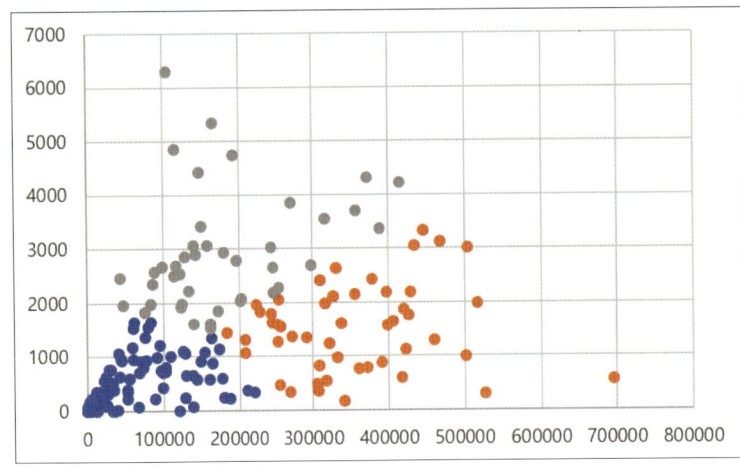

2 | 군집의 기본 속성 살펴보기

각 군집을 수치로 비교할 땐 평균, 중앙값, 분위 수 등의 통계 값을 활용할 수 있습니다. 다만, 군집 분석에 사용된 K-Means기법은 평균을 사용해 중심점을 정하는 방식으로 대체적으로는 평균값이 군집의 특성을 잘 나타냅니다.

① [Sheet1]에서 [A1:P226]영역을 선택한 후 메뉴에서 [삽입]-[피벗 테이블]을 선택합니다.

② [표 또는 범위의 피벗 테이블] 창에서 [새 워크시트]를 선택 후 [확인]을 누릅니다.

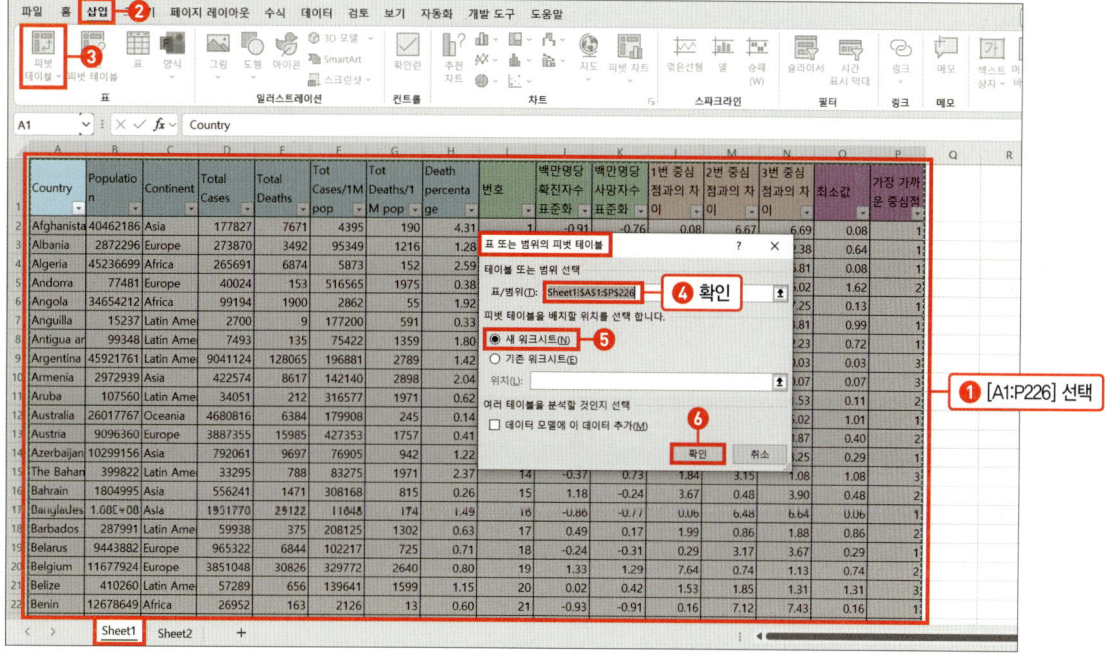

③ '피벗 테이블 필드'에서 [가장 가까운 중심점]을 [행], [Country(국가)], [Tot Cases/1M pop(백만 명당 확진자 수)], [Tot Deaths/1M pop(백만 명당 사망자 수)], [Death percentage (사망률)]를 [값]으로 드래그한 후 [Country]을 제외한 나머지 항목의 '값 필드 설정'을 '평균'으로 변경합니다.

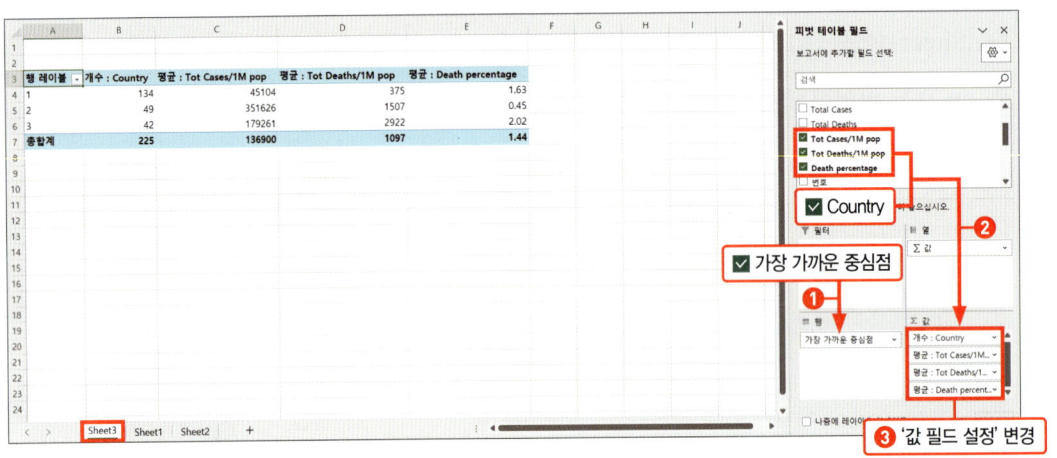

전문가의 시선 — 군집의 기본 속성을 활용한 유형 정의

행 레이블	개수 : Country	평균 : Tot Cases/1M pop	평균 : Tot Deaths/1M pop	평균 : Death percentage
① 1	134	45104	375	1.63
② 2	49	351626	1507	0.45
③ 3	42	179261	2922	2.02
총합계	225	136900	1097	1.44

피벗 테이블 결과를 정리하면 다음과 같습니다.

❶ 1번 군집은 134개 국가로 전체의 '59.6%'를 차지합니다. 확진자 수와 사망자 수가 가장 낮습니다. 사망률은 2번 군집보다 높고 3번 군집과 비슷합니다.

❷ 2번 군집은 49개 국가로 전체의 '21.8%'를 차지합니다. 확진자 수는 1번 군집의 약 8배이며, 3번 군집의 약 2배로 가장 많습니다. 사망자수는 1번 군집보다 많지만, 사망률은 가장 낮습니다.

❸ 3번 군집은 42개 국가로 전체의 '18.7%'를 차지합니다. 확진자 수는 2번 군집의 절반이며, 1번 군집의 약 4배입니다. 사망률은 가장 높지만 1번 군집과 크게 차이 나지 않습니다.

이 결과를 토대로 각 군집의 특성을 추론해보면 아래와 같이 정리할 수 있습니다.

- 1번 군집은 확진자는 적지만 사망률이 높은 편으로, 방역에는 성공했으나 치료는 미흡했던 것으로 보입니다.

- 2번 군집은 코로나 환자가 많이 발생했으나 사망으로 이어지지 않아 방역에는 실패했지만 치료는 적절히 이루어진 것으로 보입니다.

- 3번 군집은 확진자 수는 2번 군집보다 적지만 1번 군집보다는 훨씬 높아 방역에 성공했다고 보기 어렵습니다. 또한 사망률도 높아 치료에도 실패한 것으로 보입니다.

==군집 분석에 사용된 데이터만 봤을 때 확진자와 사망자 수 만으로도 각 군집의 특성이 잘 드러나며 팬데믹 대응에 대한 국가별 특징이 구분되는 것 같습니다.== 이제 군집에 사용되지 않은 데이터를 활용하여 해당 군집이 어떠한 특징을 가지고 있는지 확인해보겠습니다.

3 | 군집의 확장 속성 살펴보기 - 대륙

① [Sheet1]의 데이터 영역 중 임의의 셀을 선택한 다음, [새 워크시트]에 피벗 테이블을 추가합니다.

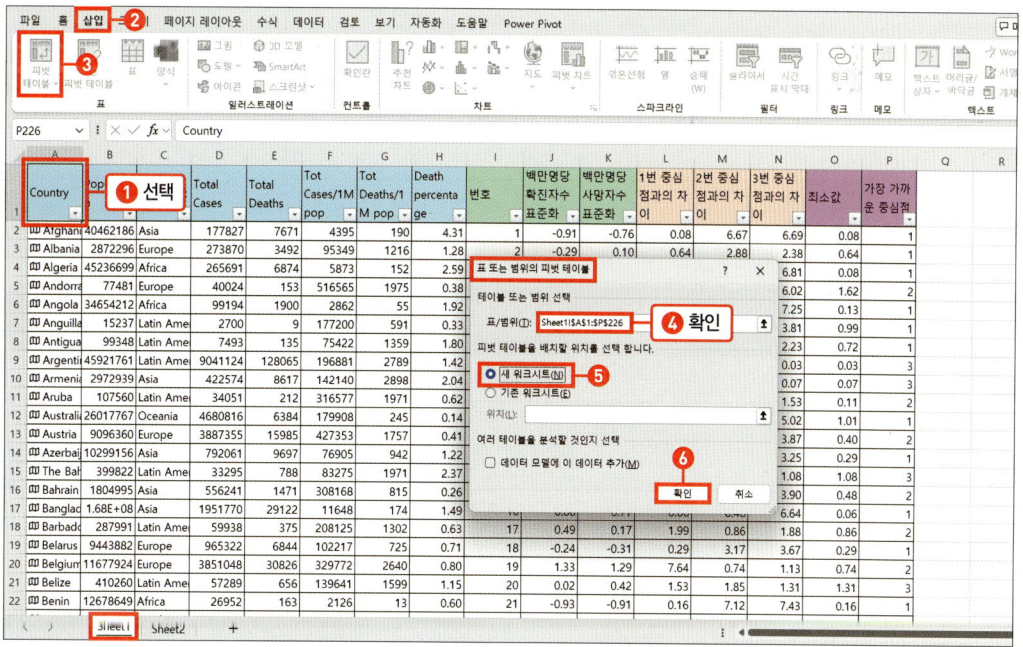

② [Continent]을 [행], [가장 가까운 중심점]을 [열], [Country]를 [값]으로 드래그하고 [Country]의 '값 필드 설정'을 [행 합계 비율]로 변경합니다.

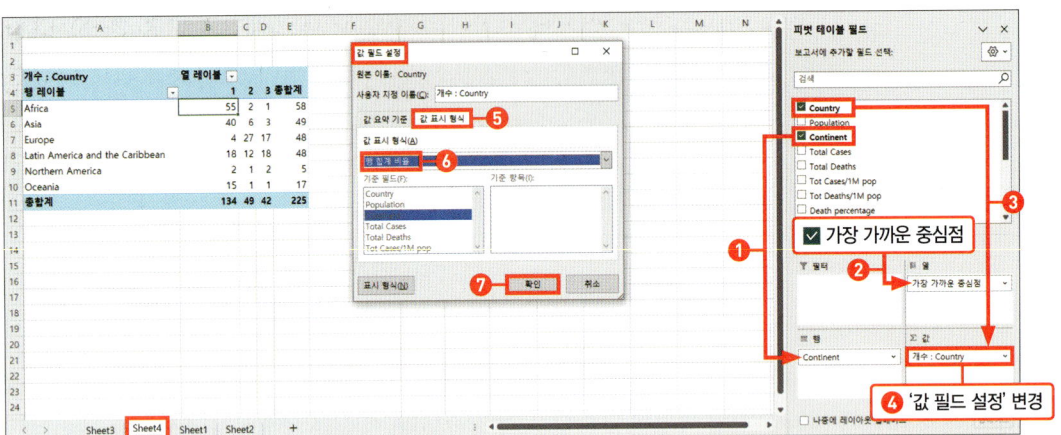

③ 대륙별 군집의 비율이 요약됩니다.

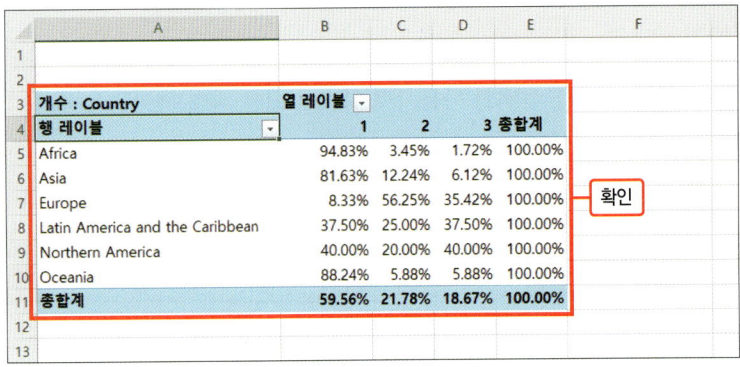

전문가의 시선 — 군집의 확장 속성을 활용한 인사이트 발굴

개수 : Country	열 레이블			
행 레이블	1	2	3	총합계
Africa	94.83%	3.45%	1.72%	100.00%
Asia	81.63%	12.24%	6.12%	100.00%
Europe	8.33%	56.25%	35.42%	100.00%
Latin America and the Caribbean	37.50%	25.00%	37.50%	100.00%

352

Northern America	40.00%	20.00%	40.00%	100.00%
Oceania	88.24%	5.88%	5.88%	100.00%
총합계	**❶ 59.56%**	**❷ 21.78%**	**❸ 18.67%**	**100.00%**

먼저, 앞서 분석한 군집의 특징을 요약하면 다음과 같습니다.

1번 군집: 확진자와 사망자 모두 낮음 → 방역 성공, 치료는 미흡한 것으로 추정

2번 군집: 확진자는 많으나 사망자는 적음 → 방역 실패, 치료는 성공한 것으로 추정

3번 군집: 확진자 많은 편, 사망자 많음 → 방역 실패, 치료에도 실패한 것으로 추정

대륙별로 군집의 비율을 정리하면 다음과 같습니다. 단, 1번 군집이 전체의 59.6%를 차지하기 때문에 이를 감안하여 해석해야 합니다.

- Africa는 방역은 성공하고 치료는 미흡했던 1번 군집의 비율이 가장 높습니다. 2, 3번 군집은 다른 대륙에 비해 비율이 낮은 편입니다.

- Asia도 1번 군집의 비율이 가장 높지만, Africa보다 낮고 2, 3번의 군집 비율도 상대적으로는 높습니다.

- Europe은 1번 군집은 거의 없고 2, 3번 군집이 많아 전반적으로 방역에는 실패했으나 치료에 성공한 국가와 실패한 국가가 섞여 있는 것으로 보입니다.

- Latin America and the Caribbean은 세 개의 군집이 고르게 섞여 있습니다. 단, 방역에 실패하고 치료엔 성공한 2번 군집의 비율이 다른 군집 보다 낮은 편입니다.

- Northern America는 Latin America and the Caribbean과 비슷한 형태로 방역에 실패하고 치료엔 성공한 2번 군집의 비율이 좀 더 낮습니다.

- Oceania는 Africa와 유사한 형태로 방역에 성공하고 치료는 미흡했던 1번 군집 비율이 가장 높습니다.

1번 군집은 사망률은 높은 편이었지만, 확진자와 사망자 수가 절대적으로 낮아 다른 국가에 비해 방역에 성공한 것으로 보였습니다. 그러나 대륙별 분포를 살펴보니 개발도상국의 비중이 높은 Africa, Asia, Oceania에서 이러한 현상이 두드러져 자료의 신빙성이 의심됩니다. 각 국가에 대한 데이터가 있었다면 쉽게 확인할 수 있겠지만, 현재 보유한 데이터는 국가명, 대륙, 인구이므로, 이 정보를 활용해 관련 내용을 분석해보겠습니다.

4 | 군집의 확장 속성 살펴보기 - 지리 정보

메뉴의 [데이터]에는 마이크로소프트의 검색엔진(Bing)에서 데이터를 불러올 수 있는 [데이터 형식]이라는 기능이 있습니다. 이 기능에는 [주식], [통화], [지리] 세 가지의 형식이 포함되어 있으며, 각각 기업명/코드, 통화 쌍(USD/EUR 등), 국가 및 도시의 명칭 등을 기준으로 데이터를 연결할 수 있습니다. 여기서는 [Country] 열의 국가명을 이용하여 지리 정보를 가져와 각 군집을 살펴보겠습니다.

① [Sheet1]에서 [A2:A225] 영역을 선택 후 메뉴에서 [데이터]-[데이터 형식]-[지리]를 선택합니다.

② 상태 표시줄에 '연결된 데이터 형식으로 변환 중'이라는 메시지가 표시되고 잠시 기다리면 국가명 왼쪽에 [🗺]아이콘이 표시됩니다.

TIP 지리로 변환하는 작업이 오래 걸릴 경우, Esc 키를 눌러 작업을 취소한 후 셀을 10여 개씩 나눠 진행하세요.

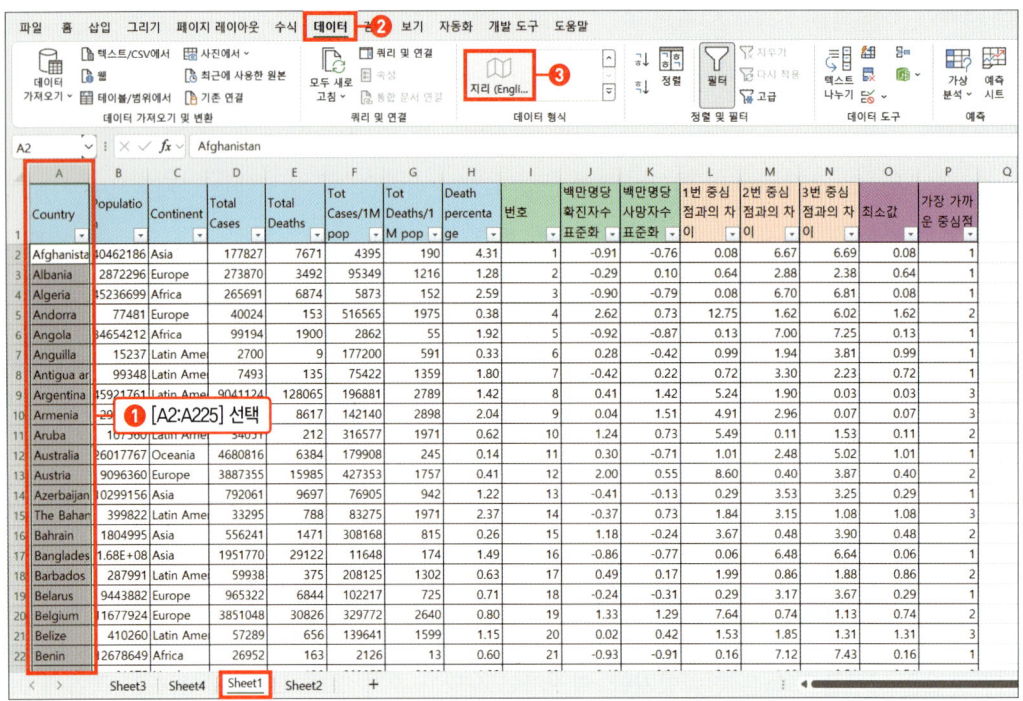

③ [🗺]아이콘을 클릭하면 국가에 대한 세부정보가 포함된 팝업창이 표시됩니다.

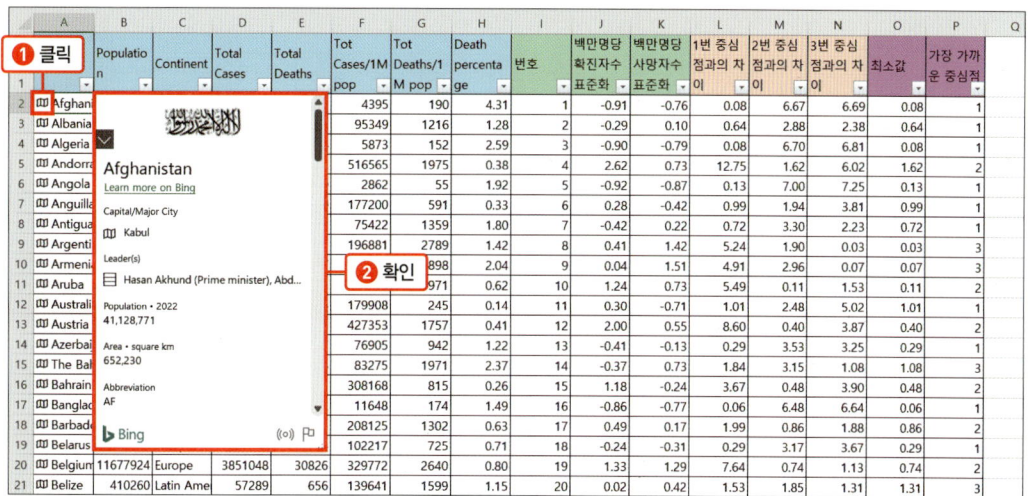

④ 국가별로 데이터를 살펴보는 것도 좋지만, 여기서는 지도 차트를 활용하여 군집별 분포를 살펴보겠습니다. [Q1] 셀에 머리글로 '군집명'을 입력합니다.

⑤ [Q2] 셀에 '1번군집', [Q5] 셀에 '2번군집'을 입력한 다음 [Ctrl]+[E]를 누르면 '빠른 채우기'가 실행됩니다.

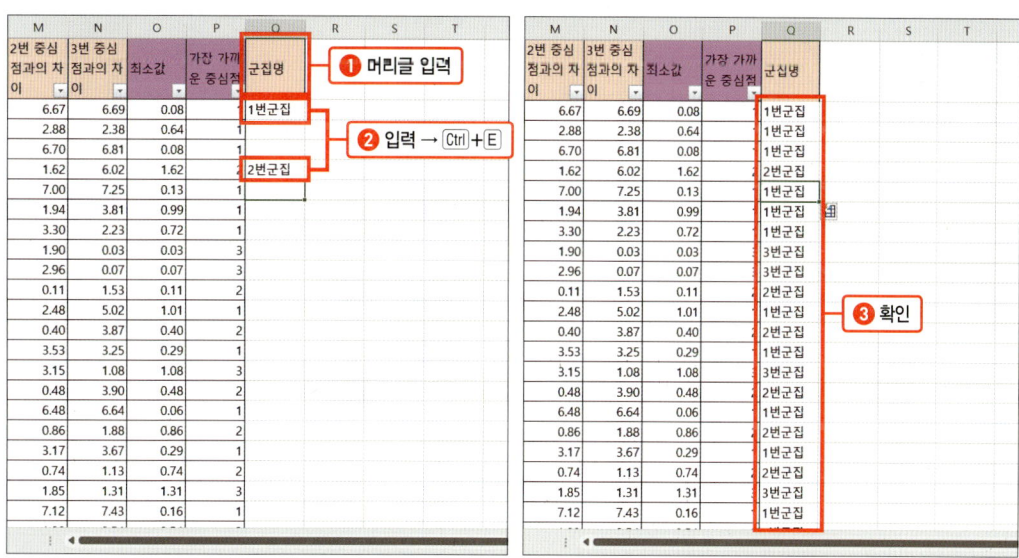

TIP 빠른 채우기에 대한 자세한 내용은 54쪽을 참고하세요.

3장 군집 분석을 활용한 고급 인사이트 분석 ― 355

⑥ 빠른 채우기로 데이터가 잘못 채워진 [Q227:Q229]셀의 내용은 삭제합니다.

⑦ [Ctrl]을 누른 상태에서 [A2:A226] 영역과 [Q2:Q226] 영역을 선택한 후, 메뉴에서 [삽입]-[차트]-[지도]를 선택합니다.

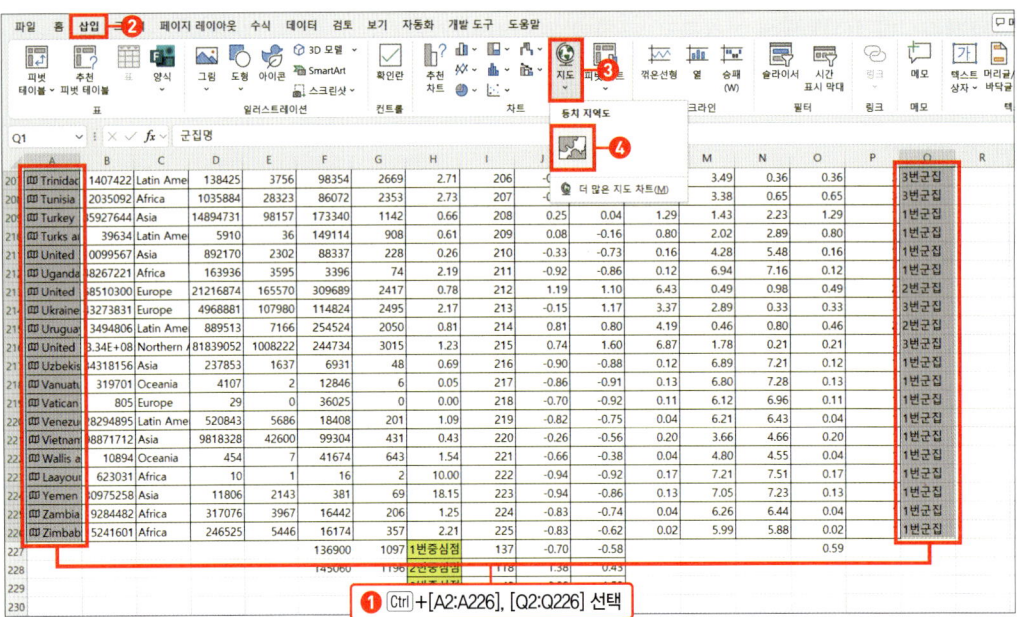

⑧ 군집별로 색상이 구분된 지도 차트가 삽입됩니다.

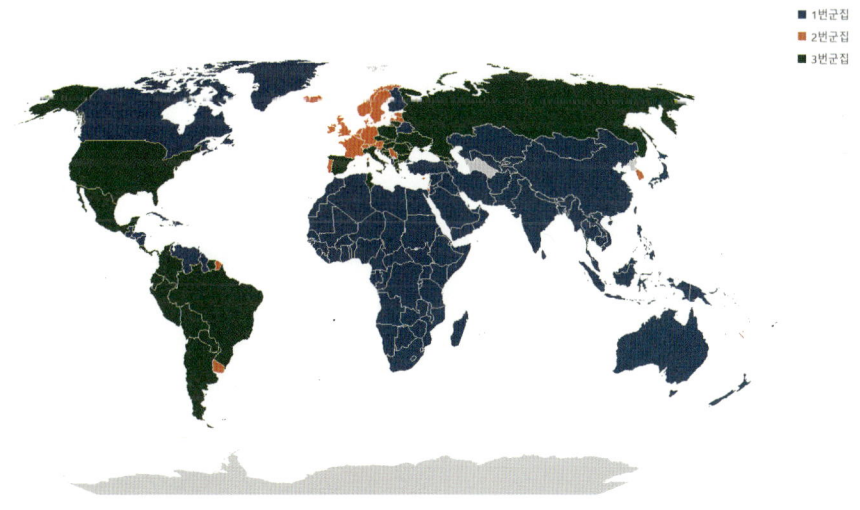

전문가의 시선 — 지도차트를 활용한 인사이트 발굴

분석한 군집의 특징으로 요약하면 다음과 같습니다.

- ■ 1번 군집: 확진자와 사망자 모두 낮음 → 방역 성공, 치료는 미흡한 것으로 추정
- ■ 2번 군집: 확진자는 많으나 사망자는 적음 → 방역 실패, 치료는 성공한 것으로 추정
- ■ 3번 군집: 확진자 많은 편, 사망자 많음 → 방역 실패, 치료에도 실패한 것으로 추정

지도를 살펴보면, 1번 군집은 Africa, Asia, Oceania 중 특히 개발도상국이 많은 지역에 집중되어 있습니다. 반면, 2번 군집은 인프라가 발달한 서유럽에 집중되어 있으며, 한국도 포함됩니다. 3번 군집은 동유럽, 러시아, Northern America, Latin America and the Caribbean 지역에 주로 분포합니다. 이를 통해 1번 군집이 2번, 3번 군집과 달리 대체로 인프라가 부족한 지역에 모여 있음을 명확히 확인할 수 있습니다. 특히, 1번 군집은 진단이 충분히 이루어지지 않았을 가능성을 시사하며, **단순한 방역 성공이 아닌 진단 부족이라는 새로운 인사이트를 제공합니다.**

이처럼 군집 분석은 수치만으로 유형을 만들고, 관련된 데이터를 연결해 분석함으로써 예상치 못한 인사이트를 얻을 수 있습니다. 만약 기존 방식대로 국가와 대륙을 중심으로 분석했다면, 국가에 대한 고정관념으로 2, 3번 군집과 대응 방식이 달랐던 국가들에 대해 정확한 판단을 내리기 어려웠을 것입니다.

잘못 연결된 지역 정보 수정하기

[지리] 데이터 형식을 연결할 때 국가나 도시명이 잘못 입력된 경우, 해당 셀 옆에 아이콘이 표시되고 시트 오른쪽에 '데이터 선택' 창에 표시됩니다. 이때 명칭을 올바르게 수정한 뒤 검색한 다음 결과에서 [선택]을 누르면 정상적으로 연결됩니다. 이 방법은 지도 차트에서 국가 및 도시가 표시되지 않을 때에도 사용할 수 있습니다.

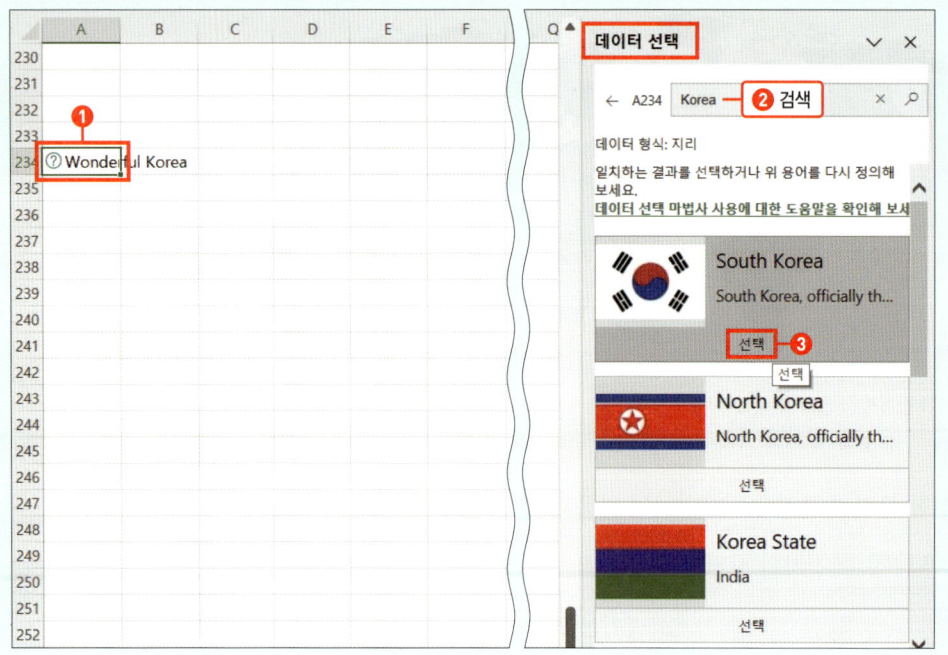

찾아보기

A
API	257, 265
AVERAGE	99, 106

C
CORREL	126, 250, 280
COUNTIF	314

D
DATE	159
DATEDIF	178

G
GETPIVOTDATA	161

I
IF	218
ISBLANK	312

K
K-Means	322

L
LOOKUP	152, 154

M
MATCH	334
MEDIAN	100
MIN	106, 334

P
PERCENTILE	150, 226
Power Query	24, 266

R
RANK	250
RFM 모델	143

S
SQRT	233
STANDARDIZE	230, 311, 325
STDEV	231
STDEV.P	106, 288
STDEV.S	106
SUBTOTAL	105, 106
SUM	106, 153
SUMPRODUCT	233
SUMSQ	233
SUMXMY2	332

V
VLOOKUP	31, 35, 157, 178, 330

ㄱ
값 표시 형식	97
계단식 차트	192, 196
고급 필터	69
구조적 참조	109
군집 분석	321, 322, 343, 350, 352
그로스 해킹	205
깔때기형 차트	205, 206, 214, 220

ㄷ
데이터 거버넌스	29

ㅂ
백분위수	102, 150, 156, 226
볼린저 밴드	287, 292
분산	100
분산형 차트	121, 125, 127, 282
분포	100, 111
빈 셀	53, 76

찾아보기

ㅅ

사분면	328
사분위수	101
산포도	100
상관계수	127, 241, 244, 279
상자 수염 차트	299, 302, 305
상품 기반 추천	241
생존 곡선	186
선형 차트	167, 192, 274
스케일링	225, 230, 311
스파크라인	257, 274
시계열 데이터	274, 278, 286

ㅇ

앤티	43
양의 상관관계	283
음의 상관관계	286
이동평균	287, 292
이상 징후	308, 316
이상치	100, 299, 305, 308
이탈 고객	186, 197
이탈 원인	177, 214, 220

ㅈ

자동 필터	60
전환율	205, 214, 220
정규분포	300, 308
조건부 서식	128, 183, 239, 251, 315
조인	42
중복 데이터	76
중앙 생존 시간	199
중앙값	100, 120, 301
지도 차트	357

ㅊ

차원	87, 91
최빈값	100
추세	257, 274, 278
측정값	87, 91

ㅋ

코사인 유사도	223, 238
코스피 지수	280
코호트 분석	177, 184

ㅍ

파워 쿼리	35, 266
퍼널 분석	205, 214
페르소나	223, 238, 240
평균	99, 286
평행 좌표 차트	164, 170, 173
표준편차	100, 268
표준화 점수	309, 316
피벗 테이블	87, 91

ㅎ

해 찾기	321, 323, 335, 342
행 기반 데이터	19, 22, 24, 80
협업 필터링	241
혼잡도	129
히스토그램	111, 116, 117, 120
히트맵	128, 130, 138, 184